语 音 格 局

——语音学与音系学的交汇点

石 锋 著

创于1897 商務印書館 The Commercial Press

图书在版编目(CIP)数据

语音格局——语音学与音系学的交汇点/石锋著.
—北京:商务印书馆,2008(2024.12重印)
ISBN 978-7-100-05371-6

Ⅰ.语…　Ⅱ.石…　Ⅲ.语音学—研究　Ⅳ.H01

中国版本图书馆CIP数据核字(2007)第023237号

国家社会科学基金项目(03BYY018)
教育部博士点基金项目(01JB740002)

YǓYĪN GÉJÚ——YǓYĪNXUÉ YǓ YĪNXÌXUÉ DE JIĀOHUÌDIǍN
语音格局——语音学与音系学的交汇点
石　锋　著

商　务　印　书　馆　出　版
(北京王府井大街36号　邮政编码100710)
商　务　印　书　馆　发　行
三河市春园印刷有限公司印刷
ISBN　978-7-100-05371-6

2008年3月第1版　　开本850×1168　1/32
2024年12月第2次印刷　　印张13⅛

定价:69.00元

献给吴宗济先生

百 年 华 诞

一 代 宗 师

目　录

序

人类对各自语言的语音做较有系统的分析研究的，自古迄今，中西双方各有其方法与成果。中国方面有传统的、当属隋代的《切韵》和守温三十六字母。一直延至近代，凡治音学者多不离其宗。其价值在20世纪三十年代已被罗常培先生评价为："考古功多而审音功浅"。西方则在十九世纪初，有捷克布拉格学派的音系学，英国琼斯的英语语音学，法国巴黎的国际语音学会的国际音标表，以至欧美声学家的语音声学分析等等，使语音的分析研究达到前所未有的成就。从此中西交流，通过无数学人的努力，中国的汉语方言和民族语言的语音研究，可以说也已达到前所未有的成就了。

人与人之间的对话，正如古语所说："言出于我口，入于尔耳"。尽管言者所说的每个音节和声调并不那么"到位"或规范，但由于人的听觉系统可以对听到的语音进行加工处理，通过大脑的分析、记忆、比较等等功能的综合处理，只要听来的语音"框架"不差，语境相近，就能被理解。这个"框架"就称为"格局"。

语音学的要求是分析的演绎，而音系学的要求是"框架"的归纳。演绎力求其巨细无遗，而归纳应作到言简意赅。当今的语音分析用各种仪器得到的数据，包括了一切到位的和协同的变体，已尽演绎之能事。但要归纳出一套合理的"框架"，却不那么容易。

石锋教授的著作,包括各种汉语方言和民族语言的调查分析多篇,经过格局的计算,既有语音的演绎,更作音系的归纳,即以“语音格局”命名,此举在今日同类文献中是付出大量的劳动而有创新意义的。

本人在此道中亦曾经过半个多世纪的沉浸,深知其中甘苦,今日乐观其成,愿更进一言。过去的语音学者只从事“人际对话”的语音研究,今日已进入言语工程时代,语音学者已不得不参加“人-机对话”研究的队伍。作者如能在此基础上,在不久的将来为汉语语句多变的韵律梳理出“格局”,更有望焉。是为序。

吴宗济

二零零七年春节前一日

于北京之补听缺斋

关于语音格局的发言

赵元任先生发明的五度值是一个具有相对性质的值。石锋教授提出的格局非常好。什么是格局？譬如说，来了两个人，其中一个相貌堂堂，另一个却委靡不振，是几格呢？没有绝对值，但是大家都明白。第一个人是一个相貌堂堂的人。

各种事物都有一个尺度待分的绝对值，但是我们理解的是相对的，比如在大自然中，天气好了，好到什么程度呢？今天是23℃还是32℃的温度？去数天上的云朵，说有100块是好的，200块就是不好的？像这种事情是没法说的。你说它不对吧，不准确吧，可是它非常准确，今天万里无云，你要是找到一块云来了，它就不及格了。万里无云，大家知道，出去是不用带雨伞的。

我们一辈子都面对着相对的东西，比如房子，他的房子很好，有三间屋，按理说三间屋比两间屋好，可你到另外一家看，有两间屋，每间15平方米，而原来说的三间屋呢，每间只有5平方米。所以这种东西没法说。

今天我们来讲的格局是语音格局。哲学是相对的，有正有反，有前有后，有大有小，无一不是二分。可是二分也有人上当了。在100年前左右，英国人Daniel Jones出版了一本《英语语音学》的书，他把元音分成一个三角的格：前高的i、后高的u、低的a。到了汉语里，就有了 i、e、ε、a。原来说这是二分法，现在我们发一个 ə，它是不前不后，不高不低。那么二分是不是就绝对呢？有没有人反对呢？后来就有人反对二分法了，Chomsky 大致是用绝对来分的，他认为二分不够。今年年初去世的加州大学的语音学家 P. Ladefoged，曾经写了一篇文章，认为应该有多分法，如果说是 i、e、ε、a 是四格，但是加入一个松的[ɪ]，那么四格就不够了。

在和他的讨论当中，我曾经告诉他，如果从哲学的角度来看的话，应该是：多分当中，每一格都是二分，上面是高元音，下面是低元音，这是二分。每个二分又可以多分。原来有分子、原子、电子等，现在纳米又出来了。这个就没有底了。所以，我们可以不必这样去追究。

第一，格局现在又推广了，不光在声调方面，元音、辅音也有格局。格局的思想用来调查方言真是太好了。我发一个[p·]，没有必要去追究这里面的送气到底喷出来了多少，指出送气就行了，就够了。石锋同志去调查过少数民族语言，那么复杂，里面有些音我们学都学不来。所以，这"格局"两个字我非常佩服。

第二，再讲一讲每个人自成系统的问题。系统的观念很重要，一个人的发音，静态是单人发音，今天发一个，明天发一个，你拿去做了语图再叠加，恐怕也重合不了。赵元任先生告诉我说，他调查方言的时候，有个发音人没睡醒就来发音了，他发的音和睡醒了时候的发音就不一样。不管怎么样，它这里有一个共同性，有一个容许度。

语音学不可不去测量，测量这个手段是要有的。但是测量完了，你不能死抠这个东西。当然，去测量 100 次、1000 次，然后再取平均，但这样的平均做法也危险。也许选 100 次、1000 次当中，有 5 个是语言环境不同的，你就没法给它平均。

看实验好不好，你不可不精确，精确完了以后，还要认真考虑。比如普通话 i，有人量出它的 F1 为 300Hz，F2 为 2200Hz，如果另外一个人量出了 i 的 F2 为 2300Hz，那怎么办呢？其实这是没有关系的。有时候我们写书就不得不这样做，找一个人发音，测量他高元音的共振峰是多少，低元音的共振峰是多少，一一写出来，这也是可以的。

还有一件事情很有意思，我们曾经跟赵元任先生去调查湖北方言、湖南方言，新中国成立后，在我们调查过的湖南方言中的一个县里，有一个本地人写信给我说，你们写的方言和我们这里的方言就不一样。我就说，你去查查，我们调查的发音人，他住哪村，他的祖父说什么，父亲说什么，这些都得写出来，你是不是这样做的？他不是这个村，却说你记的音不对，这样死抠是不行的。如果湖南方言每个县都说得这么清楚还不够，还得每个村都要这么清楚，那也不可能。

不过，我们调查方言时，多少要有这么一个概念，比如调查湖南方言、湖北方言，分几个点？这些点怎么分呢？比如江西靠浙江的地方说浙江话，靠湖南的地方说湖南话，你到底怎么选点，哪县哪县多半是由政治来决定。

我曾经到过丹麦，丹麦在地理上是一个小国家，他们的语音研究所把一张地图分成 100 多个方格，他们不管政治，一个方格大致对应 30 到 50 平方公里，每一个方格都去进行方言调查。这样，他们对所调查语言的情况就可以知道了，可以在图上画范围，画曲线，就知道这个地方的方言接近北欧，那个地方的方言接近南欧，这个方法是非常好的。但在中国是不容易做到的。而且，我们现在调查方言，发音人的选择多少还要考虑年龄的大小和男女的性别。

从格局来说，多少多少东西成一个格局，一个格局里包含多少多少东西。比如声调是不是五度的问题，加州大学的 Maddison 对世界的有声调语言进行过记录，记录了 300 多个语言，其中非洲话里的声调有三格的，有四格的，还有五格的，但是没有超过五格的。也就是说，在声调格局中，有五个格我们就可以辨别语音的高低了，当然，说去声是 53，52 也行，54 也行。所以说，五度值是非常高明的。少数民族语言里有六度，这是非常少见的，但是可能有，因为他们可以辨认。就像有的少数民族语言有浊音送气，比如有［b］，还有［b·］，后来在民族所的记录材料中我发现有这样的音。汉语里只有清辅音有送气，比如［t］和［t·］、［p］和［p·］、［k］和［k·］。世界这么大，可能有非常多的现象。不过从现在的情况来看，五度就够了。

格局的概念可以运用到很多方面，不光是在语言学里，人的品性也有格局，天气也有格局。我们非常佩服格局这个理念到处可以用，我祝贺你们的成功。

吴宗济

2006 年 10 月

关于语音格局的一次沙龙讨论

石锋(主持人):

我们近些年所做的工作主要贯穿的一个想法,就是从语音格局的分析出发,把语音学和音系学结合在一起。语音学和音系学按学科分类应该是两门学科,但它们的研究对象都是语音。过去,人类的科学并没有划分得这么细,这个是语音,那个是音系。后来科学发展了,语音学和音系学分出来了。语音学研究语音的实际内容,它的物理和生理的表现;音系学研究语音之间的关联,系统和规则等。现在科学进一步发展,要求它们再结合起来。这真是应了那句话:天下大事,合久必分,分久必合。

在第12届国际语音科学会议上,美国学者欧哈拉(John Ohala)曾有一个主题报告,主张把语音学跟音系学结合在一起,成为总合音系学(integrated phonology)。我当时觉得很好,开会回来就把它译成汉语,发表在1992年的《国外语言学》(现为《当代语言学》)上。国际语音学会会长、美国语音学家拉德福吉得(Peter Ladefoged)提倡语言学的语音学,也是把语音学跟音系学相结合的意思。

在中国,这个问题也需要得到很好的解决。语音学和音系学为什么要结合?怎样结合?音系学在中国还没有发展起来,怎么就要和语音学结合呢？我们一直在主张这样做。在纪念中国语文研究40周年的会上，我报告了一篇文章说明这个想法。应该说，跟音系学相比，语音学对于这种学科结合的需求，更为强烈，更为迫切。

语音学和音系学有一个很好的结合点，就是语音格局。语音格局的分析是用语音实验得出的数据和图表来考察各种语言音位系统的表现，包括的内容可以有不同音位各自的定位特征，内部变体的分布规律，整体的配列关系等等。

语音格局的说法并不是我们首创的。在刘复的《四声实验录》里，每个方言点有声调的分图和总图。分图是一个声调为一幅图，总图是用一条中线作为标准，把一个方言中所有的声调画在同一幅图上。它的北平（北京）音有五个调，阴平、阳平、上声、去声、入声。当时规定的标准音是这样，后来才改过来了。之后，还有几位学者也作过类似的声调图。沈炯还提出过声调聚合的术语。王洪君《汉语非线性音系学》副标题也讲到语音格局。

我们所做的事情只是把语音格局的概念跟语音实验的数据联结在一起，成为一种接口，一个平台。英语中常用的说法是interface。在声调格局的分析中，我们曾得到很多师友的启迪和支持，特别是得到了吴宗济先生的热情鼓励。当时我请教他："您看这种提法是不是合适啊？"吴先生很高兴，说："这种提法很好。格局嘛，'格'就是格式，每个声调有什么样的格式，表现形式；'局'就是布局，各声调的分布，相互之间的关系。中国本来就有格局这种说法。一个声调系统中各声调的表现并不是自由的，相互之间是有关联的，是相互制约的。单个地看，不容易看出它们之间的关系。这样做很好。”这是十几年前的事情。

后来我们又考虑元音的格局。透过声学元音图来看它们的层级配列和分布关系。现在初步看来是有效果的。一种语言或方言，其元音的数目及相互之间的关系，都是成系统的。我们做了几个汉语方言点，也做了日语和汉语元音的对比，都很有效果。一个人的发音包括了个性成分和共性成分，其中的共性成分就是格局的内容。各种不同的语言和方言，语音格局的差异会有类型学方面的因素在里边。因此，语音格局的分析看来可能具有类型学的意义。现在我们已经有博士生在做这方面的博士论文。

辅音的问题也在考虑中。辅音比较复杂一点。它是离散性的，跳跃性的，不像元音是连续的。辅音应该也是成格局的。一种语言或方言，塞音有多少，擦音有多少，浊音有多少，发音部位有哪些，应该是有规律的。

另外我们还需要进一步考虑静态分析跟动态分析的关联问题。现在做的元音格局是用静态的单字音。如果是动态的连续发音，在话语音流当中，元音的变化应该还有更丰富的内容。声调也是如此。现在单字调的声调格局做得比较多，若是两字组、三字组、四字组等，在这些连续的变化中，它们的声调从系统的角度看会有怎样的关系，都还有更多的内容等待我们去探索。

以上讲的都只是从声学角度进行的研究。我们还要考虑从听感的角度来分析。声学和听感是从两个不同的方向来证明同一个事情。如果它们能够达到一定的统一性，结论可以相互印证，对我们来说就很受鼓舞。我们用不同的方法，从不同的角度，得到同一个结论，这说明我们的结论是可信的。

我们的研究程序是从语音系统出发，通过实验分析，又回到系统。语音格局的分析表明，语音学和音系学的结合不仅在道理上是讲得通的，而且在实际上也是行得通的。

这算是一个开场白了，下面请大家随便谈谈吧。

冉启斌（博士生，现为南开大学教师）：

如果说过去语音学和音系学是合久必分的，那么现在它们就应该是分久必合了。从历史上看，语音研究在相当长的时期内是统一的。古代的语音研究是单纯的。近代生理学和机械技术发展起来之后，语音的技术分析取得了一定进展，但这时候的语音研究仍然没有发生分化。一方面，一些从事语音技术的研究者也进行"音系学"的研究。另一方面，语言学家的研究也没有和技术进步相脱离。

语音研究的分化是从结构主义的产生开始的。索绪尔首先严格区分了"语言"（langue）和"言语"（parole），把语言作为一个符号系统看待，其后建立在这种基础上的研究越来越抽象，逐步脱离了语音的"形而下"的层面，而专一着重对抽象系统的分析。语音作为一种应用技术在20世纪取得相当大的发展，大量从事工程技术的研究人员独立对语音进行了研究。这样，语音研究的两个方面——音系学（phonology）和语音学（phonetics）日渐形成两个不同的阵营。

另一方面，从语言学的发展历程来看，20世纪影响很大的音位理论和区别特征理论，又都是与语音学与音系学相结合的观念分不开的。

最早提出音位概念的是波兰语言学家博杜恩·德·库尔德内。他首先认识到了语音在生理、物理特性和语言作用上的不一致现象,显示了语音与音系的差异。其后由克鲁舍夫斯基、谢尔巴、D. 琼斯等语言学家的进一步发展形成了音位理论。音位观念的分析方法本身属于音系学的内容,但是它又是从实际语音中抽象出来的。抽象的音位形式总是与一定的语音实际表现相联系的。同时,音位理论对语音的描述及分类主要也依据于传统的生理角度。音位观念的出现,显示了抽象的音位形式与具体的语音表现的结合。

五六十年代以后,雅柯布逊、方特、哈勒等提出了区别特征理论。区别特征主要根据语音的声谱特性把音位的不同分解为更小的语音特征的对立,从而使语音学和音系学的结合扩展到较深入的物理层面。70 年代前后乔姆斯基等的生成音系学也是建立在区别特征基础上的,但它主要从发音生理方面来对区别特征进行定义,生成音系学的区别特征不仅表示出音位的对立,也对音位的实际读音进行描述。区别特征是在个体分类上把语音学和音系学结合起来。

但是语音学与音系学在相当长一段时间内、在很大程度上又是分裂的,70 年代以后这一局面逐渐被认识到了,很多语音学家和音系学家都提出语音研究应当综合起来。有一些研究将实验语音学和生成音系学进行结合,如 Pierrehumbert(1980)、Duanmu San(1994)、王志洁(1998)等,都作了初步探索。语音学和音系学具有不同的观念、方法,这二者正可以进行互补,以便推动整个语音研究的进展。

语音格局则是从整体、系统的角度，在更广泛的层面上综合地考察语音现象。不同的语言都具有其特定的语音格局。格局的方法不仅重视语音在物理上的细微变化，同时也注重将语音分析与人的听感符合起来。语音不仅是成系统的，又是分层次的，不同层次的语音具有不同的表现。语言当中的元音、辅音，以及超音段的韵律特征都可以通过格局的思路进行分析。分析的方法既是实验语音学的，又借鉴西方的音系学，同时也吸收汉语传统的音韵学，从而把语音学与音系学在更广阔的背景上结合起来。

江海燕（博士生，现为首都师范大学教师）：

从语音格局的思路考察语音，首先是用实验的方法得出具体的数据，作出直观的图表。在考察每一个语音时，是将这个音放在格局的框架中去分析，看它在格局系统中的相对位置。在声调格局中，每一个调位的调型曲线代表的是一个调位的分布范围。我们既得出语言的客观表现形式，又不过于追求没有语言学意义的细节。例如，我们没有必要争论天津话的上声到底是13还是24。语音学和音系学各有长处。我们如果在格局的框架中去认识和分析语音，就可以少走一些弯路。

从方法上看，语音格局不是对单个音孤立的研究，它是把一个系统中的各个成分都纳入格局，从语言系统的角度来研究每一个音的特点和相互之间的关系。这既有语音学，也有音系学的方法。从一张声调格局图或元音格局图上，我们看到的不仅是每个音的声学表现。同时也看到了每个音在系统中的位置关系。

语音格局的另一个重要方面是它与人的感知是相对应的。人对语音的感知多数时候是一种范畴感知。格局也是从范畴出发来研究和表现语音的。例如通过声调格局的研究,可以找到每个调类的表现形式和分布范围。北京话的阴平调处在格局中最高的范围当中,阳平调从中间逐渐上升到最高的范围。一个音如果超越了自己的分布范围,进入别的音位领域,就会被感知为别的音。语音感知范畴还有很多的内容值得深入研究。

陈鹏飞(博士生,现为天津师范大学副教授):

语音格局有时能帮助对一种现象作更本质的判断。我说一个具体的例子吧。汉语方言的入声跟其他调类的区别是它具有塞音韵尾,塞音韵尾属于音段音位。入声在很多地方都在消失,如晋语、吴语中都存在这种现象。有些方言中,低元音后的塞尾是若有若无的,其区别特征正在由音段音位向超音段音位转化。可是这其中的情形并不能一概而论。有的方言中虽然入声的塞尾发生了这种转化,可是声调的平上去入格局并没发生变化,整个韵尾的格局也没有改变。有的方言中韵尾的格局发生了改变,但是整个声调格局没有变。而有的方言中不仅韵尾的格局变化了,整个声调格局也发生了转化。如果没有格局的观念,这其中种种具有本质差异的现象就容易被混同起来。如果对于这种情况进行更精确的描述,还需要大量的实验语音分析和数据的测算统计。

王临惠(博士后,现为天津师范大学教授):

分析不同方言的语音格局确实是值得重视的。现有的研究对音类的归纳、音值的描写很多,可是从整体的格局出发所作的研究还较少。例如两种方言虽然调类相同，声调格局可能并不相同。如果在这当中采用实验的方法，有些问题的解决可能会变得容易一些。同时，方音描写中常常出现的问题是不同调查者的调值描写常常并不相同，产生争论。其实有些调值的差异并没有绝对的正误之分，如果能从格局的角度出发，很多问题都能够得到统一。音系学的研究如能结合采用语音学的方法应该会有很大的帮助。

梁磊(博士生,现为南开大学教师)：

记得石老师曾有一篇文章讲到语音的层次问题:语音本身是有层次结构的。这种层次结构是客观存在的。同时人们对于语音的认识也是有层次的。不同层次的语音单位可以分别分析为音位、音素、音子。音位是特定语言中采用的语音所划分出来的类别。音位的分析以特定的具体语言为前提,与这种语言中的意义相关联。音素是不同的语言和方言之间进一步分析对比的结果,是跨越各种语言和方言的一种普遍的语音分类。不同音素的区别是在发音分析的基础上以听感为标准的。音子是人类借助实验仪器所认识的语音成分。如果说音素是人耳区分出的音位变体,那么音子就是用仪器测知的音位变体。音子是语音的物理表现,每一个音子都是可以测定的。人耳虽然不能准确判定音子的区别,但是可以对音子划分类别。不同音子的物理表现影响人耳对它们的听辨分类。这可以作为我们理解和思考语音格局问题的一个前提和基础。

杨晓安（博士生，现为日本长崎大学教授）：

刚才石老师谈到了听感分析，这也是语音学研究的重要方面。听觉是言语交流的接收端，客观的声学信息常常要受到主观听觉的改造或调整。因此声学上的表现很可能与主观听觉所感知的信息存在差异。同时，发音和听感具有基本的一致性。

这种语音学领域的问题可以跟语法领域的句法语义结合起来研究。在分析考察句法语义结构与语音表现之间的对应关系上，得到反向验证。按照这种思路，我们用语音实验的方法对汉语歧义结构进行了分析，例如“咬死了猎人的狗”，在有上下文语境的情况下，由于重音位置不同，意义是单一的。如果把这个结构抽取出来，听话人还能确定它的意义吗？我做了一个听感实验，发现在去掉语境的情况下听话人仍然能够确定它的意义。其中的关键在于歧义结构的不同语义跟语音上的音节时长比例存在着密切的关系，时长比例的不同往往与歧义结构的语义差异相对应。所以，语音学的研究可以帮助分析解决句法语义中的问题。反之，语音分析的结果也能够在句法语义的研究中获得验证和补充。

温宝莹（博士生，现为南开大学教师）：

20 世纪 80 年代曾有“第五代言语科学家”的提法。它是瑞典著名的声学语音学家方特教授在 1987 年召开的第十一届国际语音学科学会议上提出的。当时很多人在热衷于搞第五代计算机，第五代计算机即人工智能计算机，从语言的角度说就是它能直接与人对话。方特说：“我们对作为语言代码的言语的认识仍然是很贫乏的。我们需要的是第五代的言语科学家，而不是第五代的计算机。”第五代的言语科学家就是既要懂得语言学又要懂得言语工程技术的研究人员。方特的话道出了当时言语工程研究的症结。语音的识别和合成技术离不开对于语言本身的深入研究。这也是对于语音学研究者的知识基础提出的要求。

语音学研究有双重的意义：一是属于基础研究，在语言学方面作为语言研究的重要内容，为丰富和发展语言学理论作出贡献；二是属于应用研究，在语言教学和言语工程方面提供数据、规则和模式。

目前世界上很多公司如 IBM、微软等都在做语音识别和合成的技术。我国的不少语言研究者也加入了这项研究。目前做出的产品质量都还有待提高，我想其中一个原因是在语音系统和具体的声学表现如何衔接的问题上解决得不够好。如果这些方面都做得很好了，应该会产生很大的突破。

石锋（主持人）：我想把我们近些年做的一些工作，放在一起，出一本语音格局的书。把这次的讨论会作一个记录，放在开头，就算做是一个序言吧。

石　锋

2003年3月6日

于南开大学博士生沙龙

绪　　论

实验音系学与汉语语音分析

一、实验音系学的缘起

语音学和音系学最初都是自发地结合成一体的，直到布拉格学派的特鲁别兹科伊（N. S. Trubetzkoy 1939）把语音学称为"言语行为的语音研究"，把音位学称为"语音系统的语音研究"。语音研究的分化曾经几乎势不两立。如丹麦的叶姆斯列夫（Hjelmslev）认为"音系行为涉及的模式和范畴是不受语音制约的"。而极端实证主义的斯科日特（Scripture）则针锋相对，企图创建"一门绝不依赖任何语言学概念的语音科学"。（王嘉龄 1996）

国际语音学会主席拉德福吉得（P. Ladefoged 1982）在他的《语音学教程》（A Course in Phonetics）设立专章，提倡"语言学的语音学"（Linguistic Phonetics）。瑞典语音学家方特（G. Fant 1987）在第 11 届国际语音科学大会上的主题报告指出，"我们需要的是第五代的言语科学家"；美国语音学家欧哈拉（J. Ohala 1991）在第 12 届国际语音科学大会的主题报告以"语音学和音系学的总合"为题，呼吁语音学和音系学要重新携手，建立"总合音系学"（Integrative Phonology）。欧哈拉的意见具有相当代表性。美国语音学家 M. Beckman 和 J. Kingston 等从 1987 年以来多次召集会议研讨“实验室音系学”（Laboratory Phonology）。这表现了现代语音学家为语音学和音系学结合所做的努力。

中国的语音实验从刘复、赵元任、王力、白涤洲开始，到吴宗济、林焘、林茂灿、鲍怀翘、曹剑芬等语音学家的工作，一直是与具体的语言和方言研究密切相关的。语音学跟音系学的分离在汉语语音研究中并不严重，但是也有一定的影响。

在实践语音学和音系学的结合方面，海外有冯胜利的韵律构词和韵律句法研究、张洪明的连读变调研究、端木三的汉语音系研究；国内有王洪君的汉语非线性音系学及韵律层级研究、朱晓农的实验音韵学工作等。

石锋曾经通过对吴语浊音声母的分析探讨区别特征跟声学音征之间的对应关系（1983）；尝试论述说明“语音层次”作为语音系统的基础（1990）；按照林焘“语音教学要贯穿语言教学始终”的宏旨，认为应“把语音研究贯穿语言研究的全过程”。（1992）

这里所讲的实验音系学（Experimental Phonology）跟上述“语言学的语音学”、“实验室音系学”和“总合音系学”的思想是一致的，也就是语音学跟音系学的结合。音系学应该是基于语音实验的音系研究，语音学应该是对于音系分析的量化描写。Experimental Phonology 可以译为实验音韵学，也可以译为实验音系学。我们所说的“音韵学”就是港台学者的“声韵学”，这里的“音系学”在港台学者那里则是“音韵学”。在术语使用上有一点错位。我们的实验音系学就是港台学者的实验音韵学。实验音系学是基于语音实验的音系学研究，也就是音系学分析的量化描写。数字化的音系学研究可以拓展和深化我们对语音性质和语言规律的认识。

实验音系学在学科分类上具有双重地位,既属于言语工程学,又属于语言学,是一门交叉学科。它在言语工程学和语言学两个学科中都是处于学科基础的位置。这种关系可以从图1中得到表现。

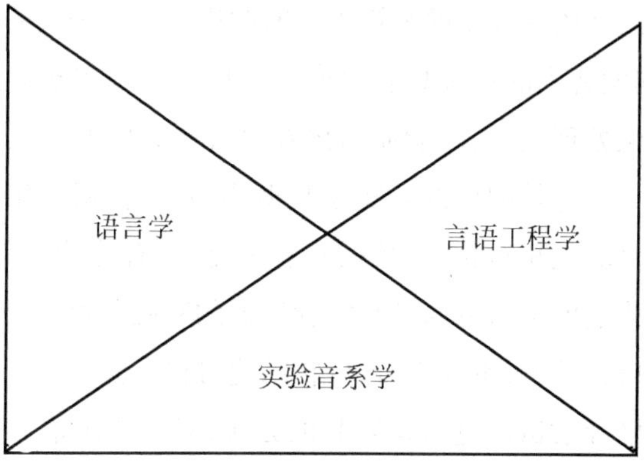

图1　实验音系学的学科地位

二、语音实验与语音格局

每一种语言和方言都有各自的语音格局。语音格局是语音系统性的表现,包括的内容可以有语音的切分和定位特征,音位变体的类别和分布趋势,不同音位之间的相对表现和配列(phonotactics)关系等等。语音格局的分析可以用于音节内部的声、韵、调,也可以用于音节之间的协同发音和韵律特征的研究。各种语言和方言的语音格局都具有人类语言中的共同规律,也有着各自的个性特征。比较不同语言和方言的语音格局,具有语言类型学的意义。

语音格局(Sound Pattern)的观念很重要。格局是系统的表现形式。研究语音要着眼于语音格局。语音格局是语音学跟音系学的交汇点,是实验音系学的基础。

语音实验应该以语音格局为出发点、为基础;同时又是以语音格局为目的地、为归宿。随着人们对于语音的认识不断深入,语音实验的方法和语音数据的测算也不断改进。每一个人的发音自成系统,不同发音人的系统具有对应一致性。通过实验得到的数据经过相对化处理之后,才能显示出在语言研究中的意义。语言学中的数学关系都是相对的。实验数据要归一化、相对化、系统化。归一化的目的是相对化,使数据具有可比性、有统计意义,便于系统分析。我们的努力方向是在实验数据的基础上建立语言分析的结论,使分析过程可重复进行,分析结论可得到验证。

我们已经尝试通过语音实验的方法,对一些汉语方言中的声调格局和元音格局作了初步分析,取得了一定的收获。下面报告我们所做的部分工作。希望方家批评指正。

三、汉语元音格局分析

1. 元音格局和元音的层级

这里所分析的元音格局是主要元音的格局。元音格局是元音系统性的表现,包括的内容可以有元音的定位特征、内部变体的表现、整体的分布关系等等。

依据主要元音跟韵母中其他成分的组合关系,可以划分出不同的层级:出现在单韵母中的元音是一级元音;能够带韵头的元音是二级元音;能够带韵尾的元音是三级元音;既能带韵头也能带韵尾的元音是四级元音。一个元音在同一语言或方言中可以出现在不同层级中。同一层级上各个元音的分布格局简单明了,易于分析。同一个元音在不同的层级上具有不同的相对关系和分布特征,显示出语音的结构层次。其中,一级元音是基础格局,具有典型的代表性。

一级元音和二级元音同属无韵尾类别,一级为开口,二级为齐、合、撮口;三级元音和四级元音同属有韵尾类别,三级为开口,四级为齐、合、撮口。可以根据不同的韵尾再行分类:a)元音韵尾;b)鼻音韵尾;c)塞音韵尾。

2. 声学元音图和元音格局图

利用实验测得元音的共振峰频率,可以绘制声学元音图,又叫声位图。以线性标度的第一共振峰(F1)频率为 y 轴坐标,以对数标度的第二共振峰(F2)频率为 x 轴坐标,坐标零点设在右上角。每一个单元音都可以在图上得出一个代表点。用画圈的办法来表示元音音位的分布范围,可以直观地考察同一元音音位内部变体的表现,以及不同元音之间的相对关系。

声学元音图跟生理舌位图在相对位置上大致对应。舌位高低跟 F1 成负相关。舌位越高,F1 就越低。舌位前后跟 F2 成正相关。舌位越靠前,F2 就越高。另外,F2 跟唇形圆展也有关系。圆唇作用可以使 F2 降低一些。第三共振峰(F3)跟卷舌相联系。舌尖越上翘,F3 就越下降,造成第二、三共振峰接近。第三共振峰(F3)的数据也可以测量出来作为参考。

一种语言或方言中所出现的元音并不是都可以进入元音格局。例如:北京话中元音 ê[ɛ]和 o[o]做单韵母时只出现在象声词、语气词和叹词中,属于边际音。北京话的儿化韵属于派生音,就是基础音在一定条件下发生的局部音变现象。(王洪君 1999)

元音格局的分析以基础音为依据。边际音和派生音跟基础音不在同一层面，应另行考虑。另外，唇音声母后面的元音 o[o]因唇化作用的影响，实际发音是带有韵头的[uə]，不属一级元音。因此，北京话的一级元音就是/i，u，y，a，ɤ，ɿ，ʅ/七个。图 2 就是用"桌上语音工作室"自动测算作出的北京话的一级元音图。（石锋 2002）

尽管不同的人所发的同一个元音共振峰的频率不同，但是每个人所发的各个元音在声学元音图上的相对位置基本上是稳定的。人的大脑正是以这种相对位置为背景来感知语音的。（M. Joos 1948）

元音相对化的分析可以采用 *V* 值计算。先把共振峰 Hz 单位换算为 Bark，再用以下 *V* 值公式：

$$V1=[(B1x-B1min)/(B1max-B1min)]\times 100$$

$$V2=[(B2x-B2min)/(B2max-B2min)]\times 100$$

计算 *V* 值的思路跟 T 值相类似：T 值只是一维音高的相对化，时长做了归一化；*V* 值是 F1 和 F2 的二维相对化。可以把元音分布区域设为一个正方形，一种语言中的每个元音都在其中以 *V* 值表现为一个点，构成元音格局图。图 3 就是利用 *V* 值计算作出的北京话一级元音格局图。

3. 北京话元音格局分析的收获

北京话元音格局中，每一层级都有高、中、低三种元音。不同元音音位之间的相对位置在总体上是一种有序的平衡分布。其中，顶点元音分布比较集中；中元音/ɤ/有较强的游移性。/ɤ/为一级元音时大体是从[ɯ]和[ɨ]之间到[ʌ]的滑移，动程距离接近复合元音。/ɤ/为二级元音时因介音的不同而发生音位分离现象。这在教学和研究中要特别加以注意。

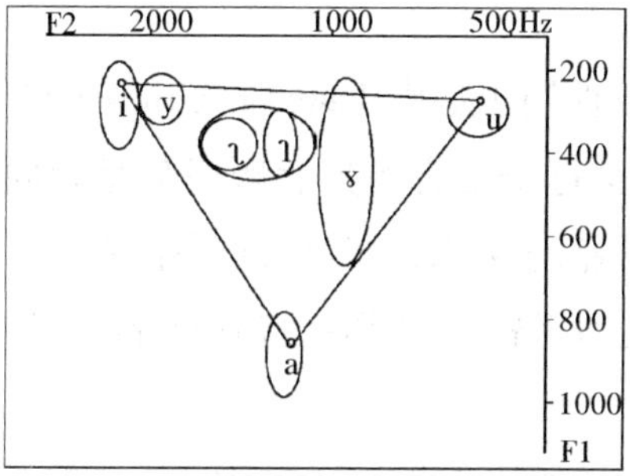

图 2　北京话的一级元音声位图

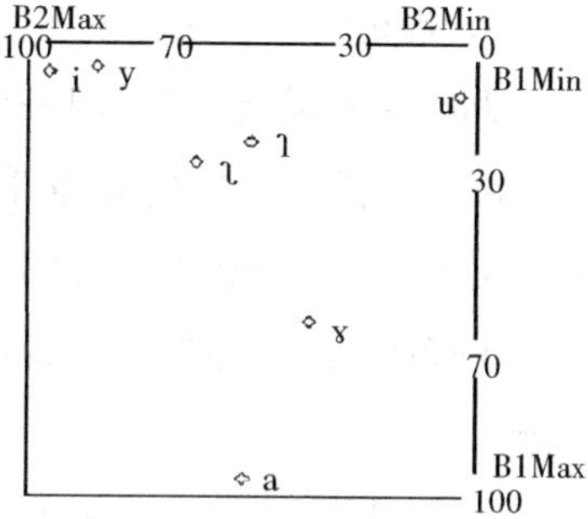

图 3　北京话一级元音格局图

韵头和韵尾都会影响元音的发音,造成音位变体的分布差异。在对元音舌位高低的影响中,韵头的作用大于韵尾;在对元音舌位前后的影响中,韵尾的作用大于韵头。图 4 中,元音变体的分布首先是按照韵尾的前后分成前后两大片,每一片内部再依据韵头/i、y、u/的次序从前向后排列。显然,韵尾的作用在韵头之上。

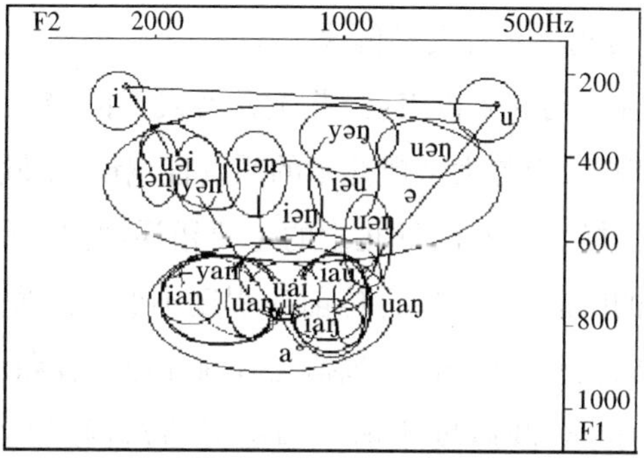

图 4　北京话四级元音声位图

四、儿童元音发展分析（*V* 值和元音格局分析的应用）①

1. 理论背景及实验说明

Jakobson 提出"非逆向一致性"的法则（Laws of inirreversible solidarity），任何民族的儿童学会母语语音的先后顺序都是相同的。他认为，一个音位习得的早晚，主要取决于该音位在世界语言中的分布情况，分布广泛的音位习得较早，母语中特有的音位习得较晚。

我们选了 40 名父母说普通话的幼儿发音人，其中最小年龄是一岁，最大年龄是六岁。收集儿童的发音采用图片命名、玩具命名、人物命名和跟读的方法。实验录音、测算和统计作图使用"桌上语音工作室"（Mini-Speech-Lab）和 excel、spss10.0 软件进行。得出儿童元音共振峰数据和声学元音图作为分析的依据，辅以听辨记音、计算发音正确率的方法，考察普通话儿童对七个一级元音 /a、i、u、y、ə、ɿ、ʅ/ 的发展进程。

2. 普通话儿童元音发音偏误类型

儿童元音格局的分析表明，儿童元音发音的错误并不是某一个人的孤立现象，而是大多数儿童的系统性偏误，不同年龄段的偏误倾向并不一样。三岁以下儿童的主要错误倾向在元音的定位，如圆唇元音的圆唇度不足，舌位前后程度不够。三岁以上儿童的主要错误倾向在元音的滑移，包括元音前面加介音和后面加尾音。

图 5 所示：a. 圆唇度不够。圆唇元音 /y/ 和 /u/ 的圆唇度不够，分别用 /i/ 和 /ɯ/ 替代。b. 元音舌位前后偏移。后元音 /u/ 偏

① 参见石锋、温宝莹（2007）汉语普通话儿童的元音发展，《中国语文》第 5 期。

前;前元音/y/偏后;用/i/替代两个舌尖元音/ɿ、ʅ/。

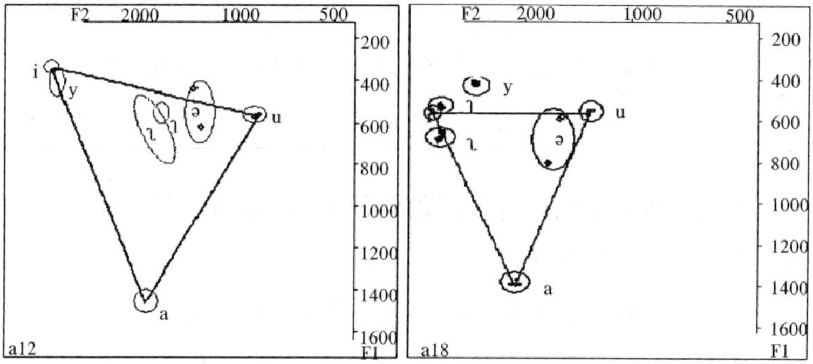

a. /i/和/w/替代/y/和/u/　　b. /i/替代/ɿ、ʅ/,/u/偏前,/y/偏后

图5　普通话儿童元音的发音偏误图形

前高圆唇元音发音偏后和后高圆唇元音偏前,是由于幼儿大脑和肌肉运动不能同时兼顾圆唇和舌位的关系。发音时如果注意了舌位的正确则会圆唇不到位,注意了圆唇则会舌位不正确。

3. 普通话儿童汉语元音的习得顺序

表1　普通话儿童汉语元音的发音正确率

(表中数据为百分比,70%以上为习得)

元音	1岁	2岁	3岁	4岁	5岁	6岁
/a/	100	100	100	100	100	100
/i/	90.38	100	100	100	100	100
/ə/	82.50	91.75	95.88	98.75	100	100
/u/	20.75	49.75	93.75	98.25	100	100
/ʅ/	0.00	21.00	50.13	85.25	83.38	91.75

续表

元音	1岁	2岁	3岁	4岁	5岁	6岁
/ɿ/	0.00	21.00	58.25	52.13	73.88	79.00
/y/	16.75	29.25	43.88	58.25	60.25	74.25

从表1所显示的元音发展的顺序来看，普通话的儿童七个汉语一级元音习得顺序是

/a/>/i/>/ə/>/u/>/ʅ/>/ɿ/>/y/（“>”表示早于）

具体发展进程可以分为三个阶段：一岁到一岁半、一岁半到三岁和三岁以后。儿童三岁以后的元音发展都趋向缓慢。并非所有元音的发展曲线都是直线上升的，例如两个舌尖元音/ʅ/和/ɿ/的曲线都出现过起伏，说明儿童在元音发音过程中会有反复，这种反复主要出现在三岁以后。六岁儿童的元音格局已经跟成人基本一致。（见图6）

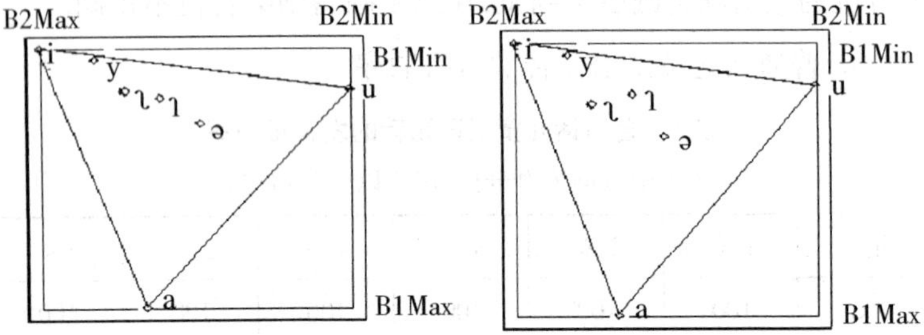

图6　两名六岁普通话儿童元音格局标准图形

4. 儿童元音发展的系统性

儿童发音过程中每个元音的出现并不是孤立的现象，而是有系统性的。表现在以下三个方面。

A. 舌位高低先于舌位前后，即，开口度的区别最先掌握。儿童最早习得元音在高低维度上的对立：第一个会发的元音是开口度最大的元音/a/，接着是开口度最小的元音/i/，构成高低对立；然后是处于二者之间的中元音/ə/，实现了元音高、中、低的第一维度的区分。这证明元音系统中的高低维度具有原发性质。

B. 前、央元音先于后元音。在元音舌位的前后区别中，儿童首先习得前元音和央元音，因为它们的舌位处于相对自然的状态，发音比较容易。后元音的舌位不是自然状态，发音时需要作出努力，所以学会得稍晚。在元音的高低维度建立之后，再学会/u/，就建立起前后元音的对立，实现了元音系统的二维区分。舌位的前后是元音系统的第二维度。

C. 非圆唇元音先于圆唇元音，后圆唇元音先于前圆唇元音。儿童最早习得的/a/、/i/、/ə/都是非圆唇元音。在圆唇元音中，后元音发成圆唇比前元音容易，所以/u/先于/y/学会。在元音的高低、前后二维之后，元音唇形对立的习得，实现了元音系统的三维区分。圆唇度的区分是元音系统的第三维度。

此外，舌尖元音的习得是在基本舌面元音之后，舌尖发音和舌面发音的区分，是元音的又一个维度。

总之，儿童习得元音的过程就是建立系统的过程。不同的元音依据发音难易程度从易到难排定习得次序。这个次序反映出每个元音在系统中作用大小的位次，同时也显示出各个元音音位标记性的强弱，习得越晚，标记性越强。标记性是语言的共性特征，与世界语言中的分布相对应，分布越广泛的，标记性越弱。

五、汉语声调格局分析

声调格局有广义和狭义的两种意义。广义的概念既包括静态的又包括动态的声调分析，如两字组、三字组、四字组的连读变调。狭义的概念只是静态的单字调的声调格局。一种语言或方言中全部单字调(citation form)构成一个特定的声调格局。这可以反映出不同语言(或方言)的个性特征。声调格局是声调系统的共时初始状态，包括声调的数目、声调的调层和调型以及它们的分布关系，是各种声调变化的基础形式。吴宗济认为，声调格局可以概括勾画出一种语言(或方言)的"调貌"，类似于地理学中不同地质区的"地貌"的意义。

把发音人全部声调的取样录音资料进行实验分析，每个声调平均选取若干测量点，得到每个测量点的平均音高数据。音高数据的相对化计算可以采用 T 值(石锋 1986)。T 值计算公式如下：

$$T=[(\lg x-\lg min)/(\lg max-\lg min)]\times 5$$

这样得到的 T 值范围在 0 至 5 之间，可以跟五度值相对应。

在时长对音高的平面坐标图中，一种语言中的全部单字调以 T 值为依据画出调型曲线，就组成一个声调格局。使用南开大学计算机语音分析系统"桌上语音工作室"，可以自动把每个声调平均分出 9 个时点，测算数据，作出图形。(见图 7)通常是在声调格局图中把时长归一化，也可以选择保留时长的差别。

音高数据不是非 T 值莫属，也可用其他计算方法。T 值方法的优点在于计算程序简便，具有普遍的可比性。利用 T 值可以把不同发音人的测量数值，不同语言(或方言)中的实验结果，以及不同作者在不同时期所作的研究资料，放在一起来对照分析。例如,刘复(1924)、白涤洲(1934)、林茂灿(1965)、石锋(1994)等学者先后分别对北京话的单字音声调进行了实验分析。每个人采用的实验手段和计算方法各不相同。我们对于各家的数据统一采用 *T* 值公式重新计算作图,使不同的实验结果之间具有了最大限度的可比性。(见图 8)

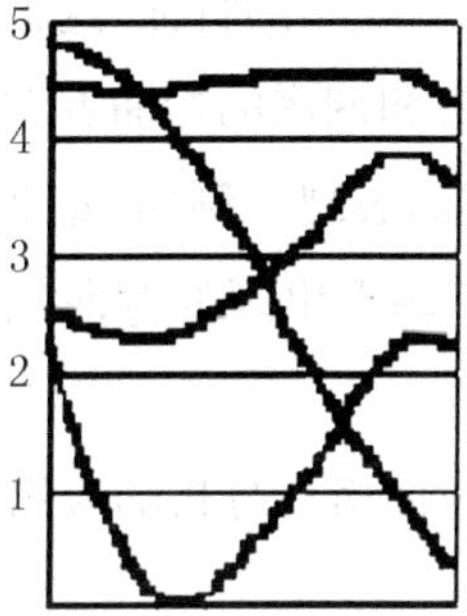

图 7　北京话的声调格局

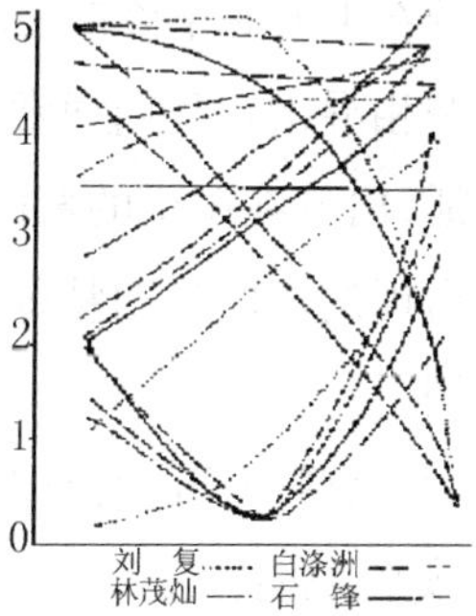

图 8　北京话声调格局对比图

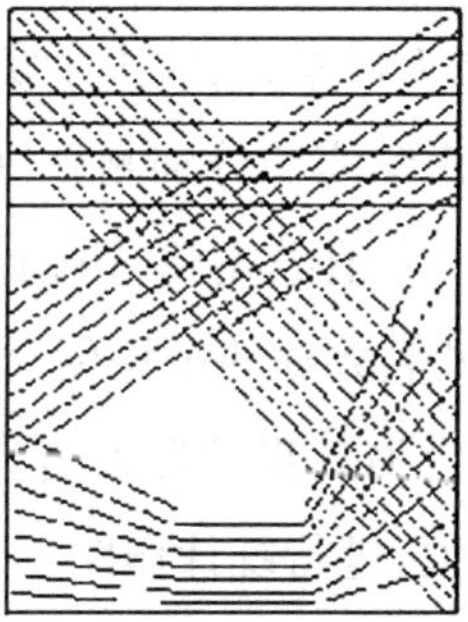

图 9　北京话声调的带状包络图

在声调语言中,一个声调就是一个调位。在声调格局图中,调型曲线是依据实验数据的平均值得出的,应该看作为一条带状包络的中线或主线。每一声调所占据的是一条带状的空间。(见图 9)

弯头和降尾是声调之间的过渡段，表现发音中声带自然调节的过程。声调主要是由韵母负载。我们可以参照韵母的时长来判定弯头和降尾的取舍，得出声调的调型段。调型段又可划分为调头、调干、调尾，各占三分之一。这里要特别加以注意，调头不是弯头，调尾也不是降尾，它们各是调型段的一部分。

声调在上升和下降时，调型段常出现凹或凸的特征，这很容易跟曲折调相混淆。我们通常把出现在调头和调尾的弯曲看做凹或凸的特征；出现在调干的弯曲看做曲折调的表现。例如，北京话阳平调头出现的弯曲是凹特征的表现；上声调干出现的弯曲就是一个曲折调了。

六、北京话声调的统计分析（T 值和声调格局分析的应用）①

1. 实验说明

我们在 52 位北京发音人的《汉语语音数据库》中选出四个声调各 10 组字的录音作为样本，采取声学实验和统计分析相结合的方法进行考察。通过声学实验分别测算每位发音人各个声调测量点的 T 值，然后将这些 *T* 值数据输入统计软件，分别计算出各个声调测量点上 52 个 *T* 值数据的平均值、标准差，最大值、最小值，做出总体的统计图表。另外再按照发音人背景划分不同组别，分别计算出各组的平均值，进行统计作图。

发音人有三种分组条件：（1）按照男、女性别；（2）按照新、老北京人；（3）按照年龄，分为五个年龄段：20 岁以下、21–30 岁、31–40 岁、41–50 岁、51 岁以上。

---

① 参见石锋、王萍（2006）北京话单字音声调的统计分析，《中国语文》第 1 期。

新、老北京人的标准不是依据年龄大小,而是看他的父母是否北京人。老北京人就是父母双方为北京人;新北京人则是父母双方或一方不是北京人。这是家庭语言环境的不同。(胡明扬 1981)

2. 主体统计分布

主体统计分布是用各测量点的平均值分别加减标准差得出的曲线。(见图 10)北京话声调的主体分布表明,声调曲线不同测量点上的数据分布有差别,可以推测各点对于声调的区别作用不一样。标准差较小的点数据比较集中,分布范围受到制约,可以称为稳态段。例如:阴平的全段、阳平的调尾、上声的调干、去声的调头。稳态段更多地承载着调位信息,对于声调区分的贡献较大。声调特征点位于稳态段。

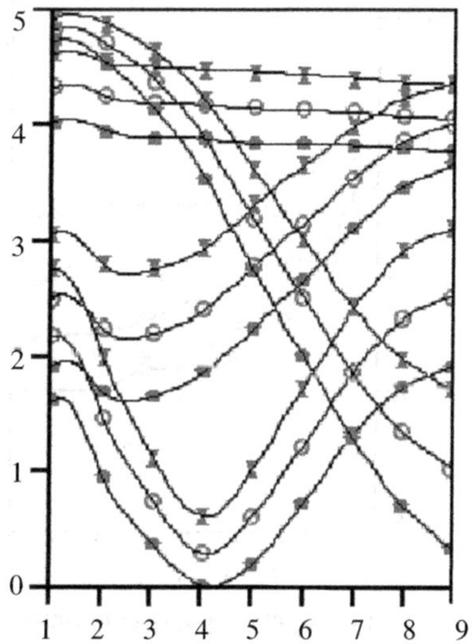

图 10 北京话声调的主体分布

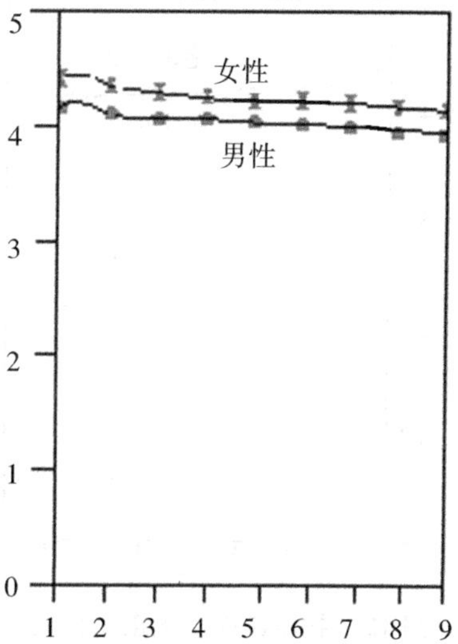

图 11 按照性别分组统计(阴平)

那些标准差较大的测量点数据比较离散,分布范围宽泛,可以称为动态段。如，阳平的调头、上声的调头和调尾、去声的调尾。动态段承载的调位信息少，对于声调区分的贡献较小。声调的变化多是从动态段开始的。

3. 分组统计分析

发音人男、女分组和新、老北京人分组的统计情况是：女性在男性的上方；老北京人在新北京人的上方。尽管这种差异是细微的，却是一种系统差异。（图 11、图 12）男、女在语言上的差别及其影响的因素，值得深入探讨。新、老北京人的系统性差异表明，母语方言的发音跟非母语方言的发音是有区别的。这在下面分年龄段的统计中也有表现。

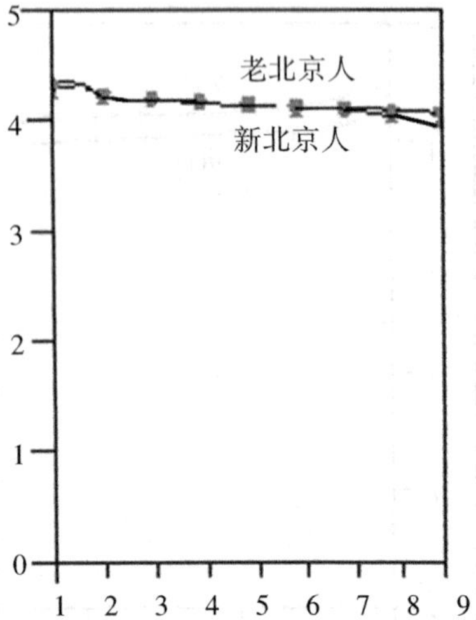

图 12　按语言背景分组统计（阴平）

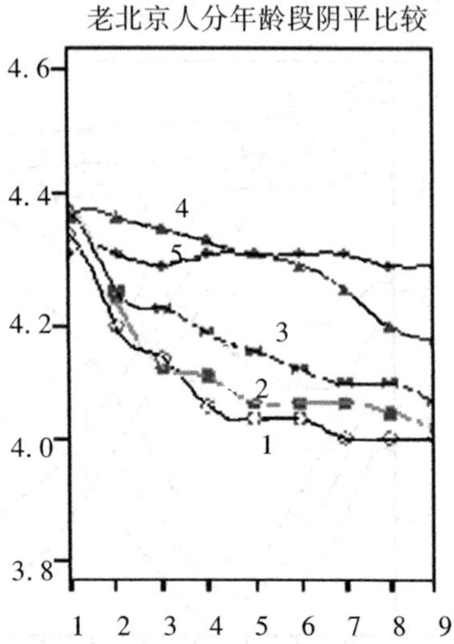

图 13　按照年龄分组图例（阴平）

在各年龄段将新、老北京人分别统计，其中老北京人的结果具有规律性。根据年龄从大到小的表现，可以看到：阴平终点下移，阳平起点升高，上声起点升高、终点降低，去声的终点上移。这种滑移会导致调型的细微改变，如阴平调，第5段是水平型，第4段跟第5段接近。第1、2、3段的年轻人都是微降型。（见图13）语音的共时年龄差异有可能提供历时演变的轨迹。这里声调曲线的滑移方向有可能预示调值演变的趋向。

4. 分组统计的意义

尽管北京语音具有标准音的权威地位，它也跟其他汉语方言一样，悄悄发生着进行中的变化。

不同年龄段的分组统计是很有意义的。统计分布的差异都是以40岁为界限。其中的一个重要因素可能是在20世纪60年代，中国社会发生的巨大变化引发语言和语音的变化。

新北京人分年龄组统计没有规律，总体情况跟老北京年轻人的表现相类似。新、老北京人的不同结果说明，母语方言和非母语方言在语音习得方面也有不同的表现，这跟第一语言习得和第二语言习得的情形相同。母语语音具有较强的系统性和规律性。

七、天津话声调的系统性变化（上）①

1. 天津话声调概述

声调表现是确立方言特点的一个重要条件。天津话的声调曾经引起很多学者的关注。各家对于单字调的调值描述归纳如下：

阴平	阳平	上声	去声
11/21/31/LL	45/55/HH	13/24/213/214/LH	54/53/HL

① 参见石锋、王萍（2004）天津话声调的新变化，《乐在其中——王士元教授七十华诞庆祝文集》，南开大学出版社。

天津话两字组变调共有四个基本规则,都属于前字变调:

阴平+阴平→(上声)+阴平　　例:飞机　吹风　稍微

上声+上声→(阳平)+上声　　例:水果　打扰　勇敢

去声+阴平→(阳平)+阴平　　例:豆浆　唱歌　放松

去声+去声→(阴平)+去声　　例:药店　受累　重要

这四条变调规则的优势地位从强到弱依次是:

上上>阴阴>去去>去阴。(石锋 1988)

天津是现代大都市,随着经济的发展,在普通话的影响之下,都市方言发生着怎样的变化?带着这个问题,我们考察了天津话声调的新变化。

2. 取样分析程序

发音词表有单字音和两字组。两字组包括口语高频词语、书面高频词语、书面低频词语三种。每种都选取符合变调规则的词语各 20 项,四条共 80 项,三种总计 240 项。

天津话发音人 204 位,父母都是天津人。男女性别比例相差不大。文化程度从小学生到研究生都有。年龄从十几岁到八十岁,分为老、中、青三个组,七个年龄段。详情如下:

老年:70 以上	60–69	中年:50–59	40–49	30–39	青年:20–29	20 岁以下
5 人	9 人	36 人	52 人	15 人	31 人	56 人

采用声学实验和听感分辨相结合的方法。为全部发音人录制了语音样品。利用“桌上语音工作室”,选择老、中、青 8 位发音人进行语音实验分析。同时全部样品都经听辨判定,分别统计。

3. 两字组变调的新变化

实验表明,目前天津话单字音声调稳固地保持着原有格局的特点：阴平 31，阳平 45，上声 13，去声 53。大体上以调域中线为轴，两两对称，成最佳对立状态。

新的变化发生在两字组的变调中。我们按照从强到弱的次序，依次考察四个变调规则的表现。

A. “上声+上声”→（阳平）+上声（如图 14）

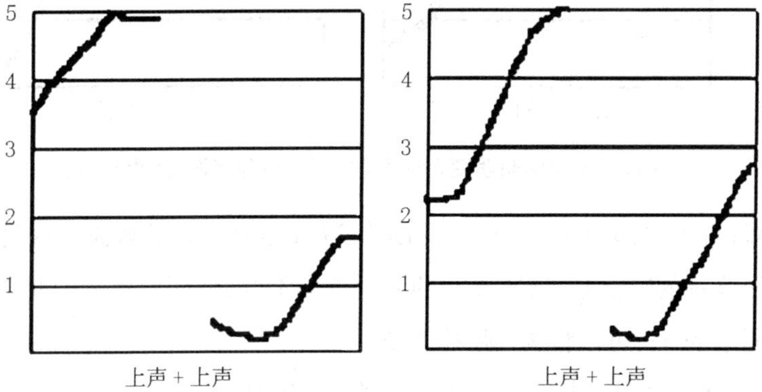

图 14　天津话上上变调的声学表现（前为老派；后为新派）

上上连读原是最优势的变调规则。老年组前字 90% 变读为天津阳平 45；中年组大部分是 45，少部分为 35；青年组则大部分为 35。由此可见，变读为 45 的是老派，35 是新派。新派变化的特点是：从调类来看，变调规则依旧，还是原来的阳平；在调值上却发生变化，从天津的阳平 45 变读为北京的阳平 35。这种新派发音可以称为“上上变 35”。

B. “阴平+阴平”→（上声）+阴平（如图 15）

阴阴变调原是较优势的规则。老年组 50% 前字变读为天津上声的变体 24，50% 变读为 55；中年组则是少数变读 24，多数读为

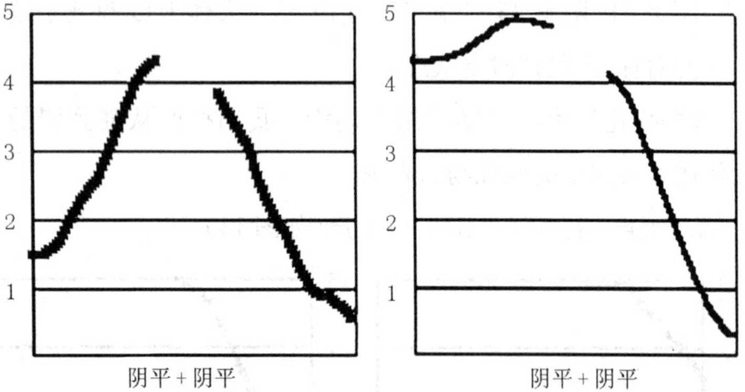

图15 天津话阴阴变调的声学表现(前为老派;后为新派)

55;青年组都为55。因此,变读为24是老派,55是新派。这种新派读音的特点是:前字原有的阴平调类不变,把调值变读为北京话阴平的55,可以称为“阴阴变55”。

C.“去声+去声”→(阴平)+去声(如图16)

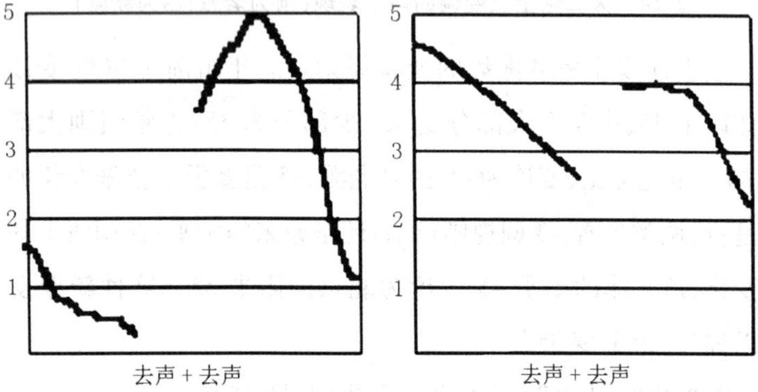

图16 天津话去去变调的声学表现(前为老派;后为新派)

去去变调原是较弱势的规则。老年组40%前字变为天津阴平的21,大部分不变调;青年组和中年组都是一律不变调。因此变调的是老派,不变的是新派。这种新派发音的特点是:前字去声的调类和调值都保持不变。北京话的去声相连,前字变为53(或说变为小51),这恰好正是天津去声的调值。其实此处不变即是变,变为跟北京话连调调值相同。这种新派发音称为"去去不变"。

D."去声+阴平"→(阳平)+阴平

去阴变调原是最弱势的规则。老年组约60%前字变为天津阳平的45;中年组80%以上变为45;青年组全部读为45。这说明去阴变调正在变为最强势。新派发音不是改变原有规则,而是规则优势由弱转强。新派的语音表现为"去阴转强"。这是新派发音中仅存的带有天津方言特色的变调规则。

4. 天津声调新变化的方向性和系统性

天津话声调的新派发音不是单一方向的变化。前面三种新派发音变化方向是向北京话靠近;后面一种变化方向是方言特色的强化。即,前者是朝向权威方言的变化,后者是背离权威方言的变化。由此可见,在北京话影响下发生的并不都是朝向北京话的变化,同时还有强化方言特点的变化。这种变化方向的非单一性使方言在向北京话靠拢的过程中保持自己的特色,证明了方言的强大生命力。

天津声调的新派发音变化具有很强的系统性。具体表现为以下几方面。

A. 变化出现的位置,不是静态的单字调,也不是原来不变的连读后字,而是已经处于动态变化的连读前字。这说明新的变化是在动态中实现的。

B. 变化进行的特点，是调类跟调值分离，只变调值不变调类。在原有规则框架内，保持天津话调类，而采用北京话调值。这就使变化具有一定的隐蔽性。老派都用天津话的调值，属同质成分；新派兼有天津话和北京话的调值，属异质成分。因此，新派发音是异质性变化。

C. 原有规则的优势强弱决定变化的具体方式。从强到弱来看新派的发音变化：上上组合的35是前字变调的阳平采用北京话的调值；阴阴组合的55是前字不变的阴平采用北京话的调值；去去组合的53是原来前字调类和调值恰好跟北京话相同，原来变现在不变，就是一种新变化；去阴组合是保留原有规则，把它变为最优势，这里优势转强也是一种新变化。总之，它们各自的不同变化方式跟原来规则的优势地位密切关联。同时，由于新派跟老派的变化方向不同，原来变调规则的强弱次序在新的变化中出现逆转，这也是很有意思的现象。

八、天津话声调的系统性变化（下）

我们采取声学实验结合听感分辨的方法，记录204位天津发音人四种变调规则的老派和新派发音的个案数目，分为七个年龄段作出统计图表，考察四种变化的总体表现、口语和书面语词的变化差异、词频高低的不同影响。

1. 按照年龄分组的总体统计

四种新变化都呈现出同样的趋势：变化曲线最低点都位于70以上年龄段；最高点都位于20以下年龄段。这说明天津声调变异是有方向的，新变化随着年龄的降低而增大。变化增长的程度各不相同：“去去不变”程度最高，50岁以下的人已经接近100%；其

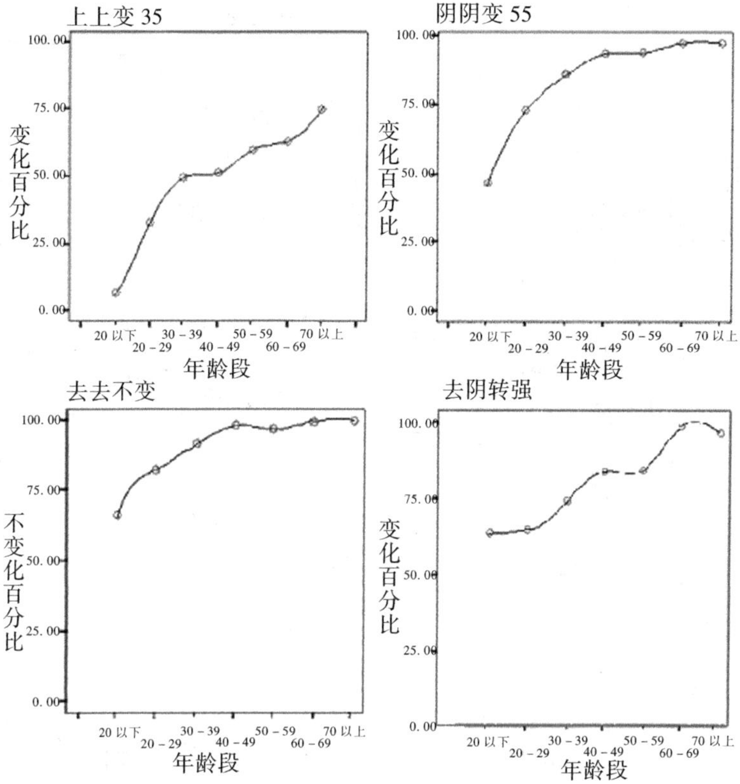

图 17　按照年龄分组的总体统计图

次是“阴阴变 55”,30 岁以下的人已经接近 100%；最后是“上上变 35”,20 岁以下才达到 75%。“去阴转强”是 30 岁以下接近 100%。

2. 按照口语、书面语分别统计

口语和书面语是不同的语体。统计显示前三种新变化呈现出同样的趋势：书面语的变化比口语更快；只有去阴组合的表现不同，是口语比书面语变化得更快。

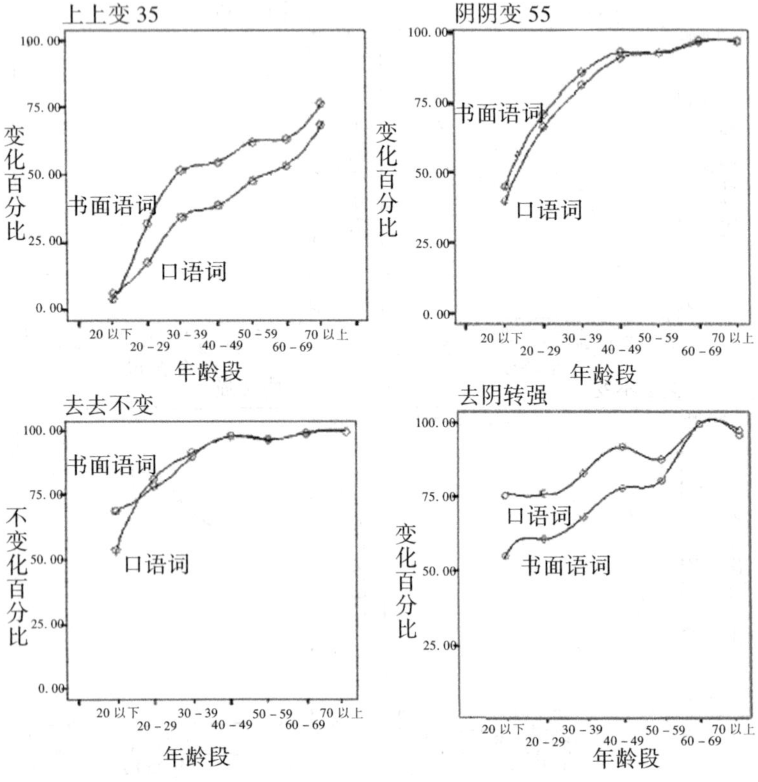

图 18　按照口语和书面语的变异统计图

3. 按照高频词、低频词分别统计

词语使用频率的高低对于语音变化的快慢有重要影响。统计显示前三种都是低频词的变化速度比高频词快;去阴组合却是高频词的变化速度大于低频词。

4. 天津话声调变异的分析

天津声调新派变化的程度跟原来规则的优势地位密切关联。

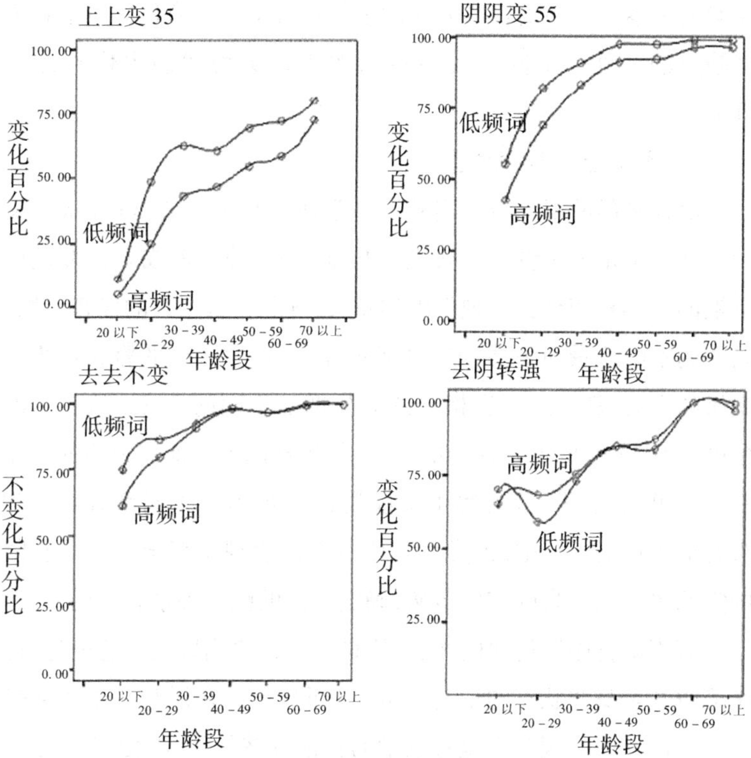

图 19　按照词频高低的变异统计图

新变化的强弱排序跟原来规则的优势位次相反：去去>阴阴>上上。新的变化总是从旧链条最薄弱的环节开始突破。

不同的变化方向带来不同的变化速度：前三种是朝向标准语的变化，因此，书面语的变化速度比口语快，低频词的变化速度比高频词快；后一种是天津方言特点的回潮，背离标准语的方向，因此，口语和高频词语的变化速度要比书面语和低频词语快。

对于一个音变过程的分析实际上是对音变中的词和人这两个

要素的观察。一种语言或方言的现状包含了历史演化的遗留和未来趋势的征兆。不同年龄说话人的表现会为我们提供具体的例证。

九、实验音系学的前景

语音格局的观念对于实验音系学研究至关重要,可以从广义和狭义两个角度来看。从狭义的角度,每一种语言或方言都是以有限的音类和变异去表现无限的意义。同时,每个人的发音习惯,话语的不同背景和条件,如:单字发音和连读发音,平静的叙述和激昂的讲演,都会给语音格局的分析增加不同的内容。从广义的角度,使用语言的人是社会的人,又是生理的人。他们说话的音流都是心里想说(发)而且嘴上又能说(发)的音。人们都有发音和听音的生理极限范围,人类语言中的有声表现全都会在这个有限的空间里建立各自的定位范畴,确定彼此的配列关系和规则。

有声语言中所传递的句法、构词、语义、语用以及情感表达、情绪流露甚至身体状态的信息,都应该而且可以在语音之中找到带有共性的对应表现。实验音系学的目标应该是逐步找出人们之间的这种对应一致的关系,把它用量化的方法描写出来。这需要我们艰苦的努力才有可能达到。

第一章　元音格局

一　北京话的元音格局[①]

1.1　元音格局的说明

每一种语言和方言都有各自的语音格局。语音格局的分析就是把语音学和音系学联系在一起。格局的观念很重要。格局的分析可以用于声调，也可以用于元音，还可以用于辅音。各种语言和方言的语音格局对于我们认识不同语言中所表现的语音的共同规律以及它们各自的个性特征都是极有意义的。比较不同语言和方言的语音格局，具有语言类型学的意义。元音格局是元音系统性的表现，包括的内容可以有元音的定位特征、内部变体的表现、整体的分布关系等等。

汉语的字音结构简单明了，首先分出声母和韵母，字调一般认为是由声母和韵母共同负载，实际上主要表现在韵母上。韵母中再划分韵头、韵腹、韵尾。其中韵头又称为介音，韵腹也叫主要元

① 本文原发表于《南开语言学刊》2002 年第 1 期。

音或核心元音。这里所分析的元音格局就是主要元音的格局。

依据主要元音跟韵母中其他成分组合关系的情况可以划分出不同的级别。出现在单韵母中的元音是一级元音,也可以称为基础元音;能够带韵头的元音是二级元音;能够带韵尾的元音是三级元音;既能够带韵头也能带韵尾的元音是四级元音。一个元音在同一语言或方言中可以同时是一级、二级、三级和四级元音。基础元音的数目一般相对多于高级元音。同一个元音在不同的级别上表现出的相对关系和分布情况也不一样,显示出语音的结构层次。同一级别的元音之间形成相互联系又彼此区别的分布格局。

每一种语言或方言中的元音音位各自形成一个格局,可以在元音舌位图上直观地表示出来,也可以通过声学实验的方法,用声学元音图来作分布描写。我们在已有的研究成果的基础上,采用语音学和音系学相结合的方法来分析北京话的元音格局。资料来源为《现代汉语方言音库》(侯精一主编,上海教育出版社,1998)中的《北京话音档》(林焘、周一民、蔡文兰)。发音人是周一民。分析中使用了南开大学电脑语音分析系统“桌上语音工作室”进行实验、测算、作图。

因为普通话是以北京语音为标准,文中引述其他作者有关论著中所讲的普通话语音的情况都可以认为是与北京话相同的系统。另外,由于声调对元音的影响,北京话元音的发音有时会有一定差异。这里把这种情况作为音位变体,并不因此而把元音分出两类。

1.2　声学元音图

利用元音发音的舌位特征,可以绘制元音舌位图。利用语音实验测得元音的共振峰频率,可以绘制声学元音图。我们选取元音的第一共振峰(F1)的频率为 y 轴坐标,第二共振峰(F2)的频率为 x 轴坐标。为了接近实际的听感距离,x 轴用对数标度,y 轴用线性标度,并把坐标的零点设在右上角。这种根据元音的 F1 和 F2 频率画出来的元音分布图就是声学元音图。

因为单元音的舌位和声腔形状保持不变,所以每一个单元音都可以在图上得出一个代表点。复合元音的发音特点是从一个元音的发音动作迅速向另一个元音的发音动作过渡,舌位和声腔都有变化。二合元音是一条连结两个端点的近似直线。三合元音则有两个端点和一个折点,通过三点可以构成一条近似折线,折点就是中间的元音。

声学元音图虽然不能完全和生理舌位图相同,但是在相对位置上大致对应。首先,舌位高低跟 F1 密切相关。舌位高,F1 就低;舌位低,F1 就高。其次,舌位前后跟 F2 密切相关。舌位靠前,F2 就高,舌位靠后,F2 就低。另外,F2 和嘴唇的圆展也有关系。圆唇作用可以使 F2 降低一些。我们从中可以直观地考察同一元音音位内部变体的表现,以及不同元音之间的分布关系等等。因此,利用声学元音图研究语言的元音系统是很方便的。

马丁·裘斯(M. Joos 1948)认为:尽管不同的人所发的同一个元音共振峰的频率不同,但是每个人所发的各个元音在声学元音图上的相对位置基本上是稳定的。人的大脑正是以这种相对位置为背景来感知语音的。因此,这种因人而异的变体虽然看来叠合纷乱,但是对于同一个人来看,应该是成系统的,有规律可循的。我们根据元音的不同级别,画出不同层级上的元音分布图,就会对元音的格局有一个清楚直观的了解。元音格局的分析不仅在语言研究中具有理论意义,而且在语言教学方面有着实际的促进作用,可以提高语音教学的科学性和客观性。

1.3 北京话的一级元音

在单韵母中出现的元音是一级元音。北京话的一级元音有/i、u、a、y、ɿ、ʅ、ɤ/七个。图1所示的就是北京话的一级元音声位图。

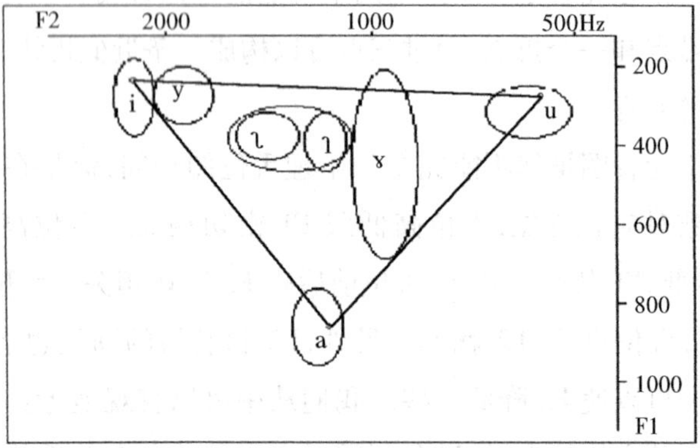

图1 北京话的一级元音声位图

在图1中,元音/i、u、a/分别占据了元音三角形的三个顶点的位置,可以称为顶点元音;元音/y/则是在/i、u/之间,靠近/i/。舌尖元音/ɿ、ʅ/在图形上部稍靠前的位置,舌尖后元音/ʅ/反而在前面,这说明声学元音图反映的是总体的舌体特征,而不只是舌尖的位置。

中元音/ɤ/的分布是一个从上到下的狭长带,具有明显的动程。从图2中可以看到,/ɤ/元音的发音大体是从[ɯ]和[i]之间开始,一直到[ʌ]的滑移,动程距离之大,超过有些复合元音。然而一般人们还是把它认为是单元音。北京话的中元音跟顶点元音相比,表现不稳定,具有游移性。这在教学和研究中要特别加以注意。

人们一般认为北京话有十个元音(吴宗济主编《汉语普通话单音节语图册》1986),这里的元音图却没有列出元音ê[ɛ]、o[o]和卷舌元音er[ɚ]。因为从音系学看来,音节形式可以分为单字音、派生音、边际音三种。(王洪君1999)分析语音格局要以单字音为依据,对于派生音和边际音应另作分析。

北京话中的元音ê[ɛ]做单韵母时只出现在象声词、语气词和叹词中,属于边际音,所以不列入一级元音。元音o[o]独立成音节时也是只在象声词、语气词和叹词中出现,应为边际音;在前面有唇音声母时,由于唇化作用的影响,实际发音是[uɤ],带有韵头/u-/,因此也不属一级元音。

图2是用汉语拼音标出"河 he[xɤ]、佛 fo[fuɤ]、活 huo[xuɤ]"三个字音中的韵母表现。开头相隔较远,说明韵头状况不同。"佛、活"图形相近,属于同类,都有/u-/韵头;"河"的元音开头在[ɯ]和[i]之间,具有游移性。结尾都是殊途同归,汇合到一处,说明它们具有一致性,韵腹相同。

卷舌元音er[ɚ]的实际发音是[ər],带有卷舌韵尾,具有三级

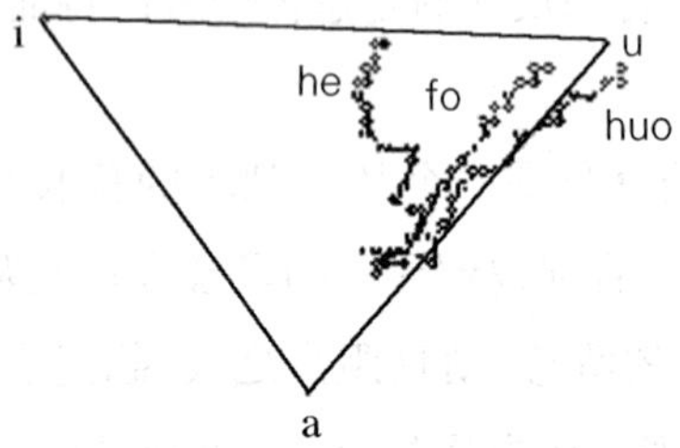

图 2　河he[xɤ]、佛fo[fuɤ]、
活huo[xuɤ]中的韵母表现(坐标同图 1)

元音的特征,因此不属一级元音。为了方便,/ɤ/元音可以写为/ə/。这样,北京话的一级元音就只有/i、u、a、y、ɿ、ʅ、ə/七个。

北京话的七个一级元音中,/ɿ/和/ʅ/的配列跟声母形成严格的互补制约,可以合并为一个/ï/音位,从而使北京话一级元音成为六个,就是/i、u、a、y、ï、ə/。

1.4　北京话的二级元音

能够带韵头的元音是二级元音。北京话的二级元音有/i、u、y、a、ə/ 五个。(见图 3)其中,单韵母/i、u、y/可以看做是分别带有韵头/i-、u-、y-/。(王洪君 1999)因此,/i、u、y/又属二级元音。元音/a/可以带韵头/i-、u-/;元音/ə/可以带韵头/i-、u-、y-/。元音/ə/在韵头/i-、y-/后面发[ie、ye],在韵头/u-/后面发[uɤ],[e]和[ɤ]出现的条件互补,是同一音位/ə/的两个变体。

元音 o 独立成音节时发[o],加上韵头/i-/发成[io],都是只出现在象声词、语气词和叹词中,属于边际音,不列入元音格局中分析。

韵头的发音部位对主要元音的发音状况有重要影响。图3的元音/a/在[ia]中的发音舌位比在[ua]中要靠前一些;中元音/ə/受的影响更大,前后两个变体由于在不同的韵头后面成为分离状态。这就是因为中元音的游移性使它很容易受到前后语音的影响,出现横向的协同发音差异。

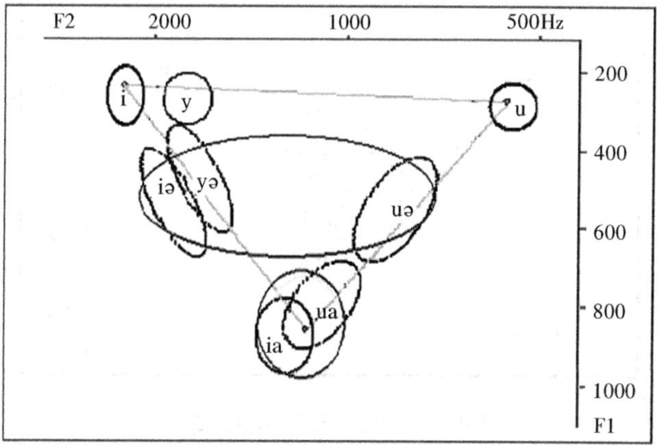

图3 北京话的二级元音声位图

跟上述情况相联系所产生的结果,就成为二级元音在声位图中分布的一个突出的特点,在图形的中央部分是一片空白。也就是,在北京话二级元音里,中元音的变体呈分离状态出现。

1.5 北京话的三级元音

能够带韵尾的元音是三级元音。北京话的三级元音有/i、u、a、ə/四个。(见图4)一般认为单韵母是由韵腹元音填充了韵尾的时段。(石锋 1994)因此,单韵母/i、u/可以看做分别带有元音韵尾/-i、-u/。这样,/i、u/又能够作为三级元音。

元音/a/可以带韵尾/-i、-u、-n、-ŋ/成为/ai、au、an、aŋ/。(见图 5a)元音/ə/可以带韵尾组成/əi、əu、ən、əŋ/;另外再加上卷舌元音/ər/。跟二级元音相比,三级元音/ə/的发音舌位的总体分布较低。(见图 5b)

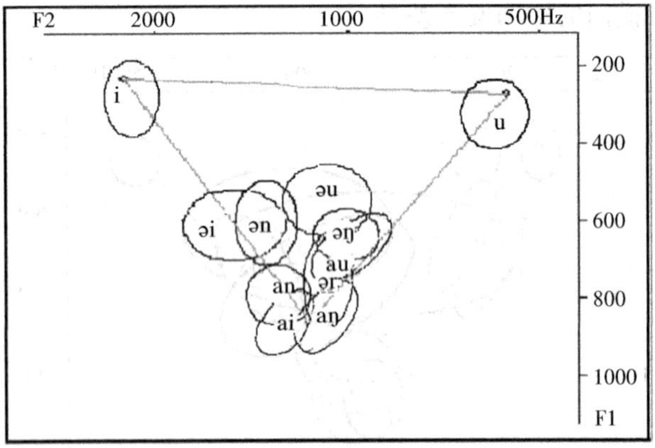

图 4　北京话的三级元音声位图

从图 5 中可以看出韵尾的发音对于主要元音的影响。在元音/a/和/ə/的分布中都表现出同样的趋势:前鼻音韵尾/-n/使元音偏前,后鼻音韵尾/-ŋ/使元音偏后;前元音韵尾/-i/使元音靠前且

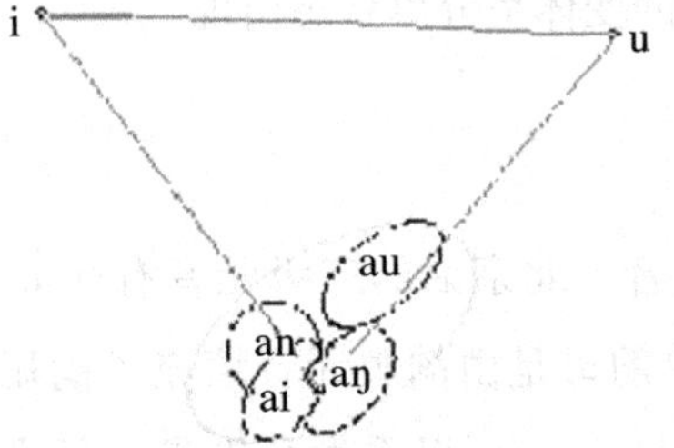

图 5a　三级元音/a/的声位图

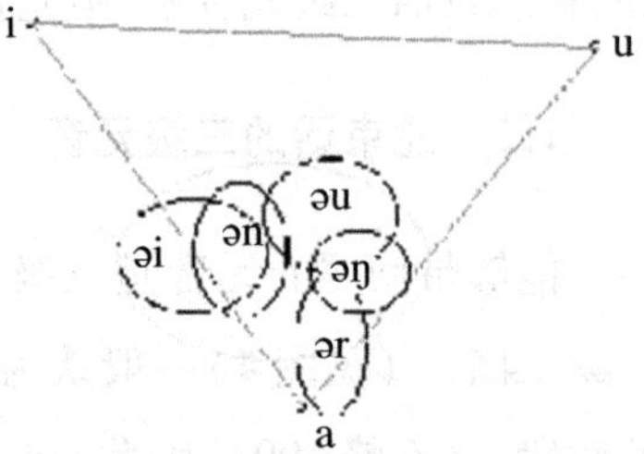

图 5b　三级元音/ə/的声位图(坐标同图 4)

低,后元音韵尾/-u/使元音靠后且高。带卷舌韵尾的元音/ə/分布很低,这是因为主要元音舌体低一些,可以为韵尾留出足够的空间使舌尖向上翘起完成卷舌发音。

有的学者把 in、yn、un、iŋ、oŋ 以及 iu、ui 中前面符号所代表的元音当作韵腹,这是受到汉语拼音的影响。其实,汉语拼音是为了书写方便而作了省略和改动。这些韵母的实际发音应该分别是/iən、yən、uən、iəŋ、uəŋ、iəu、uəi/,其中/ə/属四级元音。

1.6　北京话的四级元音

既能够带韵头也能带韵尾的元音是四级元音。北京话的四级元音有/i、u、a、ə/四个。(见图 6)如 1.4 节所述,单韵母/i、u/可以看做是分别带有韵头/i-、u-/;再据 1.5 节所述,单韵母/i、u/又可以看做分别带有元音韵尾/-i、-u/。因此,/i、u/能够作为四级元音。

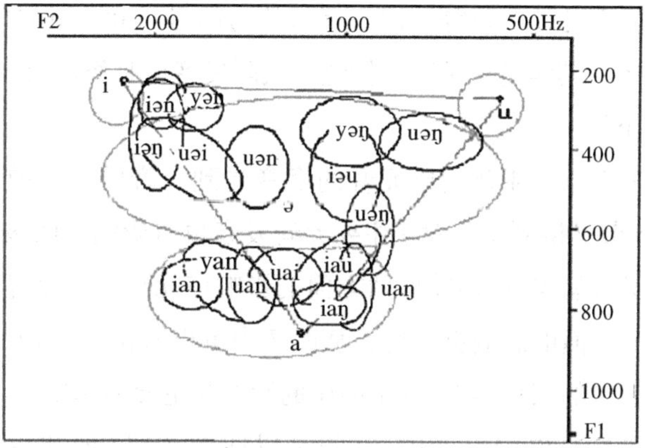

图 6　北京话四级元音的声位图

元音/a/分别跟韵头/i-、u-、y-/和韵尾/-i、-u、-n、-ŋ/组合成为/iau、uai、ian、uan、yan、iaŋ、uaŋ/；（见图7a）元音/ə/可以组成/iəu、uəi、iən、uən、yən、iəŋ、uəŋ、yəŋ/，其中/uəŋ/包括有零声母发音的ueng[uʌŋ]以及跟其他声母拼合时的发音ong[uɤŋ]。（见图7b）

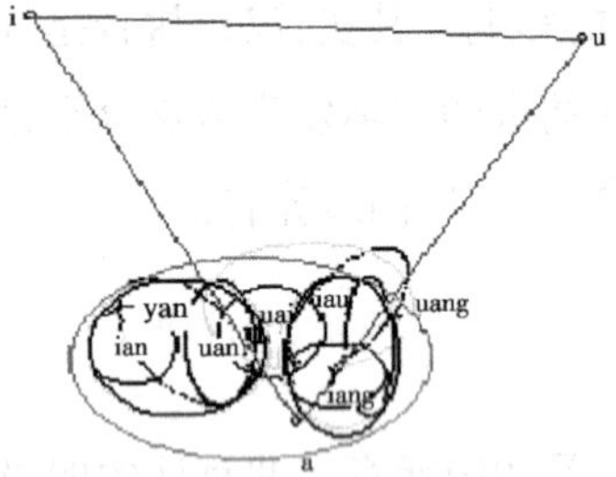

图7a 北京话四级元音/a/的声位图

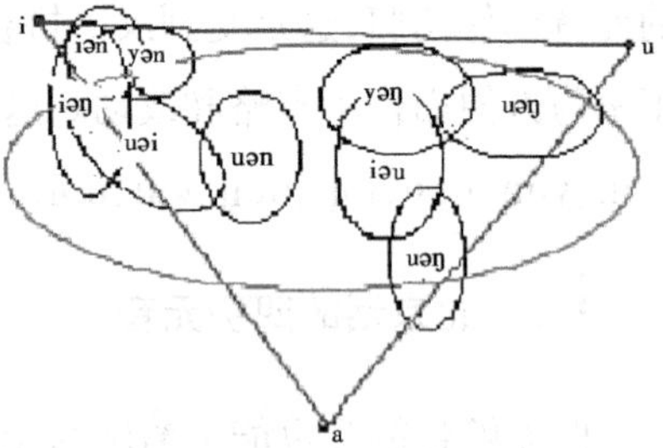

图7b 北京话四级元音/ə/的声位图（坐标同图6）

在图7a中可以看到韵母/yan/、/ian/跟/uan/的韵腹元音发音极为相近，应该是在[æ]、[a]之间。在音位分析中，这里并不存在音位的交叉重叠等情况。有人认为韵母/yan、ian/中的韵腹元音是[ɛ]，其实是一种人为错觉。实际发音应是经过[ɛ]而不是停留在[ɛ]。

在1.4节中述及主要元音的发音受到介音的舌位前后的影响。1.5节又讲到韵尾对于主要元音发音也有影响。四级元音既有韵头又有韵尾，这样前后两方面的影响使元音产生怎样的结果呢？哪一方面的影响更大些？从图7中可以看出：韵腹元音受到韵头和韵尾的双重影响，其中韵尾的影响起主要的作用。

在带鼻音尾的元音中，首先是以前鼻音尾/-n/和后鼻音尾/-ŋ/为界，分为前后两片；在每一片内部再依据韵头/-i、-y、-u/的次序从前向后排列。在元音/a/和/ə/的分布中都是如此表现。/iau、uai/和/iəu、uəi/的表现很能说明问题:图 7 中的/a/和/ə/都是按照韵尾的舌位前后而分布为偏前或偏后,韵头的前后显然只起到次要的作用。

这里我们看到鼻音韵尾和元音韵尾跟韵头组合时的不同表现:鼻音韵尾的韵母结构比较整齐,可以有韵头/i-、u-、y-/。元音韵尾的韵母中,韵头和韵尾不能是相同的元音,即韵头/i-/只能带/-u/韵尾,韵头/u-/只能带/-i/韵尾;同时韵头只有/i-、u-/,没有/y-/。其中缘由可以认为是受到韵母配列的制约。元音/y/兼有/i/的舌位特征和/u/的圆唇特征,因此在韵尾是/-i、-u/的情况下,/y-/就不做韵头了。即韵母的配列制约不仅是韵头和韵尾不能是同样的元音,而且不能具有相同的发音特征。

为考察韵母/in、yn、iŋ、uŋ、yŋ/中元音的发音情况,我们另外用第三声的“引、允、影、永、董”字音的图形来对照。(见图 8a、b)其中/in、yn/的韵腹为[e];/iŋ/的韵腹为[ə];/uŋ、yŋ/的韵腹为[ɤ]。它们的主要元音都是中元音的不同变体。可见这些韵母主

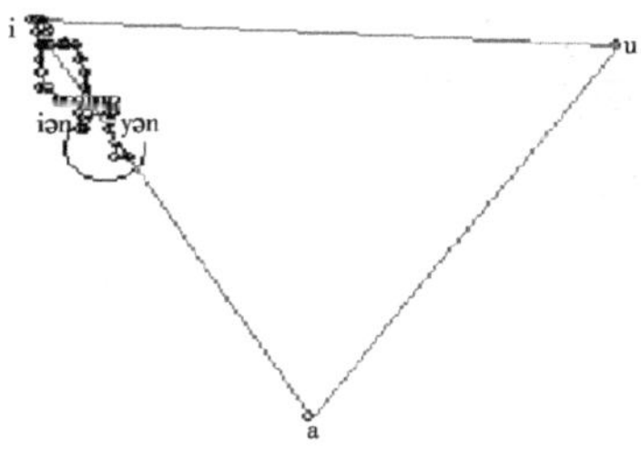

图 8a　韵母/in、yn/第三声的发音

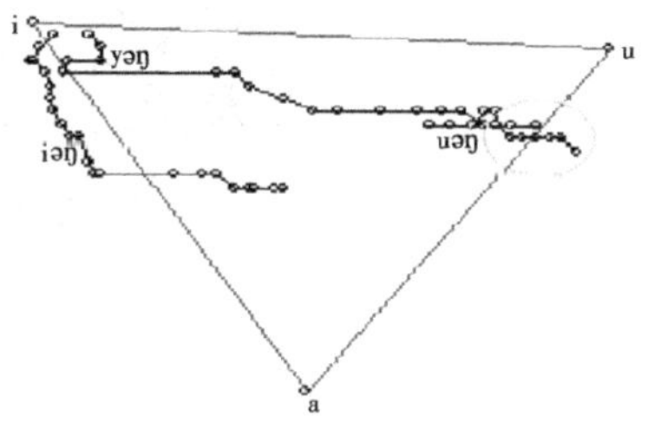

图 8b　韵母/iŋ、uŋ、yŋ/第三声的发音

(坐标同图 6)

要元音都应该是中元音/ə/。只是因为中元音的游移性,在不同的声调中或快速发音时,人们有时忽略了它。

如果依据图8a、b中韵母/in、yn、iŋ/在第三声时的发音情况,对图6和图7b作出修正,就成为图9和图10。看起来会更为规整,更符合前面的分析说明。同时,总体上来看,四级元音分布均匀,中元音表现尤为明显。

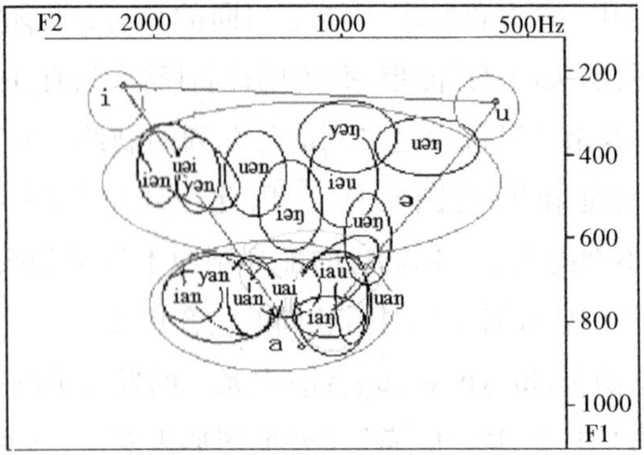

图9 修正的北京话四级元音声位图

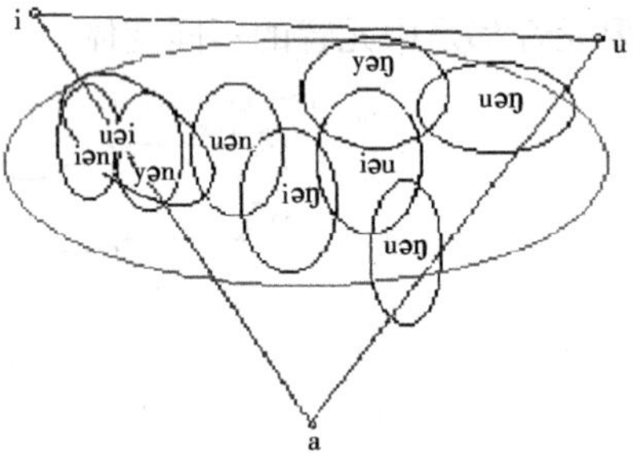

图10 修正的北京话四级元音/ə/的声位图

(坐标同图6)

1.7　结语

北京话元音格局中，从一级元音到四级元音，每一层级都有高、中、低三种元音。其中，顶点元音分布比较集中。中元音/ə/有较强的游移性，表现为一级元音发音有明显的高低动程；二级元音变体呈前后离散分布；三级元音的发音总体分布较低；四级元音变体分布均匀。不同元音音位之间的相对位置在总体上是一种有序的平衡分布。

在同一元音音位内部的变体表现方面，韵头和韵尾都会影响元音的发音，造成同一元音内部的音位变体的分布差异。在对元音舌位高低的影响中，韵头的作用是使舌位升高，韵尾使舌位降低；在对元音舌位前后的影响中，韵尾的作用大于韵头。

二　普通话元音的再分析①

2.1　关于十个单元音的语音分析

在《汉语普通话单音节语图册》（吴宗济 1986）中，给出了男女各十位发音人所发的普通话十个单元音/a、i、u、e、o、ɿ、ʅ、ɤ、y、ɚ/的声学元音图。（见图 11）这是关于普通话元音的经典性的语音学分析。很多教科书都采用普通话十个单元音的观点。

图中每个元音有 20 个点，每个点代表一个发音人的数据，用

---

① 本文原发表于《世界汉语教学》2002 年第 4 期。

小字母表示，各有一个椭圆圈把这些小字母包括进去。椭圆圈中的黑体字母则是这二十个点的平均位置。从图中可以看到每个椭圆圈都有互相重叠的现象，有的重叠部分还相当大。这是因为不同的人所发的同一个元音的频率不会完全相同。

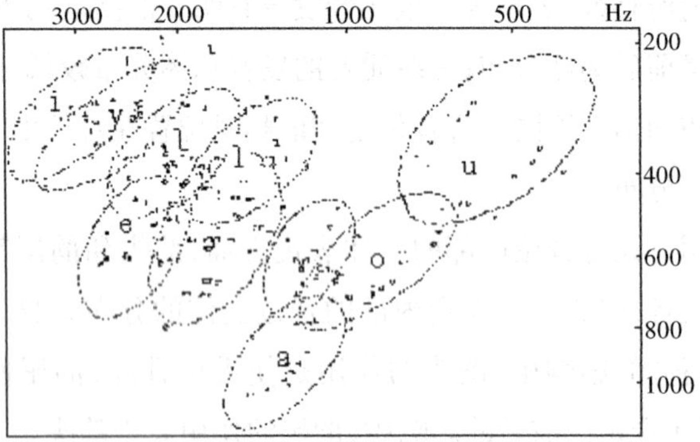

图 11　普通话十个单元音的音位变体声位图

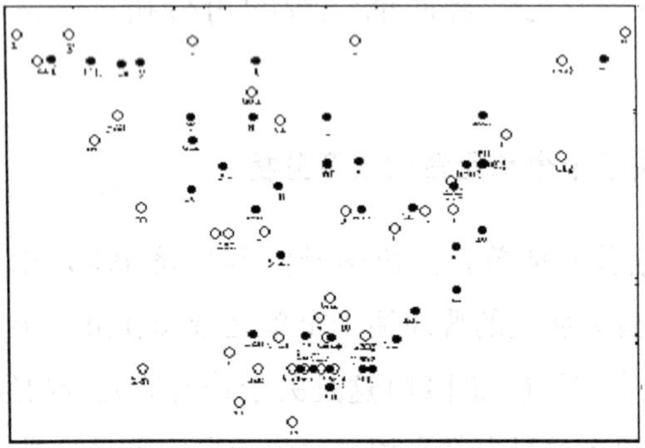

图 12　普通话十个主要元音及其
在韵母中变体的声位图

另外，《汉语普通话单音节语图册》还分别给出了男女发音人所发的普通话十个主要元音在三十八个韵母中的变体的声位图。(见图12)这是一个很有意义的工作。图中黑点是十位男发音人的数据,圆圈是十位女发音人的数据。很多实验都表明,男性和女性的发音具有系统差异。为了便于进一步的深入考察,我们可以把图12中的男女发音人的数据分开,各作出一幅声位图,也就是把图12中的黑点和圆圈各单独分为一幅声位图。(见图13a、b)

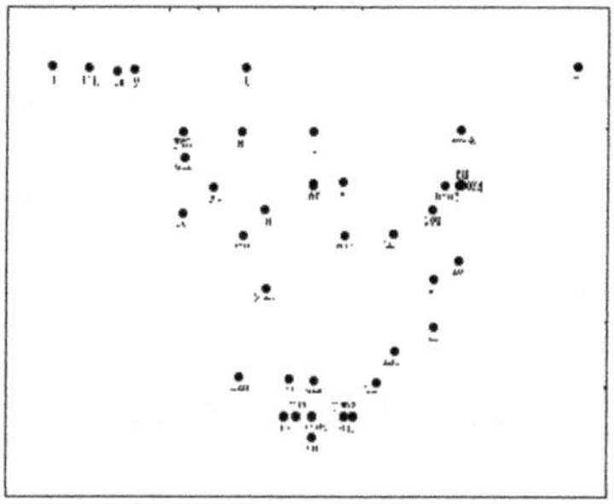

图13a　男发音人的声位图

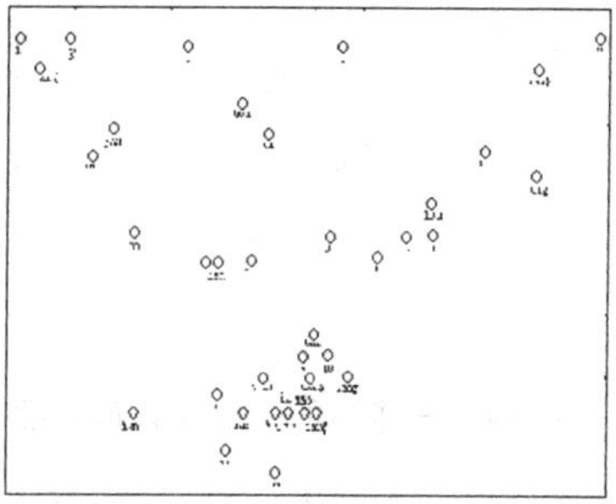

图13b　女发音人的声位图

我们通过声位图的分析已经作出了北京话的一、二、三、四级元音各自的声位图,考察了北京话元音在不同层级上的分布特性。北京话不同元音音位之间的相对位置在总体上呈现出一种有序的平衡分布状态。

这里我们准备在《汉语普通话单音节语图册》对普通话三十八个韵母中的主要元音所做的声学分析的基础上,结合音系学的原则,从语音格局和元音层级的角度对普通话元音的声学表现进行再分析,进一步考察普通话元音在不同层级上的定位特征,内部变体的表现,以及整体的分布关系。也就是,我们要利用《汉语普通话单音节语图册》给出的男女发音人这三十八个韵母的主要元音的声学数据，来考察元音格局的理念和方法在实践中的适用程度。

2.2 汉语普通话的一级元音

一级元音是出现在单韵母中的元音，也可以称为基础元音。普通话的一级元音有/i、u、y、a、ɤ、ɿ、ʅ/七个。（见图14）

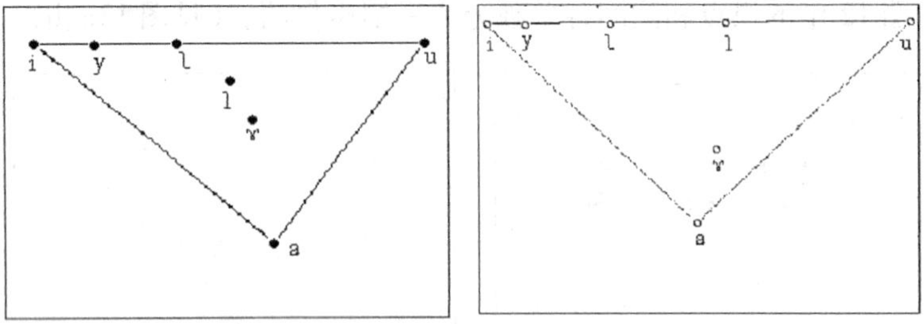

图14 普通话的一级元音声位图（左图为男发音人；右图为女发音人）

从音系学观点来看，汉语的语音形式可以分为单字音、派生音、边际音三种。（王洪君 1999）其中单字音是分析语音系统的基础。只在派生音和边际音中出现的元音不能列入元音格局，例如儿化韵就属于派生音，需要另外进行分析。根据这种观点，在图11中列出的十个元音里面，有三个元音需要提出讨论。下面分别加以说明。

元音 ê［ɛ］在做单韵母的时候只在象声词、语气词和叹词中出现，属于边际音，不应列入一级元音。

元音 o［o］独立成音节时只在象声词、语气词和叹词中出现，应为边际音，也不该列入一级元音。在普通话基础音系统里，元音 ê［e］和元音 o［o］不是独立的音位。

卷舌元音 er［ɚ］实际发音有卷舌动程，不是单元音，而是带韵尾性卷舌音[ər]，因此也不是一级元音。

2.3　普通话的二级元音

二级元音是能够带韵头的元音。普通话的二级元音有/i、u、y、a、ə/ 五个。（见图15）其中，单韵母/i、u、y/可以看做是分别带有韵头/i-、u-、y-/。（王洪君1999）因此，它们又属二级元音。此外，有五个韵母包含有二级元音/a/和/ə/。元音/a/可以带韵头/i-、u-/成为/ia、ua/；元音/ə/可以带韵头/i-、u-、y-/组成/iə、uə、yə/。为便于跟《汉语普通话单音节语图册》比较，以下各图中的符号除y代替ü之外，都按照汉语拼音书写。

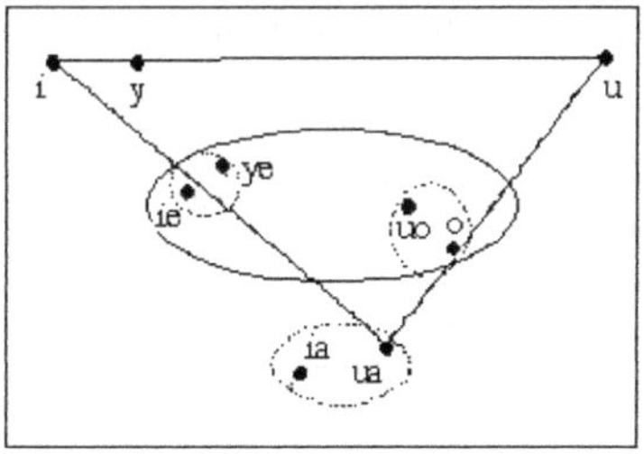

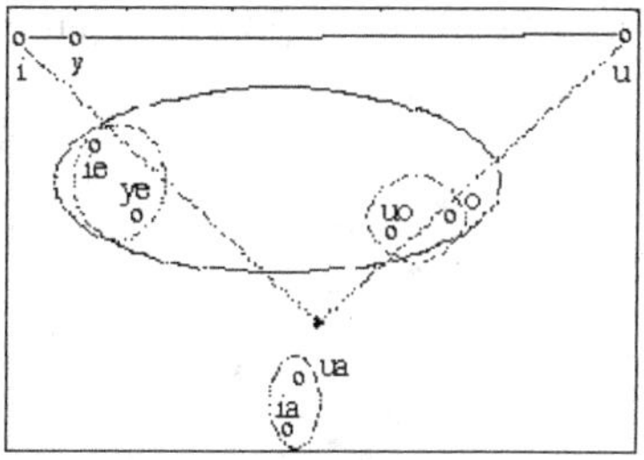

图15　普通话的二级元音声位图（左图为男发音人；右图为女发音人）

图15中的uo实际读为[uɤ]；o在唇音声母后面的实际发音是带有唇化的[uɤ]，有韵头/u-/，跟非唇音声母后面的uo发音一样，二者在图中的位置也很接近。元音ê[e]在韵头/i-、y-/后出现，两个中元音[ɤ]和[e]形成互补分布，应该归为同一个二级元音/ə/音位的变体。

复合元音io只是在象声词、语气词和叹词中出现，应为边际音，不列入元音格局。

韵头对主要元音发音的舌位前后有影响。图5 ia中的元音/a/比在ua中要靠前一些;元音/ə/受到的影响更大,音位变体[e]和[ɤ]成为离散式分布。二级元音的声位图的一个突出特点,就是图形的中央部分是一片空白。

2.4　普通话的三级元音

三级元音是能够带韵尾的元音。普通话的三级元音有/i、u、a、ə/四个。(见图16)单韵母是由韵腹元音延伸而填充了韵尾的时段。(石锋1994)这样,单韵母/i、u/就可以认为分别带有元音韵尾/-i、-u/,所以能够作为三级元音。此外,还有九个韵母含有三级元音/a/和/ə/。它们是ei、en、er、eng、ou、ai、an、ang、au。

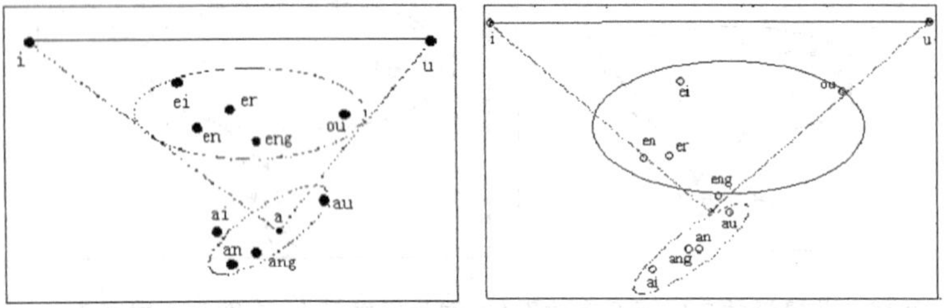

图16　普通话的三级元音声图(左图为男发音人;右图为女发音人)

韵尾的发音对主要元音的分布有影响。在元音/a/和/ə/的分布中都表现出同样的趋势:前元音尾/-i/使元音靠前且低,后元音尾/-u/使元音靠后且高;前鼻音尾/-n/使元音偏前,后鼻音尾/-ŋ/使元音偏后。女发音人的an和ang位置不同,但也很接近。

卷舌元音er[ɚ]实际发音是带韵尾性卷舌动程的[ər]。根据元音级别的划分原则,可以归为三级元音。

2.5　普通话的四级元音

四级元音是既能够带韵头也能带韵尾的元音。普通话的四级元音有/i、u、a、ə/四个。（见图 17）如 2.3 节所述，单韵母/i、u/可以看做是分别带有韵头/i-、u-/；再据 2.4 节所述，单韵母/i、u/又可以看做分别带有元音韵尾/-i、-u/。因此，/i、u/能够作为四级元音。另外，含有四级元音/a、ə/的韵母有十六个：in、ing、yen、uen、uei、iou、ong、iong、ueng、ian、yan、uan、uai、iang、uang、iao。其中 in、ing、yen 的发音为/iən、iəŋ、yən/，ong 的发音为/uəŋ/，符合四级元音的定义。女发音人的 ueng 偏低，可能是测量误差。

在带鼻音尾的四级元音的分布中，首先是以韵尾划分，按照前鼻音尾/-n/和后鼻音尾/-ŋ/为界，分为前后两组；在每一组内部再依据韵头/i-、y-、u-/的次序从前向后排列。带元音韵尾的四级元音表现也是如此。元音格局的这种有序的分布很有意义，说明了在元音的发音过程中，韵尾的影响大于韵头的影响。

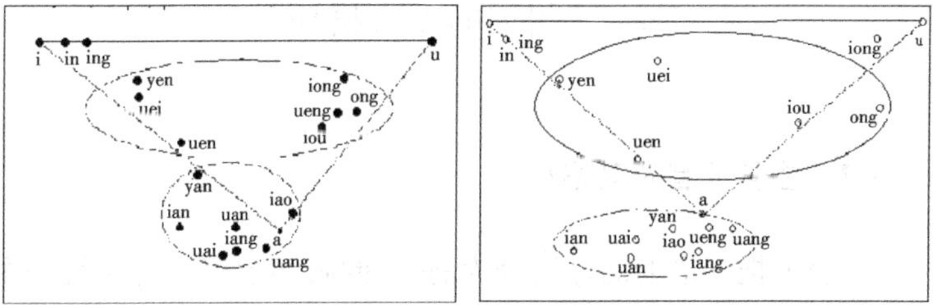

图 17　普通话的四级元音声位图(左图为男发音人;右图为女发音人)

2.6 普通话元音的特点

这里得到的认识和《北京话的元音格局》是一致的。普通话的标准音是北京话的音系，二者在系统上是相同的。普通话元音格局中，不同元音音位之间的相对位置在总体上是一种有序的平衡分布。从一级元音到四级元音，每一层级都有高、中、低三种元音。中元音有较强的游移性。这一点值得深入探讨。

在同一元音音位内部的变体表现方面，造成同一元音内部的变体分布差异的原因有韵头及韵尾的影响。在韵头和韵尾同时存在的情况下，韵尾的作用大于韵头的作用。

我们利用《汉语普通话单音节语图册》给出的普通话十个单元音的声学分析和男女发音人各三十八个韵母中主要元音的声学数据，从元音格局的角度进行再分析所得到的结论情况表明，元音格局的理念和方法可以在实践中得到很好的应用。

三 苏州话的元音格局①

3.1 主要元音及其格局

传统上把汉语的韵母划分为韵头、韵腹和韵尾。韵腹就是主要元音，是韵母的核心。韵母格局中的核心部分是元音的格局。

除去自成音节的鼻音和边音四个声化韵之外，苏州话有 45 个

① 本文原发表于《吴语研究》，上海教育出版社，2003 年。

韵母。依据主要元音跟韵母中其他成分组合关系的情况可以划分出不同的层级。按照一般的划分,可以出现在单韵母中的一级元音有/i、u、y、ɿ、ɥ、ɑ、æ、ᴇ、o、ø、ʏ/;能够带韵头的二级元音有/ɑ、æ、ᴇ、o、ɪ、ø、ʏ/;能够带韵尾的三级元音有/a、ɑ、ə、o/;能够带韵头也能带韵尾的四级元音有/a、ɑ、ə、o/。

一级元音和二级元音属于无韵尾类别,一级为开口,二级为齐齿、合口、撮口;三级元音和四级元音属于有韵尾类别,三级为开口,四级为齐齿、合口、撮口。三级和四级还要根据韵尾的不同再分为三小类:a)带元音韵尾;b)带鼻音韵尾;c)带塞音韵尾。苏州话有鼻音韵尾-ŋ/-n(不区别音位)和塞音韵尾-ʔ,没有元音做韵尾的情况。一个元音在同一语言或方言中可以同时是一级、二级、三级和四级元音。一级元音是基础元音。二、三、四级逐渐增高,高级元音的数目一般相对要少于低级元音。

每一层级所有的元音都在声学元音图上形成相互联系又彼此区分的分布格局。不同层级的元音数目不同,相互之间的对比和分布关系也不同。同一个元音在不同的层级上表现出的分布情况并不一样,可以用声学元音图得出结果,作出进一步的分析。

下面我们就以《现代汉语方言音库》(侯精一主编,上海教育出版社,1998)中的《苏州话音档》(叶祥苓、盛毓青)为基本发音资料,发音人曹凤渔是一位评弹演员,他的发音属于老派的苏州语音。我们的实验测算和作图分析都是采用南开大学"桌上语音工作室"(专业版)进行的。在此基础上试图在实验基础上对于苏州话元音的系统层级和相对关系进行考察。

3.2　苏州话的一级元音

我们知道,人类发音的生理状况和声学实验以及心理听辨之间并不是简单的一对一的关系。通过声学实验,在直角平面坐标图上标记出不同元音的共振峰数据的位置,可以得到跟生理发音的舌位状态部分对应的声学元音图。图 18 就是用这样的方法得到的苏州话单元音韵母的声学元音图。图中的十一个单元音韵母 /i、u、y、ɿ、ʮ、ɑ、æ、ᴇ、o、ø、ʏ/也就是苏州话的一级元音。

从图中我们可以看到这些元音相互的关系。/i/在最前高位;/u/在最后高位;/y/在/i/旁稍后;/ʏ/夹在/i/和/y/之间;/ᴇ/靠近/i/而远离/æ/;/ɑ/在最低位。中间部分除了/ɿ、ʮ/两个舌尖元音之外,/ø/在前;/o/在后。我们没有收入/ɪ/和/a/ ,是因为前者只在介音之后出现,后者至少要跟韵尾一起才可出现,因此不能算作一级元音。

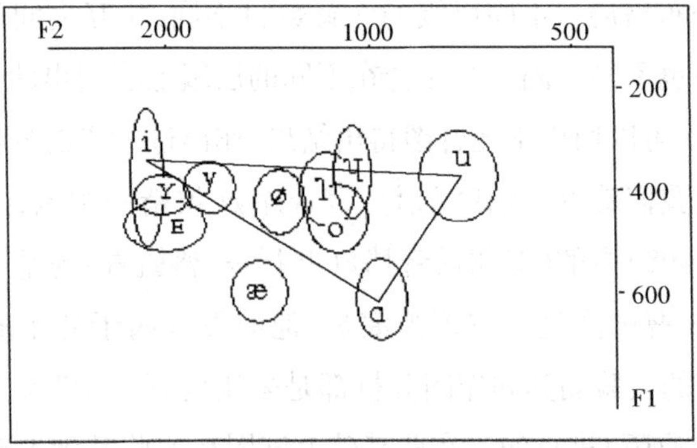

图 18　苏州话单元音韵母声学位置

这里对元音[u]和元音[əu]作一说明。图 19 是[u]和[əu]

的声学位置图示。图中正方形是唇音声母后面的[u]，小圆形是其他声母后面的[əu]，菱形是[u]前面的过渡音[ə]。[ə]的时长很短暂，只有[u]的五分之一；而且动程不稳定，应该写为[ᵊu]。再加上二者声韵拼合的互补，应看做同一元音/u/的变体。/ʏ/元音也有类似情况，可作为单元音处理。

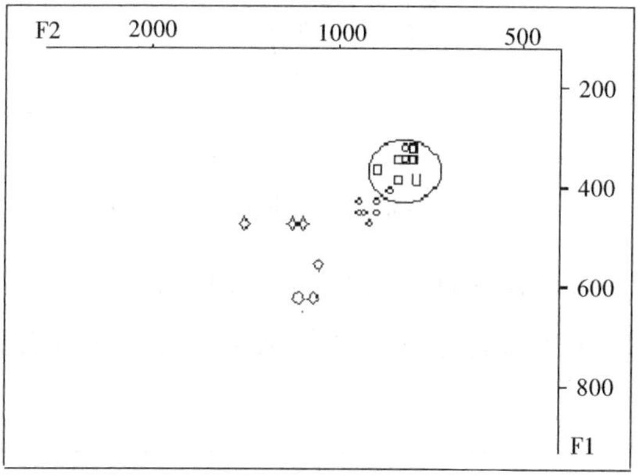

图 19　元音 u 和元音(ə)u 的声学位置图示

[正方形：u 圆形：(ə)u 菱形：ə(u)]

3.3　苏州话的二级元音

可以带韵头的元音是二级元音。一般把苏州话的二级元音列为/ɑ、æ、ᴇ、o、ɪ、ø、ʏ/七个。其中/ɑ、ø/可以带韵头/i-、u-/；/æ、o、ɪ、ʏ/只能带韵头/i-/；/ᴇ/只能有韵头/u-/。图 20 是它们的声学位置分布图。

把图 20 跟图 18 相对照，可以看出韵头的舌位前后对于后面元音位置的影响。例如：/ᴇ/的位置由于韵头/u-/的影响而后移。最明显的要算/o/和/ø/：/ø/因为韵头/i-/和/u-/的双向影响，

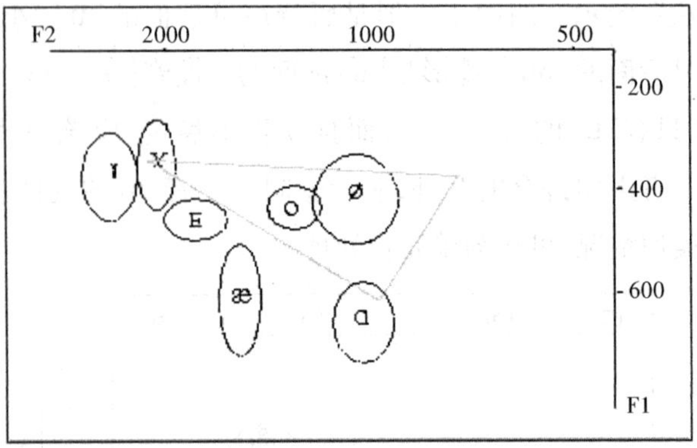

图 20　苏州话的二级元音声学分布图

特别是/u-/的影响而向后扩大了分布范围;/o/则因为只有韵头/i-/而前移,这样前后分别移动的结果,使/o/的位置到了/ø/的前面。

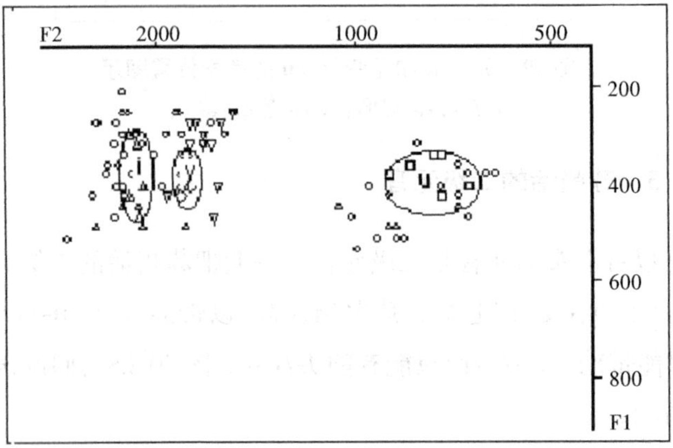

图 21　三个介音与三个高元音的分布比较

三角形:i　菱形:y　正方形:u

圆形(三角形周围):i-　倒三角形:y-圆形(正方形周围):u-

我们可以认为单韵母是由韵腹元音填充了韵头的时段，因此把单元音韵母的/i、u、y/看做可带韵头的二级元音。图 21 是单元音韵母/i、u、y/跟韵头/i-、u-、y-/的声学位置的比较。我们看到，单韵母的分布比较集中，说明发音稳定。韵头/i-、u-、y-/则是分布比较分散，说明发音不稳定。值得注意的是圆唇元音/ø、o、ʏ/的韵头/i-/的发音混入/y-/的分布范围，说明圆唇元音前的韵头/i-/实际已经跟韵头/y-/发音相同了。

图 22 表现的是元音/ɪ/和/ᴇ/的联系。中间的圆圈是单元音韵母/ᴇ/，前面的圆圈是(i)ɪ，后面的圆圈是(u)ᴇ。元音/ɪ/只能跟在韵头/i-/后面出现，元音/ᴇ/只能带韵头/u-/。因此我们从语音的相近和分布的互补两个方面把/ɪ/和/ᴇ/合并为一个元音音位，可以用/e/来代表。从历时来源看，/ᴇ/的一部分也可以跟/ɪ/相对应。如果这种看法能成立，苏州话二级元音就是六个：/ɑ、æ、e、o、ø、ɤ/，再加上/i、u、y/，就成为九个。

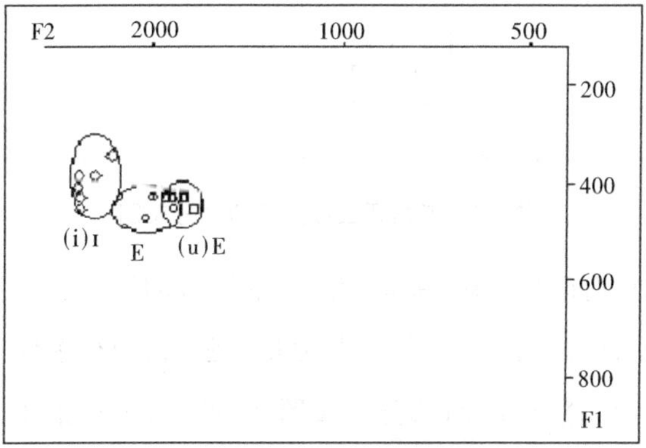

图 22　元音的互补图像

3.4 苏州话的三级元音

能够带韵尾的元音是三级元音。按照一般的划分,苏州话三级元音有/a、ɑ、ə、o/四个。在二级元音的分析中,我们已经看到不同的韵头对于元音分布的影响。在以下的分析中,我们看到的是不同的韵尾对于元音分布的影响,这种影响更大。

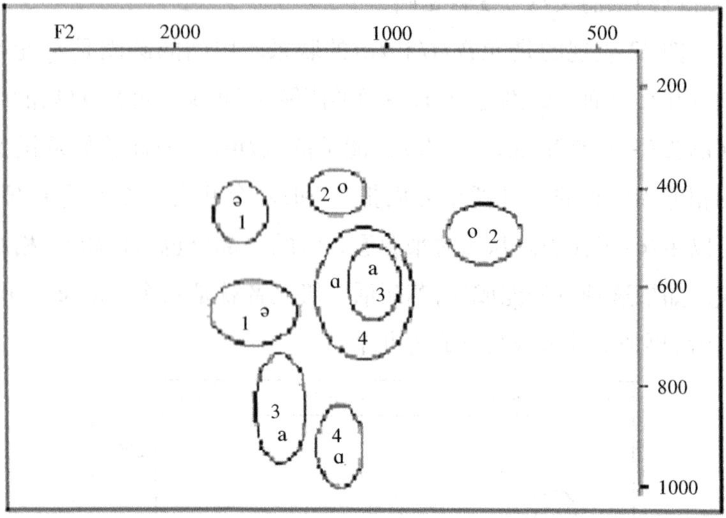

图 23 苏州话三级元音声学分布图

苏州话有两种韵尾:鼻音韵尾和喉塞音韵尾。这两种韵尾对于主要元音的作用各不一样。其力量之强大,使得主要元音的分布成为彼此相隔离的两部分。如图 23 所示,上面的 1 号圈是 ə(n)的分布,下面的 1 号圈是 ə(ʔ)的分布;前面的 2 号圈是 o(ŋ)的分布,后面的 2 号圈是 o(ʔ)的分布;下面的 3、4 号圈是带鼻音韵尾的/a/和/ɑ/,上面的3、4号圈是带塞音韵尾的/a/和/ɑ/。上面的3、4号圈重叠在一起,形象地表现出入声韵/aʔ/和/ɑʔ/合流的趋势。(《汉语方言概要》袁家骅等,文字改革出版社,1978)

元音/a/和/ɑ/在很多吴语方言中呈现合流趋势。这种音变的方向是元音/a/并入元音/ɑ/,如上海话目前只剩有二十几个常用字还在一部分人口中不完全地保留元音/a/。这种音变是从入声韵开始合流,如上图所表现的入声韵/aʔ/和/ɑʔ/图形的重叠。

3.5　苏州话的四级元音

四级元音是能够带韵头同时也能带韵尾的元音。苏州话四级元音有/a、ɑ、ə、o/四个,跟三级元音数目一样,成员也相同。通常情况,在一种语言或方言里面,如果有第四级的元音,则一定会有第三级、第二级和第一级的元音;如果有第三级的元音,则一定会

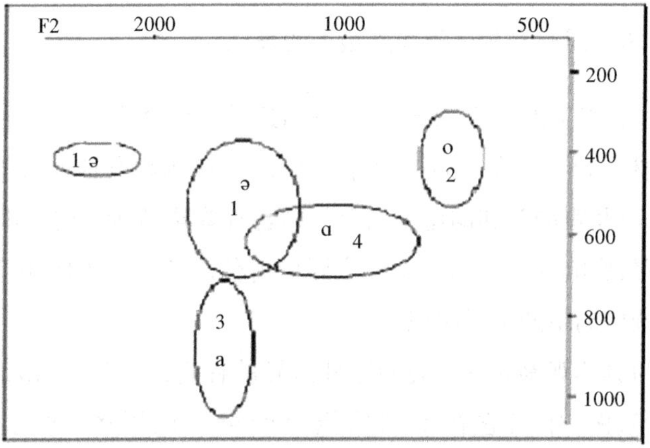

图24　苏州话四级元音的声学分布图

有第二级和第一级的元音；如果有第二级的元音，则一定会有第一级的元音。

图24是苏州话四级元音的声学位置图。四级元音受到的是韵头和韵尾的双重作用力。首先来看/ə/的情况，有前后两个圈：前面的小圈是(i)ə(n)的分布；后面的大圈中，(i)ə(ʔ)和(y)ə(n)是靠前的，(u)ə(n)和(u)ə(ʔ)靠后，(y)ə(ʔ)居中。在元音/o/的2号圈里，(i)o(ŋ)的分布趋上，(i)o(ʔ)的分布趋下。在3号圈里的/a/只是它的一部分：(i)a(ŋ)①偏下，(i)a(ʔ)偏上；其余的包括(u)a(ŋ)、(u)a(ʔ)、(y)a(ʔ)都在元音/ɑ/的4号圈里。在4号圈里的/ɑ/也有不同的分布：(i)ɑ(ŋ)在前，(u)ɑ(ŋ)在后，(i)ɑ(ʔ)和(u)ɑ(ʔ)在中间。这是两个元音合流的音变在进行中的表现情况。如果这个音变全部完成，苏州话的三级元音和四级元音就只有/ɑ、ə、o/三个了。

3.6 同一元音在不同层级上的表现

通过以上的分析，我们不难得出这样的结论：同一个音位的元音（同样的元音）在不同的元音层级中，会因为跟其他元音的聚合关系，以及跟韵头和韵尾的组合关系各有差异，从而处于不同的结构位置，影响到发音的状态和实际的音值。这一点也跟单个声调在声调格局中的情况相似。

为具体观察元音出现的这种差异的程度，我们取苏州话的元音/o/为例，作出它在不同层级上的声学位置图，进行比较。

---

① 苏州话韵母 aŋ 和 ɑŋ 里面的鼻音尾弱化，元音有轻微鼻化现象。

（见图 25）

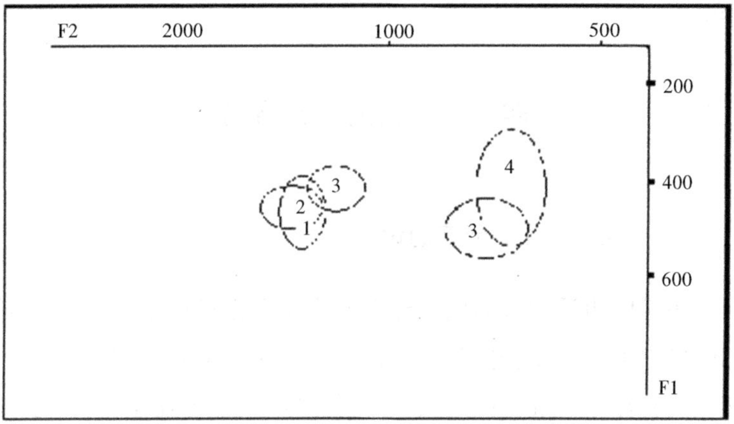

图 25　元音/o/在不同层级上的分布变化

图 25 显示出元音/o/在不同层级上的分布变化相当大。从一级到二级之间变化还不显著，只是因韵头/i-/的影响稍有前移。到三级就发生了较大变化，不同的韵尾使它的位置出现分离：其中鼻音尾的/o/在原位上稍有后移；而塞音尾的/o/却从原位后移了很大距离。到了四级变化就更大了，全部都分布在远离原位的后面，如果不看从一级、二级、三级到四级这样变化的过程，就看不出跟原来一级元音之间有什么联系。

我们在声调格局的研究中是把声调的调型曲线作为带状分布的图形，从而把语音实验跟调位分析结合起来。对于元音，用分布圈来表示声学位置，有助于我们深入分析一种语言或方言中元音的分合与变化。本文在这方面作一个尝试，只有一位老派发音人的录音资料，希望以后能够有新派发音人的录音资料加以对比，并且能够有多一些的发音人的录音资料,进行分析统计。结果仅供参考。

四 广州话的元音格局[①]

4.1 关于广州话元音的讨论

关于广州话元音问题已经有不少学者作过讨论。如:黄锡凌(1941)提出十元音系统/i、u、y、e、ɛ、œ、ɔ、o、ɐ、a/;袁家骅等(1962)主张八元音/ai、a、ɛ、œ、ɔ、i、u、y/;余霭芹(1972)和张洪年(1972)分别标记为十三元音/ɑː、ɐ、ɛː、e、œː、ø、ɔː、o、iː、ɪ、uː、ʊ、y/;赵元任(1947)把ɪ和ʊ记作e和o;Kao(1971)于是把ɪ和ʊ分别归入e和o,成为十一元音/ɑː、ɐ、ɛː、o、œː、ø、ɔː、o、iː、uː、yː/。李新魁等(1995)主张的十一元音说与此大体相同:/a、e、ɛ、e、œ、ø、ɔ、o、i、u、y/。音位的归纳,可以因为目的和角度的不同而有多种结果,不存在唯一正确的答案(赵元任1934)。从历史音变的角度和方言比较的目的来看,十一元音的处理较为方便。(施其生1990;钟奇1997)

关于元音时长的差异在广州话元音音位区分中所起的作用,看法各有不同。从上文所列各家的标记方式可以看出端倪。采用a–ɐ的标写形式是突出表明舌位的不同;只用ɑː–a来标记是强调元音长短起决定作用;全部元音都标记长短的则是认为时长的对立具有系统性。李行德(1985)用声学元音图的分析结果间接支

---

① 原文是与刘艺合作,发表于《方言》2005年第1期。

持了广州话元音的长短作为区别特征的看法。徐云扬(Zee 1995, 1998)也用声学实验的方法对香港粤语的各类元音进行了详细的分析。我们用听辨实验的方法考察香港粤语单字音(石锋、刘艺 2002)和广州话单字音、双音前字、双音后字和句中字音的长/a/和短/ɐ/元音(石锋、麦耘 2003),结果表明:二者之间的对立包含了时长和音质两个方面的因素,缺一不可。

张洪年(2002)发现香港粤语近年来在年轻人中声韵调方面发生的变化。广州话也有类似的新老差别。这些变化和差异都没有影响到主要元音,因此可以说主要元音在语音系统中是比较稳定的。我们尝试采用语音学和音系学相结合的方法对广州话的主要元音进行再分析。文中的香港话特指香港粤语。

4.2　元音格局的实验说明

语音格局的分析是把语音学方面和音系学方面联系在一起的。元音格局是元音系统性的表现。元音层级的划分是元音系统分析的重要内容。依据主要元音跟韵母中其他成分的组合关系可以划分出元音的不同层级,元音层级分为一级、二级、三级和四级。出现在单韵母中的元音是一级元音;能够带韵头的元音是二级元音;能够带韵尾的元音是三级元音;既能够带韵头也能带韵尾的元音是四级元音。

元音格局可以通过实验的方法,用声学元音图来做直观的分布描写。在分析中,我们的资料来源为《现代汉语方言音库》(侯精一主编,上海教育出版社,1998)中的《广州话音档》(李新魁、麦耘)和《香港话音档》(张双庆、林建平)。发音人分别是麦耘和黄念欣。我们使用电脑语音分析系统“桌上语音工作室”（Mini-Speech-Lab）进行实验测算和统计作图。

“桌上语音工作室”的采样频率有8000Hz、11025Hz、16000Hz三种，本实验选择11025Hz采样频率。该系统把声学分析和统计作图结合在一起，自动测算出广州话各个元音的声学数据并自动绘制出声学元音图。另外还可以测量出各类音节中的主要元音的时长数据。分析中以广州话为主，香港话为辅。

4.3　广州话的介音问题

很多学者都把广州话的语音系统分析为没有介音。这实际上是音位处理的一种方式，在声母分析中增加一套圆唇的舌根音声母，并把处于音节开头的半元音j-、w-算作声母而不视为介音。这样可以使广州话的韵母减少三十多个。按照这种处理方式来划分广州话的元音层级，就只有一级元音和三级元音，而没有二级元音和四级元音。

按照有介音的方式来分析，就是把处于音节开头的半元音j-、w-看成介音，舌根音声母后面的w-也作为介音。这样就减少了一套圆唇的舌根音声母而增加了三十多个带有介音的韵母。因此我们就可以说广州话的介音只有j-、w-，而没有y-。根据这种处理方式，广州话的元音就具有全部的一、二、三、四级元音。

音位处理可以允许有不同的结果。广州话若按无介音计算，有五十多个韵母；若按有介音计算，则有八十多个韵母。（李新魁1995）我们按照有介音的方式进行分析，在语音实验中又补充了麦耘提供的31组带有介音的发音样品。

4.4　广州话元音的层级分析

在单韵母中出现的元音是一级元音。广州话的一级元音是七个:/i、u、y、ε、œ、ɔ、a/。(见图26a)其中有三个高元音,三个中元音和一个低元音。香港话的一级元音跟广州话一样,(见图26b)在声学元音图上的分布位置和相对关系也都是一致的。/y/在/i/和/u/之间,靠近/i/。/œ/在/ε/和/ɔ/之间,靠近/ε/。

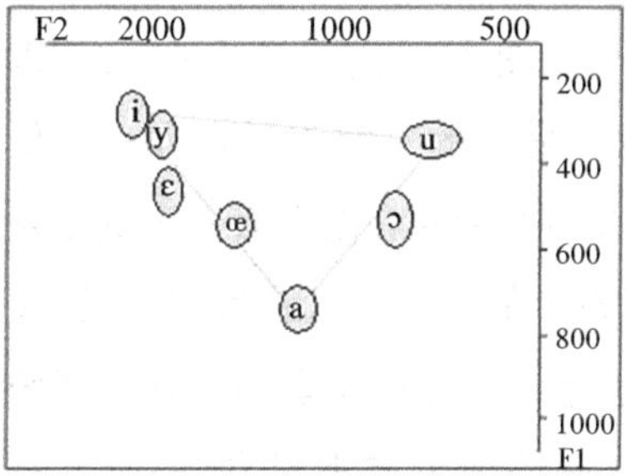

图26a　广州话的一级元音

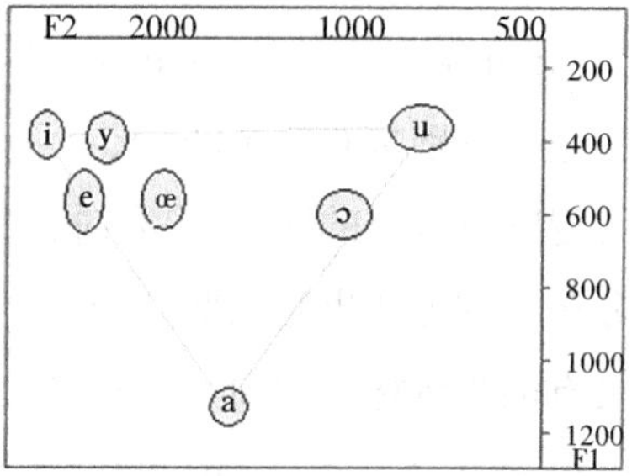

图26b　香港话的一级元音

能够带韵头的元音是二级元音。广州话的二级元音跟一级元音一样,也是七个:/i、u、y、ε、œ、ɔ、a/。(见图27a)它们在声学元音图上的分布位置和相对关系也都跟一级元音基本一致。香港话的二级元音也跟广州话一样。(见图27b)高元音/i、u、y/可以看做是分别带有韵头的/i-、u-、y-/。前元音都带i-介音,后元音都带u-介音,只有/a/既可以带i-介音,又可以带u-介音。两幅图中/a/元音各有两个圆圈。广州话的图中,前下方的是/ia/,后上方的是/ua/;香港话的图中,前上方是/ia/,后下方是/ua/。

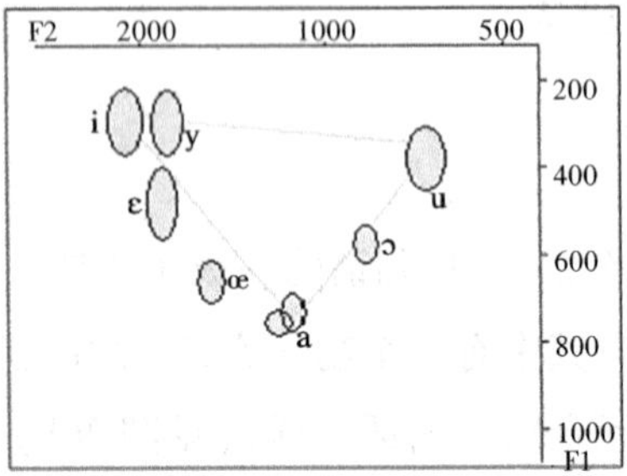

图 27a 广州话的二级元音

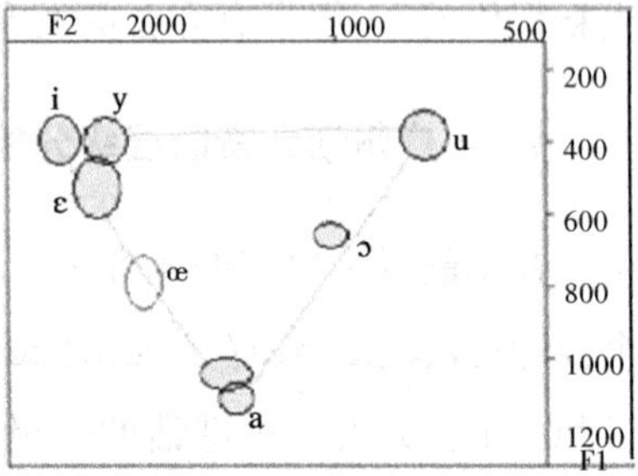

图 27b 香港话的二级元音

能够带韵尾的元音是三级元音。广州话的三级元音有十一个：/i、u、y、ε、e、œ、ɵ、ɔ、o、a、ɐ/。（见图28a）高元音/i、u、y/可以看做是分别带有韵尾的/-i、-u、-y/。另外的三对中元音和一对低元音既有音质的区别，也有时长的区别，因此在图上有一定的重叠分布。香港话也是如此。（见图28b）在图中可以看得很清楚，过去有的学者标写的前元音/e/实际上应该是央元音/ə/，赵元任曾经讲到过这一点。/œ/和/ɵ/在出现环境上并不对立，而是互补的。/ɔ/则是跟/ɵ/在-n尾和-t尾中对立，跟/y/在-ŋ尾和-k尾中对立。

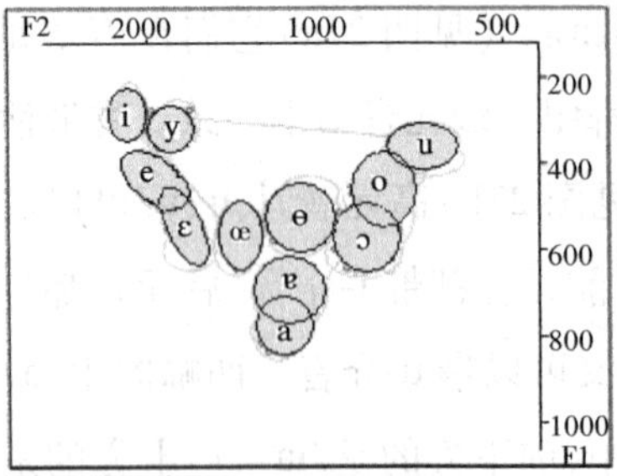

图 28a 广州话的三级元音

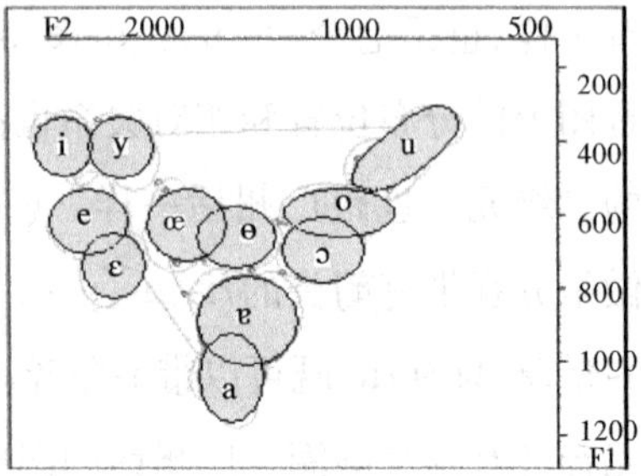

图 28b 香港话的三级元音

既能够带韵头也能带韵尾的元音是四级元音。广州话的四级元音跟三级元音一样,也有十一个:/i、u、y、ɛ、e、œ、ɵ、ɔ、o、a、ɐ/。(见图29a)高元音/i、u、y/可以看做是分别带有韵头和韵尾的/-i、-u、-y/。除了一对低元音/a、ɐ/在图上还有一定的重叠分布,其他的三对中元音仅有很少的重叠。香港话同样也是这样。(见图29b)它们的各个元音在图上分布的相对位置都是一致的。这里所说的相对位置是指在声学元音图的上下、前后的位次布局,也就是具有相同的格局。

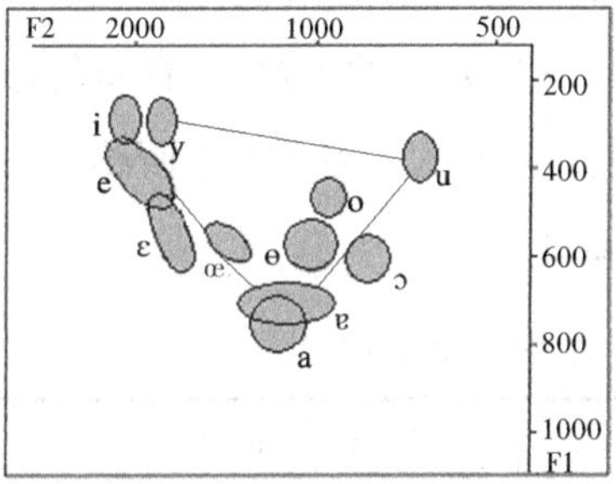

图 29a　广州话的四级元音

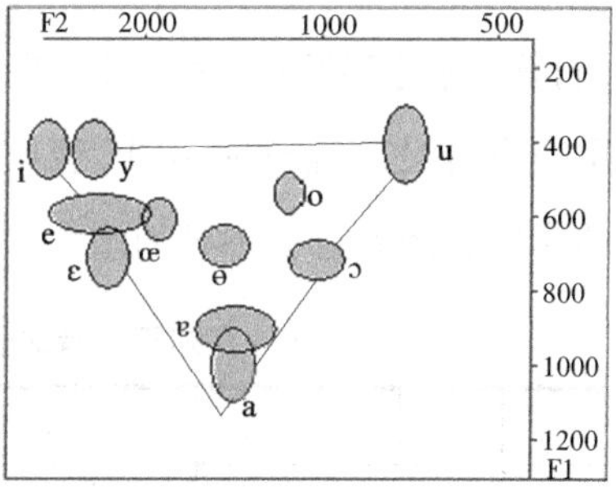

图 29b　香港话的四级元音

广州话语音中有三种不同的韵尾:元音韵尾、鼻音韵尾、塞音

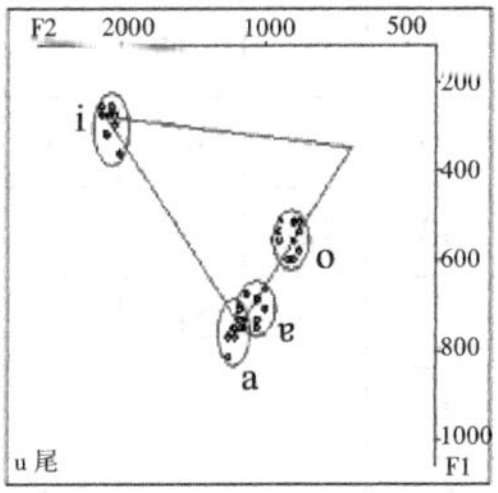

图 30a　带元音韵尾 -u 的元音图

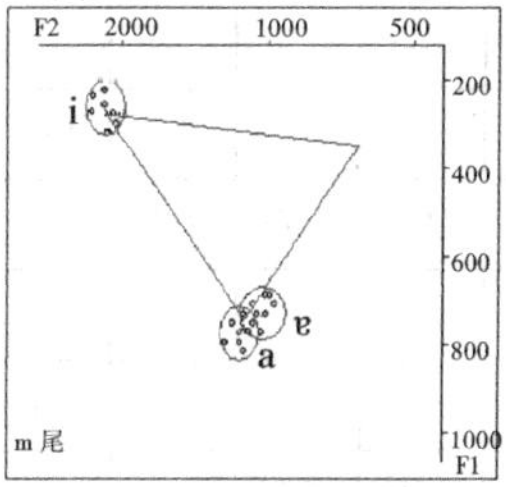

图 30b　带鼻音韵尾 -m 的元音图

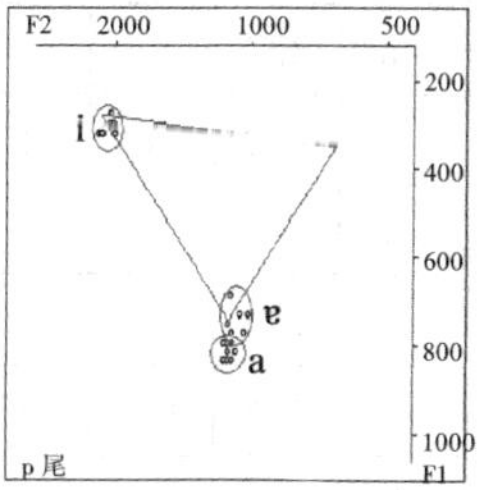

图 30c　带塞音韵尾 -p 的元音图

韵尾。我们把三级元音和四级元音里面带有元音韵尾的称为 A 类,带有鼻音韵尾的称为 B 类,带有塞音韵尾的称为 C 类元音。还可以对这些带有不同的韵尾元音的表现分别作出分析。(见图 30a、b、c)

4.5 元音时长跟元音音质的关联

听辨实验的结果显示,广州话和香港话的元音/ɑː/和/ɐ̆/之间的对立包含了语音的时长和音质两个方面的因素,缺一不可。(石锋、刘艺 2002;石锋、麦耘 2003)在短元音的听辨中,音质的作用很小;在长元音的听辨中,音质的作用较大。音质对于听感辨识的作用会随着音长差异的增大而减弱。

表 1　广州话元音时长统计表　单位(毫秒)

	i	u	y	ɛ	e	œ	ɵ	ɔ	o	a	ɐ
一级	511	428	449	417		453		429		454	
-i		214			201		177	331		273	157
-u	192								179	278	120
-m	222									317	98
-n	232	244	312				112	309		302	104
-ŋ				298	109	329		331	110	339	117
-p	142									215	62
-t	156	139	163				91	207		233	90
-k				189	95	203		191	71	213	93

实际上,时长的差异在所有元音上都有表现,而且元音的时长

跟它所处的语音结构有关联。(张群显 1994;Zee 1995)广州话元音时长的统计结果充分说明了元音时长的规律性差异。(见表 1)从总体来看,单韵母中的元音平均为 449 毫秒,是最长的。带有韵尾的元音时长有三种表现:带有/i、u、y/这样没有长短对立的元音的韵母中(没有用横线或斜线连接的数据项),元音音长平均 202 毫秒,是中等程度。成对的长短对立的元音(用横线或斜线连接的数据项),如 a–ɐ、ɛ–e 和 ɔ–o 之间,则是具有明显的时长差异:长者愈长,平均达到 268 毫秒;短者更短,平均只有 112 毫秒。这种长短的相对差别为 2.4 : 1。

表 2　香港话元音时长统计表　单位(毫秒)

	i	u	y	ɛ	e	œ	ɵ	ɔ	o	a	ɐ
一级	373	390	367	330		385		356		349	
-i		262			149		144	260		281	153
-u	221								178	265	151
-m	214									300	142
-n	254	273	296				122	277		292	124
-ŋ				303	111	275		283	117	288	126
-p	190									209	99
-t	193	197	217				116	231		243	116
-k				200	109	199		192	139	205	128

香港话元音时长的统计结果与广州话一样,都是在时长方面表现出系统差异。(见表 2)单韵母中的元音最长,平均为 364 毫秒。带韵尾而没有长短对立的/i、u、y/元音平均音长 232 毫秒,处于中等状态。a–ɐ、ɛ–e 和 ɔ–o 这样长短对立的元音中,长元音平

均为 253 毫秒；短元音平均有 130 毫秒。相对的长短差别为 1.9∶1。如果对比广州话与香港话元音时长的差异程度，可以看出香港话略小于广州话。

在广州话的短元音里面，带元音韵尾的平均时长 158 毫秒；带鼻音韵尾的是 108 毫秒；带塞音韵尾的最短，84 毫秒。香港话的统计结果中，这三个数据分别是 156 毫秒、124 毫秒、119 毫秒。可见，香港话和广州话的短元音时长都表现出同一种趋向：带有元音韵尾>带有鼻音韵尾>带有塞音韵尾。

4.6 关于元音音质的两个问题

《香港话音档》把/eŋ、ek/写为/iŋ、ik/，把/oŋ、ok/写为/uŋ、uk/。有些学者也是这样标写的。这会使香港话和广州话两个本来相同的元音格局出现较大的差异。如果在声学元音图上对比这两个元音的相对位置，香港话和广州话的表现都是一致的：eŋ、ek 和 oŋ、ok 里面的元音跟 i 和 u 的区分很清楚。（见图 31a、b）因此我们建议还是用 eŋ、ek；oŋ、ok 的写法为宜。这样一是可以符合语音的实际表现；二是能够保持香港话和广州话元音系统的一致性。

《方言》杂志刊载李行德（1985）对广州话元音实验分析的文章时，曾加上编者按语，希望解决广州话/ei/和/ou/中的主要元音的音质问题。现在我们可以根据实验分析得出初步的答案。（见图 32a、b）在图 32a 的广州话中，/ei/的实际发音是[ɛi]，/ou/的实际发音是[ɔu]；在图 32b 的香港话中，/ei/的实际发音是[ei]，/ou/的实际发音是[ou]。这都可以从声学元音图上清楚地看出来。我们可以说，/ei/实际发音是[ɛi/ei]；/ou/实际发音是[ɔu/

ou]。由于没有长短对立的对应项，这两个复合元音在音质和时长的发音上都留有余地。

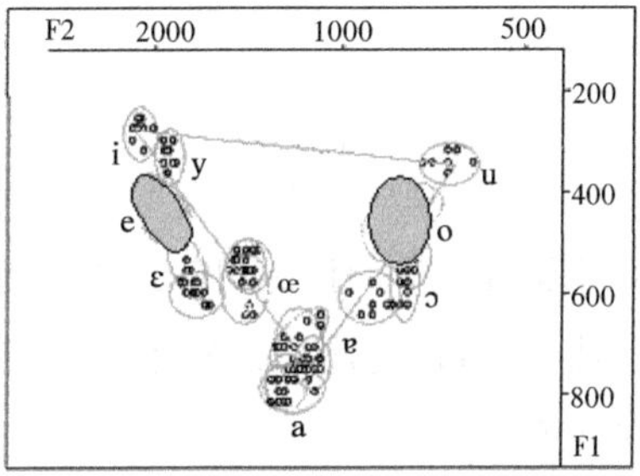

图 31a　广州话的/e、o/元音

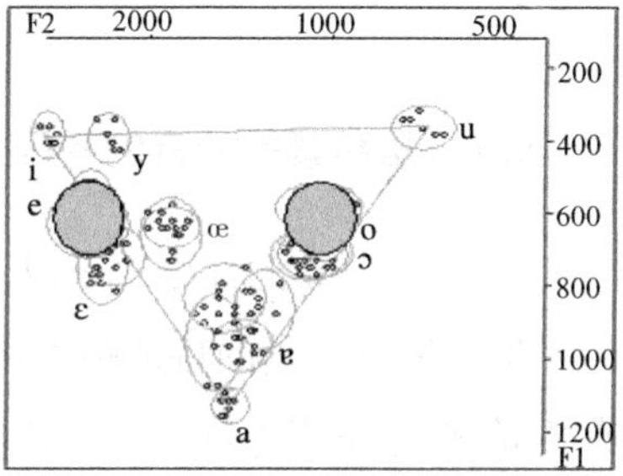

图 31b　香港话的/e、o/元音

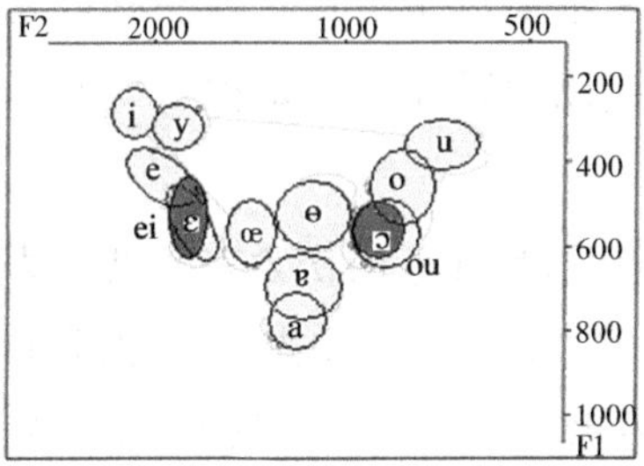

图 32a　广州话的/ei、ou/元音

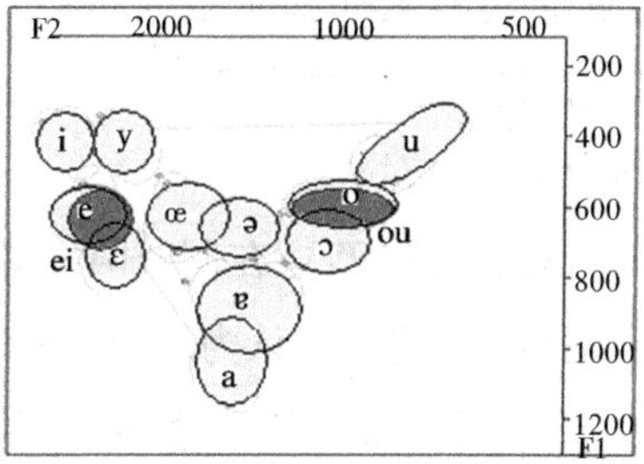

图 32b　香港话的/ei、ou/元音

附录

补充发音表

也 ia	瓜 ua	野 iɛ	窝 uɔ	踩 iai	歪 uai	曳 iɐi
威 uɐi	挠 iau	油 iɐu	锐 iɵy	蘸 iam	任 iɐm	弯 uan
恩 iɐn	温 uɐn	闰 iɵy	撑 iaŋ	逛 uaŋ	宏 uɐŋ	赢 iɛŋ
鹰 ieŋ	迥 ueŋ	黄 uɔŋ	勇 ioŋ	押 iap	入 iɐp	挖 uat
骨 uɐt	掴 uak	隙 uek	国 uɔk	玉 iok	掇 ɪœ	

五　南部彝语松紧元音的声学表现[①]

5.1　松和紧是元音的特征

在藏缅语族的部分语言以及邻近语言中,有元音的松紧对立的现象。虽然松紧的特征跟声调、辅音声母、韵尾以及整个音节都有关联,但是语音差异主要表现在元音上。

马学良(1948)在《倮文作祭献药供牲经译注》中提出禄劝彝语的韵母有紧喉和非紧喉两类:"紧喉韵母是发音时喉头有点儿紧缩,我在这类的韵母下标'—'号,以示紧喉。"这是把松紧元音归为韵母的对立。

袁家骅(1953)在调查阿细彝语时,把元音的松紧差异处理为声调的长短之别。认为发短调的时候,很短促,也相当高,后面附有喉塞音,喉头肌肉特别紧缩,可以看做这个声调的附属品,不另标明。陈康(1988)写《彝语的紧调类》,也是把松紧作为声调的特征。

随着语言调查工作的深入,除彝语外,我国学者对拉祜语、纳西语、哈尼语以及佤语等语言中的松紧元音也都作过研究。在历时研究中,产生元音松紧对立的原因来自不同方面,有的可能是源于声母辅音的变化,有的可能是源于韵尾的变化。元音松紧的对立跟声调的产生发展也有密切的联系。在共时研究中,则是应该从元音出发来研究松紧特征的各种对立表现。(戴庆厦 1990)

---

① 原文是与周德才合作,发表于《语言研究》2005 年第 25 卷 1 期。

5.2　不同语言中的松紧元音

松紧元音的区分并不能表面地看做是发音时舌头肌肉的紧张和放松而造成的。在世界上不同区域的语言中，元音的松紧所包含的内容并不一样。

英语中通常是紧元音发音较长，松元音时长较短。(Jone 1956)紧元音一般比松元音更靠近元音舌位图的外围。(Stockwell 1966)一些非洲语言中，松紧元音的对立是根据咽腔的大小。(Ladefoged 1964)在阿坎(Akan)语、伊格博(Igbo)语和兰戈(Lango)语里，紧元音在发音时舌根前移使咽腔扩张。(Schachter & Fromkin 1968)在东南亚，元音的松紧则是主要用来描写发音时喉部状态的不同，与此相关联还有音高、时长以及邻接辅音的不同特征。(Egerod 1971；Matisoff 1973)

Maddison 和 Ladefoged(1987)对中国境内的景颇语、哈尼语、彝语(那苏)和佤语这四种少数民族语言中松紧元音进行了实验研究。他们做了口腔内空气压力和口腔外气流速率的生理学实验并考察了有关的声学性质。结果表明，同一区域里不同的语言中的紧元音和松元音的首要差异是发声类型，在语音上的表现并不完全相同。

5.3　实验设计

我们以新平县老厂乡竹园村的彝语为例，分析其中元音松紧的对立在声学上的表现。这种彝语属彝语南部方言，不同于 Maddison 和 Ladefoged 已经做过实验的北部的禄劝那苏彝语。虽然它们都有三个声调，可是禄劝那苏彝语只有 14 个元音各分为 7 对松紧元音，每一对都能出现在所有三个声调中；南部彝语却有 20 个元音，分为严整对立的 10 个松元音和 10 个紧元音，在 55、33、21 三个声调中，只有 33 和 21 两个声调出现松紧元音的对立，55 调里只有松元音出现。

我们的发音词表包括 33 和 21 两个声调中全部 20 个松紧元音/ɿ:ɿ̄;ʅ:ʅ̄;i:i̠;e:e̠;ɛ:ɛ̠;ɑ:ɑ̠;o:o̠;ɤ:ɤ̠;u:u̠;ɯ:ɯ̠/。其中/ɯ:ɯ̠/只出现在 21 调中。另外还增加了 55 调的带有 10 个松元音的词作为参照。全部发音词表如下：

dzɿ^{55}皮	dzɿ^{33}铜	dzɿ̄^{33}砍	dzɿ^{21}太阳	dzɿ̄^{21}断代
tʂhʅ^{55}甜	tʂhʅ^{33}借	tʂhʅ̄^{33}热	tʂhʅ^{21}臭	tʂhʅ̄^{21}削
ti^{55}推	ti^{33}下	ti̠^{33}浸泡	ti^{21}顶	ti̠^{21}砸
ve^{55}叫	ve^{33}远	ve̠^{33}担（量）	ve^{21}狼	ve̠^{21}猪
bɛ^{55}壶	bɛ^{33}打闹	bɛ̠^{33}射	bɛ^{21}掉	bɛ̠^{21}纠缠
nɑ^{55}爱出风头	na^{33}粘	nɑ̠^{33}把（一把）	nɑ^{21}你	nɑ̠^{21}唠叨
tʂo^{55}筛	tʂo^{33}喂（使吃）	tʂo̠^{33}撞	tʂo^{21}中（打中）	tʂo̠^{21}罩
bɤ^{55}堆	bɤ^{33}滑倒	bɤ̠^{33}围起	bɤ^{21}山	bɤ̠^{21}蹄
bu^{55}啼（公鸡）	bu^{33}虫	bu̠^{33}饱	bu^{21}背	bu̠^{21}霉
ɣɯ^{55}舅舅	ɣɯ^{33}说	——	ɣɯ^{21}切（菜）	ɣɯ̠^{21}揉

上表中的每一个词都放在负载句里由一位本族当地发音人自然讲出，进行录音。负载句为"我说____这个词。"实际发音如下：

ŋu^{21}（我）　____ ʂu^{33} ȵe̠^{33}（词）　ʅe^{55} lɤ^{33}（这个）　ɣɯ^{33}（说）。

声学实验采用南开大学开发的计算机语音分析系统——桌上语音工作室（专业版）进行。实验从三个方面来考察松紧元音的声学表现。一、在频谱图的帧参数图形中测量基频的能量和第二谐波的能量的差值，这是对于发音时喉部放松或紧缩的重要表征。二、用第一共振峰和第二共振峰的数值作出声学元音图，从中对照二者发音时的声腔差异。三、分别测算元音音高、元音时长及元音音强的统计数据并作出统计图表，比较二者在音高、时长和音强方面的表现是否有显著差别。

5.4 结果分析

5.4.1 帧参数的能量差值

在频谱图的帧参数图形中表现的基频（F0）跟第二谐波（H2）的能量的差值，帧参数是“桌上语音工作室”的一个操作菜单项。用美国 Kay 式语图仪则是通过语图的断面（section）功能按钮作出图形，并测量基频跟第二谐波的相对振幅的差值得到的。这个差值的正负和大小，在声学上、发音上和感知上表征发音时喉部状态是放松还是紧缩。（Ladefoged 1981；石锋 1995）

气化元音的发音时，喉部肌肉放松，基频的能量相对大一些，第二谐波的能量相对小一些。喉部紧缩的元音发音中，情况正好相反，基频的能量小而第二谐波的能量大。一般听者对于元音气化程度的判断跟这个差值密切相关。

Maddison 和 Ladefoged（1987）在禄劝那苏彝语的实验中，两个发音人的表现虽然并不完全一样，但是共同之处是松元音的数值大于紧元音。在本文的实验中得到的结果同样是松元音的数值大于紧元音。（见图 33）说明紧元音发音时喉部紧缩程度较大。

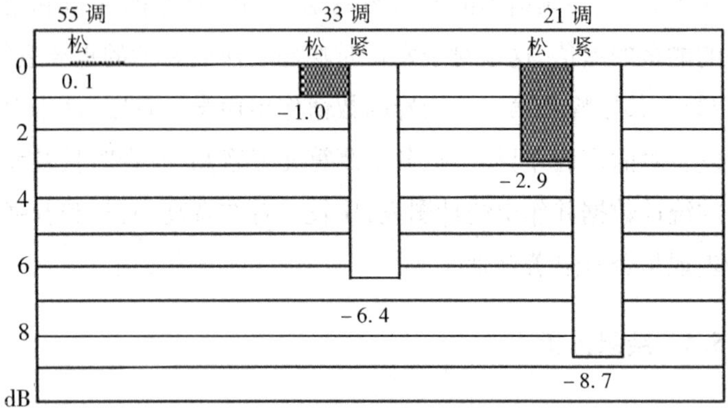

图 33 基频与第二谐波的能量差值统计图

5.4.2 声学元音图

用每个元音第一共振峰和第二共振峰的数值作出声学元音图，从中对照松紧元音二者发音时的声腔差异。（见图 34）从这 10 对松紧元音在声学元音图上的分布位置来看，大多数紧元音在松元音的下方，其中/ɛ̱/跟/ɛ/分离相当远，表明第一共振峰较高，开口度较大。只有/ɿ/和/ɿ̱/的位置相反，是紧元音在上方；还有/ɯ̱/比/ɯ/偏后；/o/和/o̱/的分布成为一个交叉的形状。

在 Maddison 和 Ladefoged（1987）的实验中，禄劝那苏彝语的元音音质没有出现大的差别。他们对哈尼语的分析得到跟本文相同的结果，即紧元音的位置在松元音的下面。这并不意味着紧元音的舌位一定是低的，也可能是紧元音发音时声腔缩短的声学表现。声腔缩短的原因是由喉部肌肉紧缩上升而造成。然而不论是开口度的加大还是喉部的紧缩提升，都表明了元音音质的差异。

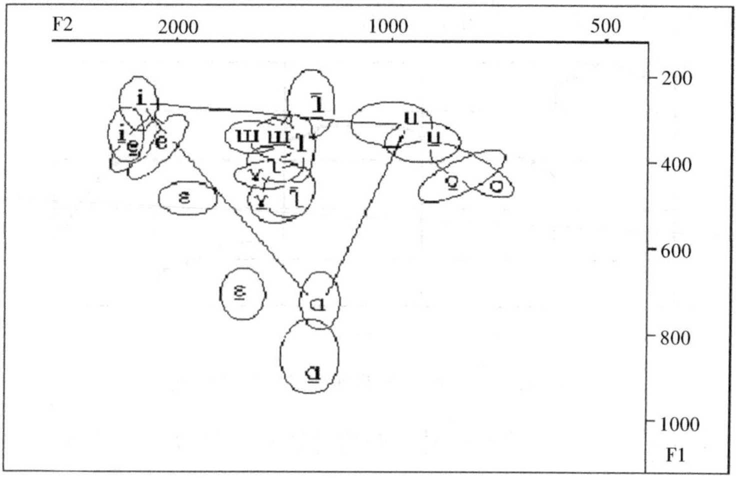

图 34　南部彝语松紧元音的声学位置图

5.4.3　松紧元音的音高、时长和音强

对于实验字音分为五组进行基频统计。这五个组分别是:55 调的松元音、33 调的松元音、33 调的紧元音、21 调的松元音、21 调的紧元音。图 35 是根据统计的数据作出的图形。55 调里只有松元音,没有松紧元音的对比,在这里只作参考。33 调里的紧元音比松元音平均高出十几赫兹,在图上可以很容易观察出来。21 调里松紧元音的差别更为显著,紧元音平均高出 30 赫兹以上。

Maddison 和 Ladefoged（1987）在禄劝那苏彝语的实验中发现,紧元音的平均音高比松元音高一些。这跟本文的南部彝语的声学表现是一致的。通常语音的高低是取决于发音时声带振动的快慢;而声带振动的快慢则取决于声带本身的松紧状况。声带松弛,振动得慢,音调就低;声带拉紧,振动得快,音调就高。因此,音高统计图所反映的是声带松紧的差异。

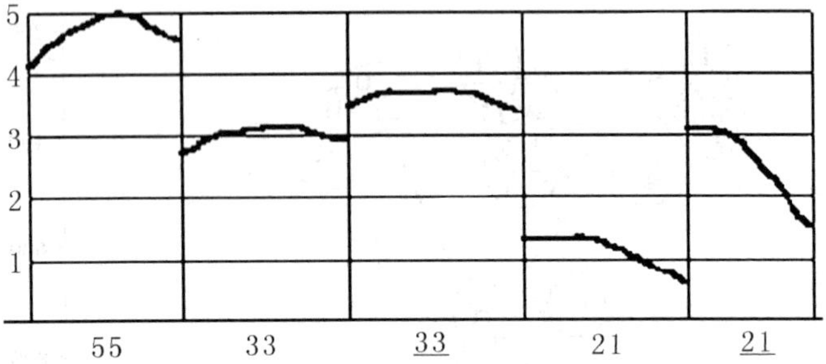

图 35　南部彝语松紧元音的音高统计图

对于实验字中的元音时长的测算统计也是分为五组进行的。这五个组跟音高统计的分组是一样的。根据测算统计的数据作出图表。(见图 36)55 调松元音的平均时长是 236 毫秒,作为参照。33 调的松元音平均时长 228 毫秒,紧元音是 223 毫秒,二者相差仅 5 毫秒。21 调松元音平均时长 222 毫秒,紧元音 194 毫秒,相差 28 毫秒,有显著差别。

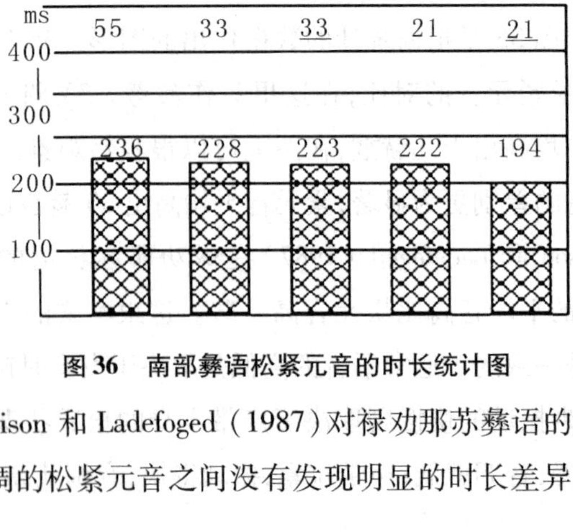

图 36　南部彝语松紧元音的时长统计图

Maddison 和 Ladefoged (1987) 对禄劝那苏彝语的实验中,在高调和中调的松紧元音之间没有发现明显的时长差异,却观察到降调的紧元音比松元音短得多。这跟本文考察的南部彝语是相同的情况。下降的音调加上紧张的发声会造成声门较早关闭,从而结束发音。

人们对于语音强弱的感觉应是一定强度的语音在一定时间里作用于人耳的结果。因此如果把每个元音全部波形的振幅分别加以积分,得出的总强度数值可以称为幅度积。幅度积能够较为全面地反映语音强度的关系。对于幅度积的测算和统计跟音高和时长一样按照五个组分别进行平均,得到的结果为:55 调是 15.2;33 调松元音是 14.0,紧元音是 13.9;21 调松元音是 13.3,紧元音是 11.6。(见图 37)这个结果跟音高和时长的情况相类似,也是中平调的松紧差异不明显,低降调的松紧差异很显著。我们从中可以看到语音的音高、音长和音强之间的密切联系。

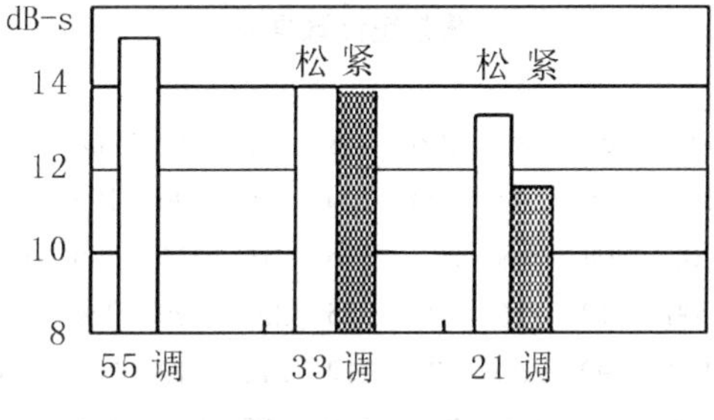

图 37　南部彝语松紧元音音强统计图

5.5　结语

我们已经知道,在不同语言区域的语言中元音松紧所包含的内容各不相同。我们所得到的实验结果进一步表明,在东南亚地区的各种语言中,元音的松紧对立首要的是发声类型的差异,也就是喉部的松紧。同一区域的各种语言会具有总体上的一致性。

相比之下,同一种语言内部的一致性更是相当强的。除了松紧元音在舌位的高低方面的差异,彝语南方方言在音高方面和时长方面的声学表现跟北部禄劝那苏彝语的表现是一致的。这种一致性为我们对这种语言的语音系统进行分析提供了客观的依据。

同时,在同一区域的不同语言中松紧元音的表现互有差异。在同一种语言的不同方言之间,元音的松紧特征的表现也可能不完全一样。例如这里所表明的彝语南方方言在舌位的高低方面跟北部方言存在的差异。当然,这种差异不会超出以上所述的语言总体上的一致性。

附录

基频统计数据表

第 1 组(55)

样品 1 :	157	169	180	196	208	212	212	208	200
样品 2 :	196	196	200	200	200	200	196	193	193
样品 3 :	200	204	208	212	216	216	216	208	196
样品 4 :	200	212	216	220	225	225	220	216	208
样品 5 :	183	190	200	208	212	212	212	204	204
样品 6 :	186	193	196	204	204	208	208	200	196
样品 7 :	196	200	208	212	216	225	225	220	208
样品 8 :	212	216	220	220	220	216	212	208	200
样品 9 :	190	200	212	220	225	225	220	212	212
样品 10:	204	216	225	225	229	229	225	216	216
平均值:	192	199	206	211	215	216	214	208	203
五度值(T):	4.0	4.2	4.5	4.7	4.8	4.9	4.8	4.6	4.4
标准差(Hz):	14.3	13.4	12.4	9.2	9.1	8.7	8.3	7.7	7.2

第 2 组(33)

样品 1 ：	134	143	148	155	157	157	157	148	153
样品 2 ：	159	157	159	159	159	162	162	159	155
样品 3 ：	167	172	175	175	175	172	175	172	167
样品 4 ：	177	177	177	177	183	183	177	172	172
样品 5 ：	159	164	167	167	167	167	167	164	157
样品 6 ：	153	157	159	159	159	159	159	157	155
样品 7 ：	169	167	169	169	169	169	169	167	164
样品 8 ：	157	164	167	167	167	167	169	167	167
样品 9 ：	157	164	169	172	172	172	169	162	159
样品 10：	155	162	167	169	169	172	175	175	172
平均值：	158	162	165	166	167	168	167	164	162
五度值(T)：	2.4	2.6	2.8	2.8	2.9	2.9	2.9	2.7	2.6
标准差(Hz)：	10.8	8.8	8.0	6.8	7.6	7.2	6.5	7.7	6.8

第 3 组(33)

样品 1 ：	151	157	164	167	172	172	175	167	164
样品 2 ：	183	186	186	186	186	186	183	183	177
样品 3 ：	186	183	186	183	186	186	190	183	183
样品 4 ：	186	196	193	193	193	193	186	180	177
样品 5 ：	159	162	167	167	169	169	169	167	159
样品 6 ：	172	175	175	172	172	175	172	169	167
样品 7 ：	186	196	196	196	193	193	190	186	186
样品 8 ：	175	180	180	180	180	180	180	177	177
样品 9 ：	180	183	186	183	183	183	180	172	169
平均值：	175	179	181	180	181	181	180	176	173
五度值(T)：	3.2	3.4	3.5	3.5	3.5	3.5	3.5	3.3	3.1
标准差(Hz)：	12.0	12.7	10.4	9.9	8.5	8.1	7.1	7.0	8.5

第 4 组(21)

样品 1 ：	119	125	126	128	126	123	119	114	112
样品 2 ：	129	126	126	125	125	122	118	114	111

样品 3：	131	131	131	131	128	125	122	122	118
样品 4：	131	134	134	136	139	137	134	132	128
样品 5：	134	134	131	129	125	123	121	116	108
样品 6：	128	128	128	131	128	125	122	119	116
样品 7：	136	134	131	129	128	126	123	123	123
样品 8：	132	134	134	134	129	128	126	125	122
样品 9：	132	134	134	134	132	131	129	126	123
样品 10：	128	131	134	136	134	131	129	128	126
平均值：	130	131	130	131	129	127	124	121	118
五度值(T)：	0.9	1.0	0.9	1.0	0.9	0.8	0.6	0.4	0.2
标准差(Hz)：	4.4	3.4	3.1	3.5	4.2	4.5	4.8	5.8	6.4

第 5 组(21)

样品 1：	155	155	155	153	148	143	139	134	129
样品 2：	175	175	172	167	162	157	153	145	139
样品 3：	175	172	164	159	151	143	139	129	125
样品 4：	169	172	172	172	167	159	151	139	132
样品 5：	164	159	155	153	148	143	134	125	119
样品 6：	159	162	164	167	162	157	151	139	131
样品 7：	180	186	186	183	175	169	159	148	143
样品 8：	167	164	162	157	153	148	145	141	137
样品 9：	155	159	162	162	159	155	151	147	143
样品 10：	169	172	172	172	169	164	157	151	143
平均值：	166	167	166	164	159	153	147	139	134
五度值(T)：	2.8	2.9	2.8	2.7	2.5	2.2	1.9	1.5	1.2
标准差(Hz)：	8.2	9.0	8.9	9.1	8.8	8.8	7.9	8.0	7.9

音长统计数据表

第 1 组：组名：55

(ms) 195.5 230.4 261.4 243.4 208.5 294.3 231.4 235.4 239.4 223.4

平均值=236.3ms，　标准差=25.9ms

第2组:组名:33

216.5　195.5　227.4　235.4　211.5　260.4　204.5　218.5　253.4　253.4

平均值=227.7ms，　标准差=21.2ms

第3组:组名:33

208.5　207.5　242.4　222.4　236.4　231.4　222.6　213.5　232.4　209.5

平均值=222.7ms，　标准差=12.6ms

第4组:组名:21

234.4　175.6　225.4　248.4　220.4　254.4　196.5　228.4　185.5　253.4

平均值=222.2ms，　标准差=26.6ms

第5组:组名:21

203.5　162.6　191.5　178.5　188.5　183.5　173.6　246.4　229.4　188.5

平均值=194.6ms，　标准差=24.3ms

基频与第二谐波能量差值统计表(Pfo-Ph2)

	55	33	33	21	21
样品1：	-0.8	-1.2	-5.5	-2.4	-5.2
样品2：	-1.8	-0.7	-5.1	-1.0	-5.4
样品3：	14.3	3.3	1.3	-7.5	-8.5
样品4：	4.3	-6.0	-14.3	-7.1	-16.1
样品5：	-3.7	-0.7	-2.5	0.8	-5.4
样品6：	3.9	4.8	-1.6	2.0	-2.4
样品7：	-11.0	-5.8	-14.0	-4.4	-12.9
样品8：	-12.8	-4.2	-8.6	-1.3	-10.8

样品 8 ：	2.1	–0.9	–7.6	–6.7	–12.3
样品 10：	6.2	1.2	——	–1.6	–7.9
平均值	0.1	–1.0	–6.4	–2.9	–8.7

总音强统计表(幅度积)(dB * t)

	55	33	33	21	21
样品 1 ：	11.6	13.0	15.3	14.3	10.1
样品 2 ：	12.2	10.0	11.0	9.1	8.8
样品 3 ：	14.8	12.4	12.6	12.6	10.1
样品 4 ：	20.1	18.9	22.5	18.5	15.1
样品 5 ：	12.3	12.6	13.7	12.2	10.6
样品 6 ：	18.6	15.8	14.9	15.3	11.5
样品 7 ：	14.4	12.5	12.8	11.4	11.4
样品 8 ：	16.1	13.9	12.4	13.0	14.1
样品 9 ：	13.5	13.2	10.3	9.3	12.0
样品 10：	18.3	17.5	——	17.2	12.7
平均值	15.2	14.0	13.9	13.3	11.6

第二章　声调格局

一　北京话的声调格局[1]

1.1　声调格局

声调的功能是利用嗓音的高低来辨别字的异同。关于声调的语音学构造,刘复(1924)曾做过这样的说明:“假如同时注意到音高和音长两个因素,把这两项因素作为两个坐标,用曲线把它们的函数关系画出来,这曲线就是这个声调的准确代表。”这里讲到音高和音长的因素。当然音强和音色也有一定的作用。一个字音读得强,声调的高低起伏的特点就很清楚;读得弱,声调特点就模糊以致淡化。在音色方面,不同的发音(articulation)和发声(phonation)方式[2]会使声调变高、变低或中断。一般情况下,我们在声调研究中主要考虑的还是音高和音长,即音高随时间的变化。其

---

① 原文发表于《语言研究》1991 年增刊。

② 发音(articulation)是指声门上的声腔对肺气流的调节作用。包括舌位的变化,阻碍部位和阻碍方式的不同等。发声(phonation)是指声门状态的不同。如声带的振动与否、声门的开闭松紧,也就是清浊、松紧以及送气与否等喉部特征。

中时间因素构成声调的调长。音高的因素却来自两方面的作用：一是调层，二是调型。

言语声调的音高是相对音高。而音乐中的音阶是以绝对音高为基础的，这一点是语言中的声调和音乐中的曲调的一个重要区别。每个人的发音都有各自的调域。如男声低、女声高，这是绝对的。但是如果在每一调域中都划分出高、中、低的层级，那么不同调域中的高、中、低层级都是可以对应的，也就是男声的高和女声的高都可以看做是相同的调层。

每一种声调语言（或方言）都具有一个特定的声调格局。声调格局是由该语言（或方言）中全部单字调所构成的格局。声调格局是声调系统的共时初始状态，是各种声调变化的基础形式。因而它是进行声调研究的起点。这里采用实验方法把单字调平均曲线画在同一调域空间中，即声调格局的声学表现。这是一种静态分析的方式。下面是关于声调术语的说明。

调值是声调实际发音的听感记录。调型和调层都是音高的变化方式，再加上调长，就成为调值。

调类是汉语音韵学的传统观念，指的是声调的历史分类，具有历史比较的意义。“我们可以把声母、韵母、声调的历史范畴称为声类、韵类（古称韵部）、调类，合起来称为音类；而把它们的实际发音称为声值、韵值、调值，合起来称为音值。”（邢公畹 1962）调类和调值之间的联系跟音类和音值之间的联系是相对应的。然而，声类韵类对声值是有约束性的，而调类对于调值几乎是无约束性的。“一个调类不能控制它所能出现的调值。”（邢公畹 1962）这说明了调值分析的复杂性。

调位是在具体语言（或方言）中具有区别作用的调值。这也就是说，调值在具体语言（或方言）中能成为调位的记录。调类又可以看做是历史调位。显然，调位与调值的关系对应于音位和音值的关系，属于共时范畴。

1.2 五度值的现代计算方法

赵元任创制的五度值记调法，是一种听感分辨的记录。这相当于用国际音标记音的方法。国际音标可以标记音位，也可以标记音位变体；五度值同样可以标记调位，也可以标记调位变体。"一种便于普遍应用的标记法，必须要比单一声调格局中有更多的区别，于是就产生了这种过度的划分。"（王士元 1967）其实真正具有五度值所划分出的五个平调的语言是极少见的，至今还没有发现有五个以上的平调的语言。五度值所给出的是一种最大限度的可能性。王士元说五度值记调法是一种"半语音学、半音系学的记调方法"，"介于两个层次之间"。（王士元等 1987）实际上它是与音素范畴相对立的。

五度值是把一段竖线分为四等份，得到五个点。如果在音高和时长的坐标系中按照声调音域进行归一化，这五个点从低到高就应该是 0，0.25，0.5，0.75，1。正好从这一点到那一点的声调是很少有的，大量的是处于两点之间的情况。我们把确定五个点改为划分五等份，即 0–0.2，0.2–0.4，0.4–0.6，0.6–0.8，0.8–1。这样处于交界点的情况就不会那么多了。其实，在听感分辨中是不可能做到这么精细的。五度值本身就是一种相对的标记方法。可是我们在处理用仪器测量得出的大量声调数据时，这样的问题就会摆在我们面前。

早期的声调研究受到音乐理论的影响，多是利用乐理中的半音和音阶，把实验测算得到的音高频率进行换算，来跟五度值对应。极少有直接根据测算频率的数据来划分，使频率数值与五度值成线性对应的。

廖荣蓉（1983）在苏州话声调实验中把频率数值通过对数计算，再利用百分比换算成五度值。其实半音跟频率之间也是一种对数关系。石锋（1986）在天津话声调实验中采用了公式：

$$T = \frac{\lg x - \lg b}{\lg a - \lg b} \times 5$$

其中，a 为调域上限频率，b 为调域下限频率，x 为测量点频率。我们也可以写成如下的方式：

$$T = [(\lg x - \lg \min)/(\lg \max - \lg \min)] \times 5$$

这样得出的 T 值就是 x 点的五度值参考标度。这是一种声调的静态描写。

沈炯（1985）在北京话声调和语调的研究中采用的是 D 值公式：

$$D = 5 \times \log 2 \frac{F}{F_0}$$

其中，F_0 作为参考频率，F 为测量点频率。对数的底数为 2，表示倍频程。这可以作为一种声调的动态描写。

把 D 值和 T 值对照比较，会看到二者的相通之处。在 T 值公式中，设 a 和 b 之间为一个倍频程，就得到：

$$T = \frac{\lg x - \lg b}{\lg 2} \times 5$$

再经过换底，整理为：

$$T = 5 \times \log 2 \frac{x}{b}$$

这跟 D 值公式在形式上是一致的。很明显，D 值和 T 值都是从五度值记调法脱胎出来的。D 值是 T 值的普遍化。

因为我们目前研究的重点在于对声调静态表现的分析，而不是在总体上把握动态声调变化。而且在语音实验中，各个发音人的调域相差很大。所以我们还是采用 T 值的计算方法。这样可以使不同的实验结果之间具有最大限度的可比性。

1.3　北京话单字调的四种数据

汉语北京话的声调曲线，国内最早见到的是赵元任的记录。他是用七弦琴为工具依据听感来作成曲线画在五线谱图上。他同时认为这“不过是半定量半定性的结果，还不够算纯定量的记载。希望大家都用精确的方法再作能成定案的研究”。（赵元任 1922）

刘复（1924）在《四声实验录》中用浪纹计分析北京话声调。由于发音人是一位在北京长大的福建人，以致多出一个入声，并且是单字取样。我们按书中原图标度得出的数据，代入 T 值公式，结果如下：

声调	音长	音高 T 值				
阴平	360ms	3.5	3.9	4.1	4.1	4.1
阳平	380ms	1.0	1.7	2.4	3.1	3.6
上声	560ms	0	0.2	0.8	1.8	2.8
去声	230ms	5	5	5	3.9	0

白涤洲(1934)依照刘复的方法给北京字调作了一次较精细的测断。四个声调各取样 5 个,用浪纹计分析得出结果。我们根据罗常培、王均《普通语音学纲要》中的声调图还原为音高数据,以上声的转折点作为调域的下限,其中去声的终点取值跟上声的转折点相同。得出 T 值如下:

声调	音长	起点 T 值	折点 T 值	终点 T 值
阴平	436ms	4.0		4.5
阳平	455ms	2.1		5.0
上声	483ms	1.3	0	3.8
去声	425ms	4.4		0

林茂灿(1965)使用音高显示器分析普通话声调。四个声调各取样 38 个,并且由两个发音人分别发音。我们根据原文图表的结果换算为频率,再得出 T 值如下:

声调	发音人	音长	起点 T 值	折点 T 值	终点 T 值
阴平	(A)	241ms	4.6		4.2
	(B)	368ms	5.0		4.6
阳平	(A)	279ms	1.9		4.6
	(B)	395ms	2.7		4.6
上声	(A)	364ms	1.1	0	3.1
	(B)	468ms	1.8	0	1.8
去声	(A)	300ms	5.0		0
	(B)	355ms	5.0		0

我们用 5 个发音人,每人每个声调发音 9 组,也就是每个声调有 45 个取样。经过 6087PC Visi-Pitch 可见音高仪分析,得到的平

均值如下：

声调	音长	起点 T 值	折点 T 值	终点 T 值
阴平	295ms	3.4		3.2
阳平	249ms	1.9		4.2
上声	404ms	1.9	0	2.6
去声	197ms	5.0	4.4	0.8

将以上四种音高数据作成声调格局模式图，把其中音长的数据进行归一化，就成为如下的图 1。我们可以从图中观察每一个声调的表现情况。

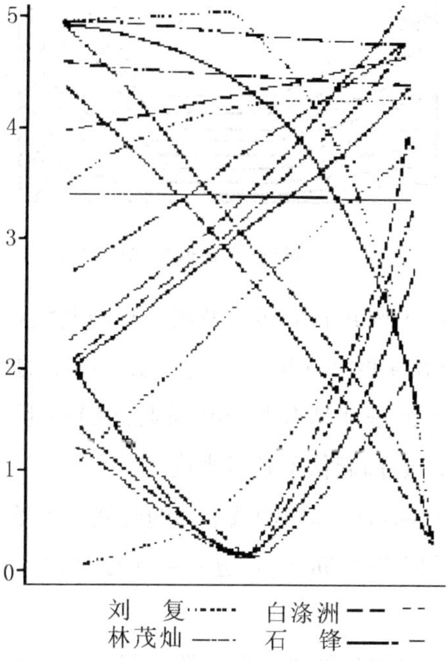

图 1　北京话声调格局（四种数据）

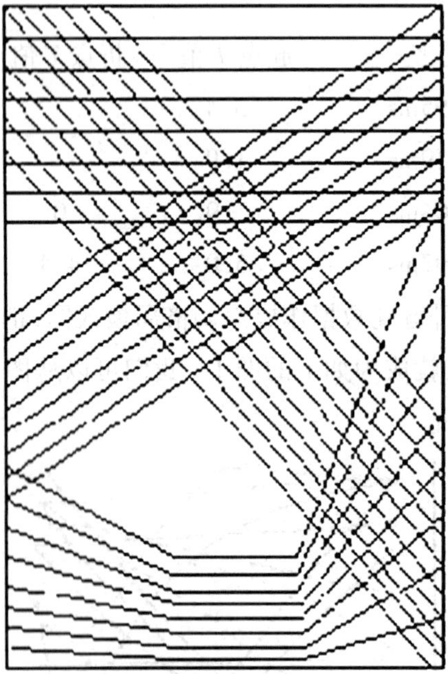

图2 北京话四个声调的声学空间

阴平调是位于调域上半部的平调。有的曲线在5度中,有的在4度中,也有在4度和5度之间的。虽然图中的调型曲线有的微升,有的微降,但是都具有两个共同点:(1)调型曲线全部位于调域上半部;(2)音高起伏不超过半度。

阳平调是从调域中部到调域上部的升调。各条调型曲线的起点分布在2度和3度之间,终点分布在5度之内。它们的走向是一致的。

上声调是在调域底线处的曲折调。起点分布在1度和2度之间,终点分布在2度和4度之间。这是终点分布范围最大的声调。

它的特点一是低,二是凹。各条曲线中间的转折点都是位于调域底部。因此我们用“低”特征来概括北京话静态的上声是很恰当的。

去声调从调域顶部到调域底部,是典型的全降调。在我们的实验中,极少是直接从高到低一直降下来,大都是如《四声实验录》所记录的那样,先在高处持续一段或平缓下降,然后再急速降下来,成为凸型降调。

北京话中没有入声,因此声调时长差别并不构成区别特征。同一声调格局中各声调的时长并不相等,我们在图中把它们归一化了。实际的情况按照从长到短的次序列在下面:

(刘复)	上声	阳平	阴平	去声
(白涤洲)	上声	阳平	阴平	去声
(林茂灿 A)	上声	去声	阳平	阴平
(林茂灿 B)	上声	阳平	阴平	去声
(石锋)	上声	阴平	阳平	去声

其中上声最长,去声最短,这是比较一致的。低凹调需要曲折,因此费时最长。全降调一泻而下,最为省时。二者的调长有时可达到成倍的差别。阴平和阳平调长居中,这是平调和升调的情况。它们之间相差并不大,平均在 20-30 毫秒。这些都属于声调时长的语音学表现,没有音位学意义。

1.4　声调的表现规律

我们可以通过北京话这几种资料的对照来考察声调的表现规律。

每一声调在声调格局中不仅是一条曲线，而且是一条带状的声学空间。这如同我们在声学元音图上用画圈的办法标示一种语言中的元音音位的声学空间。我们可以采用这种带状的包络线来表示声调调位的声学空间。只要一条声调曲线位于这个声学空间中，符合这个声调的特征，就不会混同为其他的声调。因此，我们通常所作的声调调型曲线不应只看成是一条线，而应该作为一条带状包络的中线或主线。北京话的不同调位之间的对立是很明显的。一高一低，一升一降。四个调位形成准对称形。（见图2）

弯头和弯尾是声调发音中的自然表现。它们除受到生理机制的制约之外，还受到音节中声韵结构的影响。当然这都要决定于声调格局中不同调位之间的对立条件。高调具有上升的弯头、下降的弯尾；低调具有下降的弯头、上升的弯尾。弯头和弯尾不属于调型段，是声调之间的过渡段，表现的是声带在发音中的调整过程。为便于分析，我们把调型段分为调头、调干、调尾。调头和调尾不同于弯头和弯尾。

王力（1979）认为"北京话的上声，基本上是个低平调，调头的降，调尾的升，都是次要的"。他提出："上声字在双音词组的第一字时，如果下字不是上声，上字要读半上，半上就是没有调尾升的部分的，有时候连调头降的部分也可以不用。半上实际上是个低平调。"这一点从我们所做的实验中得到证实。如图3a"英雄好汉"的声调曲线中，"好"就是一个低平调。图中各字的声调曲线是断开的，可以看得很清楚。另外，音节中的声韵结构又对弯头和弯尾的表现具有重大影响。如图3b"登楼远望"的声调曲线中，就很难把每个字音分开了。因为音节之间的声母都是浊音（楼：l，远:j,望:w),声带振动并不中断,持续调整。其实在"英雄好汉"中也在调整,只不过由于声母是清音,声调曲线断开了,我们看不到。如果把断开的地方用虚线连起来,那么这两个图形的曲线就可以基本上重合了。

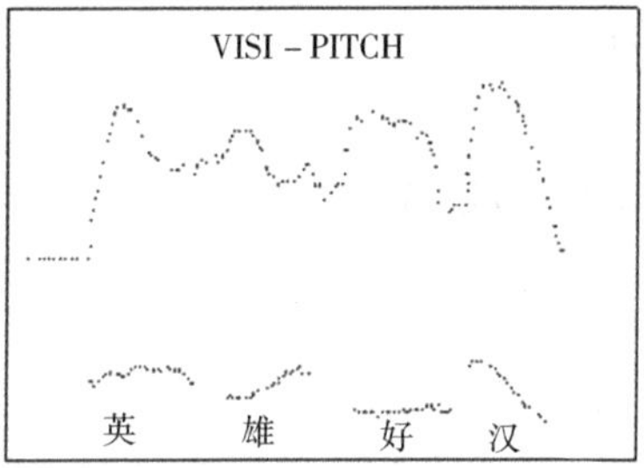

图 3a　声调曲线示例"英雄好汉"

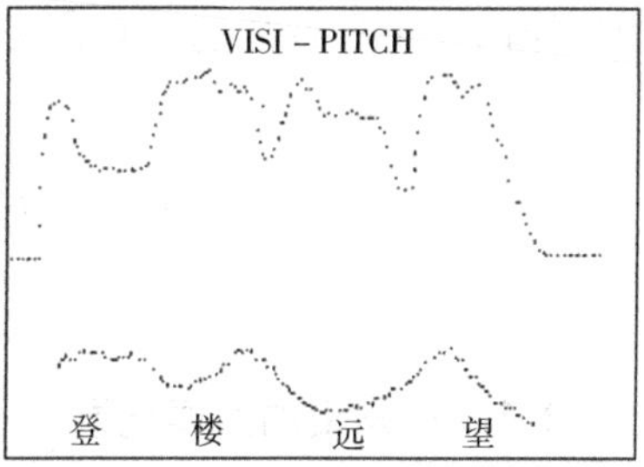

图 3b　声调曲线示例"登楼远望"

我们因此可以这样认为,调位与音位一样,是以在特定语言或方言的声调格局中相互对立作为基础的。声调的对立,各有自己的生理和声学的空间范围,各声调的空间范围在调域中的界限就是彼此区别。每一声调的分布限度就是不跟其他声调相混。调位就可以认为是在一个声调格局中每一个声调所具有的跟其他声调相对立的分布界限。这样,北京话中半上、半去的变调实际上只是各自调位中的变体,而上上相连,前字变为阳平才是真正的调位性变调。

研究各种声调类型及相关因素,考察每一声调自身的表现及相互关系,以及各种声调如何组成不同的声调格局,这就是研究声调格局的语音学构造。另外,一种语言中可以划分出多少个声调,每一声调在这种语言全部音节中的分布规律以及它跟声母、韵母的配合情况,即组成音节的各个成分与声调之间的配列关系(phonotactics)，这就是音系学方面的分析。声调格局的研究是把这两方面相互联系在一起的。语音学分析以音系学分析为前提，音系学分析又以语音学分析为基础。

各种语言（或方言）的声调格局对于我们认识声调表现的共同规律以及个性特征是极有意义的。

二　广州话的声调格局[①]

2.1　广州话的声调记录

汉语粤方言是以广州话为代表。对于广州话的描写和研究已有很多的文献。我们看到最早的英文版《广州方言词典》(Ernest John Eitel 1877)，是用四角圈调法标示广州话的声调。书中对于广州话的九个基本声调的调类标示如下：

꜀[ ]上平声	呼	꜀fu	[ ]꜄上去声	富	fu꜄
꜁[ ]下平声	扶	꜁fu	[ ]꜅下去声	父	fu꜅
꜂[ ]上上声	府	꜂fu	[ ]꜆上入声	竹	chuk꜆
꜃[ ]下上声	妇	꜃fu	[ ]。中入声	捉	chuk。
			[ ]꜇下入声	浊	chuk꜇

下面我们把赵元任、王力、袁家骅等对广州话声调调值的描写列出，加以对照比较：

① 原文发表于香港《语文建设通讯》1994年第45期。

		赵元任	王力	袁家骅等	詹伯慧
1.	阴平	53	42	55/53	55/53
2.	阳平	11	11	21	21/11
3.	阴上	24	335	35	35
4.	阳上	13	224	13	13
5.	阴去	44	33	33	33
6.	阳去	22	22	22	22
7.	上阴入	55	44	5	55
7c.	下阴入	44	33	33	33
8.	阳入	22	22	2/22	22

各家记录并无大的出入，只是小有差异。

2.2　声调格局的分析

一种语言（或方言）中全部单字调（citation form）构成一个声调格局。不同语言（或方言）的声调格局因声调的数目、声调的调型以及它们的分布关系而各不相同。这可以反映出这种语言（或方言）的个性特征。吴宗济认为，声调格局可以概括勾画出一种语言（或方言）的"调貌"，类似于地理学中对于不同地质区使用"地貌"的意义。[①] 声调格局是声调系统的基础，应成为声调分析的出发点。林焘（1990）在研究北京官话区的划分时，认为"如果把四个调类的调值放在一起，调值全同或全相似，关系必然密切，就应该同属于一个方言区"。并据此划分出包括河北省东北部、

① 引自私人通信。

内蒙古东部和东北三省绝大部分的北京官话区。这实际上就已经是把声调格局应用于方言比较和分区的研究了。

把一种语言(或方言)的全部单字调的调型曲线画在同一个图中,从刘复以来很多学者都这样做过。有的称为声调总图,有的称为声调基本调型图,有的称为声调聚合,等等。这都是本篇所述的声调格局图。我们不过是主张更加自觉地运用这种方法,并赋予其在声调研究中丰富的内涵。

2.3　音高数据的计算

一个声调格局里的每一声调的调值,可以凭听感印象,采用五度制记调法记录下来。用实验仪器能够测量出发音人每一声调的具体音高数据。声调音高频率数据和五度值之间的对应关系可以采用如下的 T 值公式(石锋 1986)来计算:

$$T=[(\lg x-\lg \min)/(\lg \max-\lg \min)]\times 5$$

这样得出的 T 值就是 x 点的五度值参考标度。T 值 0–1.0 相当于五度值的 1 度,1.0–2.0 相当于 2 度,2.0–3.0 相当于 3 度,3.0–4.0 相当于 4 度,4.0–5.0 相当于 5 度。

采用 T 值方法的优点在于它具有普遍的可比性。我们可以通过 T 值,把不同发音人的测量数值,不同语言(或方言)中的实验结果,以及不同作者,不同时期所作的研究放在一起来对照比较,进行分析。

如果单独对某一语言或方言的声调进行分析,并不一定非用对数的 T 值不可。除了用半音的音乐音程,也可以直接采用赫兹单位的频率数值。这里有一个简化的公式可以作线性标度的参考:

$$T=[(x-\min)/(\max-\min)]\times 5$$

2.4 广州话声调格局图

我们把五位发音人①的广州单字调录音资料用 KAY7800 型语图仪作出窄带语图进行分析，得到音高、音长、音强的数据。根据基频数据计算出 T 值如表 1：

表 1

发音人	A	B	C	D	E	平均值
阴平起点	5.0	5.0	5.0	5.0	5.0	5.0
中点	4.0	3.5	3.9	4.35	4.2	4.0
终点	0.7	1.15	1.0	3.9	0.2	1.4
阳平起点	1.5	1.85	1.7	1.9	1.8	1.75
中点	0	0	0.5	0	0.2	0.15
终点	0	0	0	0	0	0
阴上起点	1.5	1.55	0.4	1.1	0.9	1.1
中点	1.7	1.2	0.4	0	0.65	0.8
终点	4.1	3.8	3.7	3.55	3.3	3.7
阳上起点	1.85	1.55	0.2	1.1	0	0.9
中点	1.0	1.0	0	0.2	0.3	0.5
终点	4.0	2.2	2.2	1.9	0.5	2.2
阴去起点	2.5	3.2	2.6	2.4	2.0	2.5
中点	1.85	2.5	2.1	1.9	0.9	1.85
终点	2.2	2.45	1.6	1.3	0.5	1.6

① 五位发音人均是在广州长大的在校大学生，其中三位男性，两位女性。

续表

阳去起点	2.2	2.3	1.7	1.3	2.1	1.9
中点	1.45	1.3	0.6	0.8	0.5	0.9
终点	0	1.2	0	0.8	0.4	0.5
上阴入起点	4.7	4.1	4.4	4.75	4.3	4.45
中点	3.9	4.0	3.9	4.5	4.0	4.0
终点	3.8	3.6	4.6	3.7	3.35	3.8
下阴入起点	2.5	2.9	2.2	2.5	3.3	2.7
中点	1.85	1.9	1.8	2.2	1.7	1.9
终点	1.2	1.55	1.5	1.7	1.35	1.5
阳入起点	2.4	1.9	1.4	1.6	2.9	2.0
中点	2.2	1.1	0.6	0.9	1.2	1.2
终点	1.8	0.45	0.1	0.15	0.4	0.6

按表中的 *T* 值计算五位发音人的平均值,画出广州话声调格局图如下:

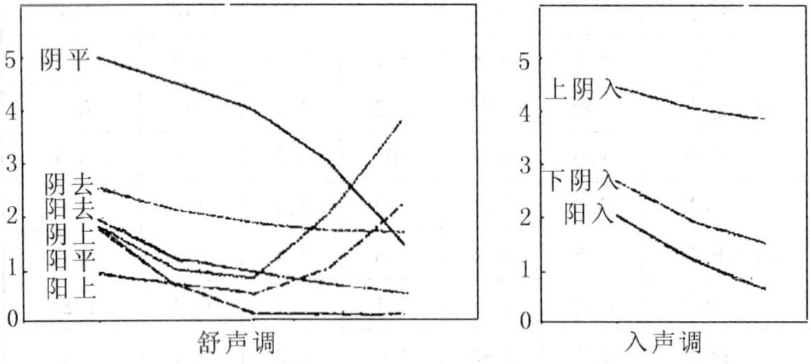

图 4 广州话声调格局图

阴平调是一个高降调。五个发音人中有四人读成高降调,只有一人读成高平而结尾略降。我们可以把广州话阴平调的高降和高平两种调值看做同一调位的两种变体。其中高降是比较常见的一种。广州话声调格局中,调域上半部只有阴平一个声调。起点在调域最高处,无论是降还是平,从调位的角度来讲,都不会与其他声调相混,也不会改变其他声调的对立关系。

阳平调是最低的,位于调域底部。起点在 2 度,下降到底线呈水平状态。这跟天津话阴平调的曲线类似,是带有下降调头的低平调。

阴上调为平升调。起点在 2 度下部,然后微微有平缓的下降,再升到 4 度上部。可以按五度值标为 224 或 24。

阳上调位于阴上曲线的下方,大致与阴上调平行。起点在 1 度的上部,再上升到 3 度。可以记为 113 或 13。阳上和阴上两条调型曲线起点和中点相差不是很大,但结尾的高低差别比较明显。

阴去调位于调域中部。起点在 3 度中,然后平缓地降到 2 度上部再到 2 度中部。是一个微降的调型,也可以看做平调。记为 33。

阳去调在阴去曲线的下方,大致与阴去调平行。起点在 2 度上部,先略降到 1 度上部,再到 1 度中部。起点与阴去调 T 值相差 0.6,中间相差 0.9,结尾相差 1.2。距离逐渐拉开。为 21 或 22。

上阴入调型曲线为微降。起点在 5 度中,微降至 5 度和 4 度之间。因其短促,可记为 5 度。

下阴入起点在 3 度的上部,缓降至 2 度中。可以记为 33 或 32。

阳入调的起点在 2 度与 3 度之间,缓降至 1 度中。可以记为

22和21。在声调格局图中，上阴入、下阴入和阳入三条曲线形成三条近似平行的曲线。上阴入最高，下阴入居中，阳入最低。

上阴入和下阴入的区分不但是由于音高的显著差别，而且是由于主要元音的长短不同。上阴入的字主要元音绝大多数是短的，下阴入的字主要元音绝大多数是长的。据本篇实验统计：上阴入平均调长为193毫秒，下阴入平均调长为288毫秒。相差95毫秒。下阴入调长约为上阴入的1.5倍，可见二者差别之大。

阳入调其实也有元音长短的差别。只是由于音高相同，没有再分出上阳入和下阳入两类。根据本文实验统计，这种长短差别也是相当大的：短阳入平均调长181毫秒，长阳入平均调长为276毫秒，相差恰好也是95毫秒。长阳入是短阳入的1.5倍。这跟上阴入和下阴入之间的音长相差是一致的。袁家骅等把上阴入记为5，下阴入记为33，把阳入分别记为2和22，其中就有区分元音长短之意。

需要指出的是，在上阴入中有个别读为长元音的字音，如"测"、"黑"。在下阴入中也有个别读为短元音的字音，如"赤"。另外在阳入字音中，固然有"及、合、拔、墨"等一致读为短元音的情况，也有"白、贼、立、石"等混读的现象，有的发音人读为长元音，而有的发音人读为短元音。

2.5 几点讨论

从图中可以看到上阴入的曲线与阴平调相近，下阴入的曲线与阴去相近，阳入的曲线与阳去相近。有人据此提出广州话"九声六调"的说法。《广州话拼音方案》就是把广州话的阴平和上阴入都标为1调,阴去和下阴入都标为3调,阳去和阳入都标为6调。

在汉语里,清浊辅音声母的对立把平上去入四种声调分为阴调类和阳调类两大系列。事实是原来带浊辅音声母的音节,其声调往往比和它相对的清辅音声母的音节要低一些。在最初的时候,它们也许并不具有音位的性质。可是后来由于浊音清化,清浊辅音的对立消失了,声调的差别就作为补偿,具有了音位的性质。广州话的声调格局是最好的例子。在广州话声调格局图中,平、上、去、入四声都是阳调类比阴调类低。最明显的是阴平和阳平,一高一低,处于调域两极。另外三声也是如此,并且阴调和阳调分别形成近似的平行曲线,一上一下,很有意义。

大量的实验证明,在汉语和很多少数民族语言中原浊辅音声母的音节在音高上确是比原清辅音声母的音节要低。在英语这个非声调语言中,也有大量的实验证明了清辅音后面的元音基频较高,浊辅音后面的元音基频较低。(L. Lehiste 1970, House & Fairbanks 1953)这充分说明了广州话的声调表现是具有一定的内在的音理基础的。

三　中和水语的声调格局[①]

3.1　中和水语概况与实验说明

贵州省三都水族自治县是水族人民的主要聚居地,中和区位

① 原文发表于《民族语文》1998年第2期。

于这个县的中部。中和水语属水语中的三洞土语区。水语最明显的特征是声母系统比较复杂,一般有50-70个声母。中和水语的声母有72个,韵母56个,声调共有11个,其中舒声调6个,促声调4个,另有一个专用于汉语借词的声调。我们用数字1、2、3、4、5、6来标示不同的舒声调,与汉语的阴平、阳平、阴上、阳上、阴去、阳去分别对应。促声调又因元音的长短不同各分为两类。我们把与阴入相对应的两调标为7、7c,与阳入相对应的两调标为8、8c。其中7c、8c为长元音声调。这样,单数调都跟汉语的阴调类相对应;双数调都跟汉语的阳调类相对应。因吸收汉语借词而增加的声调标为6'调。

我们把一种语言或方言中全部单字调所构成的格局叫做声调格局。每一种语言或方言都具有一个特定的声调格局。本文通过实验测算,把各单字调的平均曲线以T值为依据画在同一调域空间中,成为声调格局图。(关于声调T值的计算方法,请参见本章第一篇《北京话的声调格局》)

这里采用两位发音人的录音资料。1986年我们赴贵州等地进行民族语言的田野调查,曾用近两个月的时间实地考察中和水语。我们在当地请两名中和区中寨的发音人A(男)和B(女),每人每个声调发音10组(参见本文所附发音表),这样一共有20组样品。录音后在南开大学语音实验室用6087 PC型可见音高仪进行实验分析,经测算得到平均音高数据,再换算为T值。结果列表如下:

	A	B	平均
1	0-0.5-1.9	1.3-0-1.0	0.7-0.3-1.5

2	2.2-1.8-0.2	3.8-2.7-0.1	3.0-2.3-0.2
3	2.8-2.9-2.9	2.6-2.4-2.3	2.7-2.7-2.6
4	4.8-4.2-1.2	5.0-3.5-1.0	4.9-3.9-1.1
5	1.2-5.0-4.5	0.4-2.8-4.5	0.8-3.9-4.7
6	0.2-2.2-2.6	0.7-1.4-2.3	0.5-1.8-2.5
6’	3.9-5.0-5.0	2.4-3.6-3.7	3.2-4.5-4.4
7	3.0-4.2-4.6	3.1-4.0-4.9	3.1-4.1-4.8
7c	1.6-3.8-5.0	0.9-2.4-4.4	1.3-3.1-4.7
8	2.5-2.5-2.3	3.7-3.4.3.3	3.1-3.0-2.8
8c	2.6-2.3-0.4	3.3-2.5-0.9	3.0-2.4-0.7

根据上表平均值作出中和水语声调格局模式图如图5。

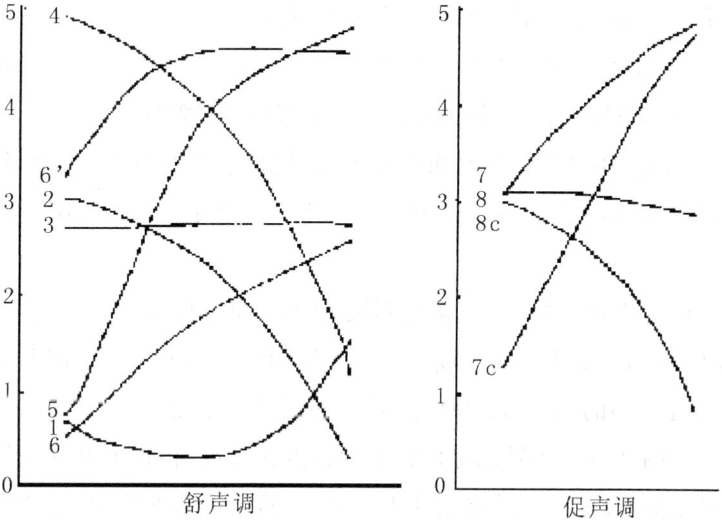

图5　中和水语声调格局图

3.2 声调表现

中和水语的各声调在模式图中的分布很有特点，大致是以经过时长中点的垂线为轴对称。下面依据声调格局模式图来分析每个声调的情况。

1 调是低升调。李方桂(1977)调查的水岩读低平，水利读低升。中和的情况与水利相同。表中 A(男)B(女)两位发音人稍有差异。A 是从调域最低处一直缓缓上升，到 2 度上部。B 却是先从 2 度下半部降至调域最低处，然后再上升到 1 度和 2 度之间，成为曲折调型。这可以看成同一调位的两种变体。

2 调是中降调。A 的起点在 3 度。B 的起点在 4 度。都是前半段平缓下降，后半段加大幅度降到靠近调域下限处。

3 调是中平调。声调曲线很平滑，接近水平的直线。整个曲线的坡度不超过 T 值 0.2，并且全部在 3 度之中。可用五度值标示为 33。

4 调是高降调。起点接近调域上限，下降幅度开始很小，后来加大，一直降到 1 度和 2 度之间。声调曲线呈凸型。这个调型类似于北京话的去声，只是终点不如北京去声那么低。

5 调是一个升调。表 1 中 A 的起点在 2 度，很快上升到调域上限，成升平调。B 的起点在 1 度中，一直上升到 5 度中，是全升调。A、B 的不同调型可以看做是 5 调调位的两种变体。

6 调也是低升调，表 1 中 A、B 的起点都在 1 度中。但是上升的情况并不一样。A 的上升幅度在前半段很大，后半段变得平缓，呈凸型。B 却是一直上升的，幅度没有变化。6 调和 1 调都是分布在调域下半部的低升调。两位发音人采取了不同的方式来区分这两个声调的调型。A 的 1 调和 B 的 6 调调型相近，都是从 1 度直升到 2 度和 3 度之间。而 A 的 6 调是凸型升调，跟 1 调的直升调型相对立；B 的 1 调是降升的凹型曲折调，跟 6 调的直升调型相对立。这样，不同的发音人采用不同的区别方式来造成这两个声调之间的对立。这也是声调表现中值得注意的一种相对性。

6' 调是一个高平调。带有上升的调头。A 的起点在 4 度和 5 度之间，开始的三分之一是上升的调头，升至调域的上限，后面的调型是接近水平的。B 的起点在 3 度中，后面的调型曲线都在 4 度中成为平调，比 A 低 1 度，是中高平调。

7 调是高升短调。起点在 4 度下部，终点在调域上限附近，由于时间短促，听感中有高平的印象。我们在调查中曾记为 5 短调。

7c 调是中低升调，从 2 度一直升到 5 度，起点比 7 调低 2 度左右，终点却和 7 调接近。

8 调是微有下降的中平调，表中 A 在 3 度中，B 在 4 度中，听感中记为 3 短调。

8c 调是中降调，起点接近于 8 调，终点比 8 调低 2 度左右。

在促声调中，7 调和 7c 调起点不同，终点相近；8 调和 8c 调起点相近而终点不同。这很可以说明长短元音的不同对声调的影响。中和水语中的 7 调是 45，7c 调是 25，都是升调。由于 7 调短元音的影响而使上升调程不很明显。8 调是 43，8c 调是 41，由于 8 调短元音的影响而使下降的调程不显著。而 7c 调和 8c 调的长元音却使得上升和下降的调型得以充分表现。

3.3 汉语借词的声调

中和水语里面汉语借词的声调分布是很有意义的。借入年代较早的老借词跟中古汉语音系具有对应关系。除声母、韵母的对应之外，声调的对应是一种很整齐的调类对应。如：

阴平	三 ha：m^{1}	阳平	排 pai^{2}
阴上	保（佑）pau^{3}	阳上	老 la：u^{4}
阴去	报（告）pa：u^{5}	阳去	刨（子）pa：u^{6}
阴入	铁 çet^{7}	阳入	十 sop^{8}
	百 pek^{7c}		白 pa：k^{8c}

根据一般借词的通则，对于借入的外来词，是以本族语音系统中与其最相近的语音来对应的。这也就是把外来词的发音纳入本族语言的音位系统中。声调作为一种音位也不会例外，借词的声调应该是以调值的相同或相近作为归类的条件。这些老借词的声调与汉语中古音系的声调之间如此整齐的调类对应，使我们有理由相信在这些老借词借入的那个年代中，水语各声调的调值和当时对应的汉语声调的调值是一样，或者至少是相近的。关于这一点，还可以从新借词的声调对应表现中得到证实。

水语中的新借词的声母、韵母和声调都是依照当地汉语方言的读音借入的。这些新借词的声调和当地汉语方言声调的对应是一种严格的调值对应关系。下面是三都汉语方言的五个声调调值对应情况：

三都汉语方言	阴平 33	阳平 53	上声 55	去声 13	入声 31

三都中和水语	3 调 33	4 调 52	6' 调 55	1 调 13	2 调 31
例字：	（北京）ȶin^{3}	炉 lu^{4}	（书本）pən$^{6'}$	笨 pən^{1}	北（京）pe^{2}

因此，区分水语中的新老汉语借词的一个重要条件就是声调对应关系的不同。这里值得注意的是 6' 调的出现。专为汉语借词而改变原来的声调格局，增加一个新的声调，这本身就说明了汉语对水语的影响之大或者二者之间关系之深。

西南官话中的上声调是高平调值，而中和水语中原来没有高平调，也缺少具有跟高平相近调值的声调。原有的 3 调是中平调，如果没有其他声调对应，本来可以依照语音相近的原则跟汉语借词的上声调对应的。但是恰巧西南官话的阴平调也是中平调值，正好跟中和水语的 3 调相对应。因此，汉语上声调的新借词在中和水语原有的声调格局中没有能够形成调值对应的声调类别。在中和水语原有的声调格局中，调域的上半部除升调降调以外，正空缺一个高平调。于是，为了标示汉语新借词中的上声调，就在原有的声调格局中多加出了这个高平调。

水语中汉语新老借词的声调层次是不相混淆的。如：书本的“本”是 pən$^{6'}$，读为 6' 调，是按调值对应；本钱的“本”是 pən^{3}，是依调类对应的。前者是新借词，后者是老借词。这里有一个调类和调值的区别和联系的问题。调类是历时范畴，调值是共时范畴。“共时现象中就包含着过去遗留的因素和未来发展的因素。”（邢公畹 1990）在调类形成产生的那个时间断面上，每一调类的划分也是以调值相同为条件的。声调的演变是以类相从的。今天的调类是历时的调值。只能说明历史调值的相同，今天的调值也会在将来发生变化，可能又会产生新的历史层次的不同。"今天"对于过去来说，是"将来"；"今天"对于将来，又会成为"过去"。语言就是这样随着历史的长河不断发展着，变化着。

据我们了解，侗台语族的其他语言中，汉语新老借词的声调对应的方式，也有类似的现象。侗语中，汉语借词也分为新老两种。老借词的声调跟中古汉语的调类的对应关系是很整齐的；新借词的声调大致跟当地西南官话的调值相符，而不管其调类如何。因此，汉语同一调类的字在各地侗语新借词中的读音听来调值大致相同，可是调类却各有差异。如果原有的声调格局中没有跟当地汉语方言某个声调的调值相当的声调，就增加一个新的声调专用于汉语借词。这跟中和水语的情况是一样的。

我们所考察的中和水语的声调情况与李方桂所记水利、水岩两点的水语声调情况大体相同。不同之处在于汉语借词的声调。水利、水岩是在荔波县内，荔波县的汉语方言是没有入声调的，所以，"近来从贵州官话借来的字无入声"。（李方桂 1977）而中和是在三都境内，三都的汉语方言却是有入声的，因此这里的汉语新借词有入声调。这可以算是一种语言学意义上的"入乡随俗"。

3.4 声母与声调的联系

水语声母的异常丰富是一大特点。在中和水语里面，塞音声母按发音方法分为清不送气、清送气、浊带前喉塞音、浊带前鼻冠音四套；鼻音声母有清化、浊、带前喉塞音三套；擦音声母又分为清浊两套。按发音部位，有唇音、舌尖、舌面、舌根、小舌和喉音。此外还有相当多的唇化音和腭化音。本文讨论的只是声母与声调的关系。

我们在包括近8000词语的中和水语同音字表中，对于42类声母（不包括唇化、腭化声母）各类分别随机取20个自然音节进行统计。计算得出每一声母在双数调中出现的次数与在单数调中出现的次数的比率。一个声母的比值越大，表明这个声母在单数调中出现的次数越少；比值越小，在单数调中出现的越多。计算结果如表2：（带有＊的声母所组成的自然音节不足20个）

表2

不送气清塞音	p 0.7　t 1.2　k 0.5　q 0.4　（ȶ 0.5　ts 0.8）
送气清塞音	ph 0.3　th 0.2　kh 0.1　*qh 0.1　（ȶh 0.1　tsh-）
前喉化浊塞音	ʔb 0.1　ʔd 0
前喉化鼻音	*ʔm 0　ʔn 0.1　*ʔŋ 0　*ʔȵ 0
喉塞音、前喉化浊擦音和半元音	ʔ 0.1　*ʔɣ 0　*ʔw 0　ʔj 0
前鼻化浊塞音	mb 0.3　nd 0.1　ŋg 1.8
清鼻音	m̥ 0　n̥ 0.1　*ŋ̊ 0　*ȵ̥ 0
清擦音	f 0.8　s 0.3　ç 0.5　h 0.7
浊鼻音	m 2.3　n 2.3　ŋ 2.3　ȵ 0.8
浊边音	l 0.4
浊擦音	z 0.1　ʁ 0.2
半元音	w 0.8　j 0.7

从上表中可以看到，送气清塞音声母、喉塞音和带前喉塞音的声母、清鼻音声母多出现在单数调，它们的比率都小于0.3。带前鼻音的浊塞音声母中，/mb/和/nd/多出现在单数调，/ŋg/却在双数调中出现的相当多。在水语的其他方言中，并没有/ŋg/声母，相对应的是浊擦音/ɣ/。浊擦音/z/和/ʁ/也是多出现于单数调。其余的如不送气清塞音声母、清擦音声母、浊边音声母和半元音声母都是在单数调和双数调中同样出现的。

值得注意的是带前喉塞音的浊塞音/ʔb/和/ʔd/。这两个辅音可以称作先喉塞音(pre-glottaliz ed stop),也可以称为缩气音(implosive)。这种塞音发音的成阻阶段不但口部有阻塞,而且声门也闭塞。持阻阶段喉头下降,使声门和口部阻塞之间的空间加大,形成局部负气压。除阻时,由于声门紧缩,肺部出来的气流不能充满因开大而增加的口腔空间,而口腔局部负压的作用使外部的空气进入口腔,就像电灯泡爆裂一样,成为向里爆发的塞音,也就是内爆破音。舌根部位没有这种先喉塞音。“从舌根与软腭相接的地方到声门那里一共就没有多大的空间可以像口腔较宽绰的[ʔb]或[ʔd]那么弄出些特别的把戏,声带稍微一颤动,那一点空间马上就充满了气成正压力了。所以也没有空间也没有时间可以造成往里‘爆发’的印象。”(赵元任 1935)从历史来源看,/ʔb/与/ʔd/跟普通的浊音也不是同一类性质的声母。

这两个前喉塞音声母并不是个别现象,它们的分布地区相当广阔。不仅在侗台语族的其他语言中,如黎语、壮语、布依语、傣语、仫佬语、毛南语和临高话等,也有同样的两个声母,而且北起汉语吴方言,南至闽粤方言中都有发现。如:

壮(武鸣)	dei^1 好	beu^3 歪	ba^5 肩膀	da^5 骂	bat^7 摘
傣(西)	din^1 土地	dei^3 得到	ba^5 肩膀	da^5 骂	bit^7 摘
吴(金山)	dɔ^1 刀	bɔ^3 宝	bɔ^5 报	dɔ^5 到	bɔk^7 北
闽(海口)	bi^1 边	dou^1 都	diam^3 点	baŋ^5 放	bak^7 北

在侗台语中这两个声母一般出现在单数调中。在汉语方言中,/ʔb/多与中古帮母相对应,/ʔd/多与中古端母相对应,也是多

出现于阴调类中。① 这又是侗台语和汉语相类似的现象。

台语的一般原则是在复辅音声母里以第一个辅音的清浊作为整个声母的性质。如/p·l-/属送气音，/pl-/属不送气音，/bl-/属浊音。（李方桂 1977）我们目前在音系学上难以把先喉塞音归于单纯声母。如果把它看做是复合声母，那么开头的喉音特征使/ʔb、ʔd/等声母具有清声母的性质则是无疑的。如果考虑到上面所述这类声母在侗台语和汉语中的分布和表现情况，那么这个一般原则不仅在台语中有普遍性，而且在整个侗台语中，甚至在汉语中也同样具有普遍意义。

附录

中和声调发音表

	fan	ta	tau	to	lo	lom	qo	haŋ	tai	mja
1 调	慢	次品	花轿	门	星辰	风轮	风箱	根	死	手
	fan	ta	tau	to	lo	lom	qo	haŋ	tai	ma
2 调	打鼾	搭（棚）	群	只（鸟）	骡子	谎话	蝙蝠	木姜子	握（手）	舌头
	fan	ta	tau	to	lo	lom	qo	haŋ	tai	ʔma
3 调	底下	野外	翳子	感谢	秃	细糠	绳子	钉子	螯	软
	ta	tau	to	lo	lom	qo	haŋ	tai	ma	ŋwa
4 调	土布	斗（米）	围腰	木桥	（饭）熟	脖子	养（鱼）	小孩叫	马	瓦
	fan	ta	tau	to	lo	lom	qo	haŋ	tai	
5 调	做生意	中间	撒（种）	传授	声音	还（账）	告状	埋	裂缝	

---

① 海口方言中也有/ʔb、ʔd/出现在阳调中的，如：肥 bui^{2}　盘 bua^{2}　定 dia^{6}。

sa
晒

fan ta tau to lo lom qo haŋ tai
6 调 线 过(河) (刀)快 豆子 落下 穿透 喉咙 会(做) 背袋
ma
喂小孩

tap tak ʔdat sop jat ɕet tsəp ljak
7 调 肝 (棍子)断 看不起 蘸 (第)一 铁 捡(东西)偷
wok fok
草木灰 土块

pak hek ʔep sut lak tap tak tat sop
7c 调 嘴 客人 鸭子 烫 绳子 挑(水) 钉(钉子) 篾筏 锄草
tsik
尺子

tap tak tat sop mət nuk hət jat fok
8 调 堆(草) 公(牛) 追赶 十 蚂蚁 花 尾巴 牵(牛) 泡沫
pak
萝卜

tap tak tat pak lak sok ljok tok fut
8c 调 踢(人) 量(布) 凌乱 白色 儿子 脓 六 单独 蒲荠
ȶap
跨过去

pən mi lu wu jen ho jin
6' 调 (书)本 米(花) 鲁(班) (跳)舞 眼(镜) 火(柴) (电)影
sui sui ta
水肿(病) 水 打(头)

中和水语发音人

石尚清 男 40 岁 农民 石绍霞 女 25 岁 干部

四　高坝侗语的声调格局①

4.1　高坝侗语简况

侗语在侗台语族中有重要的地位，分布在贵州、湖南、广西三省(区)的二十多个县。侗语的声调系统跟汉语声调之间有规律性的对应关系。如果把侗语的每个声调按照汉语声调的次序加以排列，单数调对应为阴调类，双数调对应为阳调类。侗语单数调在部分地区又一分为二。其中一个出现于不送气声母的音节；另一个出现于送气声母音节，可称为送气调。汉语有些方言中也有送气调分化的现象，如吴江方言就有全阴调和次阴调的分别。(叶祥苓 1983)于是在侗语中不送气的单数调与全阴调相对应，送气的单数调也即送气调与次阴调相对应。促声调中又按照元音的长短各分为两类，成为十五个声调。可以用表 3 来说明：

高坝寨位于贵州省锦屏县九寨区。高坝侗语属侗语北部方言

表 3　高坝侗语的十五个声调

1 全阴平	3 全阴上	5 全阴去	7 全阴短入	7c 全阴长入
1'次阴平	3'次阴上	5'次阴去	7'次阴短入	7c'次阴长入
2　阳平	4　阳上	6　阳去	8　短阳入	8c 长阳入

第一土语区。它的语音系统中，声母和韵母都比较简单。声母二十个，没有送气声母，鼻音和塞音的唇化、腭化声母也很少。韵母

① 原文发表于《语言研究》1996 年增刊。

二十九个，其中元音/a/不分长短。塞音韵尾只有/-p、-t/而没有/-k/，原来的/-k/韵尾多已变为喉塞音/-ʔ/。

高坝侗语的声调系统却相对比较复杂。有九个舒声调和六个促声调(其中8调与7c'调的调值相同)。九个舒声调中有五个平调，三个升调和一个降调。六个促声调分别与有关的舒声调在音高方面对应一致，但是在音长方面却有显著差别。

我们曾经根据一位发音人的实验资料初步分析过高坝侗语五个平调的声学表现。(石锋等1988)我们1988年第二次赴贵州进行田野调查时，专程到锦屏县实地考察和录音。在这里根据更多的资料来分析高坝侗语的声调格局。

4.2 语音实验、声调格局和 *T* 值测算

我们把一种语言或方言中全部单字调所构成的格局叫做声调格局。每一种语言或方言都具有一个特定的声调格局。本文通过实验测算，把各单字调的平均曲线以 *T* 值为依据画在同一调域空间中，成为声调格局图。

我们采用4个发音人(A、B、C、D)的录音资料，每个舒声调发音取样10组。一共得到每个声调40个取样。每个促声调发音取样5组，一共是20个样品。在南开大学语音学实验室使用6087 PC型可见音高仪分析显示，经测算得到平均音高数据，再换算为 *T* 值。列成表4：

表4 高坝侗语声调T值表

声调	A	B	C	D	平均	调值
1	1.3-3.3-4.2	2.2-3.7-4.4	1.6-3.6-4.5	2.2-3.7-4.3	1.8-3.6-4.3	(25)

1’	1.3–0.1–0	2.0–0.2–0.1	2.0–0–0	0.9–0.5–0.4	1.6–0.2–0.1	(11)
2	1.5–1.0–0.9	1.9–0.8–0.6	1.6–1.1–1.0	1.1–0.9–1.0	1.5–1.0–0.8	(22)
3	2.3–2.2–2.1	2.7–2.4–2.3	2.3–2.3–2.3	1.8–1.7–1.8	2.3–2.2–2.1	(33)
3’	1.1–0.2–1.1	0.8–0–0.8	1.4–0.6–1.7	0–0.5–1.5	0.8–0.3–1.3	(12)
4	3.8–3.0–1.3	3.8–3.5–1.7	3.7–3.6–1.0	3.1–2.6–0.3	3.6–3.2–1.1	(42)
5	2.8–4.6–5.0	4.0–5.0–4.9	3.6–4.8–4.9	3.8–4.8–5.0	3.6–4.8–4.9	(55)
5’	0.3–3.9–4.5	0.9–3.7–4.1	0.5–4.2–5.0	0.1–2.2–4.5	0.4–3.5–4.5	(15)
6	4.0–4.2–3.7	3.7–3.5–2.9	4.3–4.2–3.4	3.2–3.3–3.1	3.8–3.8–3.3	(44)
7	3.3–3.6–4.7	3.7–4.2–4.4	3.7–4.6–4.4	3.1–3.2–4.1	3.4–3.9–4.4	(5)
7’	0.2–3.6–4.0	1.6–3.1–3.5	1.1–3.2–3.9	0.3–2.6–3.3	0.8–3.1–3.7	(14)
8	0–0.8–1.6	0.1–0.8–1.6	1.2–2.5–2.6	0.3–0.3–1.2	0.4–1.2–1.8	(12)
7c	2.6–2.7–2.7	2.3–2.4–2.0	2.4–2.6–2.6	2.2–2.3–2.3	2.4–2.5–2.4	(3)
7c’	0.3–0.8–1.1	0.1–0.5–0.9	1.3–1.8–2.3	0.4–0.7–1.3	0.5–1.0–1.4	(12)
8c	4.4–4.0–1.5	3.8–3.0–2.0	3.8–3.9–2.4	3.2–3.0–1.4	3.8–3.5–1.8	(42)

根据上表作出高坝侗语声调格局模式图。（见图6）

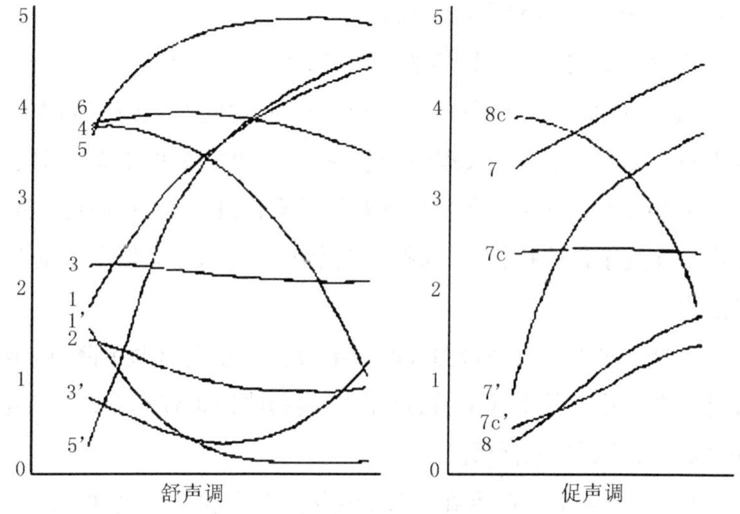

图6 高坝侗语声调格局模式图

4.3 声调曲线的特点

在高坝侗语声调格局模式图中,每个声调的曲线都各有特点,彼此区别。

1 调是中高升调。起点在 1 度和 2 度之间,终点在 5 度之内。整个声调曲线多在调域上半部,与北京话的阳平调类似。

1' 调是低平调。声调曲线位于调域底部,开头略高,在 1 度和 2 度之间,然后平缓下降,过渡到接近水平的低调。天津话中的阴平调曲线与此大致相同。平调如果处于调域的底部,一定会有下降的调头。这就是喉部发音器官从自然发音状态到稳态低调的生理调节过程在声学上的反映。

2 调是半低平调。声调曲线位于 1 度和 2 度之间,开头稍高,然后微微下降,成为稳态的平调。

1' 调和 2 调这两个相邻平调之间 T 值相差约为 0.7。

3 调是中平调。声调曲线在调域的中间偏低处,位于 2 度和 3 度之间。整个调型是比较理想的平调。3 调和相邻的平调 2 调之间 T 值相差约为 1.0。在 3 调开始处没有出现弯头,我们可以推测声带在处于自然状态时,其振动频率大致应当在调域中部的范围之内。

3' 调是低升调。声调曲线的前半段在 1 度内微微下降,后半段升至 2 度中。从形式上看,这跟 1' 调的曲线正好相反,1' 调是先高后低,3' 调是先低后高。

4 调是中降调。起点在 4 度,终点在 1 度和 2 度之间。声调曲线正好在中段附近跨越调域中线,呈抛物线状。这是九个舒声调中仅有的一个降调。

5 调是高平调。声调曲线位于调域的顶部,起点略低,从 4 度开始,有上升的过渡,将近中点趋于稳定。调型为升平型,与天津话阳平调的曲线大致相同。处于调域顶部的平调,一定会带有上升的过渡弯头。这反映出了发音器官从自然状态到稳定高调的变化过程。如此看来,在调域的两极是不存在绝对的平调的。

5’调是全升调。起点最低,接近调域底部;终点很高,将近调域的顶部。声调曲线几乎跨越全部调域,前半段向下弯,后半段向上弯。这种全升调是比较少见的一种调型。

6 调是半高平调。声调曲线位于 4 度中间,前边没有弯头,调型接近水平,结尾处稍有下降。6 调跟上面相邻的平调 5 调的稳定段相差 T 值约 1. 3,跟下面相邻的平调 3 调的 T 值相差大于1. 5。

在六个促声调中,我们可以看到 8 调和 7c’调是非常接近的,可以归为同一调位。如果把舒声调和促声调加以对照,可以看出 7 调和 5 调,7’调和 5’调,7c 调和 3 调,8c 调和 4 调,以及 8 调,7c’调和 3’调,这几组声调在调型上各自分别相近。这说明它们之间在音高变化方面的一致。然而从音长方面来看,各促声调分别比相对应的舒声调至少短 100 毫秒以上,也就是舒声调要比促声调的时长多出二分之一到三分之一。

4.4　声调对立的方式

同一声调格局中的不同声调是以相互对立为基础的。升降平曲这些调型上的区别是最为明显的,因而是最易分辨的。平调之间只有调层的差别而没有调型上的对立。其中 3 调和 6 调之间相距最大,相差 *T* 值 1.5 以上,将近到 2。这就是更多地利用了调层的差别。另外,声调对立的方式不仅局限在音高方面。在舒声调中,5 调的时长明显少于其他声调,促声调的时长大大少于舒声调,这就是在音高之外又借助于音长的因素来造成区别,增加冗余量。语言本身是一种自组织系统,声调也是如此。不同的声调利用不同的区别因素,采取不同的对立方式。这是语言这个自组织系统内部自我调节的表现。

我们在分析高坝侗语的五个平调时,曾根据当时的实验数据提出一个公式来试图说明相邻平调之间的数学关系。即:Fn+1-Fa=2(Fn-Fa)。其中 Fa 为调域下限频率,Fn 为当 n=1,2,3,4 时的任一平调的频率,n=1 时为最低,从低到高,依次排列,表示平调的序数。我们当时就认为"这种方法的意义有待于更多的实验资料的积累和证明"。现在我们用实验数据来进行验证。下面就是四个发音人在五个平调中音高频率值的平均数据见表 5:

表 5

声调	调值	A	B	C	D
1'	11	200	96	115	129
2	22	221	110	136	138
3	33	255	137	164	157
6	44	323	163	219	197
5	55	355	206	241	259
频率下限:		197	93	115	120

把表 5 中的数据分别代入上文的公式。结果我们发现发音人

A、B、C 的数据都不能跟公式相符。只有当时的发音人 D 的数据跟公式基本符合。因此我们认为这个公式只是适合个别的情况，并没有普遍的意义。

4.5　送气调的表现

送气调的表现是高坝侗语声调分析中的一个重要问题。在声调格局图中，每一个送气调的调值都比相对应的不送气单数调低。如：1'调 11 低于 1 调 35，3'调 12 低于 3 调 33，5'调 15 低于 5 调 55。在促声调中也是如此。7'调低于 7 调，7c'调低于 7c 调。汉语吴方言的吴江话中，是送气声母影响使送气调降低。现代高坝侗语中没有送气声母，因此这种送气调和不送气调之间的音高差别是一种历时演变的结果。

在送气调中还有一种现象值得注意。可见音高仪所分析显示的送气声调的曲线常常是在中间断开的。这一般可以归结为两种原因：一种是发音中伴有喉塞音或紧喉音；另一种是元音的气化，也就是浊送气发音。从听感中强烈的浊气流来判断，在这里是由元音的气化造成的。送气调中元音的气化应归因于声母的历时影响。

从送气调的上述表现中，我们可以看到声调和声母，声调和韵母之间的密切联系。这是从声调分化的演变过程中表现出来的。最初的阶段是带有送气声母的音节和带不送气声母的音节同在一个声调中，只是由于发音的生理机制造成语音上固有的音高差别。后来，这种语音上的音高差别就发展成为音位上的区别，从原来的声调中分化出新的声调，也就是送气调。

送气调的调型开始时跟原来的声调调型是一样的，只是在音高位置上低于原来的声调。这是声母影响到声调的例证。然而一经分化为独立的送气声调之后，它就会进行独立的发展和演化。调型和调高都可能会发生变化。常见的情况是调型虽然发生了一些变化，但是送气调在调域中的相对位置却还是比原来的声调低。在这种情况下，音位的区别是由声母和声调共同承担的。吴江话也是如此。侗语很多地区都是属于这种情况。例如车江侗语（据梁敏 1980）：

不送气调	1	55	3	323	5	53	7	55	7c	24
送气调	1’	35	3’	13	5’	453	7’	35	7c’	13

高坝侗语的声调是在上述情况基础上的进一步发展。声母的送气成分消失，声调的分化保存下来。这就是由声母和声调的共同区别演化为声调的单独区别。如：

	灰色	耳朵	梳子	到	吠
车江	pha1’	kha1’	khe1’	thu5’	khu5’
高坝	pa1’	ka1’	ke1’	tu5’	ku5’

同时，送气声调的频率位置仍是低于对应的不送气声调。如：

不送气调	1	35	3	33	5	55	7	55	7c	33
送气调	1’	11	3’	33	5’	15	7’	15	7c’	13

送气声母的演变在韵母中留下了痕迹，使后接元音气化。这只是一种次要的附加的语音特征，作为送气调的一种伴随现象而存在。这种情况类似于苏州话中后接元音的气化作为浊音声母的

伴随现象。(石锋 1988)

声母、韵母和声调是密切地互相联系的,无论在历时的演变中还是在共时的表现中都是如此。共时现象实际上是和历时现象统一着的。历时现象其实就是共时现象的无限延伸。共时现象中就包含着过去遗留的因素和未来发展的因素。(邢公畹 1990)高坝侗语中送气调的表现就是一个例证。

附录

高坝侗语发音表

	ta	na	ma	tiŋ	ȶa	ȶe	mən	təi	ȶin	ȵa
1调	眼睛	厚	菜	脚	布	吃	天	死	石头	河
	ta	kwa	ma	ham	wa	ham	ke	ko	pa	ka
1'调	抓	狗	来	早	右	三	梳子	怕	灰色	耳朵
	ja	ma	pa	pi	jan	lja	wi	ləm	hi	tai
2调	二	舌头	耙	肥	房子	手	水牛	风	蛇	拿
	ta	ma	na	te	çe	ŋe	kwa	tən	kau	əm
3调	硬	软	脸	梯子	左	哭	云	穿	头	抱
	ȶam	no	tən	ȶa	ljai	tja	man	tau	ȵaŋ	ta
3'调	走	鼠	短	轻	麻雀	破布	黄色	酒	草	公牛
	ta	ma	ȶa	nəm	məi	nan	məm	əu	ŋo	wo
4调	比量	马	汉人	水	树	肉	虎	饭	五	知道
	ta	pa	ai	taŋ	pən	in	kəi	mən	çon	
5调	中间	树叶	鸡	凳子	汗水	燕子	蛋	井	回(来)	
	ta	ja	mu	təu	ȶa	kəu	ɣau	wən	ʔu	ȶai
5'调	木钉	红色	猪	到	上(山)	狗吠	标记	簸米	裤子	墙壁
	pa	ta	lian	ço	ŋan	ti	to	çai	lui	ȶiu
6调	糠	过	辣	筷子	鹅	地	豆子	寨子	下(山)	三脚架
	pet	het	lep	ȶet	tet					
7调	鸭	星星	指甲	柴	砍					
	tet	let	ɣet	met	naʔ					
7'调	铁	滴	咸	跳蚤	睡					

	met	lap	ljoʔ	maʔ	toʔ	
8 调	蚂蚁	闭眼	六	墨	读(书)	
	pet	wet	laʔ	lap	tjet	hap
7c 调	八	挖	骨头	闪电	饿	吹
	tat	tot	it	pet	ȶit	puʔ
7c'调	血	脱	尺	拍	踢	灰
	lap	kit	paʔ	laʔ		
8c 调	蜡烛	咬	白色	儿子		

发音人

石　林　男　44 岁　教师；　吴泽登　男　27 岁　干部；
石玉洲　男　42 岁　农民；　彭金鸾　女　24 岁　教师。

五　秀洞和启蒙的侗语声调的分析①

5.1　音系概貌

秀洞和启蒙都在贵州锦屏县境内。启蒙在县境西南的启蒙区,秀洞在东部的三江区,与位于县境西北九寨区的高坝正好像是鼎立的三足。这三个点的侗族居民虽然同在一县,如同有的汉语方言地区中"十里不同音"的情况一样,他们的语音系统并不相同。高坝侗语的声调分析请参见《高坝侗语五个平调的实验分析》(石锋等 1988)和《高坝侗语的声调格局》(石锋 1995)。这里我们借助语音实验来考察秀洞和启蒙的声调表现情况。

秀洞侗语的语音系统中有送气声母。塞音韵尾有/-p、-t/。原来的舌根塞音韵尾/-k/在双数调中已经消失,在单数调中变

① 原文发表于《语言研究论丛》1997 年第 7 辑。

为/-ʔ/。舒声调有八个,其中去声调只分阴阳而不分全阴和次阴。促声调有六个。一共是十四个声调。

启蒙侗语的语音系统中也有送气声母。塞音韵尾的情况与秀洞相近。也是有/-p、-t/。舌根塞音韵尾/-k/只保留在单数调中,并已变为/-ʔ/。启蒙的8c调中原来带有/-k/韵尾的音节丢失/-k/后并入第4调。而第8调丢失/-k/尾后仍保留本调的调值。舒声调有九个,促声调有六个,一共是十五个声调。

笔者于1988年第二次赴贵州进行田野调查时,曾专程到锦屏县实地考察秀洞和启蒙的侗语资料并作了录音。回来后,把三位秀洞发音人和两位启蒙发音人的录音资料在南开大学语音学实验室经过6087PC型可见音高仪分析处理后,分别作出声调格局图来进行比较对照。

5.2 秀洞侗语的声调表现

首先根据实验测算得到的声调T值作出秀洞的声调格局图。下面是各舒声调在声调格局中的表现情况。(见图7)

1调是平升调。起点在2度上半部,前半段延伸在2度中,后半段上升到3度上部。曲线的斜率不大。

1'调是降升调。先从2度上部降到调域底线,再升至1度和2度的交界处。这是一个典型的凹型曲折调。

2调起点在4度中,先平缓地下降到4度下部,再一直降至2度和3度的交界处。这是秀洞声调中仅有的一个凸型降调。

3调也是平升调。起点在3度下部,前半段基本上是平的,后半段上升到4度下部。3调和1调两条曲线近似平行,这两个声

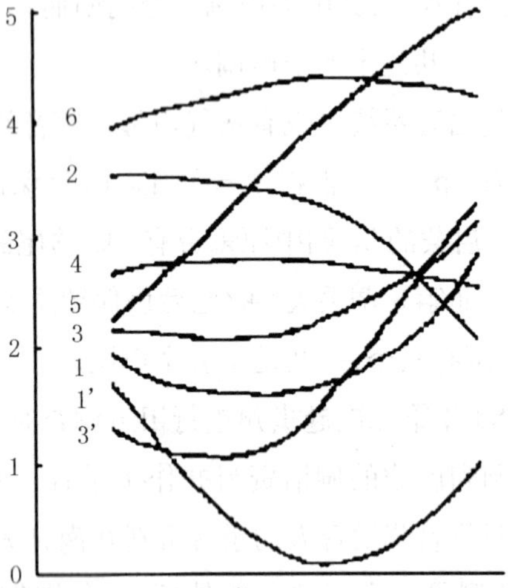

图 7　秀洞侗语的声调格局(舒声调)

调除了在音高方面是一上一下,彼此区别之外,在时长方面也有明显的差别。三位发音人在第一调的平均时长为 318 毫秒,第 3 调平均调长只有 271 毫秒,相差近 50 毫秒。这样,时长的区别和音高的区别加起来,就为分辨这两个声调提供了充分条件。

3'调又是一个平升调。起点在 2 度下部,先平后升,一直升到 4 度下部。起点跟 1 调相距超过 T 值 0.5,上升的斜率又明显大于 1 调和 3 调。这两个因素可能就是 3'调的区别条件。

4 调是中平调。起点和终点都在 3 度内,中间起伏很小,T 值波动不超过 0.5。它跟高坝侗语中的 3 调调值相近。

5 调是中高升调。起点在 3 度下部,然后一直上升,到达调域顶部。这种直升调的时长比较短。高坝侗语的 5 调是个高平调,时长也是比较短的。这可能是同一片侗语中的第 5 调的一个共同特征。

6 调是高平调。起点在 4 度和 5 度之间。全部曲线都位于 5 度下半部，中间起伏平缓，高低相差在 *T* 值 0.5 以下。这跟北京话的阴平调曲线的情况相近。

秀洞的舒声调中有两个平调，一个降调，一个凹型曲折调。它最突出的特点是同时具有四个上升的声调。这四个升调各具特点，相互区分。其中除了在调域中相对位置的高低差别，调型的平升和直升的差别，上升曲线的速率差别之外，时长的差别也作为一个重要因素在调位区分中起作用。在同一声调格局中具有四个上升的声调，这是比较少见的现象。

5.3　启蒙侗语的声调表现

根据启蒙侗语的声调 *T* 值测算表作出的声调格局图中各舒声调的情况。（见图 8）

1 调起点在 3 度和 4 度之间，然后一直上升到接近调域的上限。这和秀洞的 5 调调型相近，是一个直升调。它的时长跟其他舒声调相比没有明显差别。

1' 调是曲折调。起点在 2 度下部，先平缓地降到 1 度的上部，再上升到 2 度和 3 度之间的交界处。这是前低后高式的凹型曲折调。

2 调也是一个曲折调。起点在 3 度中，先是降到调域底部，然后再稍稍上升至 1 度中部。这是前高后低式的凹型曲折调。它的情况类似苏州话中阴去调的曲线，前三分之二为降，后三分之一为升，是降调后面加一个上升的尾巴。

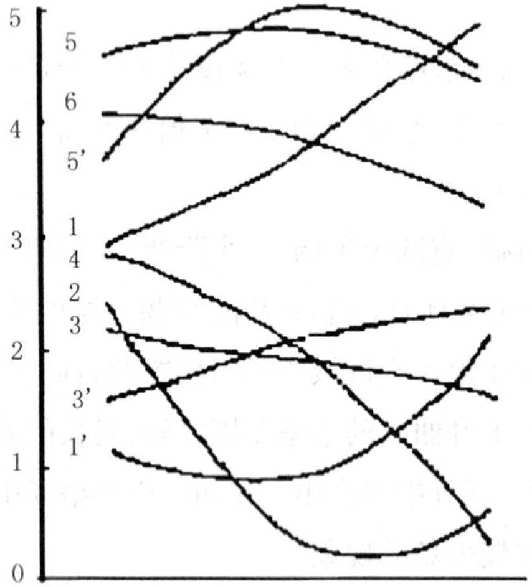

图8　启蒙侗语的声调格局(舒声调)

3 调起点在 3 度下部,终点在 2 度中部,略有下降,是个微降调。可以用五度值记为 32。

3'调起点在 2 度上半部,终点在 3 度下部,稍有上升,是个微升调。可以用五度值记为 23。

4 调是中降调。从 3 度中开始一直下降到接近调域的下限为止。

5 调起点在 5 度中,终点在 5 度下部。这是一个高调,调型是先平后降,或有平有降。(两位发音人一个是平调,一个是降调)这个调在舒声调中时长最短,跟高坝和秀洞的 5 调情况一样。

5'调是一个凸型曲折调。先升后降,起点在 4 度上半部,先上升到接近调域上限,再稍降至 5 度下半部。这个声调发音时是一个高升调带上一个降下来的尾巴。

6 调从 5 度下部降到 4 度下部,是个微降的高调。降程是平缓的,坡度不大。

启蒙的九个舒声调在调域中的分布大致是以调域中线为界分为上下两部分。调域上半部为 1、5、5' 和 6 调,下半部为 1'、2、3、3' 和 4 调。这样上面四个调,下面五个调。把九个声调分开来进行区别,分布均匀,充分利用调域空间。这的确是一种很好的布局方式。

在调域上半部中的四个声调,1 调是升调,5' 调是曲折调,调型各不相同。5 调和 6 调一个平降,一个微降,起点相距超过 T 值 0.5,终点相距超过 0.9。虽然调型的区别并不很明显,却是一上一下,再加上 5 调较短。这样,调层、调长、调型三者的差别加在一起,足可以把这两个声调区分开来了。

在调域下半部中,3 调和 3' 调之间的对立情况是值得注意的。3 调是微降调,从 3 度到 2 度;3' 调是微升调,从 2 度到 3 度。每一声调本身的起点和终点相差 T 值不超过 1 度,跨度并不大。并且这两个声调的两个起点之间和两个终点之间相距也都没有超过 1 度。然而由于调型升降交叉的作用,使得这两个声调之间 T 值的相对跨度的最大差距为 1.5 以上。

调域上下两部分之间也是相互联系的。如:1 调和 4 调的起点相近,都在 3 度上部,二者却是一升一降,一上一下。1 调升到接近调域顶部,4 调降至接近调域底线,正好以调域中线为轴对称。同时,5' 调和 2 调,3' 调和 6 调,也都分别以调域中线为轴对称。这都形成了最佳对立状态。

5.4 声调的共时表现和历时演化

启蒙侗语的九个舒声调中,相当于全阴调的1、3、5三个声调的起点都高于各自对应的送气调1'、3'、5'三个声调。这一现象和高坝侗语、秀洞侗语以及汉语吴江方言中的表现是相同的(石锋等1988,石锋1992)。这也符合我们关于送气声母对后接元音基频影响的实验结果(石锋1983)。然而,相当于阳调类的2、4、6三个声调的表现却并不相同:有的低于对应的阴调,类似北京话的阴平和阳平,阴高阳低;有的却高于对应的阴调,类似天津话的阴平和阳平,阴低阳高。这样,就跟语音实验中清辅音后面的元音基频高于浊辅音后面的元音基频的结果不完全一致了。怎样解释这种现象呢?

语言是历史的产物。声调是一种语言中的超音段成分构成的音位系统。虽然声调的产生和分化在一般情况下是应该以当时语音的自然性质为条件的,可是现代语言中的声调并不一定会完全反映出历史上原有的语音的自然性质。因为语言是发展的,语音是变化的。尽管声调的产生和分化需要音段成分作为条件,然而声调本身的发展和变化是要在声调系统内部进行的。

新的声调一旦形成,作为声调系统中的成员,它就相对于它所产生的语音条件具有了一定的独立地位。这时它的发展和变化就可能超出使它得以产生的那种语音条件的制约,从而显示出一些跟原有语音的自然性质不一致的现象。

由此我们可以设想,那些符合原有语音自然性质的声调表现,可能是分化时期较晚的声调现象。它们形成的时间不长,还没有完全脱离原有语音的自然性质的制约影响。而那些不符合原有语音自然性质的声调表现,可能是分化时期较早的声调现象。它们在长期的历史演变中已经脱离了原有语音的自然属性的影响,有了一定的独立性。这可以作为一种宏观的假设,用来解释那些声调表现的不同情况。

我们可以把侗语的声调受声母影响而发生的演变情况分为两段时期,就像汉语吴江话一样。在第一个时期清声母和浊声母影响发生阴阳调类的分化;第二时期送气声母作用使阴调类又分化出送气调。这样,新产生的送气调还在一定程度上保留着送气声母的作用,低于相对应的不送气调;较早分化的阳调类却经过了漫长的独立演化,有的比对应的阴调高,有的比对应的阴调低,出现了相互冲突的情况。当然这种解释并不是没有限度的。

泰语里有一些明显不同的情况。泰语南部方言的送气声母是和高声调结合在一起的,传统上把泰语的全部声母分为三组:高辅音、中辅音和低辅音。高、中、低这些术语的意义可能是与声调有关。例如:那空斯塔玛叻方言(Nakhonsithamarat)中,原始送气清塞音总是和高声调结合,原始不送气清塞音总是和中声调结合,而原始浊声母总是和低声调结合。(M. Haas 1958)其中是否有历时演变的不同,或者是否有发音上的其他因素,我们目前还不能确定。如果根据泰语中的情况就认为送气调的调值是比不送气的声调高,这又跟我们对侗语和汉语实验分析的结果不相符。因此,如何系统地解释这些原因还需再加考虑。

5.5 侗语和汉语中送气调分化的异同

侗语各点的舒声调有的是九个,如:高坝、启蒙;有的是八个,如秀洞;有的是七个,如大同;有的是六个,如报京、和里。这些调类的差异主要是送气调的分化不完全而造成的。这跟吴语中送气调的不完全分化现象相类似。然而,侗语各方言跟汉语方言中送气调的具体分化的情况又有不同。下面分别列表来加以说明。

表 6 汉语吴方言中送气调的分化

舒声调数	阴平		阳平	阴上		阳上	阴去		阳去
六个	1		2	3		4	5		6
七个	1		2	3		4	5	5’	6
八个	1	1’	2	3		4	5	5’	6
八个	1		2	3	3’	4	5	5’	6
九个	1	1’	2	3	3’	4	5	5’	6

表 7 侗语方言中的送气调的分化

舒声调数	第 1 调		第 2 调	第 3 调		第 4 调	第 5 调		第 6 调
六个	1		2	3		4	5		6
七个	1	1’	2	3		4	5		6
八个	1	1’	2	3	3’	4	5		6
九个	1	1’	2	3	3’	4	5	5’	6

通过以上两个表的对照可以看出,汉语吴方言的送气调是在去声中首先开始发生分化,从阴去向阴上,阴平进行扩展的;而在侗语方言中,送气调的分化却是首先在第 1 调(相当于汉语阴平

调)中开始发生的,从第 1 调向第 3 调(相当于汉语阴上调),第 5 调(相当于汉语阴去调)进行扩展。这可以说是两者演化过程的同中有异之处。

在我们的调查中以及过去的调查记录中,都发现有送气调跟不送气调的调类混杂和读音两可的现象。如:平等侗语的“舀水”读为 tui3’,也可以读为 tui3;“摘禾刀”读为 tip7c’,也可以读成 tip7c。只有存在两个对立的音节具有意义上的区别时,才不会相混。陇城话中有类似现象,3 调字中有一部分和 6 调相混,有一部分与 3’调相混。石洞话也是如此。(民语一队 1958)其中的原因可能是因为调值相近而引起混淆。这跟汉语吴江话调查的情况颇为相似,充分说明了送气调的分化在侗语中也同样是一种正在进行中的语音演变。

附录

秀洞侗语发音表(舒声)

	a	na	ma	ta	tiŋ	ȶi	ȶin	mən	təi	ȶən
1 调	鱼	厚	菜	眼睛	脚	吃	石头	天	死	牙齿
	pha	ma	ka	çau	səm	fa	sam	khon	khɛ	kho
1’调	灰色	狗	耳朵	你们	早	右	三	甜	梳	怕
	ja	ma	pa	pi	jan	pau	we	ləm	sui	ȶin
2 调	二	舌头	耙	肥	家	盐	水牛	风	蛇	山坡
	ta	ma	na	e	se	ŋe	kau	tən	jeu	əm
3 调	山林	软	脸	梯子	左	哭	头	穿(衣)	腰	抱
	no	than	ȶha	hən	khau	ça	so	man	ljai	ȶham
3’调	老鼠	短	轻	恨	酒	写	干(枯)	黄色	麻雀	走
	ma	ka	nəm	məi	nan	məm	məi	pu	ŋo	jo
4 调	马	汉人	水	树	肉	老虎	药	父亲	五	知道

pa ja ta kəi pan mu thəu ȶha khəu son
5 调 叶子 红 中间 蛋 汗水 猪 到 上(山) (狗)叫 蒜

pa ta lian ço ŋan to çai lui jaŋ ȶiu
6 调 糠 过 辣 筷子 鹅 豆子 寨子 下(山) 被子撑架

启蒙侗语发音表(舒声)

pa na ma ta tiŋ ȶi ȶin mən ȶa la
1 调 鱼 厚 菜 眼睛 脚 吃 石头 天 布 船

pa kwa ka ma ta tjaŋ sam wan kɛ tjo
1'调 灰色 狗 耳朵 来 搭配 阳光 三 甜 梳子 怕

ja ma pa pəi jan mja wɛ ləm təi ȶin
2 调 二 舌头 耙 肥胖 家 手 水牛 风 拿 山坡

ta ma na kɛ çɛ nɛ kau tən ka tɛi
3 调 山林 软 脸 梯子 左 哭 头 穿(衣) 硬 下面

no thən ȶha hən qhu ça so man səmȶham
3'调 老鼠 短 轻 恨 穷 写 干(枯) 黄色 酸 走

ma ka nəm məi nan məm həu sən ŋo ŋɛ
4 调 马 汉人 水 树 肉 老虎 饭 蚯蚓 五 瓦

pa ja ta taŋ pan kai man sui am kau
5 调 叶子 田地 中间 凳子 汗水 鸡 井 坐 补 旧

ja mu thəu ȶha məi khu ju çoŋ təu sən
5'调 红 猪 到 上(山) 新 裤 要 枪 放 信

pa ta lian ço ŋan to çai lui jaŋ təi
6 调 糠 过 辣 筷子 鹅 豆子 寨子 下(山) 被子 地

秀洞侗语发音人

姚茂根 男 26 岁 干部 王泽木 男 29 岁 教师
姚本发 男 27 岁 教师

启蒙侗语发音人

杨大群 男 43 岁 工人 杨显佑 男 26 岁 教师

第三章　辅音研究

一　从音轨方程考察普通话不送气塞音声母的协同发音[①]

1.1　协同发音

协同发音(co-articulation)是一种语音单位之间相互发生影响的现象。从生理上看,它产生于发音器官在连续发音时的相互牵制和协调作用。

协同发音可以发生在很多方面。音段与音段之间,超音段与超音段之间(如声调、长短等)都可能产生协同发音现象。其中,研究得最多的要算音段之间的协同发音现象,尤其是辅音与元音在连续发音中的交互影响问题。这应该和辅音、元音各自的特点有关。辅音的特点常常寄存在紧邻的元音上面;而元音也常常对辅音的某些特征发生影响。

关于汉语普通话辅音和元音之间的协同发音,已经有一些论

---

① 原文是与冉启斌合作,发表于《南开语言学刊》2006 年第 2 期。

文发表，如 Wu Zongji & Sun Guohua（1989）、Chen Xiaoxia（1993，1995）、陈肖霞（1996）、孙国华（1998）等。从声学上分析辅音、元音之间的协同发音一般是通过考察辅音与邻接元音的共振峰过渡来进行。我们打算试探性地从考察不同部位塞音的 F2 起点入手，主要使用反映过渡音征与后接元音共振峰之间关系的音轨方程（Locus Equation）的方法，初步分析塞音的音轨以及元音对辅音的协同发音作用，并探讨协同发音及音轨方程的有关问题。

1.2 音轨方程①

音轨方程可以用来考察元音弱化（vowel reduction）（Lindblom 1963）、协同发音（Sussman，Hoemeke & McCaffrey 1992）和部位分类（Sussman，McCaffrey & Matthews 1991；Sussman 1994 等）等问题。

在语图上，爆破音后接一个元音，该元音起始段的第二共振峰（F2）往往会出现一个向上或者向下的弯头，一般会指向前面辅音爆破时的强频集中区，这个弯头就是辅音的音征（cue）。从生理上讲，弯头反映了从辅音的发音部位向元音舌位的迅速转变。语图上的“弯头”有时并不“弯”，而是直的，这实际上也是对前面辅音特征的反映。图 1（左）是双唇、舌尖和舌根三个部位的爆发音后接[i]元音时的音征走势示意，从图中箭头所示可以看到 bi、di 的音征为升，gi 的音征为降，升降的幅度随着辅音的不同而有差别。不同部位的辅音爆破时有不同的强频集中区，因此音征的走势与前面辅音的发音部位是紧密相关的。理想的状况下，同一个辅音

① 参见 M. Tabain & A. Butcher（1999）。

后接不同元音,不同的音征走势会聚会到同一个点上,这个点就是音轨(locus)。图1(右)是舌尖爆发音音轨指向1800Hz的示意图。

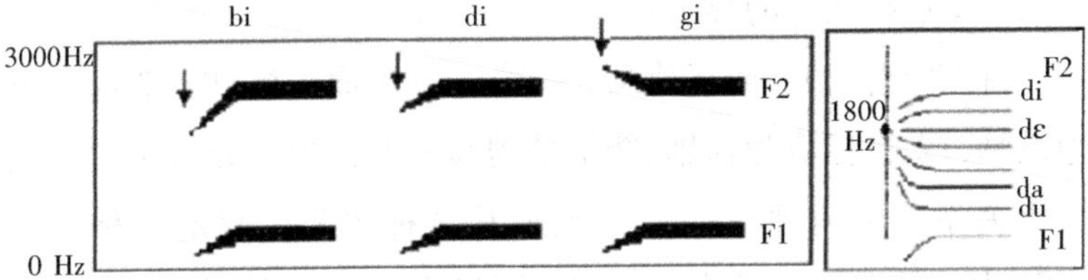

图1　F2音征走势及音轨示意图(据 Delattre, Liberman, & Cooper 1955)

音征的走势是由前面的辅音决定的,但也会受到后面元音的影响。同样的一个爆破音,由于后接元音的不同,其音征的走势会出现或大或小的差异,显示出后接元音对辅音的影响。在发音生理上,后接元音不同的舌位和唇形会使前面辅音的部位和唇形发生或多或少的改变。音征的变化与发音生理是相对应的。在语图测量上,音征的顶点也就是后接元音F2的起点,它是跟前面辅音的发音特征密切相关的。因此,通过考察一个辅音与不同元音结合时的F2起点值(F2-onset)的变化情形,可以了解该辅音受元音影响的情况和程度。音轨方程就是在这个基础上分析辅音与元音之间的协同发音作用的。

单元音V都有其特定的F2值。例如普通话/a/的F2一般在1160Hz左右,/i/在2360Hz左右,/u/在440Hz左右(吴宗济1964,均取男声),不同元音特定的F2值称为目标值(F2-target)。假定有若干同一个辅音与不同单元音搭配的CV组合,分别测出这些CV组合的F2起点值和目标值,将二者进行比较,从中可以看出元音对辅音的影响。由于F2起点值与辅音的发音特征相关,如果

F2 起点值总是随着 F2 目标值的改变而改变,说明辅音受后接元音的影响非常明显。如果 F2 目标值变化,而起点值相对稳定,说明辅音受后接元音的影响非常小。

将 F2 起点值和目标值画入一个二维平面坐标,以 F2 起点值为纵轴,F2 目标值为横轴,能清楚地显示起点值和目标值之间的变化关系。举两种极端的情况来看这种关系。假定一种语言(甲)中的某塞音受后接元音的协同发音作用极小,则 F2 起点值会趋于相对稳定;另一种语言(乙)中的某塞音受后接元音的协同发音作用极大,则 F2 起点值会随目标值发生显著变化。为形象地说明这一问题,这里举例性质地给出甲、乙两种语言的 F2 起点值、目标值假设数据(如表 1)。从数值上看,甲语言的 F2 目标值从 700Hz 变化到 2300Hz,而起点值则始终在 1600-1800Hz 以内徘徊,起点值受目标值影响很小。而乙语言的 F2 起点值则变动显著,始终接近于 F2 目标值。将两组假设数据画入二维坐标如图 2 所示。从图上能比较清楚地看到甲语言 F2 起点值随目标值上升的趋势平缓,而乙语言 F2 起点值则随目标值上升的趋势更为陡直。

表 1 辅音受元音影响两种比较极端情况的数据示意

(F2 起点值、目标值单位均为 Hz)

假定语言种类与F2值 \ 后接元音		a	u	i	o	ə
甲	F2 onset	1700	1600	1800	1650	1750
	F2 target	1400	700	2300	800	1600
乙	F2 onset	1450	800	2200	850	1650
	F2 target	1400	700	2300	800	1600

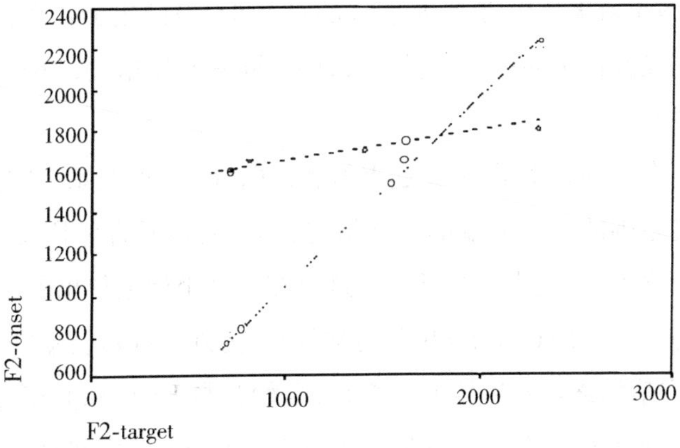

图 2 两种比较极端情况下的 F2 起点值、目标值散点图

（实心圆点为甲语言的数据，空心圆点为乙语言的数据）

从图 2 可以看出，一种语言中某塞音的多个 F2 起点值和目标值的样点大致围绕着一条直线分布。从统计上分析，可以构拟出一条和所有样点的综合差距最小的直线——最佳拟合线（a line-of-best-fit）。在平面直角坐标系中，直线的标准方程式为：

$$y=kx+b$$

拟合线中的 k 为斜率，决定这条直线倾斜的程度；b 为截距，决定直线在垂直方向上的高下位置。实际上，直线方程表示的是以 y 为因变量、x 为自变量之间的函数关系式；换言之，拟合线的直线方程反映了 F2 起点值随 F2 目标值变化的函数关系。这自然可以反映出起点值受目标值影响的轻重程度。

从图上还可以看出的是，直线的倾斜程度与 F2 起点值与目标值之间的变化关系有关。甲语言的 F2 起点值随目标值上升缓慢，变化不显著，斜率就小；乙语言的 F2 起点值随目标值上升明显，变化大,斜率就大。质言之,拟合线的斜率可以反映出辅音受后接元音协同发音作用的程度。斜率大,则协同发音作用大;斜率小,则协同发音作用小。

拟合线的斜率反映 F2 起点值和目标值之间的关系,其变化是有一定范围的。最极端的一种情况,不管后接元音怎样变化,F2 起点始终不变,成为一个常数。这时在二维坐标上得出的就是一条平行于 x 轴的直线:y=b(b 为常数)。另外一种最极端的情况,F2 起点值始终随着后接元音变化,且始终与 F2 目标值相等。这时从二维坐标上求出的就是一条居于 x 轴与 y 轴之间且与 x 轴、y 轴均成 45°角的直线:y=x+b。前一种最极端的情况斜率实际上为 0,后一种最极端的情况斜率为 1。这是两种最极端的情况,其他情况下的斜率一般不会超出这个范围,而只是在 0-1 之间变化。①

利用最佳拟合线的直线方程可以求出各部位辅音的音轨。(Sussman et al. 1991, Harrington et al. 1999)假定从 F2 起点值到 F2 目标值成直线过渡,则可用直线 y=x 来拟合,即 F2 起点值与目标值相等。我们因此设定一个辅音的拟合线 y=kx+b 与 y=x 这条直线的交点就是该辅音的音轨。从计算上看,音轨的频率值也就是这组二元一次方程的求解结果。为什么拟合线与直线 y = x 的交点

① 这是一般的情况。实际分析中斜率可能出现大于 1 的情况(Tabain & Butcher 1999:346-7)。如果后接前元音 F2 起点很高,就会发生这种现象,多出现在舌根塞音中,因为舌根塞音后接前元音 F2 起点一般都较高。另,图 2 中语言乙的直线上升幅度较大,斜率看起来似乎大于 1 了,但实际上没有超过 1。这是由于 x 轴与 y 轴的标度不一样引起的。

就是音轨频率值呢？因为这时 x 与 y 相等，在别的情况下，起点值要么大于目标值，要么小于目标值，这样 F2 的起点实际上没有达到音轨频率的位置，而只是一个大致的趋势。后接元音的目标值不一定与音轨频率一样，但是连续的拟合线提供了观察目标值与音轨频率一致的情形。相比以前通过语图直观对比的方法得出音轨频率，现在使用音轨方程通过计算求得音轨频率，更为客观便捷。

从已有的一些研究看来（Sussman et al. 1991，Sussman 1994，Sussman et al. 1996），可以利用最佳拟合直线的斜率和截距来对不同部位的辅音进行分类。也就是斜率和截距能够提供辅音部位分类的信息。这比单纯依靠音征走势对辅音进行部位分类更为有效。Sussman et al.（1991）用这种方法研究美国英语的塞音，对双唇音、齿龈音和软腭音都能得到 100% 的正确分类信息；而如果仅使用 F2 起点值和终点值的数据，对三个部位的区分只能得到分别为 82%、78%、67% 的正确率。和其他研究一样，"送气塞音的过渡音轨常常部分地隐藏于辅音送气段的噪音中，不像不送气音那么清楚"（Wu & Sun 1989），音轨方程也主要应用于不送气塞音的研究之中。

关于通过音轨方程来考察协同发音、辅音分类的问题，也存在一些商榷意见。Fowler（1994）认为音轨方程提供了很多协同发音的信息，但是在言语感知中，辅音的部位信息并不仅仅在于从音轨方程得到的数据。爆破频谱、浊音起始、闭塞时长等也是听话人的感知线索。

以上是有关音轨方程问题的大致情况，我们打算试用音轨方程对汉语普通话中不送气塞音的协同发音情况作一个分析，并以此对相关问题作一个粗略的探讨。

1.3 实验方法

普通话中有三个不送气塞音，即双唇音/p/、舌尖音/t/和舌根音/k/。其中双唇音可以与单元音/a/、/i/、/u/、/o/相拼；舌尖音可以与/a/、/i/、/u/、/ə/相拼；舌根音可以与/a/、/u/、/ə/相拼。这样，双唇音和舌尖音各可以组成4个音节，舌根音可以组成3个音节。选择上述音节为首字的双音节词或词组（其中包括一个不能组词的单字），大致照顾语音平衡，形成一个小样本的发音表（见附录）。选择二字组的形式主要是为了避免“有音无字”的情况，同时可以改善某些字“四声不全”的问题。应当指出的是，我们曾经说明北京话中的元音/o/实际上属于边际音，在前面有唇音声母时由于唇化作用的影响，实际发音为[uɤ]（石锋2002）。因此在实际的测量中汉语拼音标为bo的按[puɤ]处理。语料的另一部分为/a/、/i/、/u/、/ə/单元音4个，每个元音出现10次（均带声调，其中一声、四声各出现3次，二声、三声各出现2次），供必要时与二字组中的元音进行比较。

由一位讲普通话的男性以正常语速发音。使用南开大学开发的语音分析软件“桌上语音工作室”（专业版）录音和分析。录音在实验室进行，采样频率11025Hz。共振峰为自动检测显示。测量F2起点值与目标值只取首字。前字单元音韵母可能会受后字起首音段的逆向协同发音影响，测量时在元音稳定段取值，尽量接近该元音的F2频率。以/u/为韵母的音节振幅都很微弱，一般只有其他音节振幅的1/5、1/6左右，所测得的F2频率值误差可能略大一些。

所测数据除标明外均使用社会科学统计分析软件包 Statistical Package for the Social Sciences（SPSS10.0）进行计算、分析和作图。

1.4　实验结果与分析

1.4.1　不同塞音F2起点值的差异及起点值与目标值之间的相关性

三个部位塞音声母F2起点平均值、最小值、最大值统计结果见表2。F2起点值不超过1100－1600Hz的范围，双唇音声母/p/起点值是最低的，舌尖音/t/的起点值最高，舌根音/k/处在中间位置。一般认为唇音的音轨是最低的，为700Hz左右；舌尖音其次，1800Hz左右；舌根音最高，3000Hz左右（Delattre et al. 1955，转引自任宏谟1981）。但是舌根音的音轨变动性很大，任宏谟研究北京话塞音时指出："在观察舌根音/k/的过渡情况时，很难找到Delattre的3000赫F2音轨。"这应该与普通话的声韵母搭配有关，普通话中舌根音不能与F2目标值较高的前高元音/i/组合。在与F2较低的元音相拼时，"F2的走势跟不上那样高，音轨就中途而止。"（吴宗济、林茂灿等1989）

表2　3个塞音声母F2起点值统计结果

声母	平均值（Hz）	最小值（Hz）	最大值（Hz）	标准差
p	1179	673	2152	516
t	1515	1152	2108	332
k	1359	782	1760	373

将3个塞音起点值作出箱形图(图3),能够直观地看出各自数值的分布范围和高低状况。其中/p/声母的分布范围最集中,/k/声母范围最大。/p/与/t/的分布范围区分比较明显,基本上没有重叠的部分。而/k/声母与/p/和/t/都有较多的重叠。值得注意的是,/k/声母不与/i/相拼,所以例字比其他两个声母少1/4,但分布范围仍然是最大的,这清楚地表明/k/的F2起点值的变动性极为明显。

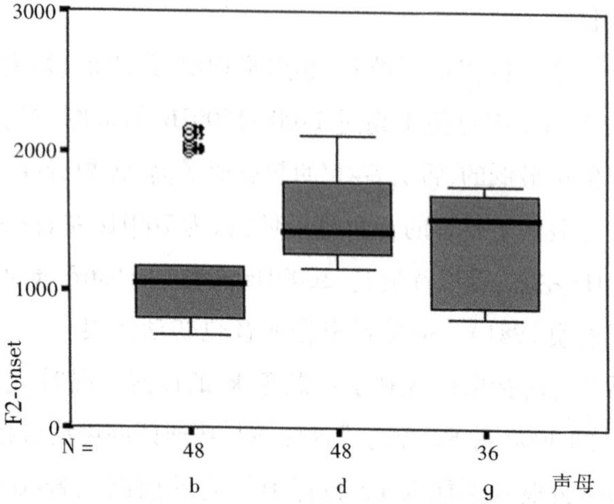

图3 F2起点值箱形图(boxplot)

(声母/b/箱形图上聚集在一起的黑圈为异常值)

上述不同声母F2起点值的差异只是从直观观测上得出的结论,为此进行了以声母为变量的单因素方差分析,分析结果为显著(2,129,F=7.777,Sig.=0.001。置信水平0.05,后同)。这是一个综合的结果。由于声母变量有三个,又进行了Post-Hoc检验,以检测不同声母之间的差异是否显著(数据见表3)。结果只有/

p/与/t/之间的差异为显著，/p/与/k/、/t/与/k/之间的差异均不显著。这与前述观测得到的结果是相同的。

表3　不同声母之间F2起点值差异的Post-Hoc检验

（/p/用数字1表示，/t/用2表示，/k/用3表示）

		Mean Difference (I–J)	Std. Error	Sig.	95% Confidence Interval	
(I) SYMBOL	(J) SYMBOL				Lower Bound	Upper Bound
1	2	-336.46	85.37	0.000	-536.54	-136.38
	3	-179.97	92.21	0.124	-396.08	36.14
2	1	336.46	85.37	0.000	136.38	536.54
	3	156.49	92.21	0.206	-59.63	372.60
3	1	179.97	92.21	0.124	-36.14	396.08
	2	-156.49	92.21	0.206	-372.60	59.63

The mean difference is significant at the 0.05 level.

/p/用数字1表示，/t/用2表示，/k/用3表示

F2起点值与目标值是相关的，一般来说目标值大则起点值也会相应变大，目标值小起点值也会相应小一些。为了解F2起点值与目标值之间的相关程度，进行了起点值与目标值之间的相关分析。结果为 r=0.883（d. f. =132，p=0。显著水平0.05），说明辅音与元音之间的协同发音效应是相当显著的。这只是通过相关系数对三个声母综合的协同发音效应进行检验，各个声母不同的协同发音情况下文进一步分析讨论。

1.4.2　不同塞音的F2起点值、目标值散点图及最佳拟合线

按1.2节所述方法，使用SPSS分别作出三个塞音的散点图及

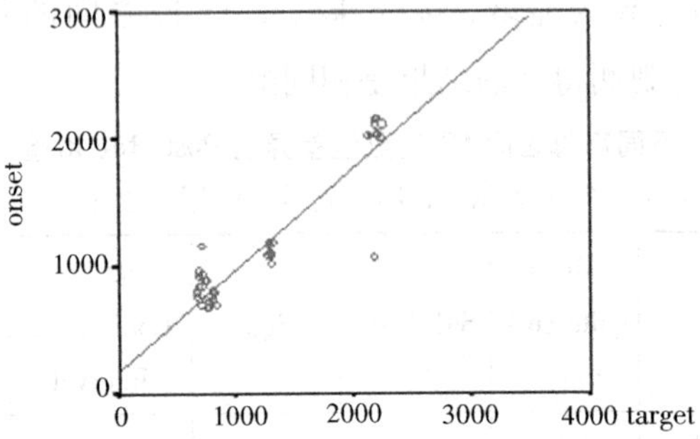

a　声母/p/的 F2 起点值、目标值散点图及最佳拟合线

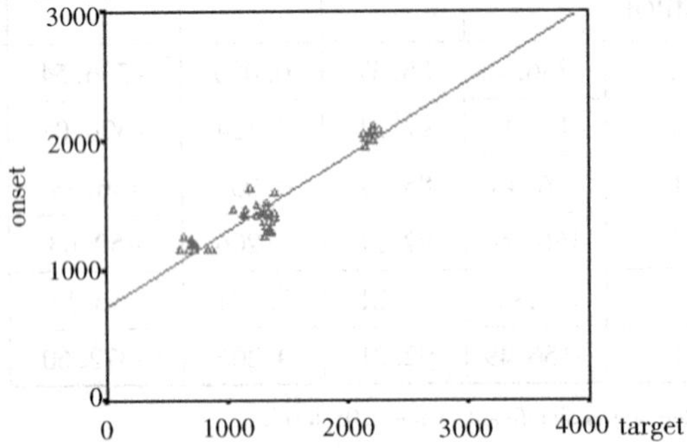

b　声母/t/的 F2 起点值、目标值散点图及最佳拟合线

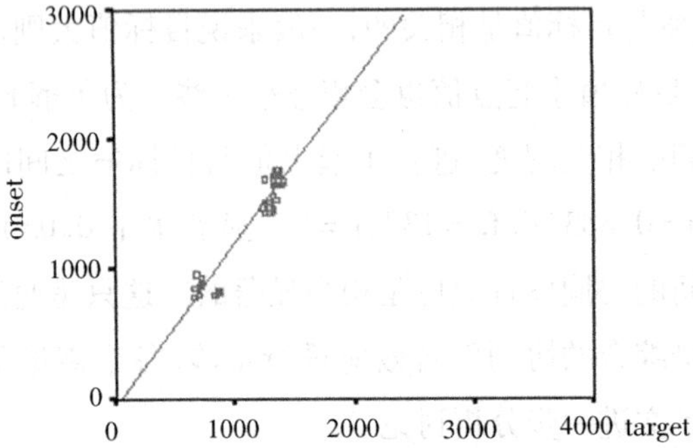

c　声母/k/的 F2 起点值、目标值散点图及最佳拟合线

图 4　三个声母的 F2 起点值、终点值图及最佳拟合线

最佳拟合线如图 4a、b、c 所示。

图 4F2 起点值、目标值二维图各声母的样本分布规律性都比较强。/p/声母除两个异常点外，各样点聚集为三簇，后接/a/一簇，后接/i/一簇，后接/u/、/o/合并为一簇（实际上反映了 bo 音节的实际发音为[puɤ]）。/t/则后接/a/、/ə/合并为一簇，/i/、/u/各自为一簇。/k/只有两簇，/a/、/ə/合并为一簇，/u/独立为一簇。从整体上看，三个声母样点分布模式也各不相同。/p/各样点的位置普遍比/t/的位置的低，但上升幅度比/t/略大，/k/的上升幅度最大。/p/、/t/在横向上的跨度大于/k/，这是由于/k/不与前高元音/i/相拼造成的。

为便于比较，又将三个声母的散点图和最佳拟合线放在一起如图 5 所示。三个声母的各个点有不少重叠，这是由于决定一个

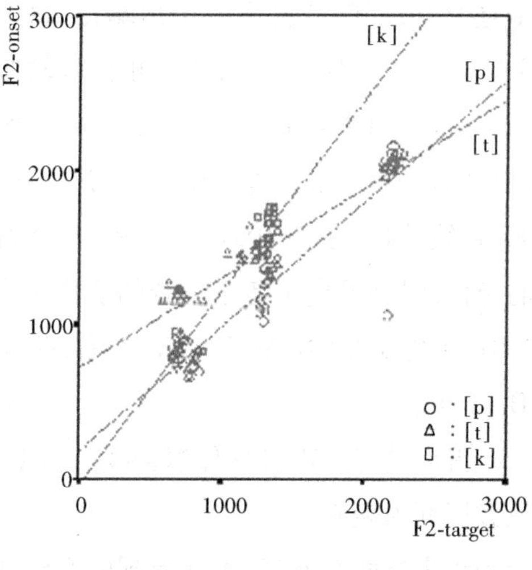

图 5　三个声母的 F2 起点值、终点值图及最佳拟合线

声母的因素不在于该声母的部分点,而在于所有点的分布模式。三个声母的拟合线有明显差别。

1.4.3 通过音轨方程计算音轨

音轨是塞辅音的一个重要声学线索。但是它并不从语图上直接显示出来,而是通过语图上声学特征的某些趋势,或通过合成感知实验探索出来的。音轨对于分析爆破音的部位特征具有极其重要的意义。Delattre 等在 20 世纪五六十年代提出英语双唇塞音音轨为 700Hz,齿音为 1800Hz,软腭音后接前元音为 3000Hz。这个数据一直为不少研究所引用。

关于汉语爆破辅音的音轨,所报告的研究不多。任宏谟(1981)详细研究了北京话塞音的声学特征,对于不同部位塞音的音轨,他说:“观察北京话不送气清塞音的大量语图可发现:/t/无论后接/a/、/i/还是/u/,其 F2 都有一个顶端在 2000Hz 左右的粘连。说明北京话有一个与 Delattre 等人提出的音轨频率相仿的舌尖音(齿音)F2 音轨。”对于双唇音,他指出:“要确切定出音轨有困难,但如果允许有相当大的误差范围,仍可认为在 1000Hz 左右有一个唇音 F2 音轨。”(任宏谟 1981)吴宗济、林茂灿等(1989)没有测量塞音的音轨,但是给出了各个辅音的能量集中区数据。他们得到的/p/的低频能量集中区在 2000Hz 左右,/t/的中心频率也集中在 2000Hz 上下。

我们把以上得出的三个声母最佳拟合线的斜率、截距和由此计算出的音轨数据列为表 4。

对于双唇和舌尖这两个塞音,本文得到的音轨数据为双唇音 900Hz,舌尖音 1714Hz。这与任宏谟(1981)的结果是比较接近的。

表4　通过音轨方程计算出的普通话三个塞音声母的有关数据

（R^2 数值的大小反映拟合优劣程度）

塞音	音轨(Hz)	斜率	截距	R^2	样本
p	900	0.80	180	0.876	48
t	1714	0.58	720	0.892	48
k	167	1.24	-40	0.930	36

（音轨、截距精确到个位，斜率精确到0.01。音轨频率值为计算得出。）

所不同的是任宏谟是直接观测语图得到的结果，而我们是通过音轨方程计算得出的。这个结果跟 Delattre 等人提出的英语的双唇和舌尖塞音的音轨频率也很接近。

吴宗济、林茂灿等测量的舌尖音能量集中区与任宏谟观测的音轨频率是一致的。关于双唇音的能量集中区问题，他们也指出，双唇音“过渡段的音征接后元音时走势为降，接前元音、央元音时，走势为升”。由于央元音的 F2 一般在 1000-1300Hz 之间（吴宗济 1964，综合男、女、童的数据），既然后接央元音音征走势为升，那么双唇音音征指向的音轨应该在 1000-1300Hz 以下。这样看来，音轨与能量集中区并不一定是对应的，即音征的指向不一定是在塞音的能量集中区。在实验中也观察到这一现象，前面塞音的能量集中区在语图比较明显，但是后接元音的 F2 起点并不都是从该频率位置产生。

舌根音的音轨变异性最大已经成为不少语音学家的共识。Clark & Yallop（2000）指出：“对于舌根音，研究显示不可能确定一个适用于每一个共振峰和所有元音的单一的音轨频率。”舌根音后接不同的元音其音征走势并不统一。吴宗济、林茂灿等（1989）

指出/k/的除阻段"中心频率常有两处集中区,随后接元音的前后不同而有很大的变化。后接/u/元音时最低,其余较高,在其他许多语种的实验中也都存在这类现象。"他们并把这种现象称为/k/的舌位的"可塑性"。任宏谟也发现舌根音"很难找到 Delattre 的 3000 赫 F2 音轨"。

通过音轨方程得到舌根音音轨为 167Hz,值得讨论。在别的研究中也出现从音轨方程得出过低或过高的舌根音音轨。Tabain & Butcher(1999)通过音轨方程研究 Yanyuwa 语三个发音人的舌根音音轨频率分别为:2164、6408、-337Hz。有的相当大,有的甚至为负值。对于这些音轨数据,他们认为这是不真实的(unrealistic),它说明舌根音协同发音作用很宽泛,没有单一的音轨。167Hz 显然不能看作舌根音的单一音轨频率。

为什么会出现这种情况呢?这是因为舌根音的发音成阻位置并不跟舌尖音和双唇音一样受到严格限制,而是有相当大的活动范围,所以它的音轨不是单一的(详后文)。舌根音后接不同的元音时在语图上有不同的音轨频率。但是通过音轨方程计算只能得到单一的音轨频率,这样就将几个不同的音轨频率强行纳入一个结果之中。假如舌根音后接前高元音时音轨在 3000Hz 左右,后接后高元音时在 1000Hz 左右,这时在较高频率位置便不会出现横轴、纵轴频率值相等的样点,而只会在较低频率中出现。横轴、纵轴频率值相等意味着 F2 起点值与目标值相等,而人的发音器官发出的元音,其 F2 值大约在 400-2500Hz 之间,不会出现过低或过高的 F2 值。

1.4.4 协同发音及塞音部位分类

1.2 节已经讨论了斜率与协同发音有很大的关系。斜率越大，表明协同发音作用越大。表 4 中双唇音/p/的斜率为 0.80，舌尖音/t/的斜率为 0.58。Tabain & Butcher(1999)研究两种澳大利亚语言时得到的双唇音斜率也在 0.80 左右，他们认为这个数值“反映了该辅音协同发音的程度很高”(suggesting a high degree of anticipatory co-articulation for this consonant)。他们得到舌尖音平均斜率分别为 0.62 和 0.48，跟我们的结果比较接近。从斜率上看，舌尖音的协同发音现象明显低于双唇音。

Tabain & Butcher(1999)对这种现象进行了解释。双唇音发音时不会对舌头形成限制，双唇与舌头两个部位是分开的，没有部位重叠(spatial overlap)，但是有发音动作的时域重叠(temporal overlap)。也即，在双唇部位发音的同时舌头可以根据后接元音做出发音姿势，两者可以同时进行。两个部位之间具有很高的“动作独立性”(behavioral flexibility)。而舌尖音在发音时由于也使用舌头，与使用舌头发音的元音在部位上是部分重叠的，所以协同发音的程度会降低。

表 4 给出的舌根音的斜率为 1.24，这表明舌根音的协同发音作用是极其突出的。Tabain & Butcher(1999)得到的舌根音斜率基本上也都在 1.0 以上，他们指出，舌根音发音时要用到舌体，发元音时也要用到舌体，这就形成了完全的“部位重叠”，发音部位之间几乎没有“动作独立性”，这样就必将相互牵制，从而造成很大的协同发音效应。上述分析指出了各部位塞音在发音生理上的不同特点，引发协同发音效应的差异。同时我们也看到声韵搭配

关系的影响。由于普通话的/k/不与/i/相拼,在高频部分没有出现F2起点值与目标值差距的缩小,使得拟合线的斜率在高频部分没有数据显示。舌根音F2起点的变动范围是很大的,斜率是对这种变动的反映。

Wu & Sun(1989)考察普通话CVCV结构(均为无意义音节组合)当中的协同发音作用,主要也是通过F2的过渡进行分析。对于CV中的协同发音,他们得到的结果是/p/、/k/的协同发音作用大于/t/。他们指出:"对/p/、/k/来说,它们总是随后接元音的不同情况而发生变化。""对于/t/,虽然它和后接元音同为用舌器官,却相当稳定"。我们的结果与他们的结论相同。

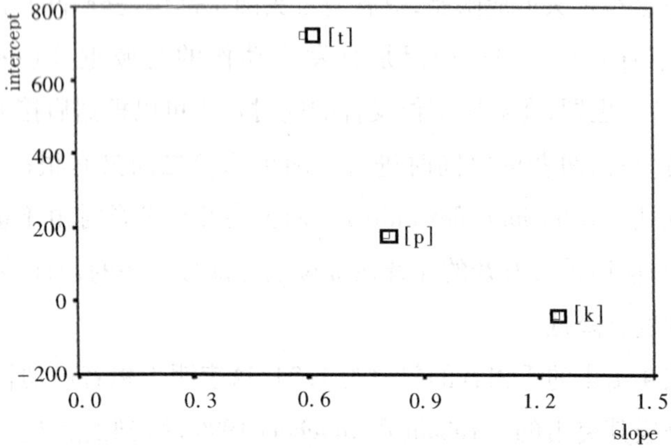

图6 音轨方程得到的三个辅音的斜率与截距散点图
(横轴为斜率,纵轴为截距)

在有的研究中(Sussman et al. 1991,1993),多个发音人的斜率与截距可以作为塞音部位分类的参量。首先把斜率作为变量,考察不同塞音对斜率影响的显著性。如果斜率不能区分,进一步可以考虑截距。将斜率与截距画入二维坐标,能看到样点按声母的不同形成聚集。由于只有一个发音人,且只有三个塞音,没有进一步对不同塞音作斜率与截距差异的显著性检验。不过仍然将斜率与截距画入二维坐标,以显示它们之间的关系(见图6)。从图上看,/t/的位置靠左处于最高的位置,/p/居中处于下部,/k/则在右下角。它们的相对位置关系与Tabain & Butcher(1999)的结果相仿。

1.4.5 元音的变异情况

在音节中,辅音受到元音的影响而发生变化的同时,元音也会发生或多或少的变化。如果把元音单念时的共振峰频率称为原型值,元音在音节中的共振峰频率值会发生弱化(ruduction)或不到位的情况(Keating 1988,转见Wu & Sun 1989)。音节中共振峰的实际值与原型值之间的差异也提供了协同发音的一些信息。

表5 元音F2在单念与二字组首字中的平均值对比

(单位:Hz)

	a	i	u	e
单念	1291	2159	658	1238
二字组首字	1330	2197	716	1263
相差数值(以单念时为基准)	39	38	58	25

我们测量计算了元音单念时的F2平均频率值作为原型值,与二字组首字中的F2平均频率值相对照。如表5所示,四个元音的F2值都比原型值有所增大。由于F2频率值反映舌位的前后,这说明整个元音空间有向前移动的趋势。其中/u/的变化范围最大,增加了58Hz;/i/也增加了38Hz。跟原型值的大小相比,后元

音的前移是明显的。同时由于 F2 是以对数的形式反映舌位的前后,所以在高频位置的/i/实际舌位前移是很细微的。孙国华(1998)也指出了相同现象。他对比了连续话语和单音节中元音 F2 的变化,发现连续话语中/a/、/i/、/u/三个元音的 F2 都有所增大,但"元音/u/目标值的偏离程度要较元音/a/、/i/的大得多"。他认为"元音/u/共振峰的较大偏离与其自身的调音特点有关。/u/是一个十分活跃的元音,在不同语境和条件影响下,其舌位可以由软腭移动到硬腭中部。因此,它具有较突出的不稳定性"。

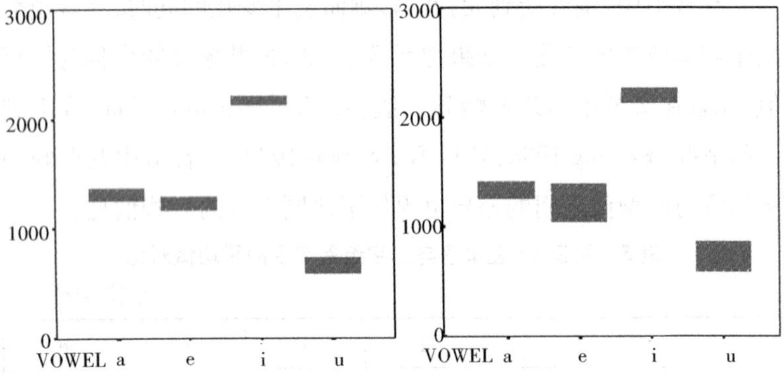

图 7 元音 F2 单念与音节中的声学窗

(左为单念,右为音节中。纵轴单位:Hz)

元音的共振峰频率常常不是一个单一的值,而是一个范围。在同一元音的多次发音中 F2 可能会出现波动。共振峰频率值变动的上下范围形成一个"声学窗"(Keating 1988,转见 Wu & Sun 1989)。前面考察了元音单念时与二字组中的共振峰频率值的差异,下面再从"声学窗"的角度进行比较。从图上看,单念时的 F2 声学窗除/i/略窄之外,其余 3 个元音相差都不大。两图进行比较,音节中的F2声学窗比单念时都不同程度地增大了,其中元音/ə/的变化幅度最大。我们在分析北京话的元音格局时指出:"中元音跟顶点元音相比,常常表现不稳定,具有游移性"(石锋2002)。/ə/的这一特点在音节中表现得更为突出。Wu & Sun(1989)给出了CV结构中的声学窗的两个例子,其中"/a/的窗最窄,/i/、/u/的较宽",我们的结果与他们的结果一致,但/i/的声学窗仍然较窄,这可能与个人发音差异有关。从声学窗的总体表现看来,语流中元音的F2频率值的变动范围比单念时都扩大了。在语流中,由于有协同发音的影响和词句语义的制约作用,单个音素的声学精确度降低了。

1.5 讨论

从声学上研究CV结构中的协同发音一般都通过考察后接元音的音征来进行。由于塞音爆发时值极短,而且变异很大,通过邻接元音的变化来考察辅音特征是便利的方法。在上文的分析中我们看到舌尖爆发音的斜率最小,说明它的协同发音程度最低;其次是双唇爆发音,它的斜率和协同发音程度居中;斜率最大的是舌根爆发音,其协同发音的程度最高。我们认为这种顺序是符合事实的,也是具有发音生理上的原因的。影响协同发音的程度实际上有两个因素,第一是发音器官在时域上是否可以分离;第二是后接元音对辅音影响程度的大小。下面分别说明。

首先,发音器官在时域上是否分离,是指CV结构中发辅音C的器官与发元音V的器官在时间顺序上是分离的还是可以重叠的。例如如果C是舌尖音,那么发C时已经使用了舌尖部分,这时显然不能用舌头来发后面的元音 V,而只有等 C 发完之后再发 V。这种情况发音器官在发辅音和元音时在时域上是分离的,只有发完辅音后再发元音,二者不能交叉重叠。而发带有双唇音的 CV 结构时,发 C 只需要使用双唇,这时舌头可以自由活动,预先进入后面的元音发音阶段。这时的 CV 结构发音在时域上是可以交叉重叠的。带有舌根音的 CV 结构,发音情形与双唇音类似,舌根音发音时只需要使用舌根部位,舌尖位置可以自由活动,在时间上形成交叉。很显然,能够交叉重叠的情况表明语音之间的相互影响和渗透作用更大,协同发音的程度也更高。而相反,在时域上相互分离的情形,它们之间的发音是独立的,相互之间的影响自然也就很小。从这里来说,CV 结构中舌尖音的协同发音程度最低,而双唇音和舌根音的协同发音程度相对较大。

第二,后接元音对辅音影响程度的大小,是指元音的前、后,高、低,圆唇、展唇等特征对前面辅音作用的大小。对于双唇音来说,元音特征对它的影响较小,例如元音的前后、高低对双唇音基本上没有影响,有影响的主要是圆唇或展唇,它会对双唇音的唇形产生制约作用。而元音对舌根音的影响较大,除了圆、展唇的影响外,元音的前后特征也会对舌根音产生更明显的影响。例如 ku 中的/k/会靠后,而 ki 中的/k/则会向前接近于舌面中爆发音[c]。在发音生理上,双唇爆发音利用上下两唇爆破,两个部位都是固定的,受元音的影响较小;舌尖音则主动发音器官比较固定,被动发音器官可以有限度地移动;舌根音则主动发音器官和被动发音都不是完全固定的,舌根可以用前一点儿的位置,也可以用后一点儿的位置。接触时上颚的位置本身也可以在一定范围内前后移动。

从这个方面来说,舌根音的协同发音程度高于双唇音和舌尖音也是很自然的。

在以上两种效应的综合作用下,最终形成了舌根爆发音的协同发音程度最高,舌尖爆发音的协同发音程度最低,双唇爆发音的协同发音程度居中。舌根爆发音由于协同发音程度较高,变异性较大,也就出现了多音轨的情况。上述分析也说明通过音轨方程计算考察到的协同发音结果是有意义的。

1.6　结语

我们分析了普通话不同塞音 F2 起点之间的差异,统计分析表明双唇音与舌尖音之间的差异是显著的,而舌根音变动范围大,与这两类塞音之间差异不明显。所有的塞音起点值与目标值之间都呈现出高度相关,表明声学角度上的协同发音是相当显著的。

通过音轨方程能有效地计算出双唇塞音与舌尖塞音的音轨。舌根音的斜率最大,表明其协同发音程度最高,双唇音居中,舌尖音的斜率最小,协同发音程度最低。

从声学窗上看,音节中元音的 F2 频率值的变动范围比单念时都扩大了,其中/ɔ/和/u/变动的范围最大。音节中元音的声学空间比单念时有所缩小,其中后高元音/u/前移明显。

最后讨论了造成双唇、舌尖、舌根部位爆发音不同协同发音表现的生理原因, 认为这些声学现象都是对发音生理现象的反映。

这里只是利用音轨方程所作的初步探讨,其中还有很多相关问题需要进一步的深入研究。

附录

实验词表

声母/p/

芭蕾	八仙	巴结	疤痕	拔牙	跋涉	拔掉	把门	把持
霸王	罢免	爸爸	逼迫	逼真	鼻子	鼻孔	笔记	比划
彼此	闭塞	毕业	避免	必须	壁纸	补充	补救	部下
步伐	布匹	不安	不便	不动	步枪	部位	布告	捕获
波浪	剥削	玻璃	菠菜	播音	博大	勃发	驳杂	渤海
簸箕	跛子	簸谷						

声母/t/

达到	答应	打造	大会	搭线	耷拉	大师	大众	打岔
打动	打听	达成	笛子	抵挡	弟兄	帝王	缔结	地上
低沉	堤坝	滴管	递交	底层	敌人	都城	督察	读书
毒药	渎职	赌博	堵塞	度量	杜绝	镀金	渡河	独创
得到	德行	德性	得分	得奖	得意	得罪	得体	德国
德语	德干	得失						

声母/k/

旮旯	嘎吱	嘎登	戛然	咖喱	噶厦	呷呷	尕娃	尕李
轧轧	伽马	钆	姑娘	孤独	估计	骨头	顾虑	雇用
古代	股票	故事	固定	鼓吹	谷底	歌声	哥哥	割裂
格局	隔开	革命	个人	各自	戈壁	阁楼	葛麻	搁置

二　成阻、持阻与除阻的时长比例[①]

2.1　日语、汉语的辅音难点

日本学生在汉语语音学习中,普遍对送气音和不送气音的掌

---

① 原文是与杨晓安合作,发表于日本《北海道文教大学论集》2003 年第 4 期。

握感到困难，在这一部分的教学中，老师往往需花费相当多的时间与精力才能获得较为理想的效果。许多学生虽然学了半年以上的汉语，却仍然对这两者含混不清。比如，将“佩服”发成“被服”，将“跳动”读成“调动”，将“宽心”读作“关心”等，这种情况相当普遍。显然，送气-不送气音的学习是日本学生汉语语音学习中的一个难点。

其实，中国人，特别是北方人，在学习日语时也常常为日语辅音中有清浊音对立而感到头疼。受母语的影响，中国人经常将浊音读为清音。如中国人发的“家伝[kaden]”“解[ge]す”“事后[jigo]”常常被日本人听成“加点[katen]”“消[ke]す”“自己[jiko]”等。这也是中国人学习日语中的一个难点。

汉语中非常重要的送气-不送气对立在日语中并不具有区别语音形式的作用，它们是同一个音位的变体；相反，汉语普通话中不存在的清浊对立在日语中却非常重要，构成了重要的音位区别特征。因而，两国人在相互学习对方语言时在这一方面就特别容易相混。那么，日本人所发的送气-不送气辅音有什么特点？与中国人的发音有什么区别？我们想通过语音实验从声学特征和听觉分辨两个方面分析一下。

我们选择了中日各两名发音人。首先，用他们发的送气音和不送气音语料在许多日本学生和中国留学生中进行了听辨实验，归纳出送气音和不送气音的听辨率。接着，用语音分析软件对两者的发音语料进行了语音分析，从中发现了日本人在汉语发音中的一些特点。然后，根据分析结果对原有语料进行语音编辑修改，生成可供比较分析的一系列人工语料。最后，用人工语料再一次进行听辨实验，以确认两种语言的送气和清浊在语音上呈现的不同特点。

2.2 研究方法

2.2.1 分析语料

发音表为塞音（p－p‘、t－t‘、k－k‘）与元音组成的单音节和双音节语料，共150个语音片段①。具体如下：

① CV结构的单音节24个。如：pa，k‘a等。

② VCV结构的双音节72个。如：apa，ip‘u等。

③ CVCV结构的叠语式双音节24个。如：t‘at‘a，pipi等。

④ CVCV结构的送气－不送气对比式双音节30个。如：pap‘-a，k‘aka等。

以上四组语音片段均无意义。其所以没有选择有意义的词语形式，主要是考虑到这样可以避免发音人因受到词语意义影响而连带回忆起学过的词语。所有音节均不加声调，采用平调②。

2.2.2 实验方法步骤

① 先将准备的录音材料发给中、日各两位发音人，让其准备三十分钟。

---

① 其所以叫做“语音片段”是因为有单音节的，也有双音节的，而且均不负载任何意义。

② 本文着重分析音质问题，如果加入不同声调就会使问题复杂化。不过，这是我们下一步要研究的问题。

② 录制发音人的音档。

③ 让10名日本人和10名中国人分别听辨中、日发音人的语料。

④ 统计听辨结果,归纳误听率。

⑤ 运用“桌上语音工作室”(Mini-Speech-Lab)软件对语音材料进行语音实验分析。

⑥ 修改语料,编辑生成系列人工语料。

⑦ 再让10名日本人和10名中国人分别听辨编辑生成的人工语料,确认结论。

2.3 送气-不送气音的听觉差异

2.3.1 10名日本人的听辨结果

我们将两组发音人的录音语料请10名正在学习汉语的日本大学生(每周三个小时,学过四个月)进行听辨测试,得到了如下结果:

Ⅰ. 单音节(CV) p/p‘、t/t‘、k/k‘的误听率

对日本发音人的发音听辨结果为,将不送气音听成送气音的比较少,平均占12%左右,但将送气音听成不送气音的则相对多一些,平均占24%左右。对中国发音人的发音听辨结果则相对好了许多:将不送气音听成送气音的平均占6.5%左右;将送气音听成不送气音的平均占13.5%。(详见表6)

Ⅱ. 双音节(VCV)的误听率

从VCV式双音节的听辨结果来看,误听比单音节的比率略

表 6

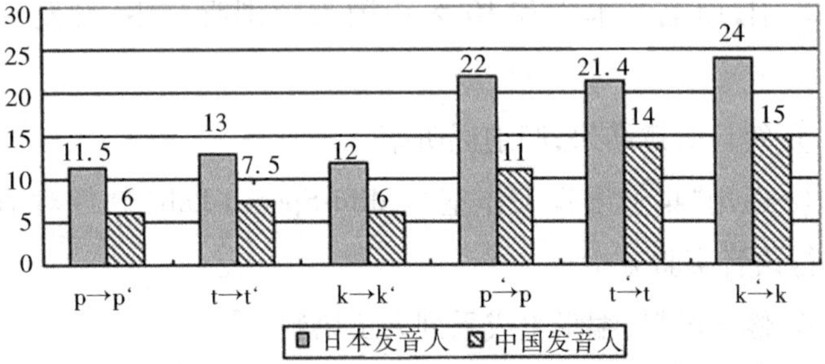

高。对日本发音人的发音听辨结果为，将不送气音听成送气音的占19%左右，但将送气音听成不送气音的与单音节差不多，平均占24%左右。对中国发音人的发音听辨结果则是，将不送气音听成送气音的平均占10%左右；将送气听成不送气的平均占14.5%。（详见表7）

表 7

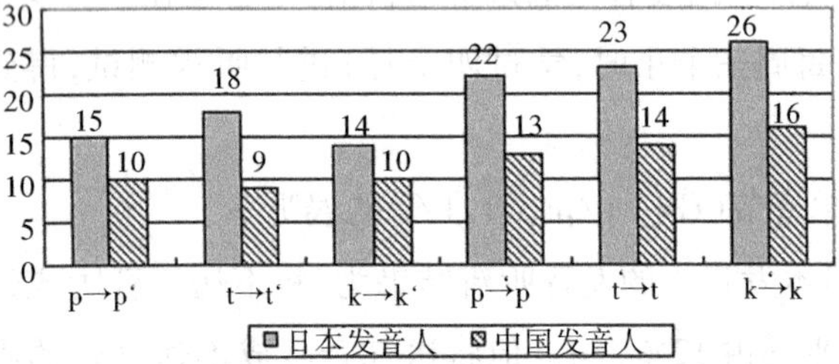

Ⅲ. 叠语式双音节（CVCV）的误听率

从CVCV式叠语双音节的听辨结果来看，误听比VCV的比率略低。对日本发音人的发音听辨结果为，将不送气音听成送气音的比较少，平均占14%左右，但将送气音听成不送气音的平均占22%左右。对中国发音人的发音听辨结果则是，将不送气音听成

送气音的平均占 8.5% 左右；将送气音听成不送气音的平均占 14%。（详见表 8）

表　8

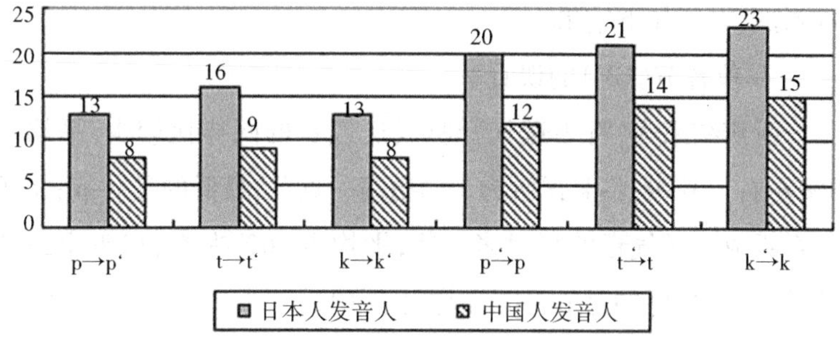

Ⅳ. 对比式双音节（CVCV）的误听率

从 CVCV 结构的对比式双音节的听辨结果来看，误听率最高。对日本发音人的发音听辨结果为，将不送气音听成送气音的平均占 23% 左右，将送气音听成不送气音的平均占 30% 左右。对中国发音人的发音听辨结果则是，将不送气音听成送气音的平均占 14% 左右；将送气音听成不送气音的平均占 21%。（详见表 9）

表　9

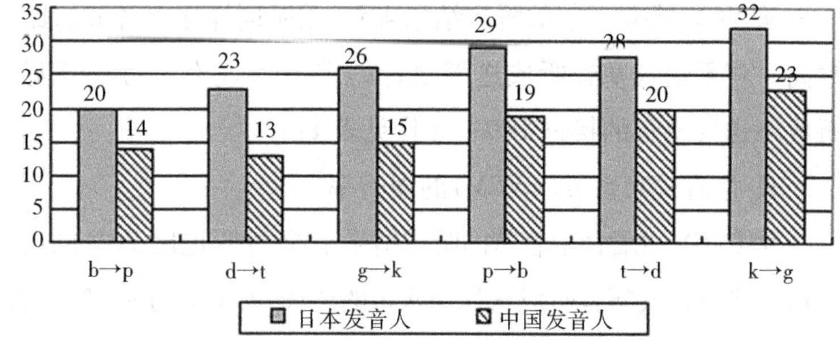

2.3.2　10名中国人的听辨结果

我们将两名日本人的录音请10名在日中国留学生进行了听辨测试，得到如下结果：

Ⅰ. 单音节（CV）的误听率

听辨结果为，将不送气音听成送气音的同样比较少，平均占8%左右。其中，将k误听为k‘的稍高一点儿，最低的是p–p‘；将送气音听成不送气音的相对多一些，平均占16%左右，误听率最高的是t‘→t，最低的是p‘→p。（详见表10）

表　10

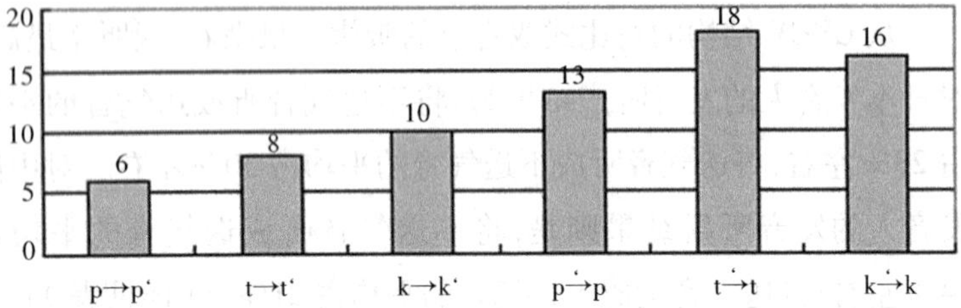

Ⅱ. 双音节（VCV）的误听率

从VCV式双音节的听辨结果来看，误听同样比单音节的比率略高。将不送气塞音听成送气塞音的占10%左右。将送气塞音听成不送气塞音的接近18%。（详见表11）

Ⅲ. 叠语式双音节（CVCV）的误听率

从CVCV式叠语双音节的听辨结果来看，误听也比VCV的比率略低。将不送气塞音听成送气音塞音的比较少，平均占8.5%左右。相反，将送气塞音听成不送气塞音的占17%左右。（详见表12）

表 11

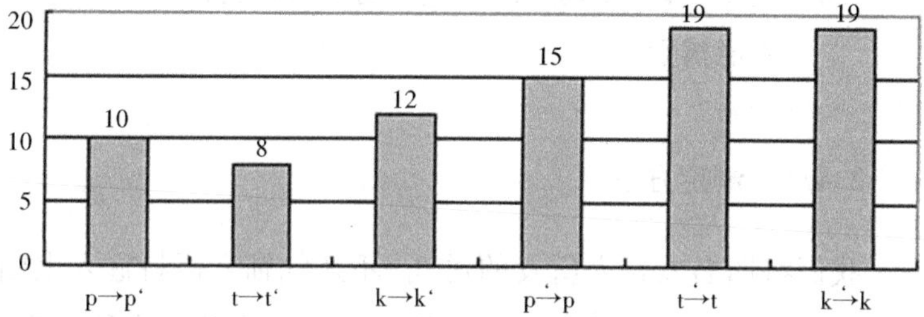

表 12

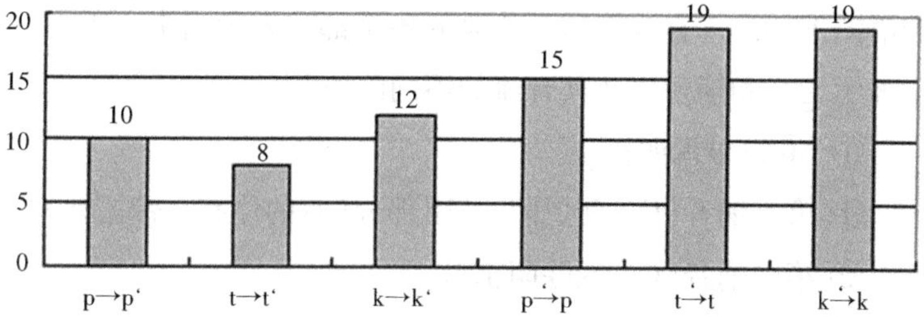

Ⅳ. 对比式双音节(CVCV)的误听率

同样,对比式双音节的误听率最高。将不送气塞音听成送气塞音的平均占 9% 左右。将送气塞音听成不送气塞音的平均占 19% 左右。(详见表 13)

表 13

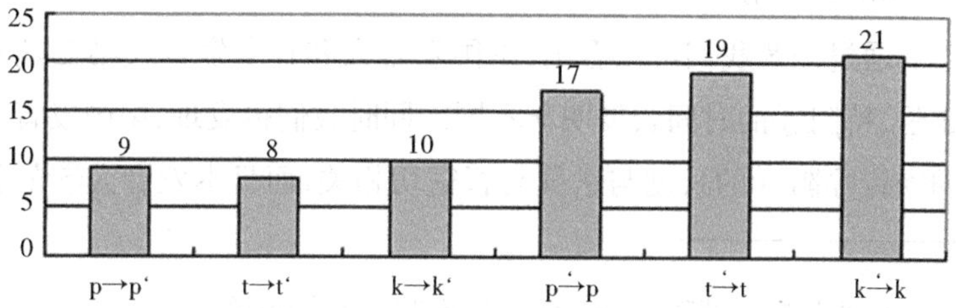

2.4 两组发音人的送气-不送气音的声学特征与听感辨别

2.4.1 测定方法

我们将四名发音人所发的送气-不送气辅音语料输入电脑，运用 Mini-Speech-Lab 语音分析软件对每个语音片段进行了声学分析。VCV 和 CVCV 两种语音片段宽带语图如下（见图 8）。宽带语图下部的垂直线将语音片段的各个部分表示出来。①-⑥分别表示元音和辅音以及其音流的不同阶段[①]。

①-⑥符号说明：

① 第一辅音（C_1）前成阻、持阻部分（有的伴有声带振动）。

② 第一辅音（C_1）的除阻部分。

③ 第一元音（V_1）。

④ 含④a 和④b。第二辅音（C_2）前的成阻和持阻部分。

a 指 C_2 前声带振动部分。

b 是声带震动后的空白部分。

⑤ 第二辅音（C_2）的除阻部分。

⑥ 第二元音（V_2）。

通过图 8 我们可以看出，中国发音人和日本发音人第二辅音成阻、持阻④的时间长度明显不同。同时我们也发现，中国发音人的辅音除阻⑤的长度与送气与否密切相关，而日本发音人⑤的长

---

① 此方法是杉藤美代子在分析中国留学生发音时使用过的方法。

度则不会影响到送气还是不送气。

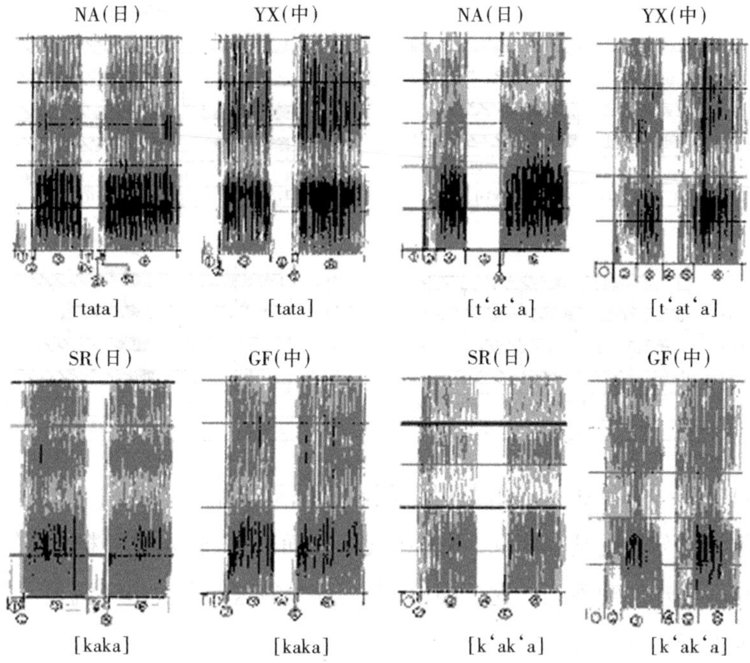

图8　语音片段宽带语图

2.4.2　声学特征

我们让这四名发音人将送气-不送气的 VCV(如 ata、at‘a)、CVCV(如 papa、p‘ap‘a)片段各发三次,分别输入电脑,然后通过语音分析软件计算出①-⑥各个部分的平均时间长度,在表 14 中将它们的时长百分比呈现出来。

通过表 14 我们可以看出:

ⅰ. 两个中国发音人ata和at‘a的C_2部分除阻⑤时间长度不

表 14 t-t‘ 时长比较表

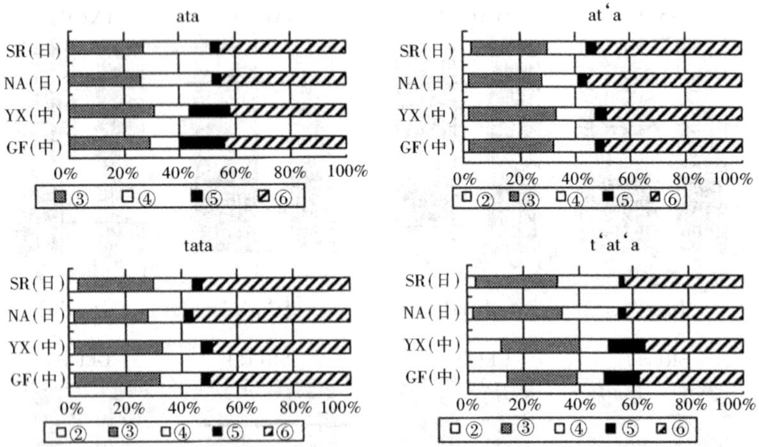

同，at‘a 的 C_2 比 ata 的时间明显长得多；而两个日本发音人的 C_2 除阻部分长度基本相同，不因送气与否而改变，除阻过程极短，有时甚至难以观察到。这证明，日本发音人的送气音呼出气流很弱，接近于不送气音。

ⅱ. 仔细观察 tata 和 t‘at‘a 的 C_2 前成阻、持阻阶段④，我们发现，日本发音人送气音前的④明显比不送气音前的长得多，将近一倍；另外，不送气音前的④中可以清楚看到明显的声带颤动。而中国发音人则相反，不送气音前④的成阻和持阻时间略长于送气音前的成阻和持阻时间，区别不很明显，同时也看不到声带颤动的痕迹。

两组发音人最明显的区别在于，日本发音人的成阻、持阻时间④中 t‘ >t，而中国发音人正相反，t‘ <t；从除阻⑤的时间长度看，中国发音人的 t‘ >t，而日本发音人几乎看不出有时间长短的区别。

下面是 k-k‘ 的音长比较：

表 15 k-k‘时长比较表

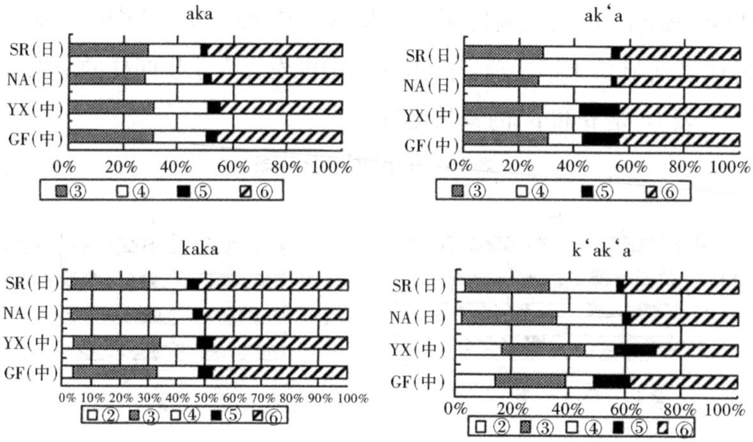

通过表 15 我们可以看出：

ⅰ. 日本发音人 k 与 k‘的不同在于第二辅音 C_2 前成阻、持阻④的时长差异，即 k‘>k，而且 k 的成阻、持阻过程中伴有声带的振动。除阻时间两人都是 k‘略长于 k。

中国发音人 YX 的 k、k‘成阻、持阻时间基本上相同，而且也发现轻微的声带振动。GF 也有轻微的声带振动，但成阻、持阻的时间明显长于 YX。

ⅱ. 通过观察 kaka 和 k‘ak‘a 我们可以看出，和 tata、t‘at‘a 一样，日本发音人的 C_2 前成阻、持阻④的时间 k‘明显长于 k，除阻⑤几乎相同，时间非常短。中国发音人 YX 的成阻、持阻④与日本发音人 NA 相似，也可以看出轻微的声带震动。但是 YX 和 GF 两人均在除阻⑤的时长比例上与日本发音人不同，k‘远远长于 k，相差为将近三倍。

从辅音的除阻看，日本发音人的 C_1k‘的除阻时间长于 k；kaka 的第一辅音和第二辅音除阻时长基本相同，而 k‘ak‘a 中第一辅音除阻②明显长于第二辅音除阻⑤。中国发音人呈现同样的结果。

表 16 是 p 和 p‘的音长比较。

表 16　p–p‘时长比较表

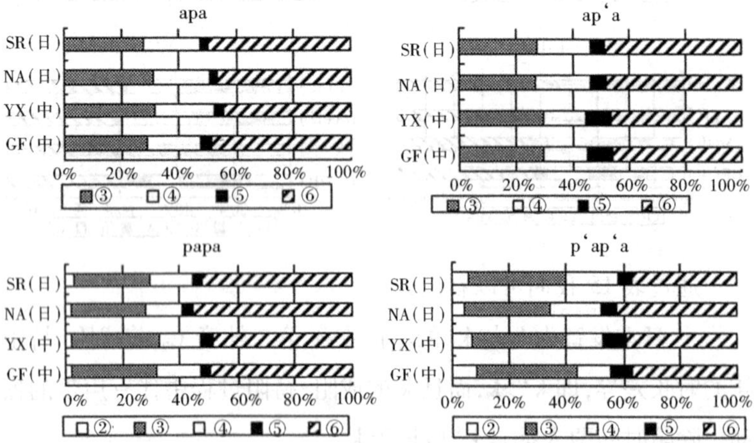

通过表 16 我们可以看出，中国发音人的 p–p‘与日本发音人的 p–p‘区别较小，具有比较一致的倾向。日本发音人的 C_2 除阻时间⑤虽然有 k‘>t‘>p‘的倾向，但区别很小，三者的时间长度都极短，与之相比，中国发音人的 C_2 除阻时间显然长得多。另外中国人送气音 p‘前的成阻、持阻④也还是比日本人的短得多。以上两点是共同的，而且也非常明显而有规律。

2.4.3　中国人对日本人塞音发音的第二次听辨结果

为了验证汉语塞音送气与否主要取决于除阻的相对时长比例，

我们又用另外两名日本发音人的 ata/at‘a、tata/t‘at‘a、aka/ak‘a、kaka/k‘ak‘a、apa/ap‘a、papa/p‘ap‘a 六组语料进行了听辨实验。听音人为 10 名中国留学生。每个语料重复 4 次，并将所有语料打乱顺序，共有 48 次语料听辨。

表 17 是听辨统计结果。

表　17

<table>
<tr><th colspan="3">听辨项目</th><th colspan="2">TN</th><th colspan="2">OM</th></tr>
<tr><td rowspan="6">t–t‘</td><td colspan="2">ata</td><td colspan="2">2</td><td colspan="2">2</td></tr>
<tr><td colspan="2">at‘a</td><td colspan="2">12</td><td colspan="2">14</td></tr>
<tr><td rowspan="2">tata</td><td>C_1</td><td rowspan="2">1</td><td>0</td><td rowspan="2">2</td><td>1</td></tr>
<tr><td>C_2</td><td>1</td><td>1</td></tr>
<tr><td rowspan="2">t‘at‘a</td><td>C_1</td><td rowspan="2">8</td><td>3</td><td rowspan="2">10</td><td>4</td></tr>
<tr><td>C_2</td><td>5</td><td>6</td></tr>
<tr><td rowspan="6">k–k‘</td><td colspan="2">aka</td><td colspan="2">4</td><td colspan="2">3</td></tr>
<tr><td colspan="2">ak‘a</td><td colspan="2">9</td><td colspan="2">11</td></tr>
<tr><td rowspan="2">kaka</td><td>C_1</td><td rowspan="2">6</td><td>2</td><td rowspan="2">7</td><td>2</td></tr>
<tr><td>C_2</td><td>4</td><td>5</td></tr>
<tr><td rowspan="2">k‘ak‘a</td><td>C_1</td><td rowspan="2">12</td><td>3</td><td rowspan="2">14</td><td>5</td></tr>
<tr><td>C_2</td><td>9</td><td>9</td></tr>
<tr><td rowspan="6">p–p‘</td><td colspan="2">apa</td><td colspan="2">0</td><td colspan="2">0</td></tr>
<tr><td colspan="2">ap‘a</td><td colspan="2">3</td><td colspan="2">8</td></tr>
<tr><td rowspan="2">papa</td><td>C_1</td><td rowspan="2">0</td><td>0</td><td rowspan="2">3</td><td>1</td></tr>
<tr><td>C_2</td><td>0</td><td>2</td></tr>
<tr><td rowspan="2">p‘ap‘a</td><td>C_1</td><td rowspan="2">0</td><td>0</td><td rowspan="2">4</td><td>2</td></tr>
<tr><td>C_2</td><td>0</td><td>2</td></tr>
</table>

（※表中的数字是送气音和不送气音的误听数。当是 CVCV 双音节时，C_1 与 C_2 的误听数同时分别表示出来。）

表 17 中数字清楚反映出，将 TN 的 k‘ 误听成 k 的较多，t‘ 听成 t 的次之，p‘ 和 p 的正确听辨率则相当高。OM 也一样，比起将不送气音误听为送气音来，更容易将送气音听成不送气音，但 p 与 p‘ 的听辨结果却明显没有 TN 好。

以上结果也说明，汉语塞音中的送气音与不送气音的区别主要取决于辅音除阻时间的长短，送气音的除阻明显长于不送气音，而日本人发音中听辨结果较好的那些音往往是除阻⑤相对时间长一些，因此易于被中国人正确听辨。

2.5 日语的清音-浊音对日本人发音的影响

图 9 是两位日本发音人的日语“ダダ(dada)、タタ(tata)；ガガ

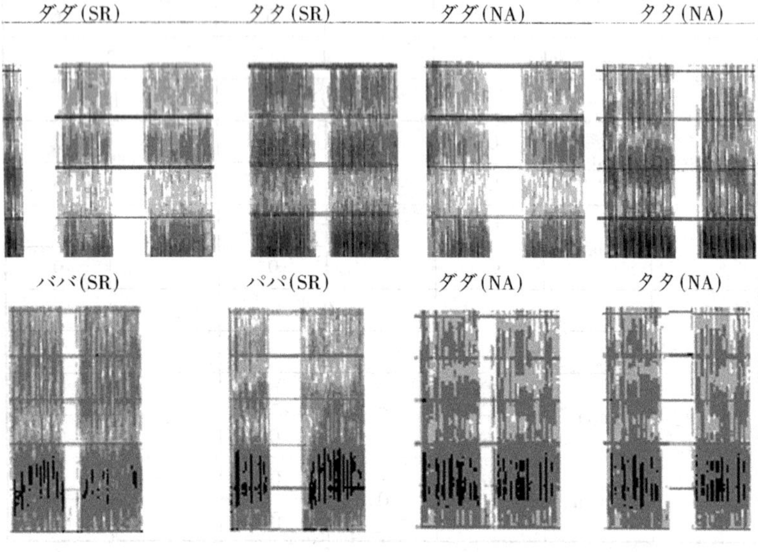

图 9 语音宽带图

(gaga)、カカ(kaka);ババ(baba)、パパ(papa)"的语音宽带语图。

看了图 9,我们不难发现 SR 和 NA 的清-浊音的区别与他们发出的汉语的送气-不送气音的区别非常相似,也就是说,在他们的 b-p、d-t、g-k 中,成阻与持阻时间④均显现出清音较长的倾向,而 C_2 的除阻长度则几乎不受清音还是浊音的影响,时间趋向等同。由此可以看出母语的清-浊对他们学习汉语送气-不送气音的影响。

2.6　时长变化对送气-不送气知觉听辨的影响

汉语送气与否的区别主要取决于辅音除阻时间的长短,这一点我们在前面已经通过分析得到证实,但我们还想通过语音编辑改变除阻时间⑤的长度来验证这一点,同时也想通过改变成阻、持阻时间④的长度解释日语的清-浊、汉语的送气-不送气的关系。

表 18 是日本发音人 NA 和 SR 的语音片段 tata 的④和⑤被改变长度前后的长短比例图,每组图的左边音节是变更前的被 10 名中国人识别的音(6 人以上一致的识别结果),右边是④和⑤变更

表 18　语音片段 tata 改变长度后比例图

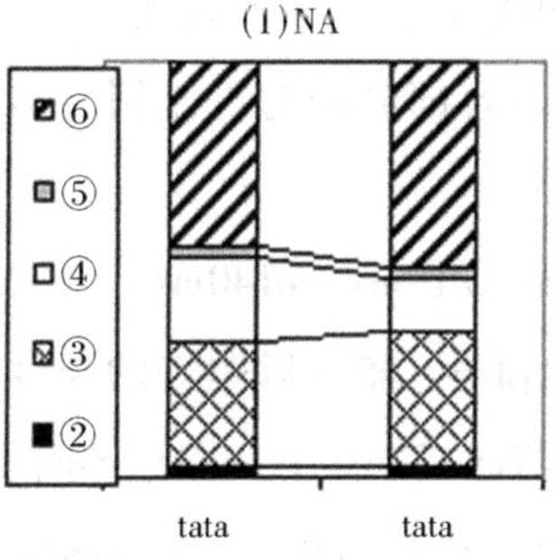

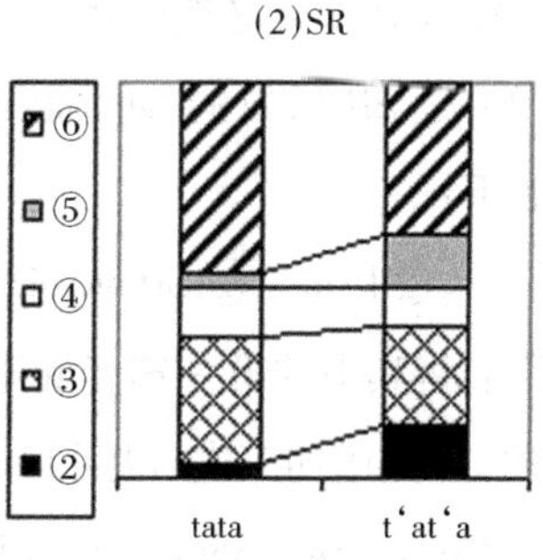

后被听辨的结果。

（1）是 NA 所发的 tata 辅音元音各部分的时长比例。实际的时长如下：

②17ms、③130ms、④95ms、⑤16ms、⑥150ms。

我们用语音分析软件将其中④的长度每次切去 10ms，共切五次，得到 95ms/85ms/75ms/65ms/55ms/45ms 六个不同长度的④，然后让 10 名中国人听辨含有不同长度④的六个编辑语料。听辨的结果如下：

语料	④的时长（ms）	听辨率（%）		语料	④的时长（ms）	听辨率（%）	
		t	tʻ			t	tʻ
1	95	87	13	4	65	91	9
2	85	89	11	5	55	86	16
3	75	92	8	6	45	89	11

以上听辨结果基本上反映不出④的时长与听辨率有什么直接关系，也就是说④的长度增减对整个语料听辨几乎没有实质性的影响。这个实验证明，汉语塞音的送气与否与辅音前的成阻、持阻④的长短没有什么必然联系，至少可以说关系不是很大。

（2）是 SR 所发的 tata 辅音元音各部分的时长比例。实际的时长如下：

②17ms、③130ms、④65ms、⑤15ms、⑥140ms。

我们将其中的第一辅音除阻②和第二辅音除阻⑤的长度每次增加 10ms，共增加三次，得到 17ms/27ms/37ms/47ms/四个不同长度的②和 15ms/25ms/35ms/45ms/四个不同长度的⑤，然后将它们成对地放入语音片段中，让10个中国人听辨。听辨的结果如下：

语料	时长(ms)		听辨率(%)		语料	时长(ms)		听辨率(%)	
	②	⑤	t	t‘		②	⑤	t	t‘
1	17	15	89	11	3	37	35	71	29
2	27	25	76	24	4	47	45	63	37

以上听辨结果显示，随着②和⑤时长的增加，将语料听辨为t‘at‘a的比率也相应增加，到了47ms/45ms时，有37%的t‘at‘a听辨率。这说明，听为送气音可能性的增加与除阻时长的增加是成正比的。当然，由于日语中没有送气音，所以日本人的原始语料中气流总是很弱的，仅仅改变除阻的时长并不可能带来音质的彻底改变。以上t‘at‘a的听辨率最高也只有37%就可以说明这一点。

但是，我们的实验还是证实了，汉语塞音的送气与否的一个重要特征是辅音除阻时间长度与其他部分的比例关系，除阻时间越长越接近于送气音，越短越接近于不送气音。

2.7 小结

清-浊和送气-不送气是两组完全不同的对应特征，日语和汉语恰巧在此形成了互补，你有我无，你无我有。汉语中没有浊塞音，故而送气与否成为区别特征；日语中不存在送气与否的对立，因而以清浊区别语音形式。在汉语学习中，母语的强大影响力使得日本人自然而然地用清-浊对立代替送气-不送气对立；同样在日语学习中，汉语母语的影响力促使中国人把送气-不送气关系移接到了清-浊对立上。一般说来，清浊的区别在于声带是否振动，送气与否取决于气流量的强弱。但这只是理论上的解说，在现实语言环境中，人的耳朵要分清声带是否振动，气流量的大小其实并非那么简单，特别是面对一种陌生的语言时，判断就显得更加困难。

然而，实验仪器可以帮助我们。它忠实、精确的记录可以让我们看到耳朵无法辨别的细微差别。我们正是借助语音分析软件的帮助清楚了清-浊、送气-不送气之间的主要区别所在的。通过以上分析，至少我们验证了塞音的清浊与辅音成阻、持阻时间的长短密切相关；塞音的送气与否与辅音除阻时间长度在整个语音片段中所占比例有极大关系。

三 汉语普通话/r/声母音质的实验研究①

3.1 关于日母音质的不同意见

关于汉语普通话/r/声母的音质始终存在着不同的看法。高本汉（B. Karlgren 1940）把它当作浊擦音，用[ʐ]来标写它。赵元任（1928）虽然也用[ʐ]来标写，但把它比作英语的 r。王力（1983）认为“应该把 r 声母比作英语的无擦通音 r[ɹ]”。朱晓农（1982）认为它是个半元音[ɻ]。夏秋认为它是一个元音。金有景（1984）认为它是“一种以边音特点为主的舌尖后准边擦音”，并专为它创制了一个新符号。

---

① 原文是与廖荣蓉合作，发表于《语言研究》1987 年第 2 期。

为了探求/r/声母的确切音值，我们下面通过语音实验方法来进行一些分析探讨。

3.2　语音实验说明

我们的发音人是4位20岁左右的青年。他们都是人民大学的学生、学校广播站播音员，但没有受过任何播音训练。其中发音人Z_1（男）和Z_2（女）是北京人，没有离开过北京；发音人Z_3（男）和Z_4（女）是从小说普通话的北方人，Z_3是东北人，Z_4是新疆人。

发音内容包括单音节、双音节和语句：

（一）单音节语音：知 吃 师 日 然 瓤 饶 人 仍 荣 柔 热 日 入 瑞 润 弱 软

（二）双音节语音：

（1）/r/声母在前字中：日报 日月 日子 日本 日文 日出 人民 人体 人生 人力 人们 人类

（2）/r/声母在后字中：生日 节日 红日 今日 假日 明日 爱人 大人 好人 工人 别人 老人

（三）语句：

1. 你是日本人吗？2. 这是工人日报。3. 那是人民日报。4. 今天是好日子。

全部录音都用Kay-7030型语图仪进行分析，做出宽带语图和同步的振幅显示。所需数据从语图上测量后经换算得出。

3.3　分析方法

汉语普通话声母既有辅音的特点，又有元音的特点。从语图表现上看，往往既有代表摩擦的乱纹，又有元音性的共振峰结构。因此，分析/r/声母需要把分析辅音的方法和分析元音的方法结合起来。

分析辅音的方法，就是通过观察语图类型分析语音的声学性质，语图对于发音方法的表现更为直接。语图类型包括这样几种：(1)细细的竖直条是表现塞音爆破的"冲直条"；(2)杂乱的纵向条纹是显示擦音摩擦成分的"乱纹"；(3)深色宽横杠是显示语音共振特性的"共振峰杠"和表现声带振动的"浊音杠"。/r/声母的发音方法中，有没有摩擦，摩擦成分的轻重、长短如何等问题都可以通过分析语图来寻求解答。

分析元音的方法，主要是分析共振峰的频率变化，从中考察发音时舌位的情况。一般在自然发音的情况下，元音第一共振峰反映舌位高低变化。舌位越低，第一共振峰值越大，舌位越高，第一共振峰值越小。第二共振峰反映舌位前后的变化。舌位越前，第二共振峰值越大，舌位越后，第二共振峰值越小。如果我们以第一共振峰为纵轴，第二共振峰为横轴，采用反向坐标做出语音声学位置图(简称"声位图")(M. Joos 1948)，那么图中所反映的语音相对关系，恰好可以跟元音舌位图的语音舌位关系大体一致。

在分析/r/声母音质时，我们根据从宽带语图上测得的共振峰值做出声位图，据此进行一定的分析。跟/r/声母并存的是舌尖元音，声位图反映舌尖元音舌位关系不像反映舌面元音那样简单明确，但舌尖元音声位前高的特点还是能够直观反映出来的。它在声位图上和其他元音的相对关系也基本反映了它们之间的整体舌位关系。

图 10 是发音人 Z_1 所发部分音节的声位图。图中“●”和“○”分别代表在语流开首位置上和中间位置上的/r/声母。/r/声母发音时舌位往往处于动态中，反映到语图上这就是第一、第二共振峰频率位置的连续变化。在声位图中，我们用矢状线“→”来表示它。各音节的韵母部分用矢状虚线“--→”表示。

以音节 ri 为例，声母/r/的第一和第二共振峰都是平稳的。反映到声位图中，它就是①所指示的一个固定的点，这说明发音时舌位没有移动。/r/后面元音的第一共振峰也是平稳的横杠，而第二共振峰是微微向下倾斜的，频率有所降低，表示舌位微有后移。反映到图 10 中的这个元音就表现为从代表声母的那个点出发的一条很短的矢状虚线。这说明发音时口腔形状只有很微小的变化。

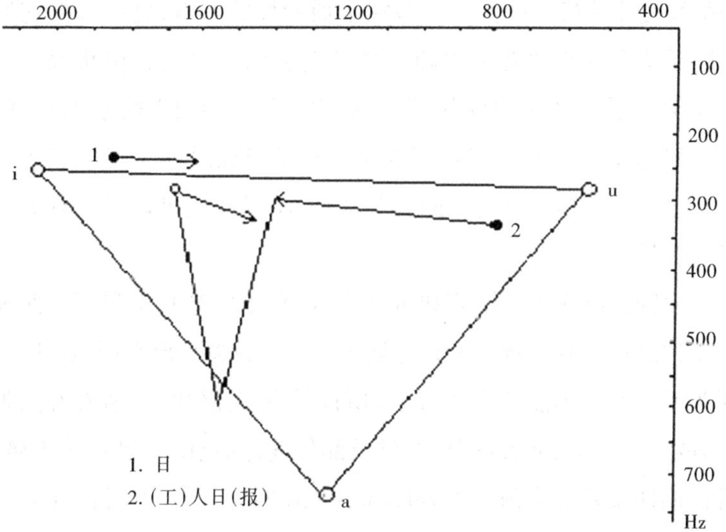

图 10　/r/声母发音声位图示例

再看从句子"这是工人日报"中截取的 ren 和 ri 中的 ren 音节，声母的第一共振峰微有倾斜，第二共振峰明显地从低向高渐升。在图 10 中表现为"○"和"→"相结合。这说明发音时舌位高低变化极小，但前后移动量很大。ren 音节的韵母是变化着的，在图 10 中表现为先下斜后上斜的矢状虚折线，它反映了舌位先从央元音[ə]，后到前鼻音[n]，同时趋向于后面音节的/r/声母位置的发音过程。后面 ri 音节的情况和上文描述的单音节 ri 很相像，只是舌位比较低，前后位置也有些差别。这是它处在语流中间，受前后语音影响的结果。

从以上比较可以看到，用声位图不但可以反映语音听感上的相互关系，而且也可以基本上反映元音或元音性音素舌位的相对关系和变化趋势。即使是一些完全辅音性的音素，也可根据它们前后元音舌位的动态变化趋势来判断它们的大致舌位状况。对于/r/声母舌位变化的特点，我们也借助这些声位图来进行直观的推测和比较。当然，舌位的确切情况还是应该通过 X 光照相等技术来了解。我们没有这样的实验条件，不过我们可以参考有关的研究资料。

中国社会科学院语言研究所曾用 X 光静态照相和腭位照相技术记录过一些发音人的普通话单元音发音器官形态（见图 11）。因为舌尖元音不能独立成音节，所以拍 X 光照片时，请发音人发 zī、zhī 音节，延长元音部分，在延长部分进行拍照。（鲍怀翘 1984）我们的四位发音人都发了 zhī、chī、shī、rī 四个音节，语图表明/r/声母在 ri 中的共振峰结构和这四个音节中的元音的共振峰结构几乎完全一样，所以我们由此得知，它在音节 ri 中的发音部位和舌尖元音[ʅ]的发音部位基本一样，我们可以根据后者的发音器官形态推知前者的发音器官形态。根据图 11b 中的腭位照片我们可以推知，单音节 ri 中的/r/声母发音时舌面舒展，沿舌中线的中间区域低凹，舌两侧稍稍抬起，和上齿龈接触，封住两侧气流的通道仅留出舌尖前面的狭窄出口。根据图 11a 中的 X 光照片我们还可以推知，在发音时，舌尖抬向齿龈末端（ʅ-1）或前硬腭（ʅ-2、ʅ-3、ʅ-4），舌面中部最低，舌后面部也略微抬高。舌尖抬起处的口腔通道较为狭窄。总之，ri 音节中的/r/声母发音时，整个舌面呈盘状：中间低，四周高，舌尖正中的盘边上有一个缺口，是气流的通道。/r/声母作为一个音位，有许多变体。上述的一些变体，发音部位多是舌尖和前硬腭，这是典型的卷舌音。我们把声位图上出现在其他语音环境下的/r/声母变体和单音节 ri 中的这些变体相比较，可以正确地推知/r/声母舌位变化的一般情况。

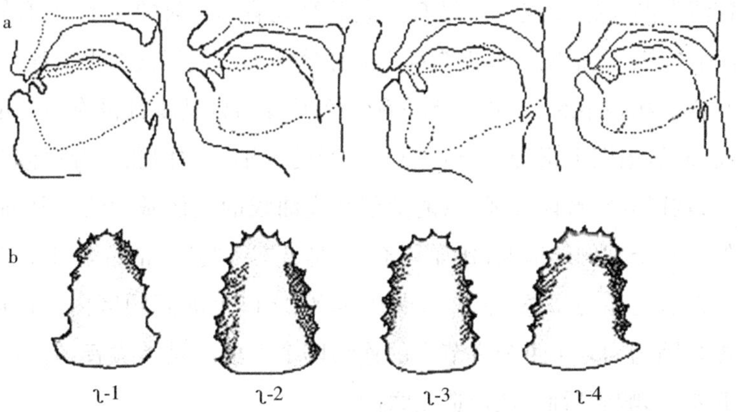

图 11　(a) X 光照相和(b)腭位照相

第三共振峰频率以及音强、音长、音高这些非音质特征对于

/r/声母也很有认识价值,因为正是音质特征和非音质特征的综合效应才使我们得到/r/声母的完整听觉印象,所以对此我们也将作简要分析。

3.4 汉语普通话/r/声母音质分析

3.4.1 摩擦程度

汉语普通话/r/声母的摩擦程度如何是个复杂的问题,是音质讨论的重点之一。我们来看每个人发的/r/声母摩擦程度如何。

发音人 Z_1 单音节中的/r/声母都没有摩擦,在语图上表现为元音性的共振峰结构。起首强度较弱,一般是低频处的第一共振峰先出现,或第一、第二共振峰同时出现,随着能量的增强,更高的共振峰才显现出来。在 4000-5000Hz 左右的频率区域内也常有较清晰的共振峰成分。只有少数后高元音[u]前的/r/声母有轻微的摩擦,在语图上表现为高次共振峰前面颜色很浅的少量乱纹。双音节和句中的/ r/声母无论和什么元音结合基本都没有摩擦的痕迹,从语图上很难看出它们和元音的区别。它们和元音过渡平滑,难以确定音段界线,只能参照强度曲线的起伏做大致的判断。但也有个别例外情况,比如句子"你是日本人吗"中的音节 ri,声韵母都有明显的摩擦,乱纹出现在 3000Hz 以上的高频区内。这可能是因为 shi,ri 两个音节中的连续四个音段都是舌尖音,有擦音开头,影响到后面,从而造成摩擦。

发音人 Z_3 单音节中的/r/声母后接高元音[u]和舌尖元音[ʅ]时有轻微摩擦。语图上,乱纹出现在第二共振峰前面和高次共振峰位置上，一般都不密集，颜色较浅。/r/声母在央元音、低元音前面时都没有摩擦。双字组前字中的摩擦情况也是这样。双字组后字和句中的/r/声母摩擦更少些，在高元音和舌尖元音前面也同样。

发音人 Z_2 的/r/声母几乎都有摩擦，而且摩擦程度显然比发音人 Z_3 的强一些。语图表现为第二共振峰上夹杂着乱纹，有时第二共振峰完全被乱纹所代替。/r/声母的高频区一般都有乱纹，有时这些乱纹很密集，颜色也较深。相比之下，在语流开首位置上比起在语流中间位置上、在高元音和舌尖元音前面比起在低元音和央元音前面摩擦程度重一些。

发音人 Z_4 的/r/声母都有摩擦。平均摩擦程度比发音人 Z_3 的更重。在部分情况下，/r/声母除了有浊音杠和第一共振峰杠以外，语图表现跟声母 sh，也就是清擦音[ʂ]极为相像，即从 1500Hz 左右开始向上的频率范围内，充满乱纹，而且乱纹很密集，颜色很深。比如“节日”和“人生”两个词，第二个音节的声母中乱纹分布的高低、疏密及乱纹颜色的深浅都很相像。又如句子“你是日本人吗”中的“是”和“日”两个字音的声母也是这样。有这种语图表现的/r/声母实际上是摩擦很强的浊擦音[ʐ]。

它们在听感上觉察出明显的摩擦音色，但绝不像许多外国人发的[ʐ]那样不自然，这可能是因为非音质特征掌握得当（长度合适，强度较弱，声调正确）的缘故。同样，发音人 Z_4 的/r/声母也是在语流开首位置上比在语流中间位置上摩擦程度重，在高元音前面比在低元音前面摩擦程度重。

总之，不同发音人的/r/声母，摩擦成分的有无和摩擦程度的轻重差别是显著的。在同一个人的发音中，也往往有明显的差别。一般是受语音环境的影响：在语流开首比在语流中间的位置有摩擦的可能更大，或摩擦程度更重；在高元音和舌尖元音前面比在中、低元音前面有摩擦的可能更大或摩擦程度更重。

如果把四位发音人的/r/声母都放在一起比较，可以根据摩擦程度的不同，把它们划分为三类变体：甲类是强摩擦类型，乙类是弱摩擦类型，丙类是无摩擦类型。它们的语图表现可大致作如下描述：

甲类变体只有第一共振峰清晰可见，其他共振峰都基本不出现。在第二共振峰位置上常有乱纹，高频区（一般在 3000Hz 以上）有密集的乱纹。

乙类变体的第一、第二共振峰都很清晰，有时更高的共振峰也清楚可见。第二、第三共振峰位置上杂有一些乱纹，或第三共振峰和更高频率位置上乱纹很多。

丙类变体完全是由乐音成分构成的共振峰结构，没有任何乱纹。它们往往和元音过渡平滑，声韵界线很难确定。

根据语图表现可以推知：甲类变体发音时舌腭之间缝隙狭窄，气流和摩擦都较强；乙类变体舌腭间隙宽一些，气流和摩擦较弱；丙类变体舌腭间通道较宽，气流很弱，没有摩擦。在听感上，甲类变体都有清楚的摩擦音色，乙类变体多只有极轻微的摩擦音色或听不出摩擦来，丙类变体没有摩擦音色。三类变体之间没有截然的界线，都是渐变过渡的，摩擦程度从甲类变体到丙类变体依次减弱。

根据修改至 1979 年的国际音标对辅音分类的处理，我们认为可以把/r/声母的发音方法归纳为两种类型：一种是浊擦音——包括上述甲、乙两类变体，另一种是无擦通音——即上述丙类变体。

表 19　三类/r/声母变体的分布情况

变体类型	甲类(强摩擦)		乙类(弱摩擦)		丙类(无摩擦)	
出现位置	语流开首	语流中间	语流开首	语流中间	语流开首	语流中间
发音人 Z_1			5%	5%	54%	36%
发音人 Z_2			39%	17%	20%	24%
发音人 Z_3	23%	13%	36%	28%		
发音人 Z_4	39%	17%	20%	24%		

表 19 列出了/r/声母的三类变体(也就是两种发音方法)在四位发音人中的分布情况。由此可以看到，/r/声母的两种发音方法都很常见，但有摩擦的变体比没有摩擦的变体多，尤其是在语流开首位置上，/r/声母的大多数变体是摩擦音。

3.4.2　共振峰结构和对发音部位的推测

在多数语图上，/r/声母的共振峰结构很清楚。我们先来看第一和第二共振峰的情况。图 12a–d 分别根据四位发音人所发/r/声母的第一和第二共振峰频率值作出动态声位图。每幅图中，取样包括了在各种条件下的/r/声母，同时画出单元音[i]、[a]、[u]的样点，以便参照比较。图中“●”代表单音节中的/r/声母，“▲”代表双音节前字中的/r/声母，“△”代表双音节后字中的/r/声母，“○”代表句中的/r/声母。/r/声母第一、第二共振峰的变化用矢状线“→”表示。

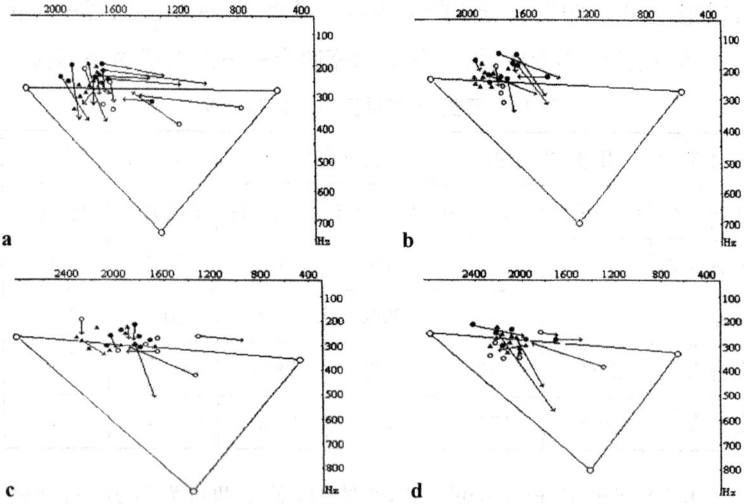

图 12　四位发音人的/r/声母声位图(a、b、c、d)

图 12 表明:每个人的声位图上都有一个代表音质特征的集中区。/r/声母表现为一个坐标点的一般都位于这个集中区内;表现为一条矢状线的,或者是有一段在集中区内,或者是有一端接近集中区。不同发音人/r/声母集中区的范围相差不多,第一共振峰大约跨 150Hz 左右,第二共振峰大约跨 400Hz 左右。各人的集中区都靠得很近,互相叠接。女发音人/r/声母集中区的中心位置大约是:第一共振峰 320Hz,第二共振峰 2100Hz;男发音人大约是:第一共振峰 270Hz,第二共振峰 1700Hz。四位发音人/r/声母集中区的总范围大约是:第一共振峰从 200Hz 到 350Hz,第二共振峰从 1500Hz 到 2200Hz。中国社会科学院语言研究所统计过 16 位发音人所发舌尖元音[ʅ]的平均频率值(鲍怀翘 1984),8 位男发音人第一、第二共振峰频率值分别是 372Hz 和 1791Hz,8 位女发音人

分别是 375Hz 和 2129Hz。这些平均值和我们的实验数值比较接近，可见/r/声母集中区的频率位置是相对确定的。

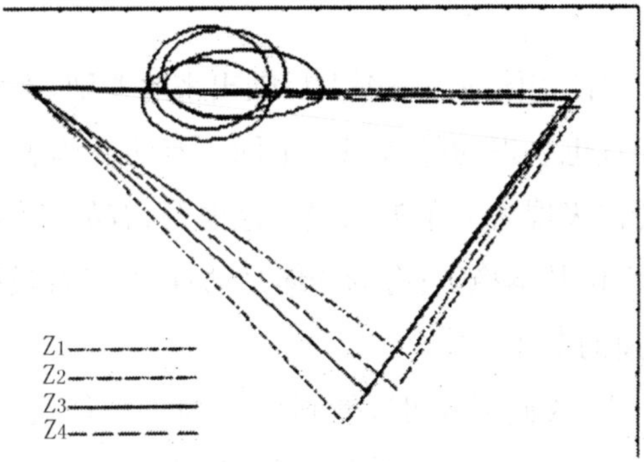

图 13　四位发音人的/r/声母集中区

四位发音人的/r/声母集中区和各自的元音三角形的相对位置关系也非常一致：如果把他们的元音三角形进行归整（见图13），可以看到，/r/声母有相对集中的变化范围，在这个范围内，不同发音人的差别代表着他们音质差别的一些普遍特征，因为每个人的/r/声母和整个元音系统的相对关系是确定的。从生理角度来看，就是每个人的/r/声母都有相对确定的舌位变化范围，不同人发/r/声母的舌位变化范围基本一致。

从图 12 中也可以看到，/r/声母可能出现的区域很大，我们把它称作/r/声母的非集中区。/r/声母的集中区一般都在非集中区之内的前上方。这是生理因素决定的：/r/声母舌位高而前，舌头向低后方向活动的余地大。另外，影响/r/声母舌位的元音基本都在它的低后方向上，所以/r/声母的非集中区主要向它的低后方向伸展。不同发音人的/r/声母非集中区大小不同，在我们的实验中,发音人 Z_3 的最小,Z_1 的居中,Z_2 和 Z_4 的较大。非集中区的总范围大约是第一共振峰从 170Hz 到 570Hz,第二共振峰从 800Hz 到 2400Hz。

/r/声母的各变体在声位图上反映出来的差别,不仅表现为位置的不同,而且也表现动静状态的不同。有的变体表现为一个坐标点,有的变体表现为一条矢状线。这说明,有的变体是静音素,发音过程中舌位基本稳定;有的变体是动音素,发音过程中舌位处在连续而迅速的变化之中。

从图 12 中,我们不仅可以看到/r/声母的种种变体,而且还可以看到形成不同变体的一部分语音环境的影响。

首先,在语流中所处的位置对/r/声母的声位高低有影响。在语流开首位置上的/r/声母变体,声位一般比较高:在开首位置上的静音素大多出现在集中区的上部,在开首位置上的动音素的矢状线一般从那里开始,指向集中区外面。这说明发音的开始阶段舌位都比较高、比较前,是很到位的,但发音的结束阶段舌位差别就比较大了。在语流中间位置上的/r/声母变体,声位一般都比较低:在中间位置上的静音素出现在集中区的下半部,有的在更低的非集中区内;在中间位置的动音素的矢状线或者从集中区下部指向外面,或者从更低或很后的位置指向集中区的中下部。这说明整个发音过程中舌位都比较低,前后不稳定。

其次,相邻语音对/r/声母声位的动静状态有影响。我们的单音节实验材料覆盖了/r/声母所有的声韵组合。能够出现在/r/声母后面的语音只有[ʅ]、[ə]、[a]、[u]几个元音。当后面是舌尖元音[ʅ]时,/r/声母的发音最稳定,在声位图上只表现为一个坐标点，这是/r/声母的典型声位。后接中元音[ə]时，/r/声母音值也比较稳定，多是表现为一个坐标点。当后面是后高元音[u]和低元音[a]时，/r/声母发音是动态的，在声位图上表现为从集中区指向[u]或[a]的矢状线。也就是说，/r/声母在发音过程中舌位处于连续的变化之中，从与舌尖元音[ʅ]相同的舌位出发，向着舌面元音[u]、[a]的舌位趋近。

我们用于双字组和句中的实验字只有“人”、“日”两个，也就是/r/声母后面只有[ʅ]、[ə]两个元音。/r/声母在双音前字中跟在单音节中一样主要表现为静止的坐标点。在双音后字和句中时，/r/声母前后都有语音相邻，它不仅受后面语音的影响，而且还要受前面的语音影响。发音表中在/r/声母前面的语音有：[ʅ]、[ə]、[a]、[u]、[n]、[ŋ]。前面语音的影响主要是在“工人日报”、“好日子”、“好人”中的[u]、[n]、[ŋ]，/r/声母在声位图上多表现为从偏后位置指向集中区的矢状线，反映了发音过程中舌位从后向前的移动。另外的[ʅ]、[ə]、[a]几个音在前面时，由于跟/r/声母后面的[ʅ]、[ə]舌位前后的差别很小，只是高低的有些区别，所以/r/声母在发音过程中没有什么明显的动态变化，只是声位低一些，表现为在集中区下半部或更低位置上的坐标点。

综上所述，/r/声母的第一和第二共振峰的频率位置有相对确定的变化范围，也较容易受语音环境的影响，有时会发生超出集中区的变化。它们在语流开首位置上和在语流中间位置上有差别，在跟不同元音相邻时也会有差别。

上面我们分析了/r/声母的第一、第二共振峰特征，我们也可以通过语图观察/r/声母的第三共振峰的特征。一般来说，第三共振峰较低是卷舌音的典型特征。我们的实验结果证实了/r/声母的这一特征。/r/声母的第三共振峰一般都比邻接元音低一些。我们从语图上看到：女发音人元音的第三共振峰常在3300-3700Hz上下，她们/r/声母的第三共振峰一般都在2400-3700Hz上下；男发音人元音的第三共振峰常在2400-2800Hz上下，/r/声母的第三共振峰一般都在1800-2800Hz上下。/r/声母第三共振峰跟第一、第二共振峰一样，在不同语音环境中有频率高低的差别：在语流开首位置上一般都比在语流中间位置上低一些，邻接元音为[a]、[u]时比[ʅ]、[ə]低一些。因此，单音节rang、ru中的/r/声母第三共振峰非常低，几乎和第二共振峰叠在一起，使得/r/声母后面的元音第三共振峰有一个快速上升的音渡；而语流中间的音节ri、ren中的/r/声母第三共振峰往往和元音的第三共振峰一样高。不同发音人之间第三共振峰的个体差异也是明显的。

/r/声母是卷舌音这点在汉语语音学界是认识一致的，我们通过以上对/r/声母共振峰结构的分析和发音部位的推测，更为详细地认识了它的声位和舌位活动范围。

3.4.3　音强、音长、音高

我们没有对/r/声母的音强做准确测量，只是根据宽带语图上的振幅曲线进行一些定性的描述。振幅曲线表明，/r/声母一般强度很弱。在语流开首位置上，它有一个强度渐升的过程。带有明显摩擦的/r/声母，或是先保持一段低强度，然后在后接元音开始时强度突然升高；或是从发音起始强度就不断上升，一直持续到元音发音开始。没有明显摩擦成分的/r/声母，一开始发音，强度就突然升高，跟元音开头的情况一样。在语流中间位置上，/r/声母的振幅曲线大都表现为一个谷，谷底分贝值一般不到较强元音分贝值的一半，低时甚至接近于零。

表 20　含/r/声母的音节和/r/声母的平均时长统计表

发音人	单音节		双音节前字		双音节后字		句中		平均	
	音节	声母	音节	声母	音节	声母	音节	声母	音节	声母
Z_1	320	60	160	40	180	50	120	50	195	50
Z_2	400	70	300	60	350	60	200	60	308	63
Z_3	350	60	260	55	300	60	180	60	273	59
Z_4	340	70	250	60	300	70	180	70	260	68
平均	353	65	243	54	278	60	170	60	259	60

/r/声母的音长很不容易测量，我们把振幅曲线和宽带语图互相参照，大致地划定音段界线进行测量，虽有误差，但所取划界原则相同，前后有一致性。表 20 是各发音人含/r/声母的音节以及/r/声母的平均音长表。表中数据显示，/r/声母音长比较稳定，平均 60 毫秒左右，音节长度的变化和发音人的不同都没有造成很大差异。一般来说，发音速度较慢，音长就略长一点；摩擦程度较重，音长也略长一点，但比起其他擦音总体还是很短的。

对/r/声母的音高我们也没有定量比较，初步考察看不出音质表现和音高有明显的联系。把不同发音人的/r/声母相比较，声调模式显然和摩擦的轻重没有关系；但在同一人发的/r/声母之中，是否会因声调模式的不同而有摩擦程度的小量差别，还可以再做探讨。

3.5 结论

通过上文分析我们看到:在不同人的口里、在不同语音环境下,/r/声母的音质有较大差别,这在它的发音方法和发音部位上有不同的反映。

/r/声母的发音方法差别很显著(见图12)。根据摩擦程度的不同,可以把所有变体分为强摩擦、弱摩擦和无摩擦三类,其中前两类音都是浊擦音,最后一类音是无擦通音。

不仅不同人发的/r/声母可以有浊擦音和无擦通音之别,就是同一人发的/r/声母,也往往既有浊擦音,又有无擦通音。同一个人发的/r/声母,摩擦的有无和轻重都容易受语音环境的影响:在语流开首位置上比在语流中间位置上,在高元音、舌尖元音之前比在中元音、低元音之前,/r/声母更可能是浊擦音或摩擦程度可能更强。

相对而言,/r/声母的发音部位比较确定,不同人之间的个体差异不很大。同一个人的发音中,差异的规律性很强。因此在声位图上,每个人发的/r/声母都有相对确定的声位范围,它和元音系统的相对关系比较稳定。在同一个人口中,/r/声母的不同变体之间存在差别的重要原因是语音环境的影响:在语流开首位置上的变体偏高,在语流中间位置上的变体偏低;相邻元音的声位越接近舌尖元音[ʅ],/r/声母变体的声位就越稳定,多静音素;否则声位就不稳定,多动音素。

根据/r/声母在音节ri中的声位和x光照片、腭位照片所反映的舌位,我们推知:/r/声母在大多数情况下是舌尖、前硬腭音,在少数情况下是舌尖、中硬腭音和舌尖、后齿龈音。从音位学的角度看，把/r/声母叫做舌尖硬腭音或卷舌音是很恰当的。/r/声母的第三共振峰比一般元音的第三共振峰低而且变化范围大。这一特点是卷舌音的典型表现。

表 21　/r/声母变体表

发音方法 \ 发音部位	浊擦音		无擦通音
	强摩擦类型	弱摩擦类型	
舌尖、后齿龈音	+1	+2	+3
舌尖、前硬腭音	+4	+5	+6
舌尖、中硬腭音	+7	+8	+9

把发音方法和发音部位结合起来看，/r/声母所有可能的变体如表 21 所示。表中变体+3、+6、+9 可用国际音标[ɻ]来标记，+1、+2，+4、+5，+7、+8 分别是跟+3、+6、+9 同部位的浊擦音，都可用国际音标[ʐ]来标记。所以从音位学角度考虑，用[ɻ]或[ʐ]来标记/r/声母都是可以的。

3.6　讨论

从发音方法的角度对/r/声母的变体进行描写，往往会因为所用语音学术语概念不同而有不同意见。前文我们已根据摩擦程度的不同把/r/声母分成三类变体，甲类变体显然是典型的浊擦音，这点没有疑问。乙类变体从声学实质上来说也还是浊擦音，但人们往往根据 D. Jones 的分类，认为它应该是无擦通音（frictionless continuant）。D. Jones（1956）下过这样的定义："无擦通音：部位和摩擦辅音一样，但气流很微弱，以致听不出摩擦音来。”这一定义是以听觉为依据，为弱摩擦音专立的一个语音类。

/r/声母的丙类变体显然是半元音，它们完全符合许多语音学家对半元音的描述。D. Jones(1956)说：“半元音被定义为独立的元音音渡，发音器官一开始先产生微弱的或很清楚的闭元音，然后很快转向另一个同等的或者更突出的音。”P. Ladefoged 在近几年定义道：“半元音是一种通音，它由出现在一个音节开首或结尾处的不成音节的元音构成。当出现在音节开首位置上时，它通常由从高元音转向后面元音的一个很快的过渡构成。”他认为在英语 red 这样的词里，[ɹ]可以说是 fur 中的元音不成音节的变体，所以从语音学的角度，把 red 中的[ɹ]看作半元音是正确的描述。(1982)我们完全可以把汉语普通话音节 ri 中的声母看作舌尖元音的不成音节的变体，从而认为它是半元音。这也符合 D. Jones 的元音音渡之说。

P. Ladefoged 和 D. Jones 定义的不同点之一是他把半元音算作无擦通音(approximant，也有人译为“通音”，它和 frictionless continuant 意思相同)的一种，而他定义的无擦通音是“发音器官的一方朝另一方靠拢，但声道并不狭窄到产生湍流的程度”。(1982)这就是说，无擦通音的语图上应该没有乱纹(乱纹是湍流的语图表现形式)，只有元音性的共振峰结构。D. Jones 定义的半元音是一类独立的音，和无擦通音没有关系。总之，按照 D. Jones 和 P. Ladefoged 不同的语音分类法，可对/r/声母的三类变体进行不同的语音学描写：

Ladefoged 的分类符合修改至 1979 年的国际音标对辅音分类

的处理。国际音标表中把半元音放入无擦通音栏内，把无擦通音和擦音放在同一大横栏内。舌尖硬腭浊擦音和无擦通音的音标分别是[ʐ]和[ɻ]。所以对于汉语普通话的/r/声母，我们也倾向于作同样的处理，即认为它的变体只包括浊擦音[ʐ]和无擦通音[ɻ]两类。从我们的实验统计数据来看，[ʐ]比[ɻ]更常见，尽管二者出现频率相差并不悬殊，但就出现环境来看，在语流开首位置上的/r/声母变体中，[ʐ]大大多于[ɻ]；另外，根据我们对自然语音现象的听觉分析情况来看，在语流开首位置上把/r/声母发成[ʐ]的人比把它发成[ɻ]的人更多，所以从音位学角度把/r/声母记为[ʐ]。在所有说普通话的人口中，两种变体的出现比例到底如何，有待于未来的统计调查。

在描写/r/声母的音值时，从发音方法的角度，赵元任把它比作英语的 r，王力把它比作英语的无擦通音（根据 D. Jones 定义），都是有道理的。D. Jones 在《英语语音学纲要》中把英语 r 归入擦音类中描写，说它的变体包括颤音[r]、闪音[ɾ]、擦音[ɹ]、小舌颤音[ʀ]和小舌擦音[ʁ]，但最主要的变体是擦音[ɹ]。所以在介绍辅音 r 时他首先说："这里我们主要关心的是常见的英语 r 音，是一个摩擦辅音。"（1956）在写到无擦通音时他说："许多英国人发的 r 不是擦音而是无擦通音。"（1956）他也用[ɹ]来标记它。可见 D. Jones 所描写的这两种英语 r 音和我们实验中所见汉语普通话/r/声母的甲、乙两类变体发音方法相同。两者是可以进行类比的。如果结合发音部位来考虑，基本上就是上文表 3 中的+1、+2 两类变体。Ladefoged 在他的《语音学教程》中简单地把美国英语 r 音描写为无擦通音（请注意，这是 L. defoged 定义的"无擦通音"）。

从书中所附的语图上我们确实看到它们是完全无擦的共振峰结构。这和我们实验中所见/r/声母的丙类变体发音方法是一样的。它们相当于表3的+3类变体。我们自己也用语图仪分析了一些英国人、美国人发的英语r音,看到英语r音的常见变体的发音方法确实和汉语普通话r声母很相像。

关于/r/声母音质的其他一些意见,也都各有道理,都注意了/r/声母的一部分变体的特征,所以描述的情形各有不同。我们借助实验手段,看到了较多变体的不同情况,但发音人还是为数很少,所以一定还有尚未看到的现象,这里所见仍然只是/r/声母的一部分表现。

第四章　送气音和送气调

一　普通话送气声母对声调的影响[①]

1.1　从送气分调谈起

汉语的吴方言、赣方言、湘方言、粤方言和苗瑶语、壮侗语的一些方言都有送气分调现象。所谓送气分调是指由声母的送气成分所引起的声调分化的现象。在送气分调中，声母的送气成分对声调的影响往往使调值低化。如，高坝侗语的每一个送气调都比相对应的单数调的频率低，1'调 11 低于 1 调 35，3'调 12 低于 3 调 33，5'调 15 低于 5 调 55；汉语吴江方言 1 调为 55，1'调为 33，3 调为 51，3'调为 42，5 调为 412，5'调为 312，7 调为 5，7'调为 3。

普通话有四个单字调，没有单独的送气调。但普通话的声母系统中有/pʻ、tʻ、kʻ、tɕʻ、tʂʻ、tsʻ/六个送气声母以及与其相对同发音部位的不送气声母/p、t、k、tɕ、tʂ、ts/。普通话送气声母和不

---

① 原文是与刘娟合作，发表于《现代语言学论集》，北京语言学院出版社，1996年。

送气声母的声调是否存在差别呢？普通话的送气声母是否也影响它的声调呢？在这里，我们通过对带有送气声母和不送气声母的音节中音高的比较，来考察普通话送气声母对声调的影响。

1.2 普通话带送气声母音节的声调

1.2.1 我们采用《汉语普通话单音节语图册》中的语图实样进行分析。选取普通话/a、u、i、e、an/韵母分别与声母/p、p‘、t、t‘、k、k‘、tɕ、tɕ‘、tʂ、tʂ‘、ts、ts‘/相拼的音节，与四声相配后共203个音节。进行窄带语图测量。发音人甲，男，41岁；乙，女，40岁，共406个语图样品。测量时一律选取第十条谐波曲线，测出起点、中点、止点以及起点与中点的中间点和中点与止点的中间点的频率值，所得数值再乘以1/10就是所求各点的基频值。这样可使测量误差缩小到原来的1/10。对所有数据进行分项统计、分析，可得出所求结果。

从总的统计看（见表1），普通话含送气声母和不送气声母的音节音高基本一致，甲平均相差9Hz，乙平均相差7Hz。这个差别在我们的听觉中一般是感觉不到的。而且送气声母和不送气声母对声调的影响也没有一致的规律，甲在阴平、上声、去声调中，带送气声母的音节比不送气的低，阳平则是带送气声母的音节比不送气的高；乙在阴平、上声调中，带送气声母音节比不送气的高，而阳平是带送气声母音节比不送气的低，去声中二者音高基本一致。如果以不同声母的阴平起点音高做出示意图（见表2、图1），我们可以更清楚地看到：送气声母和不送气声母的阴平起点音高分布范围基本一致。声母的送气成分对声调的影响也没有一致的规律。甲、乙都是这种情况。

表 1　普通话含送气/不送气声母的音节声调比较表

单位：Hz

声调	发音人	起点				中点				止点	
		不送气	送气	不送气	送气	不送气	送气	不送气	送气	不送气	送气
阴平	甲	202	196	203	195	201	194	198	192	196	193
	乙	338	346	337	344	337	341	337	340	337	339
阳平	甲	129	131	144	147	160	162	178	179	193	198
	乙	231	231	251	235	277	264	298	292	320	312
上声	甲	148	135	139	116	131	97	148	125	174	157
	乙	216	225	198	202	184	188	208	221	251	256
去声	甲	218	214	206	200	195	189	172	166	157	148
	乙	359	365	333	335	303	297	251	241	209	193

表 2　普通话含送气/不送气声母音节阴平起点音高统计表

单位：Hz

发音人	声母/统计项	双唇		舌尖中		舌根		舌面		舌尖后		舌尖前	
		p	p‘	t	t‘	k	k‘	tɕ	tɕ‘	tʂ	tʂ‘	ts	ts‘
甲	平均值	204	195	199	185	192	195	195	206	210	199	212	194
	分布范围	183–218	174–218	174–218	174–200	183–205	183–209	183–209	191–226	191–218	191–209	191–222	191–200
乙	平均值	340	330	343	342	333	354	335	344	343	353	329	353
	分布范围	322–374	296–348	322–365	331–348	313–348	326–374	296–374	326–348	331–365	331–383	296–348	348–361

1.2.2　下面我们分别从不同的方面进行分析。首先，从声母的不同发音部位来看。（见表 3–8）在唇音/p、p‘/为声母的音节中，甲是阴平送气比不送气低，阳平和去声送气比不送气高；乙是

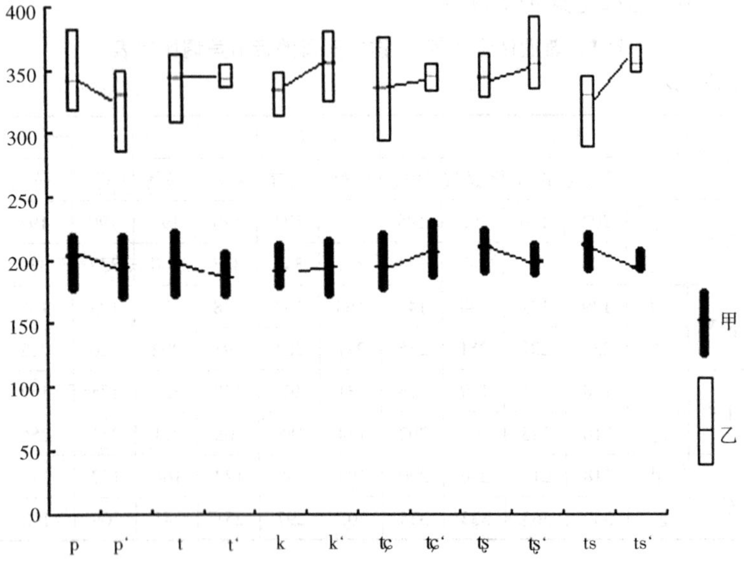

图1　阴平起点音高分布范围图

阴平、阳平、去声送气比不送气低，上声送气比不送气高。在声母是舌尖中音/t、t‘/的音节中，甲是阴平、去声送气比不送气低，阳平送气比不送气高；乙的四声都是送气比不送气低。在舌根音/k、k‘/为声母的音节中，甲的四声都是送气比不送气低；乙只有阳平送气比不送气低，阴平、上声、去声是送气比不送气高。在舌面音/ʨ、ʨ‘/为声母的音节中，甲是阴平、阳平送气比不送气高，去声送气和不送气相差不大；乙的四声都是送气比不送气高。在舌尖后音/tʂ、tʂ‘/为声母的音节中，甲的四声都是送气低于不送气；乙的阴平送气高，阳平、去声送气低，上声送气不送气相差不大。在声母是舌尖前音/ts、ts‘/的音节中，甲是阴平、去声送气比不送气低，阳平送气比不送气高；乙是阴平、阳平送气高，去声送气比不送气低。总之，不仅不同发音部位的声母对声调的影响不一致，而且相同发音部位的送气声母对四声的影响也不一致。可见，送气声母对声调的影响与声母的发音部位没有对应关系。

表 3　声母为 p/p‘ 的音节声调比较表

单位：Hz

声调	发音人	起点				中点				止点	
		p	p‘	p	p‘	p	p‘	p	p‘	p	p‘
阴平	甲	204	195	204	195	205	197	201	195	198	193
	乙	340	330	339	329	340	328	340	327	338	326
阳平	甲	118	131	138	143	157	158	183	176	200	193
	乙	238	225	257	242	281	266	300	297	322	318
上声	甲	148	—	139	—	131	—	148	—	174	—
	乙	205	244	195	218	187	200	220	239	255	285
去声	甲	212	218	203	207	190	194	162	174	143	155
	乙	348	371	334	345	308	300	252	230	211	191

表 4　声母为 t/t‘ 的音节声调比较表

单位：Hz

声调	发音人	起点				中点				止点	
		t	t‘	t	t‘	t	t‘	t	t‘	t	t‘
阴平	甲	199	200	198	183	199	184	197	183	195	183
	乙	343	342	342	342	343	342	343	342	342	342
阳平	甲	139	157	157	174	174	191	187	209	205	231
	乙	233	226	261	229	290	239	313	277	335	304
上声	甲	—	139	—	113	—	87	—	113	—	139
	乙	226	218	200	191	183	183	224	220	261	261
去声	甲	211	201	200	192	187	186	165	165	157	152
	乙	355	372	338	341	318	303	261	237	220	188

表 5 声母为 k/k‘的音节声调比较表

单位:Hz

声调	发音人	起点				中点				止点	
		k	k‘	k	k‘	k	k‘	k	k‘	k	k‘
阴平	甲	192	195	198	194	196	194	190	193	190	190
	乙	333	354	333	352	334	349	333	348	333	347
阳平	甲	126	131	142	139	157	148	170	165	183	187
	乙	244	218	272	252	298	270	319	296	339	313
上声	甲	—	157	—	139	—	122	—	148	—	183
	乙	218	226	196	189	177	184	211	226	245	252
去声	甲	218	220	209	200	200	191	177	165	163	142
	乙	359	374	328	335	293	292	238	239	198	196

表 6 声母为 tɕ /tɕ‘的音节声调比较表

单位:HZ

声调	发音人	起点				中点				止点	
		tɕ	tɕ‘	tɕ	tɕ‘	tɕ	tɕ‘	tɕ	tɕ‘	tɕ	tɕ‘
阴平	甲	195	206	195	205	197	204	194	203	191	202
	乙	335	344	335	340	335	337	335	334	335	332
阳平	甲	122	129	139	143	157	159	174	177	191	194
	乙	232	248	250	238	268	270	287	294	313	318
上声	甲	—	139	—	113	—	91	—	126	—	165
	乙	213	230	191	230	172	183	196	216	218	257
去声	甲	201	218	199	203	191	192	174	172	160	152
	乙	365	381	336	348	299	312	247	259	211	211

表7　声母为tʂ /tʂʻ的音节声调比较表

单位:HZ

声调	发音人	起点				中点				止点	
		tʂ	tʂʻ	tʂ	tʂʻ	tʂ	tʂʻ	tʂ	tʂʻ	tʂ	tʂʻ
阴平	甲	210	199	209	196	206	193	203	191	200	188
	乙	343	353	341	350	341	348	341	345	341	344
阳平	甲	139	122	151	136	164	156	183	172	196	191
	乙	238	235	251	241	290	267	309	296	331	311
上声	甲	—	—	—	—	—	—	—	—	—	—
	乙	211	216	199	190	184	184	212	214	242	239
去声	甲	226	212	211	195	198	181	179	160	165	143
	乙	358	328	329	336	305	278	250	237	200	174

表8　声母为ts/tsʻ的音节声调比较表

单位:Hz

声调	发音人	起点				中点				止点	
		ts	tsʻ	ts	tsʻ	ts	tsʻ	ts	tsʻ	ts	tsʻ
阴平	甲	212	194	210	194	205	194	203	194	203	194
	乙	329	353	329	349	329	345	329	346	329	346
阳平	甲	131	135	143	148	152	159	170	174	185	190
	乙	196	238	216	252	235	268	257	287	281	311
上声	甲	—	104	—	96	—	87	—	113	—	139
	乙	222	219	207	194	199	185	186	209	281	241
去声	甲	235	216	215	203	200	185	174	161	157	146
	乙	371	370	335	336	298	296	255	244	211	200

1.2.3　我们从含有不同韵母的音节来看。(见表9-13)在含有/a/韵母的音节中,甲是阴平送气比不送气低,阳平、去声送气比

不送气高；乙是四声都是送气比不送气低。含有/u/韵母的音节中，甲是阴平、阳平送气比不送气低；乙是阴平、阳平送气比不送气高，上声、去声送气比不送气低。含有/i/韵母的音节中，甲的四声都是送气比不送气低；乙是阴平、阳平、去声送气比不送气低，而上声送气比不送气高。含有/e/韵母的音节中，甲的四声都是送气比不送气低；乙是阴平、去声送气比不送气高，阳平送气比不送气低，上声送气与不送气基本一致。含有/an/韵母的音节中，甲除阳平外都是送气比不送气低；而乙则四声都是送气比不送气高。送气声母对声调的影响在相同的韵母中也没有一致的表现。可见，韵母的不同并不影响送气声母对声调的作用。

表9　含 a 韵母的音节声调比较表

单位：Hz

声调	发音人	起点				中点				止点	
		不送气	送气	不送气	送气	不送气	送气	不送气	送气	不送气	送气
阴平	甲	205	193	203	192	198	192	194	191	200	187
	乙	329	329	326	326	327	324	327	323	326	323
阳平	甲	118	131	133	139	148	157	172	174	190	196
	乙	234	222	254	222	276	244	298	272	320	292
上声	甲	—	157	—	139	—	122	—	148	—	183
	乙	218	209	202	183	183	174	212	205	245	229
去声	甲	204	209	191	194	177	181	157	163	139	148
	乙	355	359	333	333	303	300	251	244	216	200

表 10　带 u 韵母的音节声调比较表

单位:Hz

声调	发音人	起点				中点				止点	
		不送气	送气	不送气	送气	不送气	送气	不送气	送气	不送气	送气
阴平	甲	193	184	198	184	197	184	193	184	193	184
	乙	343	354	343	354	343	354	343	354	343	354
阳平	甲	142	118	155	135	168	157	187	174	207	196
	乙	203	225	233	257	260	281	291	322	313	352
上声	甲	—	—	—	—	—	—	—	—	—	—
	乙	222	238	213	203	200	191	244	241	287	285
去声	甲	218	—	209	—	198	—	165	—	154	—
	乙	354	329	337	305	319	278	252	218	198	169

表 11　含 i 韵母的音节声调比较表

单位:Hz

声调	发音人	起点				中点				止点	
		不送气	送气	不送气	送气	不送气	送气	不送气	送气	不送气	送气
阴平	甲	200	194	198	194	196	194	195	194	190	194
	乙	335	332	335	332	337	332	337	332	335	332
阳平	甲	148	131	157	148	174	165	191	191	205	209
	乙	239	237	261	252	285	290	305	302	325	324
上声	甲	—	—	—	—	—	—	—	—	—	—
	乙	209	244	203	235	196	226	239	257	278	305
去声	甲	218	218	211	205	205	196	185	178	174	161
	乙	344	351	331	333	319	302	266	244	232	202

表 12　带 e 韵母的音节声调比较表

单位:Hz

声调	发音人	起点				中点				止点	
		不送气	送气	不送气	送气	不送气	送气	不送气	送气	不送气	送气
阴平	甲	207	191	206	187	209	185	205	183	202	178
	乙	342	379	342	370	344	361	342	355	342	348
阳平	甲	133	131	149	139	165	148	178	165	190	187
	乙	248	218	272	252	294	270	313	296	333	313
上声	甲	—	—	—	—	—	—	—	—	—	—
	乙	218	239	207	204	796	196	218	222	248	248
去声	甲	224	220	215	210	206	196	183	170	165	153
	乙	368	383	337	352	302	305	246	252	197	200

表 13　含 an 韵母的音节声调比较表

单位:Hz

声调	发音人	起点				中点				止点	
		不送气	送气	不送气	送气	不送气	送气	不送气	送气	不送气	送气
阴平	甲	198	194	196	191	198	193	194	191	194	191
	乙	336	340	336	338	336	337	336	338	336	338
阳平	甲	122	126	126	140	131	157	148	172	157	191
	乙	200	229	218	233	235	257	261	287	296	313
上声	甲	148	139	139	113	131	87	148	113	174	139
	乙	211	215	188	191	174	185	208	215	240	252
去声	甲	217	215	205	205	200	193	172	164	160	142
	乙	362	377	329	336	293	292	248	232	200	195

1.2.4　在以上的分析中我们已经看到,不仅不同的声调中,声母送气对声调的影响表现不一致,即使在同一声调中表现也不

尽一致。不同的发音人表现也有差异。这既反映了不同发音人的个性特征，也说明了普通话中送气声母对于声调的影响没有一致的规律，更没有造成音位的区别。

在现代科学研究中，对于一种认识的证实和证伪是具有同样意义的。在一定程度上，证伪的意义可能会更大。因为它会使我们的认识更加深入。我们在对北京话的实验测量中没有看到送气音的音高比不送气音成系统地降低或提高的现象。另外在有些语言和方言中，如泰语，也有报告指出送气声母后面是可以有高调的。对于这些情况，我们要从多方面来探讨其中的原因。

1.3　声母和声调的关联

每一个辅音都有成阻、持阻、除阻三种发音的过程。我们对比送气声母和不送气声母的发音过程，可以看到，送气声母在除阻爆破和元音起始之间有较长的送气段作为调节时间。不送气声母后面立刻接上元音，几乎没有调节时间。这样，从生理机制上对于送气声母的限制要比不送气声母宽松很多。因此送气声母后面的元音音高可以根据具体语言的声调格局的分布而有较大的活动范围。我们说送气音可以降低音高，但并不是一定会降低音高。因为还存在另外的可能性。

送气音使音高降低是一种相对的比较。一般是通过送气清塞音和不送气清塞音比较而得出的认识。严格地说，从音位区别的角度，我们比较送气声母对于音高的影响应该采用具有清浊对立的声母系统中的不送气清塞音。例如采用苏州话。（石锋 1983）苏州话中的清塞音内部有送气不送气的音位对立，同时还跟浊塞音之间有清浊的音位对立，因此这种比较才有典型意义。北京话声母只有送气不送气的对立，没有清浊的对立，赵元任曾记作 b̥、d̥、g̊，认为北京话不送气塞音是一种清化的浊音。浊音声母也会使后面元音的音高降低。把这两种情况放在一起比较，难免参差不齐，难怪没有规律。

另外，在声调的历史演变中，送气分调一经完成，送气调就取得了独立的声调地位。这样它的发展和变化就要服从整个声调系统的历时发展和变化，而不是仅仅跟送气声母相联系。这正如有的方言中有浊音高调和阳调比阴调还高的现象，可以从声调系统的发展变化来做类似的说明。这最后一点说明不应包括北京话，因为北京话中没有发生送气分调的现象。

二　吴江黎里的送气分调[①]

2.1　吴江声调的记录

吴江县在吴语区内，东邻上海，北接苏州。吴江声调的一个突出特色就是送气调的分化。赵元任《现代吴语的研究》(1928)记录了吴江黎里和盛泽两个点，单字声各有 10 个。这也是书中声调最多的两个点。所记黎里入声比盛泽多出一个送气调，盛泽上声比黎里多出一个送气调。二者总的声调数目相同，而调类分化互有参差。

---

① 原文发表于《方言》1992 年第 3 期。

叶祥苓先记吴江县城松陵镇声调为 10 个(1958),后又记松陵为 12 个,黎里为 11 个,盛泽为 10 个声调。并认为松陵有新旧派之分,新派把次阴平并入全阴平,把次阴上并入次阴去(1983)。张拱贵和刘丹青(1983)把黎里的声调划分为 11 类,跟叶祥苓相同,只是调值记录略有出入。他们另外把松陵和盛泽的声调都划分为 9 类,提出混上和混去两个特殊的调类,就是把次阴上和阳上合并,次阴去和阳去合并。

这里用实验的方法,采取声调格局的概念,对吴江黎里的声调作出分析。下表把赵元任所记的黎里调值跟叶祥苓、张拱贵和刘丹青的记录相对照。括号里是我们据赵元任简谱记录所拟的五度制调值。

声调	赵元任		叶祥苓	张拱贵、刘丹青
阴平	4	(44)	55	44
阳平	$\underline{\underline{2^{b}3^{b}2^{b}}}$	(232)	24	24
阴上	$\underline{\underline{4^{\#}1^{\#}}}$	(42)	全 51 次 34	全 51 次 42
阳上	$\underline{\underline{23^{b}24}}$	(2324)	21	31
全阴去	$\underline{51^{\#}3}$	(523)	412	513
次阴去	$\underline{21^{\#}3}$	(223)	313	313
阳去	$\underline{73^{b}}$	(13)	213	212
全阴入	$\underline{6^{b}}$	(5)	5	5
次阴入	$\underline{\underline{45}}$	($\underline{45}$)	3	$\underline{45}$
阳入	$\underline{\underline{2^{\#}3}}$	(3)	2	$\underline{23}$

2.2 声调格局

每一种声调语言都具有一个特定的声调格局。声调格局是由该语言中全部单字调所构成的格局，是声调系统的共时初始状态，是各种声调变化的基本判别标准。因而它是进行声调研究的起点。声调格局就是声调的规格和布局。规格是指声调的高低升降等，布局是调型曲线在调域空间中的分布关系。

我们用实验方法把单字调的平均声调曲线画在同一调域空间中，即声调格局的声学表现。这是一种声调的静态描写方法。（石锋 1990）对于声调实验的声学数据进行这样的处理，是为了在同一方言的不同发音人之间，以及同一发音人在不同状态下的发音之间，可以进行客观的比较。另外，也可以使不同方言的实验情况和不同作者的实验结果在对照分析中具有最大限度的可比性。

2.3 吴江话的声调格局

2.3.1 我们请两位黎里发音人（男女各一）按照表 14 单音词发音表中列举的单音词逐个地读。共读两遍，第一遍是随机选取，第二遍是分调类一类一类地读。吴语中连读变调现象比较普遍，一个字在连读中常常改变调值。因此发音表中选取可以单独使用的单音词，使发音时不受连读变调的影响。录音后用南开大学 6087PC 型可见音高仪显示音高曲线，得到基频数据，再计算 T 值。表 15 是 T 值的平均统计数表。根据表 15 画出的声调格局图形（见图 2）。下面根据图形进行分析。

表 14　单音词发音表

全阴平	猪低边丁金三堆高灯飞安香
次阴平	车猜开枪抽轻听粗天偏推梯
阳平	难徐头皮穷陈诏桃铜寒人床
全阴上	纸短本水走好死手紧等比表
次阴上	口彩腿起毯品浅体草丑普苦土
阳上	重动道弟笨是厚断淡在杜旱抱近
全阴去	变爱盖对凳送醉见箭冻帐布拜
次阴去	莱扣替唱破怕衬炭透跳翠库臭
阳去	洞豆逗电大饭病害贱蛋地旧队
全阴入	割竹滴摘色北急百黑一笔橘
次阴入	出曲七秃哭劈踢吃尺拍客突缺脱
阳入	佛药读白拔毒族笛石绝夺闸

表 15　男女发音人 T 值的平均统计数表

声调	女发音人			男发音人			平均值		
	起点	中点	终点	起点	中点	终点	起点	中点	终点
1 全阴平	2.95	3.0	2.1	2.6	3.0	2.8	2.8	3.0	2.45
1' 次阴平	2.9	3.0	1.65	2.3	2.6	2.2	2.6	2.8	1.9
2 阳平	0.7	1.7	1.2	0.4	1.1	2.4	0.6	1.4	1.8
3 全阴上	4.6	2.4	0.4	4.8	3.8	1.1	4.7	3.1	0.75
3' 次阴上	1.4	1.2	0.3	1.1	0.65	1.1	1.3	0.9	0.7
4 阳上	0.9	0.7	0.3	0.6	0.7	1.0	0.8	0.7	0.7
5 全阴去	3.9	1.05	0.8	3.6	0.3	1.7	3.8	1.2	1.25
5' 次阴去	0.9	0.4	0.1	1.4	0.2	1.4	1.1	0.3	0.75
6 阳去	0.5	0	0.6	0.7	0.1	1.6	0.6	0.1	1.1
7 全阴入	4.6	3.65	3.2	5.0	4.65	4.3	4.8	4.15	3.7
7' 次阴入	1.05	1.2	0.55	1.6	1.8	1.6	1.3	1.5	1.1
8 阳入	0.7	0.5	0.4	1.0	1.25	1.5	0.9	0.9	0.9

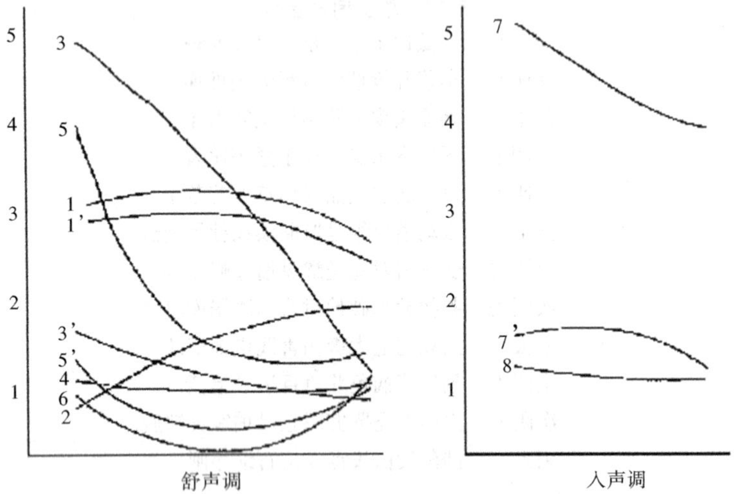

图 2　黎里声调格局图

2.3.2　参照图 2，全阴平是中高平调，位于 3 度和 4 度之间，调尾略降，跟北京话的阴平相近。次阴平调在赵元任和叶祥苓等的记录中都没有单独划分出来。在我们的实验中，次阴平调和全阴平调调型相同，也是平调而有略降的调尾。在调域中的位置稍低于全阴平，T 值相差约在 0.2–0.3 之间，差别并不明显。这属于语音的内在差别，没有区别性意义，并不形成新的调位，应合称为阴平调，调值可定为 44。

值得注意的是，男发音人在分类发音时全阴平和次阴平声调 T 值相差是 0.6–0.7，可是在随机发音时却只差 0.1 左右。这跟叶祥苓调查吴江松陵平声时的情况一样：同一个发音合作人分类对比时，次清字的起音比全清字低。请发音人反复读某一对例字时，则往往调值就同样高了。“这种细微的差别发音合作人自己是觉察不到的"(叶祥苓 1983)。

阳平是低升调,起点在1度中,终点在2度和3度之间,可以按五度值写成13。这跟叶祥苓等所记24相近。女发音人在分类发音时有先升后降的曲折调型,可以记为五度值的232。这又跟赵元任所记简谱 $\underline{2^{b}3^{b}2^{b}}$ 相合。这说明赵元任所记的调值是存在的。但是随机发音时又读为低升调。这是因为语音发生变化还是性别的差异(赵元任所记的发音人也是女性),有待于进一步的调查研究。

全阴上是全降调,很像北京话中的去声曲线,起点最高,从5度一直降到1度,几乎跨越全部调域。相邻的苏州话上声调也是这种情况(廖荣蓉 1983)。这可以看作这一片吴语的上声调的特征。赵元任记阴上为 $\underline{4^{\#}1^{\#}}$,叶祥苓等记全阴上为51,与此相合。

次阴上在赵元任记录中并归全阴上,叶祥苓记为34,张拱贵和刘丹青记为42。我们发音人所读的次阴上的字音确是独成一类,但是调值是一个中低平调,位于1度和2度之间,起点在2度下半部,终点在1度上半部。女发音人在调型的后半段出现明显的下降。这说明了次阴上调型并不稳定。

阳上调跟次阴上的曲线接近,也是一个平调,位置在次阴上之下,起点和终点都在1度上半部,中间微有起伏。赵元任记为 $\underline{\underline{23^{b}24}}$,叶祥苓记为21,张拱贵和刘丹青记为31。从声调格局图中看来,次阴上和阳上的起点T值相差为0.5,中点只差0.2,结尾更是几乎重合。我们在苏州话浊音声母的分析中知道,不送气清塞音影响后接元音基频升高,浊塞音影响后接元音基频降低,而送气清塞音对后接元音基频的影响处于二者之间(石锋 1983)。所以,次阴上和阳上的差别可以归于不同声母的影响。前面讲到,次阴上调型不稳定,看来是趋于跟阳上合并的。因此,混上的说法是具有合理性的,可以在调位上把它们合并为一个。当然,由于它目前毕竟还有 0.5 的 T 值差异,也可以保留作为两个调。次阴上调值为 21,阳上为 11。

全阴去是曲折调。前半段是降,后半段是平或升。起点在 4 度和 5 度之间,降至 1 度和 2 度之间,然后改为微升或平(男发音人为升,女发音人为平)。赵元任记为$\underline{51^{\#}3}$,叶祥苓记为 412。张拱贵和刘丹青记为 513。从我们的实验结果来看,以 412 为宜。这个调型又跟苏州话的阴去调非常相似。阴去调后面常有升或平的曲折也是苏州话声调的一个特征(廖荣蓉 1983)。阴上调的全降和阴去调的曲折,说明吴江话和苏州话这两个方言很接近。

次阴去又是低降升的曲折调,起点在 1 度和 2 度之间,降到接近调域底部,结尾又升至 1 度以上。这种降升的曲折在男发音人的数据中表现较为典型。女发音人数据显示的是微降低平,几乎没有后半段的上升。这可能跟各自的全阴去的调型有相关性。男发音人的全阴去是降升,次阴去的曲折就很明显;女发音人的全阴去是降平,次阴去的调尾也是平的,赵元任记阴去为$\underline{21^{\#}3}$,叶祥苓等都记为 313。后半段都是升高的。

阳去的曲线跟次阴去相近,也是低降升的曲折调。曲线位置在次阴去下方,起点在 1 度中,中间降至调域底部,终点又升到 1 度和 2 度之间。赵元任记为$\underline{73}^{b}$,叶祥苓记为 213,张拱贵和刘丹青记为 212。这里阳去和次阴去的关系跟前面阳上和次阴上的情况类似。阳去的起点低于次阴去,T 值相差 0.5,中点低 0.2,终点却又高出0.35。后半段的上升比次阴去更为显著。三种去声的声调曲线都是降升型。在声调格局中,上面是全阴去,下面是阳去,次阴去在中间,距离全阴去较远,而跟阳去距离很近。

全阴入是高降的短调,起点最高,接近调域顶点,终点分布在5度下半部至3度中。因此,起点的高是主要特征,降到哪里是次要的。赵元任记为$\underline{6}^{b}$,叶祥苓等都记为5。从实验中测量的时长来看,吴江话入声调的时长一般只相当于舒声调的1/2到1/3。这说明结尾的喉塞音比较明显。全阴入是在三个入声调中最短的。

次阴入是中低短调,起点在2度中部,终点在2度下部,中间是凸型。赵元任记为$\underline{\underline{45}}$,叶祥苓记为3,张拱贵和刘丹青记为$\underline{45}$。

阳入调位于次阴入的下方,是低短调,起点在1度上部,终点也在1度上部。阳入和次阴入的中点约相差 *T* 值0.5。赵元任记为$\underline{\underline{2^{\#}3}}$,叶祥苓记为2,张拱贵和刘丹青记为$\underline{23}$。

2.3.3　总的看来,吴江黎里的声调格局中,从声调曲线的起点高低可以清楚地从上至下区分出全阴调、次阴调和阳调。这里既有不同声母历时作用的结果,又有它们共时影响的表现。那些带有送气声母的次阴调处于阴调和阳调的中间地位,它们的发展是从阴调分化出来,向阳调靠拢。一般吴语的语音系统是清浊异调,声调的阴阳和声母的清浊共同承担区别作用。而在吴江这里,又增加了清声母的送气作为一个区别因素,出现了次阴调的分化。所以,尽管次阴上和阳上,次阴去和阳去,次阴入和阳入这三对调类之间,调值分别相当接近,人们还是可以根据声母的区别作为补充因素把它们区分开来。

2.4 正在进行中的语音变化

语言是处在不断变化中的。语音也是不断变化的。我们所作的共时分析不过是这种变化过程中的一个切片。从这个切片中，我们可以看到过去的语音变化所留下的痕迹，也可以看到未来的语音变化的征兆和线索。特别是那些正在进行中的语音变化，引起了很多学者极大的兴趣。我们可以从这样的角度来观察吴江声调的表现。

苏州农村送气音单成一调的现象也有发现，并且分为三级：第一级地区除平声而外，上去入三声送气音的调值都比不送气音低，大体相当于浊音的音高；第二级地区这种现象出现在去、入两声中；第三级地区这种现象只出现在入声中。第一级是在车坊的盛德（紧靠吴江）；第二级是在金山的阴郎巷，在木渎附近；第三级是在西山。不过这种现象最典型的还是吴江。[①]

在叶祥苓（1983）记录的吴江七镇声调表中，松陵、同里、平望为12个声调，平上去入各分全阴调、次阴调和阳调，黎里是除平声以外其他三声分出全阴和次阴；震泽是除上声以外其他三声分全阴和次阴；盛泽是平入二声不分，上去二声分。

张拱贵和刘丹青（1983）把松陵、同里、盛泽的声调划分为9类：阴平、阳平、全阴上、混上、全阴去、混去、全阴入、次阴入、阳入。他们跟叶祥苓一样，把黎里的声调分为11类，也是除平声外，其他

---

① 我于1981年在苏州调查方言时，发现苏州东山的一个小村中有送气音单成一调的现象，蒙谢自力先生赐教如上。

三声分出全阴调和次阴调。这充分表明了送气调的分化是一种正在进行中的语音演变。演变的方向是送气调从阴调中分化出来向阳调靠拢。因此我们通过实验得到的是一个正在变化中的声调格局。

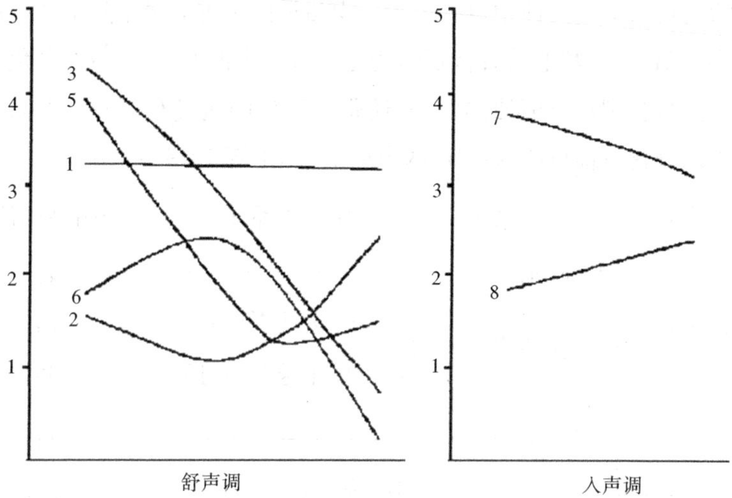

图3　苏州声调格局图

如果我们把黎里的声调和苏州声调作一番比较，就可以发现，黎里的情况很像是在苏州声调格局中平上去入的阴调再加上位于调域下半部中相应的送气调和阳调而构成的(见图3)。黎里话和苏州话中的四个全阴调调值非常相近。而次阴调之间的分化和合并都是在调域下半部进行。因此可以说，全阴调的调型是最稳定的，次阴调和阳调的调型尚在变化中。

2.5 声调变化的时间层次

声母送气作为影响声调变化的条件，在我们调查过的侗语方言中多有发现（石锋 1990）。我们常把次阴调说成送气调。这种情况在汉语南昌话中也有记录。南昌话的中古上声字除全浊声母字归阳去外，其他没有特别的变化。可是中古平、去两声的分化却不是只受到声母清浊的影响，还跟今声母的送气有关系。南昌话声调分化有前（Q），后（H）两个层次（熊正辉 1979）：

古音	Q 声母系统	H 声母系统	今南昌调值
古平声→	A 调（清声母）	——————→	42
	B 调（浊声母）→	B_1 调（送气声母）	→24
		B_2 调（非送气声母）	→35
古去声→	C 调（浊声母）	——————→	11
	D 调（清声母）→	D_1 调（送气声母）	→213
		D_2 调（非送气声母）	→35

吴江的声调演化也可以分为两个层次，大致类似于南昌古去声的演变过程：

古音	第一层次	第二层次	今吴江黎里调值	
平声→	阴平（清声母）→	全阴平（不送气声母）	→1 调	33
		次阴平（送气声母）	→1'调	33
	阳平（浊声母）	——————→	2 调	13

上声→	阴上（清声母）→	全阴上（不送气声母）	→3 调	51
		次阴上（送气声母）	→3’调	22
	阳上（浊声母）	——————→	4 调	11
去声→	阴去（清声母）→	全阴去（不送气声母）	→5 调	42
		次阴去（送气声母）	→5’调	212
	阳去（浊声母）	——————→	6 调	12
入声→	阴入（清声母）→	全阴入（不送气声母）	→7 调	5
		次阴入（送气声母）	→7’调	2
	阳入（浊声母）	——————→	8 调	1

其中第一层次声调的分化以声母清浊为条件各分为阴阳两调；第二层次以声母的送气与否为条件，每一阴调又各分为全阴次阴两调。如果这种分析能够成立，那么把区分全阴平和次阴平的看成老派，把不区分全阴平和次阴平的看成新派，这种做法就值得研究了。因为这肯定了一种语音以螺旋式发展的现象，而在语音演变中除非存在竞争性演变，一般是不允许倒退的变化的。

至于阳上并入阳去，那是第一层次的声调变化之后所发生的合并。次阴上并入阳上是第二层次的声调变化之后的合并。还有次阴上跟次阴去的合并（张拱贵、刘丹青 1983）也可以作为第二层次的声调变化之后的合并。正如在语音异化的同时也会出现语音同化一样，在声调分化的同时，也会有声调的合并。

三 苏州声调和吴江三镇的送气分调①

3.1 吴江方言的声调

吴江方言以送气声母单独分调的现象引人注目。笔者曾用美国可见音调仪对吴江黎里声调做过实验分析(见上篇)。平山久雄先生专程到吴江录制分析了黎里、盛泽、松陵三镇的方音,写出了《论吴江方言的次阴调》(1999)。笔者蒙平山先生惠赠语音资料,用南开大学开发的电脑语音分析系统“桌上语音工作室”进行实验测试,完成基频提取和声调统计,共得到四个方言点的声调格局图和相关的声调统计数据表,在此做进一步的考察。

每个方言点各有一人发音,发音表都相同,是石汝杰先生帮助拟订的(见附录表1)。发音表的安排都是按照中古汉语的“平上去入”四声,再各分阴阳二调,其中阴调又依据声母的送气与否分为全清、次清两类。这样,每一个地点都有12类,每一类选10个字音做样品。经过实验,每一种声调格局图得出12条声调曲线。由于中古汉语的各类声调在现代各地的分合互有参差,这些曲线的分布也各不相同。以声调统计数据为基础,参照有关的研究文献,使我们能够在微观的层面上考察不同声调的分合以及声调之间的分布。把实验的情况和听感的记录加以对照,可以对声调现象有一个更加实际的认识。

---

① 原文发表于日本《当代中国语研究》2000年创刊号。

3.2　实验说明

“桌上语音工作室”是安装在普通电脑上的语音分析程序，可以得出元音、辅音的语图和数据，并可以对语音的音高、音长等进行统计，自动作出声学元音图和声调格局图。本文的声调格局图的制作过程是这样的：

（1）语音录入。把录音资料用录音机通过导线连接电脑，打开“桌上语音工作室”程序，输入待测试的语音。这时，电脑屏幕自动显示出语音的音高曲线。

（2）规整音高曲线。利用基频修改功能在音高曲线中把声调的弯头、弯尾删除，并对不规范的断裂或粘连之处进行修整，使音节的切分适于电脑的自动处理。

（3）测算统计声调数据。利用基频统计功能把规整好的音高曲线自动选入运算程序。在对话框的“单字音、二字组、三字组、四字组”中选“单字音”。电脑对每一个语音样品的声调曲线依时间次序自动测算 9 个音高数据和时长，每一调类为一组，每一组的样品输入测算之后，会自动得出平均值和标准差。各组样品都输入测算之后，系统会自动得出每个声调的五度制 *T* 值参考数值。（*T* 值公式请参见石锋 1986，1990）

（4）声调格局图和声调数据表。每一个方言点的 12 组语音样品全部选入之后，电脑可以自动画出这一方言点的声调格局图和声调数据表供打印和复制。文中的四个声调格局图就是这样复制在 Word 文件里面的。（见图 5、6、7、8）附录表 2 因篇幅关系，只列出声调数据表中的平均值、标准差和 *T* 值。表中纵列从左到右是依时间次序的 9 个音高数据的统计值。图中每个方言点的 12 个组的排列次序与实际声调的对应关系可以简单图示如下：

	平声	上声	去声	入声
全清声母字(全阴)	1	4	7	10
次清声母字(次阴)	2	5	8	11
浊音声母字(阳调)	3	6	9	12

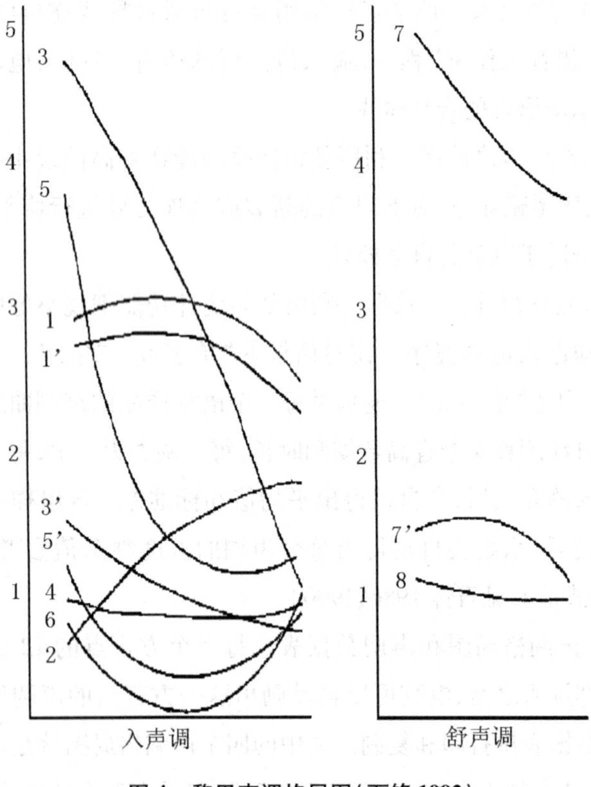

图 4　黎里声调格局图(石锋 1992)

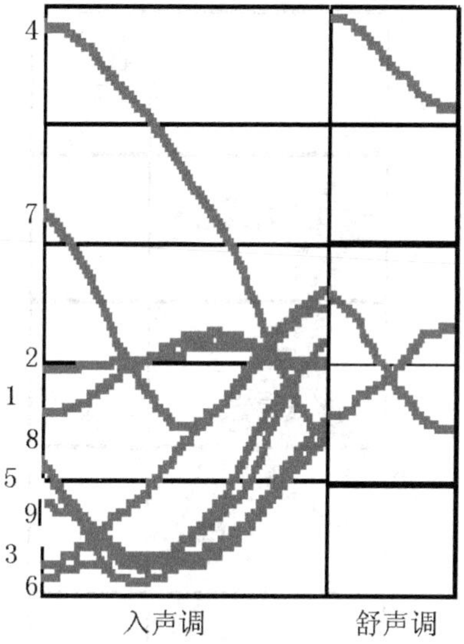

图 5　黎里声调格局图

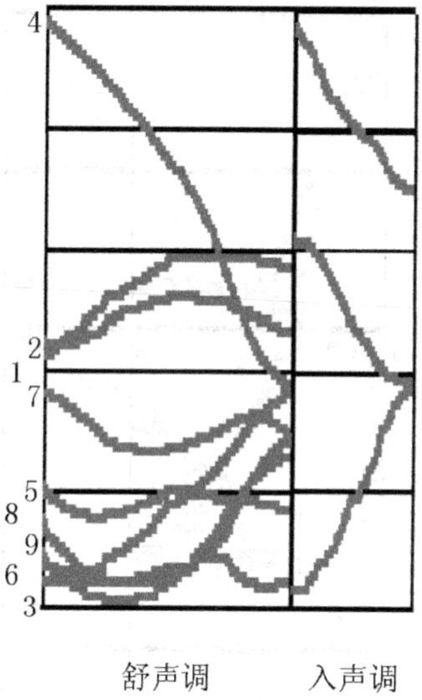

图 6　盛泽声调格局图

3.3　不同声调的分合

对于实验语料的设计和选取是语音分析成败的关键。平山先生所录制的语料正是在这一方面有重要的价值。发音例字是按照“平上去入”四个调类，每一调类又分全阴、次阴和阳调三组。实验得出的每一个方言点的声调格局都有 12 条声调曲线。这样把发音例字的选择和实验结果的分析相结合，可以具体考察不同声调的分合情况。（石锋 1994）

黎里的声调：图 5 是笔者 1992 年所作的分析，图 5 是这里得到的结果，二者对照，大体相同。图 5 的平声调里，全阴平和次阴平只是开头的四分之一有 T 值 0.3 的差别，其余部分都是基本重合，还没有分化，是中平调；阳平是低中升调。上声调里，全阴上是

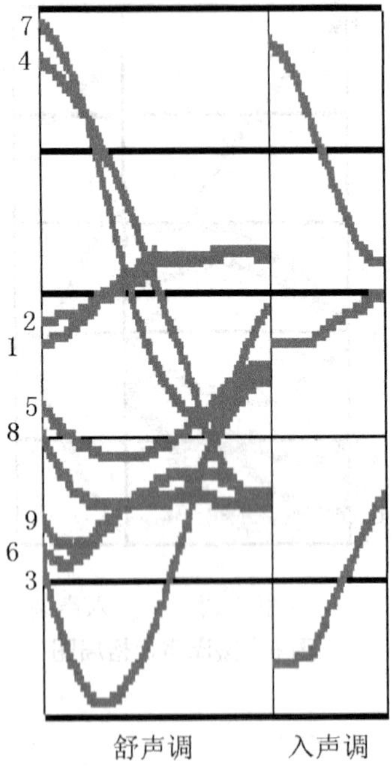

图 7 松陵声调格局图

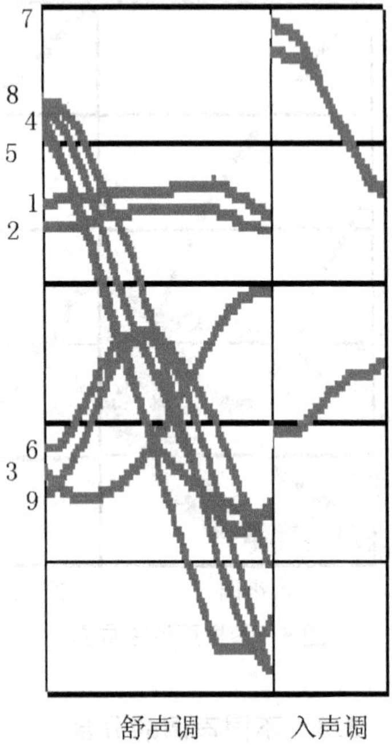

图 8 苏州声调格局图

高降调;次阴上是低凹调;阳上是低升调,与次阴上接近,但开头部分相差 *T* 值 1 度,似还可以区分。去声调里,全阴去为高降升调;次阴去和阳去都是低凹调,很接近,开头相差 *T* 值 0.4 度,结尾相差 0.1 度。三条入声的声调曲线,全阴入在上;次阴入和阳入在下,二者一升一降,相互交叉。

盛泽的声调:图 6 是盛泽的声调格局。平声调的情况与黎里相似,全阴平和次阴平很接近,都是中平调型,开头只差 0.1 度,结尾相差 0.5 度,同属阴平调;阳平是低中升调。上声调里,全阴上为高降调;次阴上和阳上都是低平调,二者在调域底部一上一下,平行分布，整体相差 T 值 0.5–0.7 度。去声调里，全阴去是中降升调；次阴去和阳去都是低凹调，开头相差 0.3 度，结尾相差 0.2 度，大部分重合在一起。三个入声调区别明显，各依全阴、次阴、阳调分为高、中、低。次阴去和阳去的合流趋势在盛泽和黎里都是很明显的。

松陵的声调：图 7 是松陵的声调格局。平声调里面，全阴平跟次阴平基本重合，开头相差 0.2 度，结尾差 0.1 度，为中平调型；阳平是低降中升调。上声调里，全阴上是高降调；次阴上和阳上都接近中低平调，次阴上在上，稍呈凹形，阳上在下，略呈凸形，开头相差 1 度，结尾差 0.9 度，中间最接近处距 0.2 度。去声调里，全阴去是高降升调；次阴去和阳去的情况与次阴上和阳上的情况相似，都是接近中低平调，次阴去在上，略带凹形，阳去在下，稍显凸形，开头相差 0.6 度，结尾差 0.9 度，中间有一小段重合。入声也是分为高、中、低，只是次阴入为升调型，不同于黎里和盛泽的降调型。在松陵的声调格局图里，上声和去声之间有一个有趣的现象：阳上和阳去接近，次阴上和次阴去接近，全阴上和全阴去接近。

苏州的声调：图 8 是苏州的声调格局。苏州话没有送气分调，只是有的送气声母的字呈现出一些细微的差异。平声调里的全阴平和次阴平都是高平调，相差仅有 T 值 0.1–0.2 度，同为阴平调；阳平是中升调。上声调里，全阴上和次阴上都是高降调，可是次阴上结束时有一小段略升的调尾；阳上是凸形的中升降调。去声调里，全阴去和次阴去都是高降平调；阳去是中升降调，跟阳上相近。全阴入和次阴入基本重合，是高调，阳入是中升调。

把前面三个有送气分调的格局跟苏州声调格局相比，将图中相接近的曲线放在一起，可以得出下面的示意图：（为省空间，“全阴、次阴”略去“阴”字。）

黎里：全平次平/阳平//全上/次上阳上//全去/次去阳去//全入/次入/阳入

盛泽：全平次平/阳平//全上/次上阳上//全去/次去阳去//全入/次入/阳入

松陵：全平次平/阳平//全上/全去//次上次去/阳上阳去//全入/次入/阳入

苏州：全平次平/阳平//全上次上//全去次去/阳上阳去//全入次入/阳入

四个点的平声的声调分化情况相同，都是阴阳分明。入声也比较清楚，问题在上声和去声。在黎里和盛泽，舒声调的 9 条曲线可以合为 6 条，张拱贵、刘丹青二位先生（1983）曾把它们称为阴平、阳平、全阴上、混上、全阴去、混去。石汝杰先生在为《江苏省志 · 方言志》（鲍明炜 1999）所写的“吴江音系”中，把吴江声调分为阴平 44、阳平 23、上声 52、阴去 412、阳去 213、阴入 5、次阴入 3、阳入 23 九类，并说明“送气声母字，在阴上、阴去时读低调，归入阳去，但入声分成 3 类”。这也是一种处理的办法。沈钟伟认为，吴江方言声调系统之奇特，不在于其特有的送气调，而是其罕见的送气清声母字和浊声母字同调的现象。（Zhongwei Shen 1994）

松陵的情况似乎是一种中间状态，既有送气调的分化，又有浊上归去的合流。这跟它的地理位置接近苏州可能有一定关系。苏州没有送气分调，声调可以归为阴平、阳平、上声、阴去、阳去、阴入、阳入 7 个。从总体看来，声调曲线分布平衡，则声调格局稳定；

声调曲线分布失衡，则声调格局在变化中。

3.4 声调的分布范围

声调数据的分析采用的是平均数和标准差。平均数是描写一组统计数据最常用的集中量，表示数据的趋中位置，可以用来代表一个数据组。上节的声调 T 值就是根据平均值计算出来的。标准差是描写一组统计数据最常用的离散量，表示数据之间的离散程度，即差异程度。平均数的计算方法简单容易，标准差的计算方法也不难。使用"桌上语音工作室"可以自动得出平均数和标准差的数值。（见附录表 2）

我们曾经认为，声调格局中，每一个声调所占据的不是一条线，而是一条带状的声学空间。因此我们通常所作的声调调型曲线不应只看成是一条线，而应该作为一条带状包络的中线或主线。（石锋 1991）现在如果把这个认识再加以具体化，一般我们可以这样说，平均数表现为声调调型主线，标准差则表现为带状包络。每个地点只有一个发音人，每组发音字只有十个左右，这些有限的统计资料初步提供了一些值得注意的情况，可以留待以后的研究。

在同一个声调格局中，每个声调的带状包络的分布范围各有不同；同一个声调的调头、调干和调尾的分布范围也不一样。在同一个声调中，调头、调尾和调干的分布范围大小可能跟调型有一定的关联。在平调中比较均匀，调头、调干、调尾相差不大。如，黎里、松陵、苏州的阴平全清字都是平调，它们第 1 组的 9 个标准差就相差不大。

黎里 1	6.0	7.7	8.2	9.3	8.8	8.5	7.9	8.3	8.5
松陵 1	17.3	16.2	18.2	20.1	21.9	20.9	20.0	21.9	22.4
苏州 1	9.3	9.7	9.8	8.4	8.4	10.0	12.1	11.3	9.3

在升调、降调和曲折调中就不那么均匀,相差会大一些。有时调干较大,有时头尾较大。

在不同的调层之间相比,高调的分布范围相对大一些,低调的分布范围相对小。这跟人耳对音高的听觉感知特点有关。音乐上的倍频程就是低音之间的频率数小,高音之间的频率数大。如,黎里、盛泽、松陵的第 4 组全阴上都是高降调;第 9 组阳去都是低调。在每个点的资料中,前者的标准差都分别大于后者。

黎里 4	15.8	14.6	13.9	12.5	13.9	13.4	18.9	22.2	15.6
黎里 9	12.6	10.6	10.3	10.9	12.5	9.4	11.3	12.0	11.1
盛泽 4	12.1	10.5	19.1	19.3	22.5	22.0	22.6	21.5	16.8
盛泽 9	7.3	2.6	2.7	3.9	4.7	6.6	7.9	8.9	8.6
松陵 4	33.7	26.2	21.9	21.5	19.6	21.3	21.2	17.0	16.1
松陵 9	14.4	13.3	15.9	13.1	10.8	10.5	11.4	13.1	17.4

在相同的调层中,稳定的声调分布范围相对小,变动中的声调分布范围相对大。我们把送气调的分化看作是正在进行中的变化。在发生送气分调的声调中,一般是送气调的分布大于对应的阳调。如,黎里的第 5 组次阴上和第 6 组阳上,第 8 组次阴去和第 9 组阳去,第 11 组次阴入和第 12 组阳入,都是前者大于后者。

黎里 5	10.6	11.1	11.6	13.8	13.6	12.4	11.5	12.5	18.1

黎里6	11.7	9.3	8.6	8.6	10.5	11.8	12.8	10.6	13.2
黎里8	16.7	15.5	11.7	8.7	9.0	9.7	12.2	14.7	14.3
黎里9	12.6	10.6	10.3	10.9	12.5	9.4	11.3	12.0	11.1
黎里11	11.8	9.7	9.3	7.7	8.7	9.1	10.4	8.5	8.0
黎里12	5.5	6.3	6.2	5.9	5.6	6.5	4.3	4.2	4.1

这个特点在没有发生送气分调的声调中则不一致。如,苏州的对应组就呈现不同情况:

苏州5	19.3	14.2	14.7	16.8	12.7	12.8	23.2	30.8	31.4
苏州6	15.4	14.3	19.1	19.3	20.8	23.0	22.5	22.8	19.8
苏州8	23.4	22.0	19.8	17.2	10.8	7.6	8.0	9.5	10.7
苏州9	8.9	6.4	10.9	10.2	7.6	10.6	11.9	10.5	13.4
苏州11	8.9	7.4	10.3	8.0	8.5	11.4	13.0	13.8	13.4
苏州12	10.4	11.2	13.2	16.2	17.6	15.8	15.2	16.3	18.3

从调型方面来看,调型独特的声调分布范围相对大。调型独特是指在同一个声调格局中表现独特。如,松陵第7组全阴去是高降升,苏州的第7组全清去声字是高降平。它们的标准差都是各自声调格局中的最大值:

松陵7	42.8	34.3	29.6	22.8	17.8	11.8	18.5	22.5	30.6
苏州7	17.9	21.3	27.9	33.7	31.1	28.8	22.4	23.2	29.5

这其中还可能加上了上文所述的高调因素的合力作用。

3.5 两点余论

我们通过实验可以看到,不同声调的分布范围常常会有相当的重叠。因此,我们区分声调,除了主要依据音高之外,还应该有适当的冗余度。造成这种冗余度的可能有音节结构,包括声母类别、发声类型、韵头、韵腹、韵尾和时长;还可能有字义和语境的因素。

不同学者对同一地点的声调记录往往有差异。其中的原因除了各自处理上的问题之外,还可能有取样的问题。我们从实验中可以看到,同一声调的分布范围有时会相当大,而调查时不可能选很多例字来听辨。如果各自选择的例字在全部分布范围中处于不同位置,那么即使其他条件都一样,也可能产生记录的差异。这里同样只是从一小部分语音样品中来做一些尝试的实验分析,得到的也只是初步的结果。

附录

表1 发音表

1	平声	全清	鸡	颠	真	碑	东	标	资	单	书	弯
2		次清	欺	天	称	胚	通	漂	雌	滩	枯	村
3		浊	旗	田	陈	赔	铜	嫖	瓷	痰	人	梨
4	上声	全清	懂	胆	短	岛	煮	屎	早	果	好	小
5		次清	统	坦	探	讨	楚	草	苦	耻		
6		浊	动	淡	断	稻	柱	是	造	我	两	
7	去声	全清	变	布	半	镇	闭	对	吊	冻	印	笑
8		次清	骗	破	判	趁	屁	退	跳	痛		

9		浊	卞	部	叛	阵	避	兑	调	洞	乱	外
10	入声	全清	笔	滴	剥	督	夹	急	接	积	一	色
11		次清	批	踢	扑	秃	掐	泣	切	七		
12		浊	鼻	敌	薄	毒	轧	极	捷	席	逆	佛

表 2　声调数据表

黎里

1	平均值(Hz)	134	136	140	144	147	148	146	144	143
	声调 *T* 值	1.6	1.7	1.9	2.1	2.2	2.3	2.2	2.1	2.0
	标准差(Hz)	6.0	7.7	8.2	9.3	8.8	8.5	7.9	8.3	8.5
2	平均值(Hz)	141	142	143	144	145	145	145	143	143
	声调 *T* 值	1.9	2.0	2.0	2.1	2.1	2.1	2.1	2.0	2.0
	标准差(Hz)	5.2	5.1	6.6	7.1	7.2	6.7	5.1	5.5	6.0
3	平均值(Hz)	112	114	118	123	130	136	142	150	153
	声调 *T* 值	0.3	0.4	0.7	1.0	1.4	1.7	2.0	2.4	2.5
	标准差(Hz)	8.1	10.0	13.3	16.0	15.0	13.0	11.5	10.0	9.6
4	平均值(Hz)	222	216	206	197	185	171	154	138	131
	声调 *T* 值	4.9	4.7	4.4	4.1	3.6	3.2	2.5	1.8	1.4
	标准差(Hz)	15.8	14.6	13.9	12.5	13.9	13.4	18.9	22.2	15.6
5	平均值(Hz)	127	119	111	110	113	115	119	127	134
	声调 *T* 值	1.2	0.7	0.3	0.2	0.4	0.5	0.7	1.2	1.6
	标准差(Hz)	10.6	11.1	11.6	13.8	13.6	12.4	11.5	12.5	18.1
6	平均值(Hz)	110	112	113	113	112	114	118	125	131
	声调 *T* 值	0.2	0.3	0.4	0.4	0.3	0.4	0.7	1.1	1.4
	标准差(Hz)	11.7	9.3	8.6	8.6	10.5	11.8	12.8	10.6	13.2
7	平均值(Hz)	172	163	149	138	132	136	144	151	157

	声调 *T* 值	3.3	2.9	2.3	1.8	1.5	1.7	2.1	2.4	2.7
	标准差(Hz)	7.3	7.0	6.0	6.9	9.1	11.0	12.7	14.4	14.7
8	平均值(Hz)	127	120	114	112	115	121	131	140	144
	声调 *T* 值	1.2	0.8	0.4	0.3	0.5	0.9	1.4	1.9	2.1
	标准差(Hz)	16.7	15.5	11.7	8.7	9.0	9.7	12.2	14.7	14.3
9	平均值(Hz)	120	119	115	113	115	119	125	139	147
	声调 *T* 值	0.8	0.7	0.5	0.4	0.5	0.7	1.1	1.8	2.2
	标准差(Hz)	12.6	10.6	10.3	10.9	12.5	9.4	11.3	12.0	11.1
10	平均值(Hz)	221	221	218	214	208	205	200	198	197
	声调 *T* 值	4.9	4.9	4.8	4.7	4.5	4.4	4.2	4.2	4.1
	标准差(Hz)	10.7	11.1	9.8	10.3	11.2	11.2	11.3	10.5	11.9
11	平均值(Hz)	155	152	149	144	139	135	132	130	130
	声调 *T* 值	2.6	2.5	2.4	2.1	1.9	1.7	1.6	1.5	1.5
	标准差(Hz)	11.8	9.7	9.3	7.7	8.7	9.1	10.4	8.5	8.0
12	平均值(Hz)	132	133	135	137	139	143	147	148	149
	声调 *T* 值	1.6	1.6	1.7	1.8	1.9	2.1	2.3	2.3	2.4
	标准差(Hz)	5.5	6.3	6.2	5.9	5.6	6.5	4.3	4.2	4.1

盛泽

1	平均值(Hz)	153	159	167	172	178	178	178	178	176
	声调 *T* 值	2.2	2.4	2.6	2.8	2.9	2.9	2.9	2.9	2.9
	标准差(Hz)*	(11.6	9.1	8.0	8.0	5.7	5.7	4.2	6.4	8.1)
2	平均值(Hz)	156	156	161	165	167	167	166	162	159
	声调 *T* 值	2.3	2.3	2.4	2.5	2.6	2.6	2.6	2.4	2.4
	标准差(Hz)*	(5.6	7.4	4.1	5.3	2.9	5.2	3.6	1.4	7.0)
3	平均值(Hz)	106	107	110	114	120	124	131	139	144

	声调 T 值	0.3	0.3	0.4	0.6	0.9	1.1	1.3	1.7	1.8
	标准差(Hz)*	(5.7	4.1	3.6	4.4	8.0	8.7	11.0	11.0	13.7)

* 此处平声调的三组样品过少,各只有三个,所以标准差的数值不具参考意义。

4	平均值(Hz)	260	249	236	223	208	195	172	154	146
	声调 T 值	4.9	4.7	4.4	4.1	3.7	3.4	2.8	2.2	1.9
	标准差(Hz)	12.1	10.5	19.1	19.3	22.5	22.0	22.6	21.5	16.8
5	平均值(Hz)	124	119	118	120	123	123	121	121	119
	声调 T 值	1.1	0.9	0.8	0.9	1.0	1.0	0.9	0.9	0.9
	标准差(Hz)	11.4	10.9	9.9	8.5	9.1	8.4	8.1	8.8	9.7
6	平均值(Hz)	110	108	106	107	109	110	110	106	107
	声调 T 值	0.4	0.3	0.3	0.3	0.4	0.4	0.4	0.3	0.3
	标准差(Hz)	7.1	7.8	8.6	8.6	9.0	9.8	9.9	8.0	7.4
7	平均值(Hz)	144	140	134	132	132	134	137	139	135
	声调 T 值	1.8	1.7	1.5	1.4	1.4	1.5	1.6	1.7	1.5
	标准差(Hz)	12.9	9.0	9.4	9.5	8.9	10.5	12.6	13.0	11.8
8	平均值(Hz)	117	110	107	106	107	110	116	128	135
	声调 T 值	0.8	0.4	0.3	0.3	0.3	0.4	0.7	1.2	1.5
	标准差(Hz)	11.8	9.3	7.7	7.4	8.6	8.2	8.5	8.9	14.1
9	平均值(Hz)	111	106	104	104	106	111	119	127	131
	声调 T 值	0.5	0.3	0.2	0.2	0.3	0.5	0.9	1.2	1.3
	标准差(Hz)	7.3	2.6	2.7	3.9	4.7	6.6	7.9	8.9	8.6
10	平均值(Hz)	224	218	210	205	200	197	192	187	186
	声调 T 值	4.9	4.7	4.4	4.2	4.1	4.0	3.8	3.6	3.5
	标准差(Hz)	17.4	14.8	13.9	13.3	11.4	12.6	12.5	9.7	8.6

11	平均值(Hz)	175	174	171	165	159	155	151	149	149
	声调 *T* 值	3.1	3.1	3.0	2.7	2.4	2.3	2.1	2.0	2.0
	标准差(Hz)	21.6	20.7	20.8	22.3	20.8	21.2	21.6	20.8	20.6
12	平均值(Hz)	116	117	120	123	129	133	140	145	148
	声调 *T* 值	0.2	0.2	0.4	0.6	0.9	1.2	1.5	1.8	1.9
	标准差(Hz)	12.0	11.0	10.9	12.1	11.5	11.9	13.4	10.4	9.6

松陵

1	平均值(Hz)	198	202	211	216	222	223	225	227	224
	声调 *T* 值	2.7	2.8	3.0	3.1	3.2	3.2	3.3	3.3	3.2
	标准差(Hz)	17.3	16.2	18.2	20.1	21.9	20.9	20.0	21.9	22.4
2	平均值(Hz)	206	207	212	219	226	225	226	227	226
	声调 *T* 值	2.9	2.9	3.0	3.1	3.3	3.3	3.3	3.3	3.3
	标准差(Hz)	17.8	11.2	10.5	11.0	15.5	13.7	12.9	11.1	16.3
3	平均值(Hz)	145	124	114	119	132	151	177	206	225
	声调 *T* 值	1.1	0.5	0.1	0.3	0.8	1.4	2.1	2.9	3.3
	标准差(Hz)	23.0	16.4	12.1	10.1	12.5	13.2	13.2	10.0	8.6
4	平均值(Hz)	303	291	271	246	217	193	169	159	155
	声调 *T* 值	4.7	4.5	4.1	3.7	3.1	2.5	1.9	1.6	1.5
	标准差(Hz)	33.7	26.2	21.9	21.5	19.6	21.3	21.2	17.0	16.1
5	平均值(Hz)	181	173	168	167	169	174	181	190	191
	声调 *T* 值	2.2	2.0	1.9	1.9	1.9	2.1	2.2	2.5	2.5
	标准差(Hz)	15.7	17.6	18.4	18.2	21.8	26.6	28.7	29.4	31.8
6	平均值(Hz)	146	143	149	156	161	163	163	160	159
	声调 *T* 值	1.2	1.1	1.3	1.6	1.7	1.8	1.8	1.7	1.6
	标准差(Hz)	16.4	8.6	8.9	11.5	13.0	12.0	13.0	10.9	14.9

7	平均值(Hz)	320	301	262	219	192	180	178	186	190
	声调 *T* 值	4.9	4.6	4.0	3.1	2.5	2.2	2.2	2.4	2.5
	标准差(Hz)	42.8	34.3	29.6	22.8	17.8	11.8	18.5	22.5	30.6
8	平均值(Hz)	174	161	156	155	156	160	170	183	188
	声调 *T* 值	2.1	1.7	1.6	1.5	1.6	1.7	2.0	2.3	2.4
	标准差(Hz)	7.3	7.4	7.4	9.5	12.7	11.7	13.9	18.9	30.6
9	平均值(Hz)	153	146	151	155	157	157	157	155	155
	声调 *T* 值	1.5	1.2	1.4	1.5	1.6	1.6	1.6	1.5	1.5
	标准差(Hz)	14.4	13.3	15.9	13.1	10.8	10.5	11.4	13.1	17.4
10	平均值(Hz)	311	305	296	277	261	244	233	225	223
	声调 *T* 值	4.8	4.7	4.5	4.2	4.0	3.6	3.4	3.3	3.2
	标准差(Hz)	15.8	14.3	15.2	15.9	23.7	23.2	26.0	26.9	28.6
11	平均值(Hz)	197	197	197	199	202	206	208	211	213
	声调 *T* 值	2.6	2.6	2.6	2.7	2.8	2.9	2.9	3.0	3.0
	标准差(Hz)	17.6	14.9	14.9	15.4	17.4	19.4	20.0	20.2	18.2
12	平均值(Hz)	123	123	125	126	133	140	146	153	158
	声调 *T* 值	0.4	0.4	0.5	0.6	0.8	1.0	1.2	1.5	1.6
	标准差(Hz)	12.2	9.4	9.1	9.2	10.1	8.8	7.3	10.0	11.5

苏州

1	平均值(Hz)	283	285	286	286	286	288	289	285	280
	声调 *T* 值	3.6	3.6	3.7	3.7	3.7	3.7	3.7	3.6	3.5
	标准差(Hz)	9.3	9.7	9.8	8.4	8.4	10.0	12.1	11.3	9.3
2	平均值(Hz)	276	277	279	281	282	282	282	278	275
	声调 *T* 值	3.4	3.4	3.5	3.5	3.6	3.6	3.6	3.5	3.4
	标准差(Hz)	14.2	14.0	14.3	10.5	10.8	9.6	10.2	11.2	14.3

3	平均值(Hz)	215	210	210	214	223	235	248	257	258
	声调 *T* 值	1.7	1.5	1.5	1.6	1.9	2.3	2.7	2.9	2.9
	标准差(Hz)	6.5	7.0	8.9	11.4	15.0	15.1	15.0	14.4	13.5
4	平均值(Hz)	314	310	291	271	244	222	198	183	174
	声调 *T* 值	4.3	4.2	3.8	3.3	2.6	1.9	1.1	0.6	0.2
	标准差(Hz)	15.5	17.9	13.4	17.2	16.3	13.9	15.4	11.6	13.9
5	平均值(Hz)	305	290	264	240	215	196	180	179	185
	声调 *T* 值	4.1	3.8	3.1	2.4	1.7	1.0	0.4	0.4	0.6
	标准差(Hz)	19.3	14.2	14.7	16.8	12.7	12.8	23.2	30.8	31.4
6	平均值(Hz)	219	225	239	247	248	238	227	209	195
	声调 *T* 值	1.8	2.0	2.4	2.6	2.7	2.4	2.1	1.5	1.0
	标准差(Hz)	15.4	14.3	19.1	19.3	20.8	23.0	22.5	22.8	19.8
7	平均值(Hz)	315	302	279	253	237	219	206	203	208
	声调 *T* 值	4.3	4.0	3.5	2.8	2.4	1.8	1.4	1.3	1.4
	标准差(Hz)	17.9	21.3	27.9	33.7	31.1	28.8	22.4	23.2	29.5
8	平均值(Hz)	313	289	262	238	220	213	209	206	205
	声调 *T* 值	4.3	3.7	3.0	2.4	1.8	1.6	1.5	1.4	1.3
	标准差(Hz)	23.4	22.0	19.8	17.2	10.8	7.6	8.0	9.5	10.7
9	平均值(Hz)	210	217	232	245	245	233	211	191	173
	声调 *T* 值	1.5	1.7	2.2	2.6	2.6	2.2	1.5	0.9	0.2
	标准差(Hz)	8.9	6.4	10.9	10.2	7.6	10.6	11.9	10.5	13.4
10	平均值(Hz)	341	339	337	329	318	308	300	290	287
	声调 *T* 值	4.9	4.8	4.8	4.6	4.4	4.2	4.0	3.8	3.7
	标准差(Hz)	13.5	14.9	15.2	16.8	18.2	19.0	22.4	20.9	20.7
11	平均值(Hz)	331	330	329	325	318	306	300	292	287

	声调 T 值	4.7	4.7	4.6	4.5	4.4	4.1	4.0	3.8	3.7
	标准差(Hz)	8.9	7.4	10.3	8.0	8.5	11.4	13.0	13.8	13.4
12	平均值(Hz)	225	223	225	228	232	235	237	238	240
	声调 T 值	2.0	1.9	2.0	2.1	2.2	2.3	2.4	2.4	2.4
	标准差(Hz)	10.4	11.2	13.2	16.2	17.6	15.8	15.2	16.3	18.3

四 送气声母对于声调的影响①

4.1 送气分调的表现

送气声母对于声调有重要影响,最早是在赵元任《现代吴语的研究》(1928)中对溧阳、嘉兴和吴江的黎里、盛泽等地方言声调的全阴调和次阴调的记录。后来又有更多的吴语、赣语,以致侗语、苗语等民族语言中送气分调的记录。总体看来,送气分调不如清浊分调那样作用广泛,影响重大,但也不是个别方言个别地点的个别现象,而是带有一定普遍性的语音现象。

何大安(1989)列举出汉语中吴语、赣语、湘语、平话诸方言以及苗语、侗语的方言共67处198个送气分调的例子。通过比较声

---

① 原文发表于美国《中国语言学报》1998年(Journal of Chinese Linguistics, Vol. 26, No. 1.)。1981年我在苏州调查方言时,送气分调曾引起我很大的兴趣。1990年在我的博士论文中,专门对这个问题有所论及。1991年在美国有机会与何大安先生当面讨论,并蒙他相邀在中国语言学暑期讲习班的汉语方言学课上,作了关于送气调的讨论发言。本文就是以那次发言为基础,受到何大安先生大作的启发,增补而成。文中从送气声母对声调影响的共时表现、送气调分化的原因以及与送气调相关的变化等几个方面进行考察,希望能得到海内外师友指教。

调起头部分的音高，表明送气成分在这些例子中的具体影响是使声调变低。在这里集中列举出汉语方言的吴语、赣语和苗瑶语、侗语中的送气分调记录共298例，都是已经可以看做不同的声调，而不是作为同一声调的不同变体的情况。

表16　侗语方言的送气分调

方言点	资料来源	1调	1'调	3调	3'调	5调	5'调	7调	7'调	9调	9'调
榕江车江	梁敏1980	55	35	323	13	53	453	55	35	24	13
榕江章鲁	民语一队1958	55	35	323/24	13	53	453	55	35	323/24	13
通道陇城	民语一队1958	55	24	33	23	53	342	55	24	33	23
通道流源	民语一队1958	55	35	33	23	53	354			33	23
通道陈团	民语一队1958	55	35	33	23	53	453	55	35	33	23
龙胜平等	民语一队1958	55	35	33	23	53	342	55	35	33	23
锦屏大同	民语一队1958	22	11								
锦屏启蒙	民语一队1958	55	24	33	23	53	342	55	24	33	23
锦屏高坝	石林1981	35	11	33	13	55	24	55	24	33	13
靖县烂泥冲	民语一队1958	35	24								
天柱石洞	民语一队1958	35	11	33	13	55	25	55	25	33	13
剑河小广	民语一队1958	35	11	33	23	55	25	55	25	33	23
三穗款场	民语一队1958	35	11	33	23	53	35	55	35	33	23
天柱注溪	民语一队1958	55	35	33	22	53	342	55	35	33	23
新晃中寨	民语一队1958	55	35	33	23	53	343	55	35	33	23
黎平亚罕	民语一队1958	44	24								
三江布代	民语一队1958	44	24								
三江布代	陈瑾1988	55	24								
三江林溪	邢公畹1985	55	35	33	23	53	453	55	35	33	23
三江高友	陈瑾1988	55	35					55	35		

续表

方言点	资料来源	1 调	1'调	3 调	3'调	5 调	5'调	7 调	7'调	9 调	9'调
三江冠峒	陈瑾 1988	55	445			53	453	55	35	33	13
三江茶溪	陈瑾 1988	55	35			53	453	55	35		
三江马胖	陈瑾 1988	55	35			53	453	55	35		
三江八江	陈瑾 1988	55	35			53	453	55	45		
三江高定	陈瑾 1988	44	35			53	453	55	35		
三江独峒	民语一队 1958	44	24	33	23	53	243	55	35	33	23
三江独峒	陈瑾 1988	55	455			53	453	55	35		
三江知了	陈瑾 1988	55	35	33	132	53	453				
三江同乐	陈瑾 1988	55	35	33	223	53	453	55	45		
三江平溪	陈瑾 1988	55	35	33	233	53	453	55	45		
三江晒江	陈瑾 1988	55	35	33	233						
三江信峒	陈瑾 1988	55	35	33	24	53	453			33	35
三江高了	陈瑾 1988	55	455								
三江高露	陈瑾 1988	55	35			53	453				
三江勇伟	陈瑾 1988	55	455			53	453				
三江南寨	陈瑾 1988	55	455			53	453				
三江良口	陈瑾 1988	55	455			53	453				
三江高安	陈瑾 1988	55	455			53	453				
三江富禄	陈瑾 1988	55	455			53	453				
三江岑广	陈瑾 1988	55	455			53	453				
三江高岩	陈瑾 1988	55	454			53	453				
三江梅林	陈瑾 1988	53	454			42	342	55	45		
三江石碑	陈瑾 1988	53	454			42	342				
三江周牙	陈瑾 1988	53	342	33	23	55	35	55	35	33	23

表 17　苗瑶语方言的送气分调

方言点	资料来源	1 调	1’调	3 调	3’调	5 调	5’调	7 调	7’调
格正	张琨 1973	44	34						
摆梭	李永燧等 1959	33	24	35	24			54	31
摆塘	马学良 1991	44	34			33	23	33	23
水井坪	鲜松奎 1990	33	22	53	232	55	24	44	13
宗地	李永燧等 1959	32	22	43	243	45	24	33	13
四大寨	李永燧等 1959	33	13	44	34	13	11	31	11
摆榜	马学良 1991					44	24	44	24
董上	马学良 1991					22	13	53	21
油全	马学良 1991			54	44	54	44		
新寨	鲜松奎 1990	33	13	35	24	13	11	32	11
乐宽	李永燧等 1959			54	44	54	44		
新场	李永燧等 1959	44	23	24	14	33	21	33	21
油尖	李永燧等 1959			35	15			54	31
小苗寨	李永燧等 1959	35	15	53	31	55	24	44	24
平岩	李永燧等 1959					53	31		
西关	李永燧等 1959					44	24	44	24
新村	马学良 1991	35	31	545	43	44	21	54/24	32/31
麻栗坡	马学良 1991	35	13						
高基	马学良 1991			52	452			55	35
三角村	马学良 1991	55	33			53	11	54	44
防城	马学良 1991	35	13					35	12
保亭	马学良 1991	35	13					55	23

表 18　汉语赣方言的送气分调

方言点	资料来源	阴平	阳平	阴上	阴去	阴入	阳入
南昌	杨时逢 1969		35　24		35　13		
南昌	熊正辉 1979		35　24		35　213		
南昌	颜森 1986		33　24		33　213		
南昌市	颜森 1986		35　24		35　213		
新建	颜森 1986		44　24	35　213	44　213		
安义	颜森 1986				45　213		
安义	高福生 1988				55　214		
永修	陈昌仪 1983a	45　14	33　11		55　334		
永修	颜森 1986		33　23		55　34		3　12
修水	颜森 1986				35　24		
修水	李如龙等 1992				55　45		
白岭	董为光 1989				55　34	4　24	
溪口	董为光 1989				44　34	4　2	
义宁	董为光 1989				55　34	4　2	
德安	颜森 1986		44　24		45　214		
星子	颜森 1986				55　214		
都昌	颜森 1986		24　13		15　214	45　14	
都昌	李如龙等 1992		334　13			45　24	3　21
土塘	陈昌仪 1983b				15　313	5　1	
湖口	颜森 1986				35　214	35　214	
南丰	颜森 1986		45　34				
新余	颜森 1986	45　24				45　全入	24　次入
新余	李如龙等 1992	35　24					

表 19 汉语吴方言的送气分调

方言点	资料来源	全阴平	次阴平	全阴上	次阴上	全阴去	次阴去	全阴入	次阴入
吴江松陵	叶祥苓 1958			51	323	423	323	5	34
松陵	叶祥苓 1983 *	55	33	51	42	412	312	5	3
同里	叶祥苓 1983 *	55	33	51	42	412	312	5	3
平望	叶祥苓 1983 *	55	33	51	34	513	313	5	3
黎里	赵元任 1928					513	223	5	45
黎里	叶祥苓 1983			51	34	412	313	5	3
黎里	张拱贵等 1983			51	42	513	313	5	45
芦墟	叶祥苓 1983 *	55	33	51	312	412	312	5	3
盛泽	赵元任 1928			51	12	412	313		
盛泽	叶祥苓 1983			51	34	513	313		
震泽	叶祥苓 1983 *	55	33			412	312	5	3
莘塔	许宝华等 1987			51	24			5	3
平湖	许宝华等 1987			44	24				
平湖	傅国通等 1985			55	113				
平湖乍浦	许宝华等 1987			44	24			5	3
海盐武原	许宝华等 1987							5	3
昆山陈墓	许宝华等 1987			51	423			5	3
周庄	许宝华等 1987			51	323	423	323	5	3
溧阳	赵元任 1928							44	12
嘉兴	赵元任 1928			312	13				
嘉兴	俞光中 1988			44	213				
嘉兴	傅国通等 1985			433	435				
嘉善	傅国通等 1985			544	445				

* 只有叶祥苓把吴江县的松陵、芦墟、同里、平望和震泽记录为平声分出次阴调(1983)。

我们分别采用比较声调起始部分的音高和比较调高平均值的简化方法来进行对照。比较声调起始处的音高也就是对于送气分调之后产生的次阴调跟原来的全阴调只看五度制调值记录的第一个数字的大小。结果298例中绝大多数是次阴调低于全阴调。只有7例是起始调值相等或次阴调稍高于全阴调,属于例外情况。

比较调高平均值的简化方法是把一个用两个数字或三个数字表示的五度制调值(如35或213)记录中的各个数字相加,再除以2或除以3,就得出用五度值表示的调高平均值。如一个调值35的平均调高是$(3+5)\div2=4$,另一个调值213的平均调高就是$(2+1+3)\div3=2$。这样就可以把调型不同的声调放在一起来比较调值的高低了。(陈其光1985)

这里结果是大多数次阴调的平均调值都低于全阴调,只有32例是平均值相等或次阴调稍高的例外情况。其中与声调起始调值的例外情况相重叠的仅2例,不到总数的百分之一。

我们由此可以得到两点认识:(1)送气声母对于声调的影响有两点,一是使声调的开头部分降低,二是使声调的平均调高降低。(2)送气声母对声调开头部分的影响大于对声调整体音高的影响。

4.2　送气分调是一个过程

相关的语言现象的静态平面分布,如果系联起来就可能反映历时演变的动态轨迹。吴语苏州话在市区中没有送气分调的现象。送气声母和不送气声母同属一个声调。可是在对于带有塞音和塞擦音声母的音节起始音高进行的实验测量统计中发现,除了浊音明显地低于清音之外,送气清音比不送气清音的浊音起点频率的分布范围要稍低一些。不过这种差别并不大,最多为十几赫兹,并且不同发音人的表现也不一样,有的明显,有的不明显。(见图9,石锋1983)这说明了送气成分对音高有影响,但并没有达到声调分化的程度。

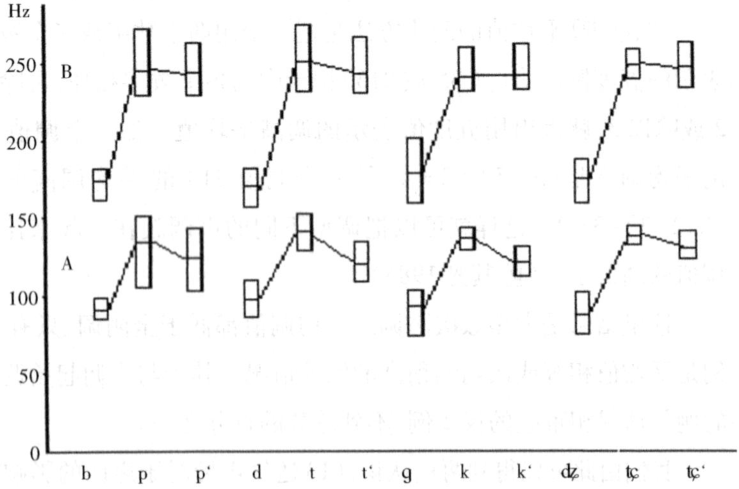

图9 单字音浊音起点音高分布范围图[发音人A、B](石锋1983)

到了苏州附近的农村就出现送气分调的现象,可以分成三级:有的地区除平声而外,其他几个声调送气音的调值都比不送气音低,接近浊音的音高;有的地区这种现象出现在去入两声中;还有的地区这种现象只出现在入声中。(石锋1990)

吴江黎里话语音实验得出的声调格局图中,可以清楚地看到,次阴上(3’),次阴去(5’),次阴入(7’)都是分别比对应的全阴调降低很多,而且跟各自对应的阳调相接近。只有阴平调的次清字(1’)和全清字(1),虽然有高低之分,但还没有相差太大,还没有

明显分为两个声调。(见图10,石锋1992)

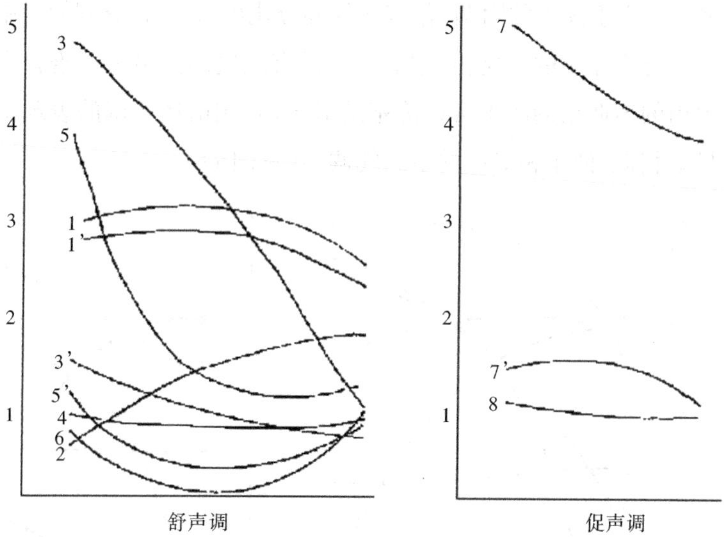

图10　吴江黎里声调格局图(石锋1992)

这里的次清字调值仅仅是作为阴平调的一种稍低的变体。因此送气调的分化并不是完全的分化。值得注意的是,一位发音人对于阴平调的全清字和次清字作分类发音时,T值相差0.6–0.7,可是在同一个人随机发音时只相差0.1左右。(石锋1992)这可以联系到叶祥苓调查吴江松陵平声的情况,同一个发音合作人分类对比时,次清字的起音比全清字低,可是反复读某一对例字时,往往调值就同样高了。(叶祥苓1983)

以上这些情况充分说明了送气调的分化在这些吴语方言中是一种正在进行中的语音演变。

在侗语中,送气调的分化也有完全分化和不完全分化的差异。

例如：在高坝和启蒙侗语中送气调是一种完全的分化，所有的单数调（对应于汉语的阴调）都有送气调分化出来；而在秀洞侗语中却是一种不完全的分化，其中的5调没有送气调分出来。语音实验得出的声调格局图中可以清楚地显示出，侗语送气调的表现也跟吴语相似，低于相对应的不送气调。（见图11）

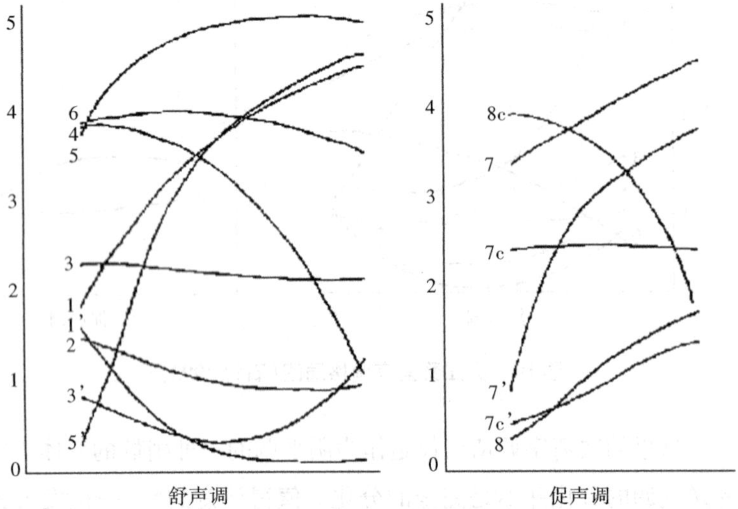

图11　高坝侗语声调格局图（石锋1990）

下表中列出的侗语其他各点的声调数目也是参差不齐的。这跟吴语中次阴调的不完全分化现象相类似，但是具体分化的情况又有不同。我们可以用下面的简表来加以说明：

汉语吴方言				侗语方言				
阴平	阴上	阴去	阴入	1调	3调	5调	7调	9调
1	3	5	7	1	3	5	7	9
1	3	5　5'	7	1　1'	3	5	7	9

1		3	3’	5		7		1	1’	3		5		7		9	9’
1		3		5		7	7’	1	1’	3		5		7	7’	9	
1		3	3’	5		7	7’	1	1’	3		5	5’	7		9	
1		3		5	5’	7	7’	1	1’	3	3’	5		7		9	
1		3	3’	5	5’	7		1	1’	3		5	5’	7	7’	9	
1		3	3’	5	5’	7	7’	1	1’	3	3’	5	5’	7		9	
1	1’	3		5	5’	7	7’	1	1’	3	3’	5	5’	7	7’	9	
1	1’	3	3’	5	5’	7	7’	1	1’	3	3’	5	5’	7		9	9’
								1	1’	3	3’	5	5’	7	7’	9	9’

从以上简表的对照中，可以看到汉语吴方言的送气调是从上声、入声或去声（非平声）开始发生分化，然后向其他声调扩散的；而在侗语中却是首先在第一调（对应于汉语阴平调）开始分化，再向其他各调扩展。这也可以说是二者之间的同中有异。（石锋 1990）

我们在以前的侗语调查报告中也看到有送气调和不送气调的调类混读现象。如龙胜平等侗语中的“舀水”读为 $tui^{3'}$，也可以读为 tui^{3}；“摘禾刀”读为 $tip^{9'}$，也可以读为 tip^{9}。只有当两个对应的音节区别词义时才不能混读，如 $ȶak^{9}$（草鞋）和 $ȶak^{9'}$（撑架）、na^{3}（脸）和 $na^{3'}$（弓箭），否则就可以两读。再如通道陇城侗语中，3 调字有一部分与 3’ 调混读，9 调字和 9’ 调大部分读成同样调值，只有几对保持区别。（民语调查一队 1958）其中原因可能是送气调和不送气调的调值差别不大，一个是 23，一个是 33，因而引起混淆。这跟汉语吴江话的情况颇为相似，充分说明了送气调的分化在侗语中也同样是一种正在进行中的语音演变。

4.3 送气音的实验研究:喉部机制

下面分两方面来讨论语音实验的有关资料。首先是影响声调高低的各种因素,然后是关于送气音本身的实验分析。

声调的高低取决于说话时声带振动的快慢。声带振动的速率一般认为主要由三种因素决定:

(1)水平方向造成的声带紧张。这其中最重要的机制就是由喉部的环甲肌收缩,使甲状软骨向前倾斜,从而拉长声带,造成音调提高。(Ohala 1970;Ladefoged 1973)

(2)垂直方向造成的声带紧张。喉部的上下运动也会改变声带的紧张度而影响音调。喉部的高度随音调高低而变化,音调降低,喉部也下降,音调升高,喉部也上升。(Ohala 1972;Ewan 1976)

(3)肺部发音气流的速率。这是由声门下气流压力和声门的开度而决定的。一般说来,如果其他条件相同,那么较大的声门下压力会使声带振动较快,产生较高的音调。(Ladefoged 1973)

在这三种因素中,喉肌活动可以使声带放松或拉紧。喉肌的紧张度是决定声带振动快慢的内因。声门下压力是通过改变喉肌的紧张度而起作用的,较强的声门下压力,对声带产生了一个外加的喉肌收缩力,使声带拉得更紧更薄,从而发出更高的声调。因此气流的冲击是声带振动快慢的外因。(鲍怀翘、杨力立 1983)

Atkinson(1978)和 Monson (1978)分别用不同方法对英语进行了研究。结果表明,在陈述句和较低或下降音调中,声门下压力是主要因素,在疑问句和较高或上升音调中,声带的紧张度是主要因素。林茂灿等(1988)对汉语的研究结果表明:在声调语言的音调曲线产生过程中，声带紧张度并不总是起主要作用，在很多情况下，声门下压力跟声带紧张度起着几乎同等重要的作用。

现在我们来看送气辅音的发声情况。声母的送气与不送气的区别是喉部不同的发声状态（phonation）所造成的。一定的声母特征以不同的方式影响声调，即浊化、送气和喉塞这些喉部特征。所有这些特征显然与声带的开合状态和紧张、振动等条件有关。由于声调与声带的活动相联系，所以这些喉部特征影响声调是顺理成章的。（李方桂 1977）

送气是一种发声类型。早期的语音学家大多是以西方语言为研究对象，对于送气音和不送气音的区别并不专门进行分析。直到 Ladefoged 的著作中才开始有较详细的说明。他认为二者的区别在于除阻段的不同。在送气音的除阻段，发音器官除阻时或除阻后，声带处于清音状态；在不送气音中则是处于浊音状态，声带几乎在除阻同时开始振动。（Ladefoged 1971）

送气音的发音是在闭塞期内声门开度加大，一直到除阻时仍然开放，在除阻时声门开度最大。一般说来，送气程度取决于闭塞期内声门的开度。声门的开度越大，送气时间越长。不送气音则是在闭塞期内分开的声带在除阻时又拉紧闭拢起来，这样只要一有气流通过声门，声带马上就会开始振动。（Ladefoged 1985）

印地语四类塞音的实验显示，喉部环甲肌的活动在不送气清塞音的发音起始段比其他三类塞音（不送气浊塞音、送气清塞音和浊塞音）都稍微强一些；并且后面元音的基频也是不送气清塞音较高。（ Kagaya& Hirose 1975）

泰语的实验表明，清塞音发音时的喉部位置一般都会比发浊塞音要高;在清塞音中,不送气音喉部位置平均高度又高于送气音。这种不同类型的塞音之间喉部高度的最大差别一般是出现在接近除阻时。(Ewan 1979)

由此可见,影响声门关闭、打开的喉部肌肉活动跟控制声带放松、拉紧的喉肌活动是相关联的。喉肌的活动既可以改变声门形状,造成不同的发声类型,又可以改变声带的紧张度,产生言语音高的变化。变化的趋势是送气清塞音低于不送气清塞音。这一点在喉部机制方面似乎没有什么争论,问题在于气流机制。下面将详细讨论。

4.4 送气音的实验研究:气流机制

Hirose(1977)用光纤喉镜摄影机和肌电仪测量不同塞音发音时声门状态的差异,得出送气音与不送气音除阻时声门开度的差别。送气音除阻时声门开度较大,除阻后持续1/6秒声带开始颤动发音;不送气音除阻前约1/10秒时声门开度最大,除阻时声门关闭,除阻后声带立即颤动发音。

吴宗济(1988)用气压计、气流计和语图仪分析汉语普通话送气音,得出口腔中气压和气流的动态记录(见图12)。图中A线是气压曲线,不送气音和送气音在除阻之前都有一定的压力,不送气音压力较大,压力峰值一般大约在除阻处,然后迅速下降,接上元音。B线是气流曲线,不送气音和送气音在除阻前都没有流量。不送气音除阻后就是元音的断续气流。送气音除阻后形成一个气流量的峰值,然后才是元音的开始。

根据一般的常识,气流量大或速率高就会产生较高的振动频率。这样似乎就应该是送气音的频率比不送气音要高。然而在进行气流量的比较之前，我们需要建立一个基本原则，这就是要区分清音状态下和浊音状态下的两种不同的气流。在清音状态下声门是打开的，通过的是全流量的连续气流；在浊音状态下声门是关闭的，通过的是冲击声带振动的断续气流。显而易见，这两种状态下的气流量是不宜直接进行比较的。

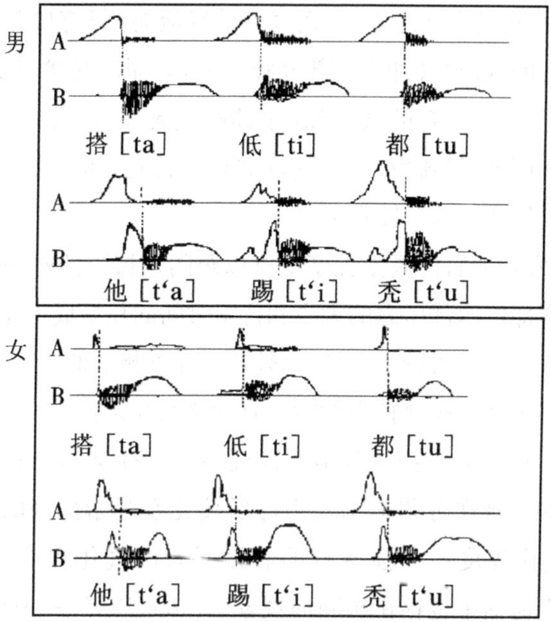

图中A为声门上气压，B为声门上气流。

上图是男发音人；下图是女发音人

图12 普通话送气/不送气塞音气压气流动态记录

（引自吴宗济1988）

假定其他条件都相同，让我们只从气流方面来分析。如果肺部为两种发音提供相同的气流量，不送气清塞音在除阻时是声门关闭的，只有原来声门上（口腔中）的气流在塞音除阻时参与发音，全部肺气流都用来冲击声门，造成声带振动，发出后接元音；送气清塞音除阻时声门开大，声门上下的气流形成一个整体，一部分肺气流参与发音造成送气，于是在送气以后声门关闭的时候，只剩有部分肺气流用于冲击声门，造成声带振动，发出后接元音。因此我们可以说，在清音状态下，不送气音的气流弱（只有口腔中的气流），送气音的气流强（加入一部分肺气流）。而浊音状态下，却是相反的情况，不送气音的气流强（全部肺气流发音），送气音的气流弱（剩余部分肺气流发音）。这样如果只看元音的起始部分，就应该是不送气音的基频较高了。

另外，发音器官的紧张程度也可以跟闭塞持阻的时间长度相联系。阻塞部位内部压力的大小和持阻时间的长短成正比。实验证明不送气音的压力较大，时间也较长。在苏州话的语音实验中，我们得到三类塞音闭塞持阻的时间有规律的变化：

不送气清塞音>送气清塞音>浊塞音（石锋 1983）

我们还发现在苏州话送气声母后接元音开始部分的气化现象，并且气化程度高于浊塞音的后接元音的气化程度。（石锋 1990）在上海话中也存在相同的现象。（Ren 1987）一般说来，气化发音会对音高有一种降低作用。这也有助于我们说明送气音使音高降低的看法。

综上所述，送气音和不送气音在辅音的持阻期和除阻期以及除阻之后和后接元音的开始阶段，都表现出相对立的差异，并且这些差异都具有使送气音的后接元音基频降低的趋势。很多语言和方言中都是送气调低于对应的不送气调。

4.5　送气分调的相关变化

送气分调是一个过程。在一个声调系统中,最初的阶段是每一个声调里面既有送气声母音节,又有不送气声母音节,这两种音节只是由于发音生理机制的区别而在音高上有细微的差异。后来这种差异发展到一定的程度,就成为音位上的区别:送气调从原来的声调中分化出来,成为一种新的声调。在这种情况下,音位区别是声母和音高共同承担的。如汉语吴江话以及一些侗语方言中都是如此。

在送气分调的发展过程中,一些方言出现不同的相关变化。其中主要有送气消失和次清化浊两种变化。(何大安 1989)

声母送气成分的消失可以举出高坝侗语的例子。现代高坝侗语中没有送气声母,却有着与其他侗语方言送气调相对应的声调分化。我们有充分理由认为,在高坝侗语中,原来有送气声母与送气分调同时存在。后来声母失去送气成分,由送气清音变成不送气清音。声母跟原有的不送气清声母合并,可是声调的分化却保存下来。这样就从声母和音高共同承担音位区别演化为声调的单独区别。

同时,这种送气声母的演变在韵母中留下了痕迹。笔者进行高坝侗语的田野调查时,在属于送气调的音节中,清楚地听到有元音轻微气化的现象。这是一种次要的附加语音特征,作为送气调的一种伴随现象而存在。这种情况类似于苏州话中后接元音的气化作为浊音声母的伴随现象。(石锋 1988)由于它没有音位作用,因此,一般学者处理的方法也不尽相同。有的人标示出来;有的人加以说明;有的人则省略过去。这是在阅读各种语言和方言调查记录时常常遇到的情况,不仅以元音气化现象为限。

声母、韵母和声调是如此密切地相互联系,无论在历时的演变还是在共时的表现中都是如此。共时现象实际上是和历时现象统一着的。历时现象其实就是共时现象的无限延伸。共时现象中就包含着过去遗留的因素和未来发展的因素。高坝侗语中的这种情况可以作为一个例证。

次清变浊的现象可以分为两种:一种是声调的,次清调向对应的阳调靠拢,甚至合并在一起;另一种是声母的,次清声母的读音由送气的清音变成浊音声母。汉语吴方言表现为第一种情况。在这里,送气调的分化是一种正在进行中的语音演变。演变的方向是送气调从阴调中分化出来,向对应的阳调靠拢。(石锋 1992)张拱贵和刘丹青(1983)就是把松陵、盛泽和同里的声调划分为九类,提出混上和混去两个特殊的调类。混上就是把次阴上跟阳上合并;混去就是次阴去和阳去合并。沈钟伟则更进一步认为,吴江方言声调系统之奇特,不在于其特有的"送气调",而是其罕见的送气清声母字和浊声母字同调的现象。(Shen,Zhongwei 1994)尽管对于这种趋势的认识有着程度上的差异,几位作者对于这种声调的次清变浊趋势都是一样认同的。

声母的次清化浊主要出现在赣语的部分方言中。如都昌土塘话,这里的送气分调也是不完全的分化,平声和上声中的古次清声母跟古全清声母字都在同一声调;只有入声的古次清声母字单成一个低入调;在去声中的古次清声母字则是跟古浊声母字一样同在阳去调中。然而不论声调如何，古次清声母今读塞音塞擦音的跟古全浊声母一样都读为带音声母。（陈昌仪 1983）如：

b　普潘拍：盘旁白　d　天讨托：塘甜铎　g　哭坑客：狂逵壳

dz　粗抄插：齐茶柴　dʐ　超抽川：虫绸场　dʑ　曲企遣：芹强局

在去声中则是跟古全浊声母字同音了，不但声母相同，声调也一样了：

判＝伴　bon　　痛＝动　duŋ　　菜＝寨　dzai

次＝自　dzi　　透＝豆　deu　　创＝状　dzoŋ

类似的情况在修水、白岭、溪口、义宁等地也有发现。（董为光 1989）这里的古次清声母字都读为跟古全浊声母字一样的浊音。这是跟都昌相同的。这几个地方送气分调也是只出现在去声和入声。所不同的是在义宁和溪口，去声中分出次阴去调，而在入声中则是送气音字合并为阳入调。在白岭，去声和入声都单成一个次阴去和次阴入。

再如平江桂桥话中古全浊声母和次清声母混读的情况：（董为光 1989）

遭（精母平声）tsau^{33}　　堵（端母上声）teu^{35}

操（清母平声）dz‘au^{33}/dzau^{33}/ts‘au^{33}　　土（透母上声）d‘eu^{35}/deu^{35}/t‘eu^{35}

曹（从母平声）dz‘au^{13}/ts‘au^{13}/dzau^{13}　　杜（定母上声）d‘eu^{11}/t‘eu^{11}/deu^{11}

在星子话中也是这样。古次清声母今有读浊音的，也有读送气的清音浊流或不带浊流的送气清音的。然而古去声中大部分次清声母字不论今音如何，都发生送气分调。（颜森 1986）因此我们可以说这些方言中的次清变浊也是一种进行中的变化。送气分调跟次清变浊是属于同一个变化过程中的两种相互关联又彼此独立的语音变化。

我们通过对南昌话声调资料的考察，可以用两个层次的送气分调来说明其中的变化。南昌话里声调划分阴阳和全浊上声归去声是其他方言里共有的现象。早期的送气分调应该是发生在阴去调中。在调分阴阳和浊上归去变化的同时或变化之后，阴去调里的次清声母字分化出新的调值，这恰好跟上声调值相同或接近，于是这本来应成为次阴去的声调就跟上声合并在一起了。这可以称为第一次送气分调。这是在去声中发生的以中古声母的送气与否为条件的声调分化。

后来，浊音清化的音变在南昌话中完成之后，中古全浊塞音和塞擦音声母清化为送气清音。在阳平调中又发生了第二次送气分调。阳平调中声母读为送气清音的字自成一调，跟其他非送气音声母的字分开。这是在阳平调中以今声母的送气和非送气为条件的声调分化。分化后的送气调保持独立，而非送气调则合并到阴去调之中。再加上阴入和阳入，还是维持了一种七个调的声调格局。其中阴去调中没有送气声母字，阳平调中只有送气声母字。

4.6 讨论：送气音读高调的成因

在有的语言和方言中，如泰语的一些方言中以及汉语北京话中，都有报告指出送气声母后面是可以有高调的。我们在对北京话的实验测量中，至少是没有看到送气音的音高成系统地比不送气音降低的现象。对于这种情况，可以从以下三个方面探讨它的原因。

a）在声调的历史演变中，送气分调一经完成，送气调就获得了独立的声调地位。它的发展和变化就要服从整个声调系统的整体发展和变化，而不是仅仅跟送气声母相联系。正如同某些方言中有浊音高调或阳调比阴调还高的现象一样，可以从声调系统的发展变化来做类似的说明。

b）从具体的发音过程来看，送气声母在辅音爆发和元音起始之间有较长的调节时间。这样从生理机制上对于送气音的限制要比不送气音宽松得多。因此送气声母后面的元音音高可以有较大的活动范围。这又为送气音读高调提供了可能性。有可能根据具体语言的声调分布加入有关的发音机制而使送气音后面出现高调。

c）用来跟送气声母相比较的不送气塞音声母可能并不是典型的清音。严格说来，从音位区别的角度，我们比较送气声母对于音高的影响一般应该采用具有清浊对立的声母系统中的不送气清塞音。因为这样的清塞音具有清浊音位的区别，所以有典型性。例如苏州话的不送气塞音声母就是典型的清音。如果没有清浊对立，只有送气和不送气的对立，那么这个不送气的塞音就很可能不是典型的清音。（刘娟、石锋 1995）如北京话中的不送气塞音声母，严格地讲只是一个清化的浊音。赵元任曾记作b̥、d̥、g̊。送气声母和浊声母都会使后面元音音高降低。把这两类情况放在一起比较，就会使后面元音的声调有参差不齐的情况，难以发现规律性的差异。

第五章　听辨实验与相关分析

一　香港粤语长短元音的听辨实验[①]

1.1　粤语长短元音问题的论述

香港粤语的语音系统跟广州话是相同的。不同的学者关于广州话的元音有过很多讨论。黄锡凌(1941)提出十元音系统;袁家骅等(1962)主张八元音;余霭芹(1972)和张洪年(1972)分别标记为十三元音;赵元任(1947)、Kao(1971)和李新魁等(1995)分别归纳为十一元音。大家比较一致的意见是,广州话的长短元音之间既有音长的差异,又有舌位的区分。(黄家教 1990;张振兴、张惠英 1997)然而,对于元音时长的差异在音位区分中所起的作用,学者们的意见并不相同。

既然音质的对立和时长的差异同时存在,哪一种是主要的?这是我们所关心的问题。我们尝试用听感试验的方法考察这一问题。

---

① 原文是与刘艺合作,发表于《东方语言与文化》,2002 年。

刘叔新(1987)曾找出广州话长 aː 和短 ɐ̆ 元音对立的例字,将带有长 aː 的字改按短 ă 来发音(如"街"kaːi→kăi),听辨者都判断为仍是原字。再把带有短 ɐ̆ 的字改按长 ɐː 来发音(如"鸡"kɐ̆i→kɐːi),听辨者仍判断为是原来的字。他由此认为元音的长短不起辨义作用,形成对立的是两个舌位不同的元音 a 和 ɐ。尽管测听使用的人为发音缺少量化的数据,然而他的思路确是独出心裁,别有创意。

现在我们使用南开大学开发的语音教学和实验软件"桌上语音工作室"(Mini-Speech-Lab),除了能够进行声学分析之外,还可以对语音做出剪切和复制等编辑工作。香港粤语跟广州话有相同的声母和韵母系统。我们请香港本地人发音,用计算机来辅助制作应用于测听的实验字音,做了一次初步的测听实验。下面就是有关这次测听实验的报告。

1.2　实验设计

我们选择了香港粤语中带有长 aː 和短 ɐ̆ 对立的 11 组例字来进行实验。它们是:怪-贵,考-口,翻-分,衫-心,带-帝,三-深,矛-谋,坑-吭,夹-眼,达-突,街-鸡。每一组例字中,除了长 aː 和短 ɐ̆ 对立之外,声母、韵头、韵尾和声调都相同。

我们请一男(甲)一女(乙)两位香港本地人发音,录入计算机。然后,使用南开大学开发的语音分析软件"桌上语音工作室"(Mini-Speech-Lab)对每一个例字作出声学分析,包括三维语谱图形和音节内部时长测量。

依据声学分析的结果,我们对于长 aː 进行剪切,同时对于短 ɐ̆

进行复制，得到用于测听实验的字音。每一个测听的字音中，原来是长 aː 的都变成了短 ǎ，其音长相当于对应字音中的短 ɐ̆ 音长；原来是短 ɐ̆ 的都变成了长 ɐː，其音长相当于对应字音中的长 aː 音长。另外，我们还把每一个测听字音的韵尾长度根据各自对应字音的韵尾长度分别做了缩短或延长的改变。（见表 1）

表 1a　例字和实验字音的音长[甲发音人中速]（单位：毫秒）

例字	元音长	韵尾长	实验字音	元音长	韵尾长
怪	231	85	1x	141	132
贵	141	132	1y	231	85
考	170	124	2x	110	148
口	110	148	2y	170	124
翻	180	89	3x	72	159
分	72	159	3y	180	89
衫	194	98	4x	78	192
心	78	192	4y	194	98
带	220	129	5x	122	181
帝	122	181	5y	220	129
三	199	126	6x	78	176
深	78	176	6y	199	126
矛	187	126	7x	120	130
谋	120	130	7y	187	126
坑	152	129	8x	71	190
吭	71	190	8y	152	129
夹	176		9x	86	
眨	86		9y	176	
达	185		10x	78	
突	78		10y	185	

续表

例字	元音长	韵尾长	实验字音	元音长	韵尾长
街	206	114	11x	99	158
鸡	99	158	11y	206	114
aː类平均	191	113	X ă类平均	96	163
ɐ̆类平均	96	163	Yɐː类平均	191	113

表 1b 例字和实验字音的音长[乙发音人慢速](单位:毫秒)

例字	元音长	韵尾长	实验字音	元音长	韵尾长
怪	327	144	1x	100	272
贵	100	272	1y	327	144
考	392	205	2x	187	275
口	187	275	2y	392	205
翻	470	180	3x	110	309
分	110	309	3y	470	180
衫	513	155	4x	138	274
心	138	274	4y	513	155
带	545	140	5x	233	275
帝	233	275	5y	545	140
三	591	164	6x	169	258
深	169	258	6y	591	164
矛	451	155	7x	211	234
谋	211	234	7y	451	155
坑	540	186	8x	138	402
吭	138	402	8y	540	186
夹	461		9x	120	
眨	120		9y	461	
达	469		10x	156	
突	156		10y	469	

续表

例字	元音长	韵尾长	实验字音	元音长	韵尾长
街	513	172	11x	186	234
鸡	186	234	11y	513	172
aː类平均	479	167	X ă类平均	159	281
ɐ̆类平均	159	281	Yɐː类平均	479	167

在进行语音编辑时，参照语音的三维图谱（见图 1a），对元音 aː 的剪切是在共振峰稳定段进行，保留共振峰过渡段；对元音 ɐ̆ 的复制也是在共振峰稳定段进行，保留共振峰过渡段不变。对于韵尾的剪切和复制也是依据相同的原则进行的。（见图 1b）

全部测听资料是按照下面的方法制作的：经过语音编辑制成的 22 个实验字音每一个测听两次，一共是 44 个测听项；全部 44 个测听项按照随机排列顺序进行录制；两个测听项之间相隔 3 秒，供听音人在测听答案表格中作出判断。

测听答案表格对于每一个测听项给出带有长 aː 短 ɐ̆ 对应的两个字供选择；对同一个实验字的两个测听项，有一个是带长 aː 的字在前，有一个是带短 ɐ̆ 的字在前。例如：街－鸡，鸡－街；分－翻，翻－分。这样做的目的是排除非语音因素的干扰。另外还设有"其他"一栏供听音人在不能判断时选择。

为了考察有关香港粤语中长 aː 元音和短 ɐ̆ 元音的音质差异，我们分别测量了甲乙发音人每一个例字的第一共振峰和第二共振峰的数值（见表 2），并以此为依据作出各自的声学元音图来表示。（见图 2a、b）由于将坐标倒置，所以图 2 与通常的元音图的方向相同。下面表示舌位低，上面表示舌位高；右面表示舌位靠后，左面

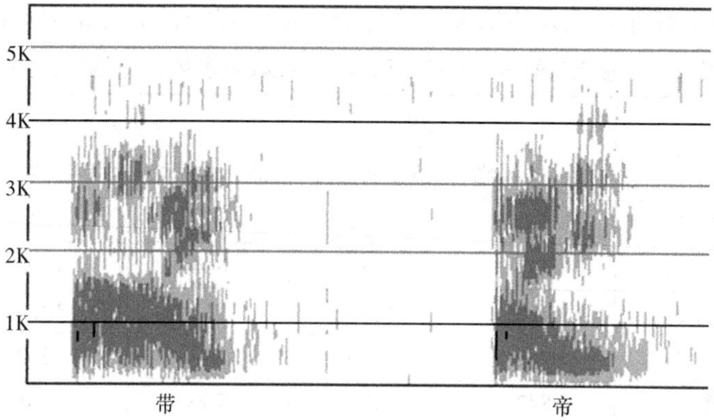

图 1a　例字的语谱图形[甲](未做语音编辑)

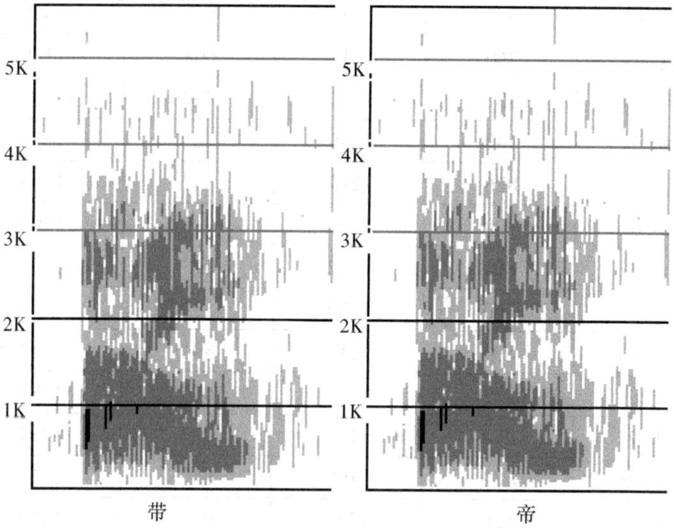

图 1b　测听实验字音的语谱图形[甲](经过语音编辑)

表示舌位靠前。这样,我们从图 2 中可以看出发音人甲乙有相同的特征:长元音 aː 舌位较低,短元音 ɐ̆ 舌位稍高,同时二者的分布范围又有部分交叠的情况。这与李行德(1985)的研究结果相同。

表 2 长短元音的第一共振峰和第二共振峰测量数值(单位:毫秒)

例字	发音人甲		发音人乙	
	第一共振峰	第二共振峰	第一共振峰	第二共振峰
怪 1x	760	1065	956	1304
贵 1y	717	1239	804	1282
考 2x	760	1173	913	1326
口 2y	760	1130	869	1260
翻 3x	847	1195	760	1521
分 3y	739	1130	782	1478
衫 4x	804	1173	847	1478
心 4y	760	1217	608	1130
带 5x	782	1217	739	1413
帝 5y	782	1239	782	1543
三 6x	826	1217	847	1434
深 6y	739	1217	717	1195
矛 7x	804	1152	913	1304
谋 7y	760	1130	891	1260
坑 8x	804	1217	891	1304
吭 8y	782	1195	695	1282
夹 9x	804	1195	987	1434
眨 9y	782	1195	847	1260
达 10x	826	1239	934	1369
突 10y	782	1173	782	1347
街 11x	804	1130	673	1282
鸡 11y	782	1021	695	1139

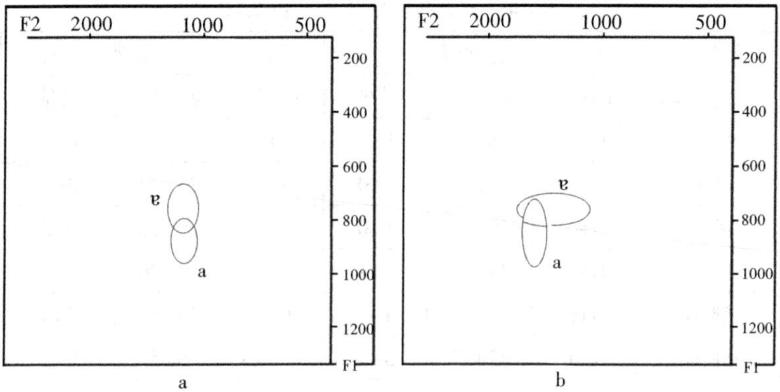

图 2　发音人甲(a)、乙(b)的声学元音图

1.3　实验结果

我们把制作好的实验字音用于测听试验。甲发音人的字音请29位香港本地人来听辨;乙发音人请另外的31位香港本地人来听辨。实验结果经过初步统计,用表3显示出来。在表3a中,X类实验字都是把发音人发出的长aː元音的音长剪切为跟短ɐ̆元音相同而成为短元音ă的字音;Y类实验字都是把发音人发出的短ɐ̆元音复制为跟长aː元音的音长相同的长元音ɐː的字音。在+号前面的数字是测听问卷中带长aː元音的字先出现的测听项的得分;在+号后面的数字是带短ɐ̆元音的字先出现的测听项的得分。

表 3a 听辨实验结果的初步统计

实验字音	对甲发音人的听辨(29 人)			对乙发音人的听辨(31 人)		
x→aː y→ ɐ̆	a 音字	ɐ 音字	其他	a 音字	ɐ 音字	其他
怪 1x	0+0	28+27	1+2	0+0	31+29	0+2
贵 1y	2+4	25+25	2+0	3+6	25+22	3+3
考 2x	0+0	28+29	1+0	2+2	29+26	0+3
口 2y	0+1	29+27	0+1	2+2	27+26	2+3
翻 3x	0+0	25+26	4+3	0+0	29+30	2+1
分 3y	4+1	22+27	3+1	26+25	5+5	0+1
衫 4x	5+0	23+24	1+5	0+0	31+31	0+0
心 4y	19+2	6+20	4+7	26+21	1+6	4+4
带 5x	0+0	24+26	5+3	30+0	0+27	1+4
帝 5y	5+1	22+26	2+2	21+0	4+29	6+2
三 6x	1+0	22+20	6+9	0+0	30+29	1+2
深 6y	7+3	20+20	2+6	19+26	8+3	4+2
矛 7x	3+1	21+27	5+1	0+1	29+29	2+1
谋 7y	11+3	15+22	3+4	6+10	21+20	4+1
坑 8x	4+0	21+21	4+8	6+3	23+25	2+3
吭 8y	8+2	17+20	4+7	29+23	2+5	0+3
夹 9x	2+2	21+17	6+10	6+3	19+21	6+7
眨 9y	19+4	3+21	7+4	20+15	4+3	7+13
达 10x	0+5	23+23	6+1	2+1	29+24	0+6
突 10y	3+3	23+24	3+2	13+7	8+8	10+16
街 11x	1+0	27+28	1+1	0+0	29+28	2+3
鸡 11y	0+0	29+28	0+1	1+3	19+16	11+12

在表 3b 中把+号前后两个数字加在一起。最后又对 X 类和 Y 类分别作了统计,列出各自的总得分,并算出所占的百分比。

表 3b　听辨实验结果的初步统计

实验字音	对甲发音人的听辨(29 人)			对乙发音人的听辨(31 人)		
x→ă y→ɐː	a 音字	ɐ 音字	其他	a 音字	ɐ 音字	其他
怪 1x	0	55	3	0	60	2
贵 1y	6	50	2	9	47	6
考 2x	0	57	1	4	55	3
口 2y	1	56	1	4	53	5
翻 3x	0	51	7	0	59	3
分 3y	5	49	4	51	10	1
衫 4x	5	47	6	0	62	0
心 4y	21	26	11	47	7	8
带 5x	0	50	8	30	27	5
帝 5y	6	48	4	21	33	8
三 6x	1	42	15	0	59	3
深 6y	10	40	8	45	11	6
矛 7x	4	48	6	1	58	3
谋 7y	14	37	7	16	41	5
坑 8x	4	42	12	9	48	5
吭 8y	10	37	11	52	7	3
夹 9x	4	38	16	9	40	13
眨 9y	23	24	11	35	7	20
达 10x	5	46	7	3	53	6
突 10y	6	47	5	20	16	26
街 11x	1	55	2	0	57	5
鸡 11y	0	57	1	4	35	23
X 类[ă]	24(4%)	531(83%)	83(13%)	56(8%)	578(85%)	48(7%)
Y 类[ɐː]	102(16%)	471(74%)	65(10%)	304(45%)	267(39%)	111(16%)

1.4 听辨得分的分析

我们可以设想,如果是元音的长短起主要作用,舌位的差异只是附带的因素,那么,结果就会是把所有的剪切为短 ă 的实验字听成为 ɐ̆ 音字,把所有的复制为长 ɐː 的实验字听成为 aː 音字。反之,如果是元音的音质区分起主要作用,长短只是附带的因素,那么,结果就应该是把所有的短 ă 的实验字全部听成为 aː 音字,把所有的长 ɐː 的实验字全部听成为 ɐ̆ 音字。可是我们的结果并不是如此简单。

在对甲乙两位发音人的听辨结果中,把剪切为短 ă 的实验字听成为 aː 音字的得分很少,分别只有 4% 和 8%;听成为 ɐ̆ 音字的情况占绝对多数,百分比分别为 83% 和 85%。因此我们可以认为在短元音的条件下,元音的音质差异所起的作用很小。

在复制为长 ɐː 的实验字中,情况就不一样了。甲发音人的得分是,听为 aː 音字的百分比是 16%,听为 ɐ̆ 音字的百分比是 74%,难于判别的情况为 10%。元音音质的差异起了很大作用,大大超过时长方面的作用。乙发音人的得分则是,听为 aː 音字的百分比是 45%,听为 ɐ̆ 音字的百分比是 39%,难于判别的情况为 16%。听为相同音长的得分超过听为相同音质的得分。这表面上似乎跟甲发音人的结果不一样。其中是否有什么原因呢?

让我们来看两位发音人各自的平均时长(见表 1a、b),除了个人发音的音质差异之外,二者时长相差的程度存在显著差别。甲发音人的发音例字中,长 aː 元音平均时长是 191 毫秒,短 ɐ̆ 元音平均时长是 96 毫秒,相对时长比值为 2∶1;乙发音人的长 aː 元音平均时长为 479 毫秒，短 ɐ̆ 元音平均时长为 159 毫秒，相对时长比值是 3∶1。乙发音人在时长方面的差异程度显著加大，此长彼消，使得 ɐː 和 aː 之间音质差异的作用减弱。听音人因而就会增加把 ɐː 实验字判断为 aː 音字的情况。这可能是一个合乎逻辑的解释。

音位界限模糊就会引起非语音因素的作用增强，或者造成难以作出判断的情况增多。非语音因素的作用表现为对于同一个实验字音，问卷答案中 a 音字在前面时 a 音字得分就多，ɐ 音字在前面时 ɐ 音字得分就多。在表 3a 中可以看到，甲发音人的 44 和 94 实验字，乙发音人的 53 和 54 实验字的得分情况就属于典型的非语音因素的作用。甲发音人的 63 和 93，乙发音人的 94，104 和 114 都是属于难于作出判断的测听项增多的情况。

1.5　结论与讨论

这次听辨实验的结果显示，香港粤语的长 aː 和短 ɐ̆ 元音之间的对立包含了语音的时长和音质两个方面的因素，缺一不可。对于短元音的听辨，人们主要依据时长而忽略音质的作用；在长元音的听辨中，音质的辨识作用较大，这种作用会随着相对音长差异的增大而削弱。

测听的结果与语速有密切的关系。这里只是对于单字音的初步测听，如果有条件作出双字音和句子中的测听实验也许会有新的发现。

听辨实验是很有意义的。王士元教授就曾经用听辨实验的方法解决北京话中上声相连时的前字变调的问题，证实了前字变同阳平，很有说服力。（Wang & Li 1967）

汉藏系语言中很多语言有长短元音对立的情况（马学良、罗季光 1962），在汉语方言中也不仅是粤语中存在长短元音的对立（钟奇 1997，刘勋宁 1982），如果有机会多做一些测听实验来进行对比，将会是很有意义的事情。

二　广州话长 a 和短 ɐ 元音的听辨实验[①]

2.1　广州话长短元音问题的讨论

广州话的元音分析有多种结果。如 10 元音系统（黄锡凌 1941）、8 元音系统（袁家骅等 1983）、13 元音系统（余霭芹 1972；张洪年 1972）和 11 元音系统（赵元任 1947；Kao 1971；李新魁等 1995）。除元音数目的不同之外，对于元音音质和时长的差异在元音系统中的作用也有不同意见。有的学者认为只在元音 a 和 ɐ 之间有长短的对立，其他的长短元音都是互补的（袁家骅等 1983）；而有的学者认为除了高元音之外，元音的长短对立贯穿整个系统（施其生 1990）。仅就 a 跟 ɐ 而言，两者之间既有时长的差异（长与短），也有音质上的差异（舌位低与舌位略高），这是大家都承认的，但以哪一方面的区别为主，却有不同的认识。有的学者认为音质差异只是伴随特征，长短才是区别性的特征（李行德 1985）；相反，有的学者就认为音质差异是主要的，时长在音位区

① 原文是与麦耘合作，发表于香港《中国语文研究》2003 年第 2 期。本次实验的发音人为麦耘先生。听辨测试工作得到中山大学杨敬宇老师和广州大学谢小莉老师大力帮助，谨致深深的感谢。

分中不起决定性的作用。(刘叔新 1987)

元音音质的对立和时长的差异同时存在,时长的差异对音位区分是否起到作用？如果时长的差异对元音的音位区分有作用,那么这种作用有多大的程度,跟元音音质的对立有怎样的联系？要回答这样的问题,在声学分析的基础上进行听辨实验是一种可靠的方法。

我们曾经用听辨实验的方法对于香港粤语的单字音中的长 a 和短 ɐ 元音进行了初步的考察。结果表明:单字音中长 a 和短 ɐ 元音之间的对立包含了语音的时长和音质两个方面的因素,缺一不可。在短元音的听辨中,音质的作用很小;在长元音的听辨中,音质的作用较大。音质方面的作用会随着音长差异的增大而减弱。(石锋、刘艺 1999)

为了深入考察粤语长短元音的听辨特征,我们又对广州话词语和句子中的长 a 和短 ɐ 元音做了进一步的听辨实验。这里就是这次听辨实验的设计准备、实施过程和得分结果的初步分析。

2.2　实验说明

2.2.1　发音表的设计与录制:我们在广州话中选择声母、声调和韵尾都相同,只有韵腹是正 a 和倒 ɐ 元音对立的两两成对的字音来编制发音表。下文称这样成对的字音为对应字。发音表分为四部分:(1)十组对应的单字音。(2)十组成对的词语。每一组中两个词语的前字是对应字,后面的字音完全相同。(3)十组成对的两字词语。每一组中两个词语的后字是对应字,前一个字音完全相同。(4)十组广州话口语小句。每一组中的两个小句除了含有的对应字之外，其他部分完全相同。请一位广州本地标准发音人按照发音表自然发音，录入计算机，成为语音文件，以便进一步分析和制作。（发音表见附录一）

2.2.2 声学分析及语音编辑制作：本实验的全部声学分析和语音编辑工作都是利用南开大学“桌上语音工作室”（Mini-Speech-Lab）进行的。这是一种计算机语音处理系统，可以用来对各种语音进行声学分析，得到所需的图形和数据，还具有对语音作出剪切、复制、粘贴等各种语音编辑功能。本实验选择11025Hz采样频率，把该系统的声学分析和语音编辑功能结合起来完成测听样品的制作准备。

使用“桌上语音工作室”（Mini-Speech-Lab）对发音人四部分语音中的全部对应字音进行声学分析，分别测量出音节中的主要元音和韵尾的时长数据。（时长数据详表见附录二）另外还利用自动测算和作图功能，分别测量出这四种语音条件下对应字音中长 a 和短 ɐ 元音的第一共振峰和第二共振峰，作出它们的声学元音图。（见图3）

利用语音编辑功能进行语音样品的编辑制作。制作方法是根据附录二中每一组对应字的时长数据，对长元音适当加以剪切使时长减少；对短元音连续实施复制使时长增加。同时对于韵尾的时长也加以相应的改变。经过编辑制作，在四种语音条件中，每一种都得到四类供测听实验用的语音样品：

A 类的主要元音是正 a 的音质，主要元音和韵尾的时长跟倒 ɐ 字音相同；

B类的主要元音是正a的音质，主要元音和韵尾的时长都是

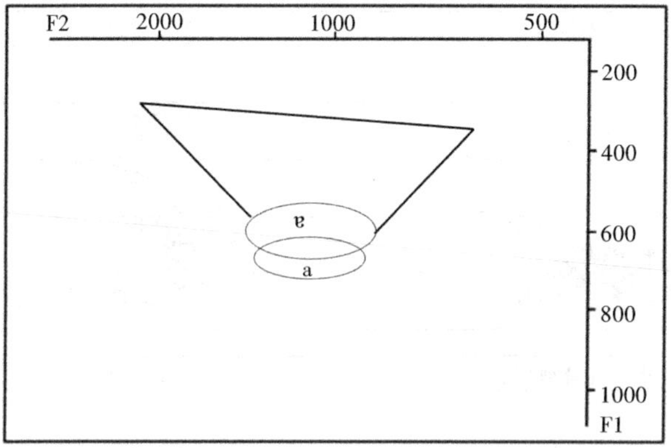

图 3　广州话长 a 和短 ɐ 元音的声学元音图

正 a 和倒 ɐ 字音的平均值；

C 类的主要元音是倒 ɐ 的音质，主要元音和韵尾的时长跟正 a 字音相同；

D 类的主要元音是倒 ɐ 的音质，主要元音和韵尾的时长都是正 a 和倒 ɐ 字音的平均值。

在进行语音编辑时，参照语音的三维图谱（见图 4 上），对元音 a 的剪切是在共振峰稳定段进行，保留共振峰过渡段；对元音 ɐ 的复制只是在共振峰稳定段进行，保留共振峰过渡段不变。对于韵尾的剪切和复制也是依据相同的原则进行的。（见图 4 下）这样制作出的实验样品的语谱图和声调曲线都基本保持原状，没有明显的改变。（见图 5）

2.2.3　听辨测试：把制作好的语音样品打乱次序，随机排列，每两个样品之间留出 3 秒的停顿。要求受试人在停顿期间对问卷答案的两个选择项作出判断。问卷有两种，甲种是把带有正 a 字

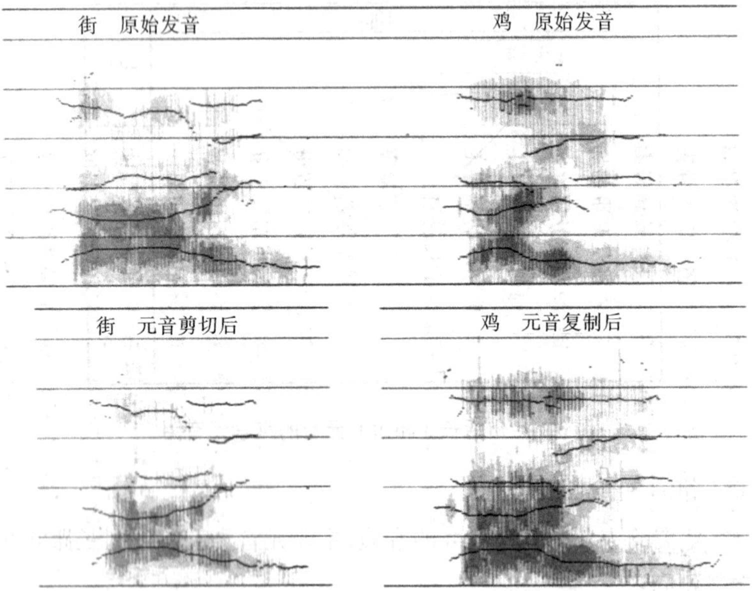

图4 元音的剪切和复制的三维语图(街[kaːi]鸡[kɐ̆i])

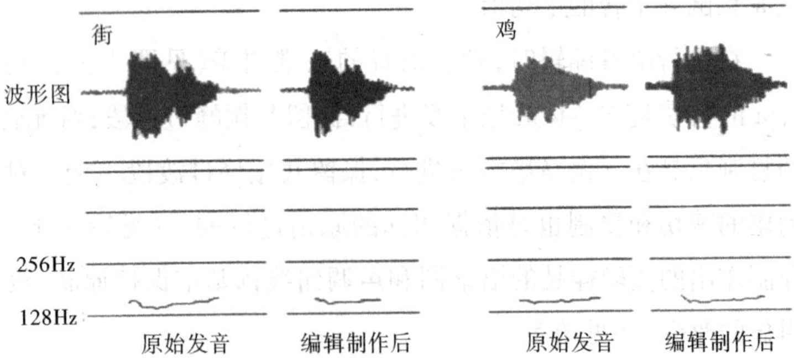

图5 元音经过制作后的声调曲线

音的选择项列在前面,乙种是把带有倒 ɐ 字音的选择项放在前面,另外都设有"其他"一项供不能判断时选择。这样可以抵消非语音的时序因素在听辨中的干扰作用。测听也因此分为两部分进行。一部分是采用甲种问卷的28名受试人,一部分是采用乙种问卷的32名受试人。受试人都是经过选择的广州本地大学生或中小学教师。

2.2.4　得分结果统计:所有受试人所作出的判断都分别相加,作为总的听辨得分结果。百分比统计结果列为表4。(听辨得分明细表见附录三)

表4　实验字音听辨得分统计(%)

ǎ	听为 a	听为 ɐ	其他
1A	7 (6.8+7.2)	93 (92.9+92.5)	0 (0.3+0.3)
2A	11 (10.7+10.6)	89 (89.3+89.1)	0 (0+0.3)
3A	7 (7.5+6.3)	93 (92.5+93.7)	0 (0+0)
4A	23 (25.0+21.2)	77 (75.0+78.8)	0 (0+0)

a	听为 a	听为 ɐ	其他
1B	25 (28.2+21.6)	74.5 (71.5+77.5)	0.5 (0.3+0.9)
2B	56 (63.9+47.8)	43 (35.8+50.9)	1 (0.3+1.3)
3B	51 (57.9+43.4)	49 (42.1+56.3)	0 (0+0.3)
4B	76 (79.4+73.3)	24 (20.6+26.7)	0 (0+0)

续表

ɐː	听为 a	听为 ɐ	其他
1C	47 (52.5+41.3)	52 (47.2+56.2)	1 (0.3+2.5)
2C	76 (78.2+73.4)	24 (21.5+26.6)	0 (0.3+0)
3C	59 (58.2+60.0)	41 (41.8+40.0)	0 (0+0)
4C	79 (80.6+78.1)	21 (19.4+21.9)	0 (0+0)

ɐ	听为 a	听为 ɐ	其他
1D	14 (17.2+11.6)	85 (82.2+87.2)	1 (0.6+1.2)
2D	24 (22.9+25.0)	76 (76.8+74.4)	0 (0.3+0.6)
3D	26.5 (27.1+25.9)	73.5 (72.9+74.1)	0 (0+0)
4D	42 (44.0+39.2)	58 (56.0+60.8)	0 (0+0)

表中符号说明:1 为单字音,2 是前字音,3 是后字音,4 是句中音。A:正 a 的音值,倒 ɐ 的时长;B:正 a 的音值,平均时长;C:倒 ɐ 的音值,正 a 的时长;D:倒 ɐ 的音值,平均时长。其中+号前是答卷中正 a 字在前的结果(共有 28 份),+号后是答卷中倒 ɐ 字在前的结果(共有 32 份)。

2.3　分析与思考

2.3.1　元音的声学表现

关于正 a 和倒 ɐ 元音在音质上的差异情况,可以从声学元音图的表现来考察。(见图 3)倒 ɐ 的分布区在上,正 a 的分布区在下；倒 ɐ 的分布区大于正 a 的分布区。这表明正 a 的发音舌位低于倒 ɐ。倒 ɐ 的开口度有严格的下界，大致以正 a 区的中部为限。二者在分布上有相当大的重叠。重叠部分对正 a 区来说，约占一半；对倒 ɐ 区来说约占 1/4。因此，我们可以得出：两个元音的音质有相当大的一致性，差异很小。这种情况是我们改变元音时长可以造成两个元音发生听辨混淆的音质基础。本文的听辨实验就建立在这个基础上。

2.3.2　时长的相对意义

语言学中的时长都具有相对的意义。本文所考察的影响听辨区分的元音时长同样是相对的。这里有两种相对的意义：一是字间相对，如正 a 字音跟倒 ɐ 字音里面元音的时长差异程度，可以用二者的比例数值表示，字间相对需要在相同的语境条件下进行比较。例如，根据表 5 的统计数据，我们可以得出字间相对时长在单字中是 265：130≈2：1；在前字中是 196：92≈2.1：1；在后字中是233：97≈2.4：1；在句子中是 120：83≈1.4：1。

二是字内相对，如主要元音跟韵尾之间的时长差异程度。元音的时长是相对的，在一个音节内部就是跟韵尾的相对长度。可以用主要元音的时长占韵母时长的百分比来表示。（见表 5）一般是字内差异作用更为直接，影响更大些。在汉藏系语言中，音节内部的主要元音跟韵尾之间，常常有音长互补的现象。（马学良、罗季光 1962；石锋 1994）

我们的实验有 A、B、C、D 几种做法，就是基于上述的理由。根据实验设计，可以按照表 5 的统计百分比得出：

A 类样品在四种语境中的相对时长分别为 36%、36%、

34%、51%;

B 类样品在四种语境中的相对时长分别为 50%、50%、52%、60%;

C 类样品在四种语境中的相对时长分别为 62%、64%、66%、69%;

D 类样品在四种语境中的时长也是分别为 50%、50%、52%、60%。

表 5 广州话元音字内相对时长统计表(单位:毫秒)

语境	1 单字			2 前字			3 后字			4 句中		
项目	韵母	元音	%	韵母	元音	%	韵母	元音	%	韵母	元音	%
正 a	430	265	62%	306	196	64%	354	233	66%	174	120	69%
倒 ɐ	365	130	36%	274	92	36%	284	97	34%	162	83	51%
平均	397	197	50%	290	144	50%	319	165	52%	169	102	60%

2.3.3 听辨得分和音位区别

A、B 两类样品是正 a 音质改变时长,因此,把 A、B 判断为正 a 的得分主要是由于元音音质的作用;判断为倒 ɐ 的主要是时长因素的作用。C、D 两类样品是倒 ɐ 音质改变时长,所以把 C、D 判断为倒 ɐ 的得分主要是元音音质的作用;判断为正 a 的得分主要是由于时长因素的作用。我们把判断为音质相同的得分称为音质得分;把判断为不同音质的得分称为时长得分。一般把音质得分看做是正确判断的得分。时长得分是由于时长颠倒或改变而造成的,有增时得分和减时得分两种:倒 ɐ 元音听为正 a 是增时得分,反映时长增加对于倒 ɐ 元音听辨的作用程度;正 a 元音听为倒 ɐ

是减时得分，表示时长减少对于正 a 元音听辨的作用程度。

在听辨过程中，受试人对于每一个样品作出二中择一的判断，正 a 和倒 ɐ 的得分此消彼长。二者相差越悬殊，说明音位界限越清楚；二者得分越接近，反映音位界限越模糊。如果各占 50%，说明音位界限消失，受试人只能勉强作出随机猜测。50% ±10% 之间为音位模糊区，得分在此区间的样品可以认为音位界限近于消失。

2.4　对照比较

2.4.1　相对时长跟听辨得分的相关性

在正 a 和倒 ɐ 元音的辨识中，音质和时长这两种因素消长互动，造成听辨得分的差异。把正 a 的时长减到足够短就可以听为倒 ɐ，随着时长减小，听为正 a 的得分减小，听为倒 ɐ 的得分增加。把倒 ɐ 的时长加到足够长就可以听为正 a，随着时长增加，听为正 a 的得分增大，听为倒 ɐ 的得分减小。说明音质的辨识跟时长密切联系。参照表 5 数据得出实验样品的相对时长作成表 6a；再根据表 4 的统计数据，把听为正 a 的得分百分数列为表 6b，把听为倒 ɐ 的得分百分数列为表 6c。

表 6a　实验样品的相对时长

	A	B	C	D
1	36	50	62	50
2	36	50	64	50
3	34	52	66	52
4	51	60	69	60

表 6b 听为正 a 的得分百分数

	A	B	C	D
1	7	25	47	14
2	11	56	76	24
3	7	51	59	26.5
4	23	76	79	42

表 6c 听为倒 ɐ 的得分百分数

	A	B	C	D
1	93	74.5	52	85
2	89	43	24	76
3	93	49	41	73.5
4	77	24	21	58

很明显,表 6b 和表 6c 对应位置上的数据相加为 100%,是互补的。它们跟表 6a 之间的关系达到何种程度呢?可以用实验样

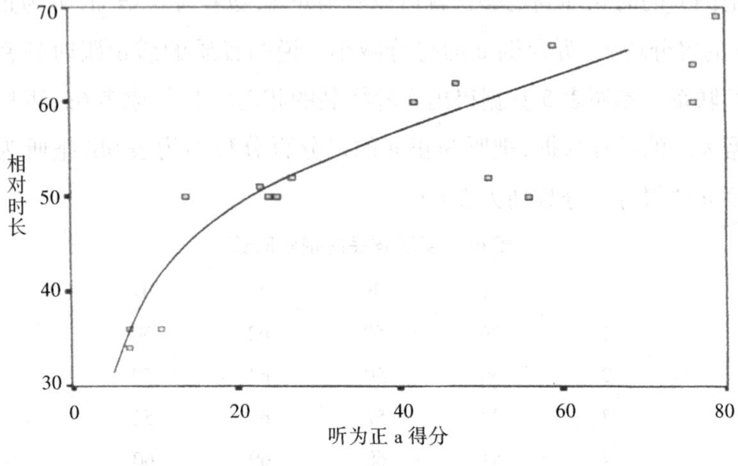

图 6 实验样品的相对时长跟听辨得分之间的数据散点图

品的相对时长跟听辨得分之间的相关系数来做一个考察。下面的图 6 是表 3a 跟表 3b 之间的相关散点图形。计算表明，实验语音样品中元音的相对时长跟听辨为正 a 的得分统计数据之间的相关系数是 r=0.852，为正相关；跟听辨为倒 ɐ 的得分统计数据之间的相关系数是 r=-0.852，为负相关。都在显著等级之上。

2.4.2　按发音语境分组对照

为了在相同的语境条件下考察正 a 和倒 ɐ 的得分情况，先参照表 3a 中的数据作出相对时长统计图（见图 7a），再根据表 3b，c 的数据按发音语境分组做出图 7b 和图 7c。

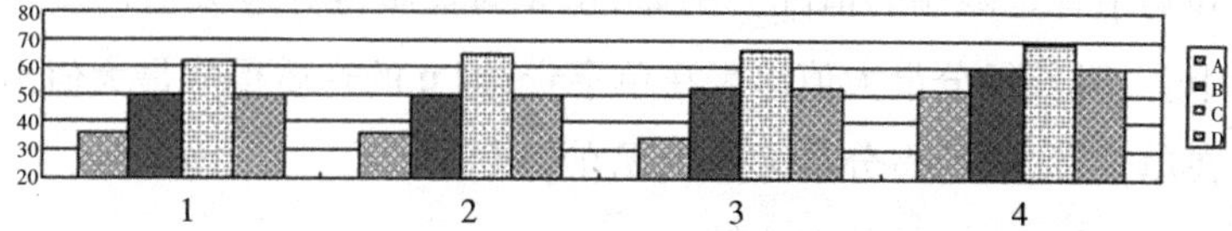

图 7a　相对时长统计图

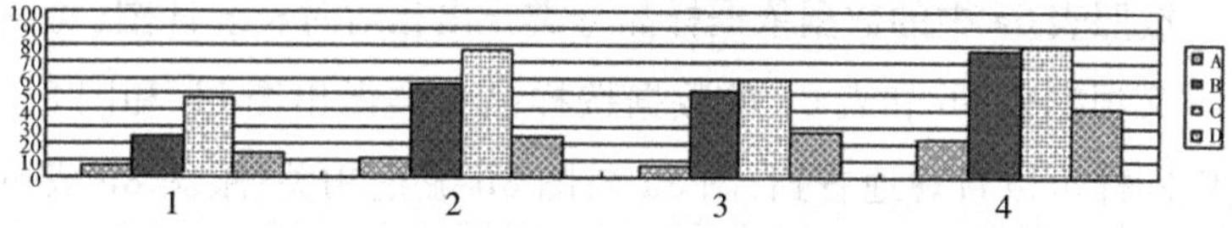

图 7b　听为正 a 的得分统计图（按语境分组）

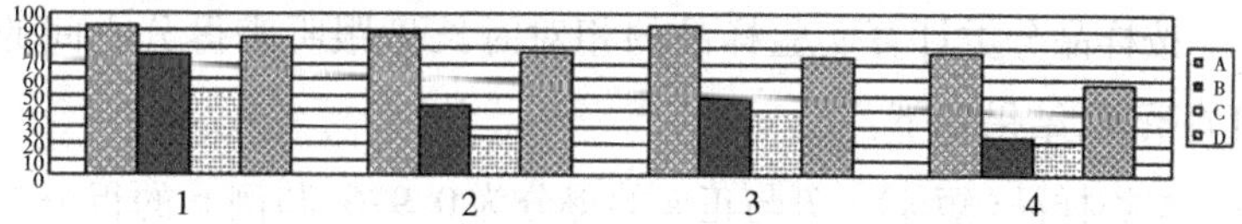

图 7c　听为倒 ɐ 的得分统计图（按语境分组）

从以上三个图中，可以直观地看到，听为正 a 的得分统计图与相对时长成正相关；听为倒 ɐ 的得分统计图与相对时长成负相关。同时，听为正 a 的得分统计图与听为倒 ɐ 的得分统计图也是负相关,实际是两幅图互补,表现出听辨判断的此消彼长。

分语境计算实验样品的相对时长 T 跟听辨得分之间的相关系数,结果如下:

单字音 T 与正 a 的得分为 0.919,与倒 ɐ 的得分为 -0.928;

前字音 T 与正 a 的得分为 0.895,与倒 ɐ 的得分为 -0.890;

后字音 T 与正 a 的得分为 0.908,与倒 ɐ 的得分为 -0.901;

句中音 T 与正 a 的得分为 0.842,与倒 ɐ 的得分为 -0.842。

单字音的相关系数值最大,句中音的相关系数值最小。前字音和后字音的情况则是中间状态。我们的统计数据也表明:单字音和句中音是两端的情况。例如,正 a 的音质得分最大值出现在句中音,时长得分最大值出现在单字音;倒 ɐ 的音质得分最大值出现在单字音,时长得分最大值出现在句中音。

2.4.3 按样品分类比较

按照表 6a 中的数据依据样品分类作出相对时长统计图(见图 8a),又根据表 6b 和表 6c 的数据按样品分类做出图 8b 和图 8c。我们同样可以直观地看到,图 8a 与图 8b 成正相关;跟图 8c 成负相关。图 8b 和图 8c 互补。

按样品分类计算实验样品的相对时长 T 跟听辨得分之间的相关系数,结果如下:

A 类样品(短 a) T 与正 a 的得分为 0.976,与倒 ɐ 的得分为 -0.976;

B 类样品(均 a) T 与正 a 的得分为 0.794,与倒 ɐ 的得分为 -0.784;

C类样品(长ɐ) T与正a的得分为0.689,与倒ɐ的得分为

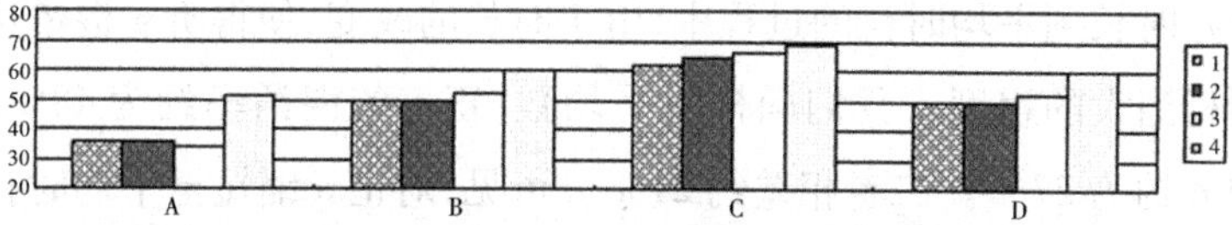

图 8a　相对时长统计图(按样品分类)

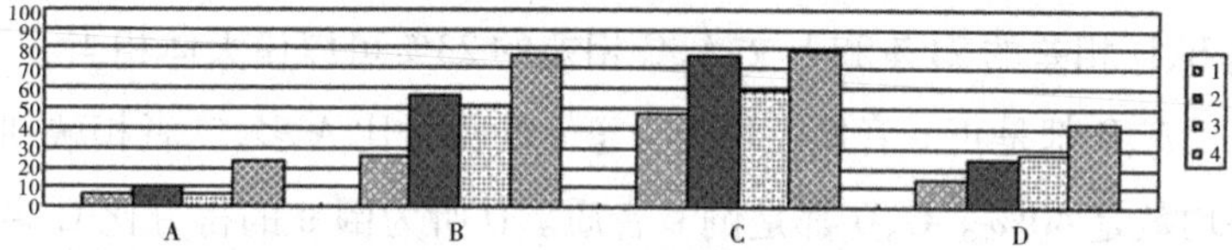

图 8b　听为正 a 的得分统计图(按样品分类)

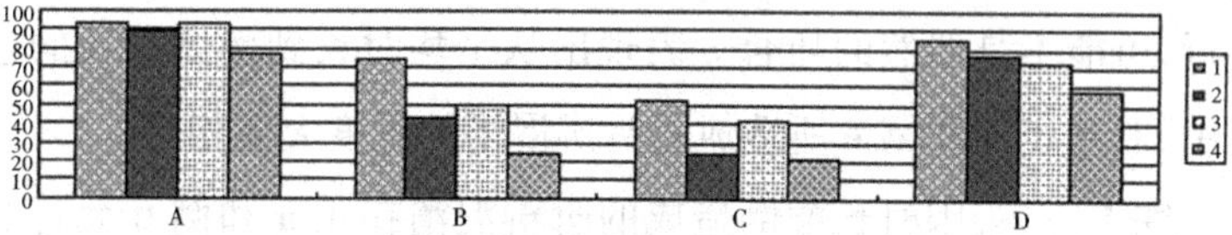

图 8c　听为倒 ɐ 的得分统计图(按样品分类)

-0.683;

D 类样品(均 ɐ)　*T* 与正 a 的得分为 0.928,与倒 ɐ 的得分为 -0.938。

A 的相关系数值最大,C 的值最小。A 和 C 都是时长颠倒的样品,时长颠倒使得听辨混淆。如果分别把二者的平均数作为混淆率的指标,把 A 的正 a 听为倒 ɐ 的平均得分是 88%;把 C 的倒 ɐ 听为正 a 的平均得分是 65%。根据实验设计,A 所缩短的时长跟 C 所增加的时长是相等的,可是二者的听辨混淆率却相差约 23%。这说明缩短元音时长听为倒 ɐ 比增加时长听为正 a 的作用更大。下面再作深入考察。

B 和 D 都是平均时长的样品。可以认定,在原始时长的条件下,正 a 和倒 ɐ 元音的听辨不会混淆,得分都会是 100% 正确。从原始时长到平均时长的过程中，由于时长的改变，使得听辨混淆达到相当大的程度。我们同样取平均数，正 a 的混淆率约为 48%，倒 ɐ 约为 27%。二者相差约 21%。可见，对正 a 缩短至平均时长所造成的听辨混淆大于对倒 ɐ 增加至平均时长所造成的混淆。这里 B、D 相差的 21% 和上文 A、C 相差的 23% 可以说大体相当。

A、B 都是正 a 音质。B 听为正 a 的得分比 A 多，二者相减，取平均数是 40%。C、D 都是倒 ɐ 音质。D 听为倒 ɐ 的得分比 C 多。二者相减，取平均数约为 39%。A、B 的 40% 和 C、D 的 39% 如此接近，可能不是偶然的巧合。表现出从平均时长到颠倒时长的过程中，对于正 a 和倒 ɐ 所造成的听辨混淆的程度大体相同。

综上所述，因时长颠倒造成的听辨混淆在正 a 和倒 ɐ 元音之间出现的不平衡主要产生在从原始时长到平均时长的过程中。从平均时长到颠倒时长的过程中，二者则是大体平衡的。

2.4.4 单字音对照

单字音没有前后音的影响，语义的干扰也较少。如果时长的作用是听辨的决定因素，就应该是 1A 都听为倒 ɐ，1C 都听为正 a。实际结果却是 1A 绝大多数都听为倒 ɐ；1C 则只有微弱多数听为倒 ɐ，落入音位模糊区。这就是说，倒 ɐ 的时长是听为倒 ɐ 的决定因素；正 a 的时长却不是听为正 a 的决定因素。可见时长的作用对于正 a 和倒 ɐ 并不对称，正 a 和倒 ɐ 具有不同的听辨特征。

我们把香港粤语单字音的听辨结果（石锋、刘艺 2000）按照本文方式列表对照。（见表 7）对两位香港粤语发音人时长颠倒的单字音进行听辨测试，把短 a 的 X 类（相当于 1A）听为倒 ɐ 的减时得分是 84%，把长 ɐ 的 Y 类（相当于 1C）听为倒 ɐ 的音质得分只是 56%。这可以对应于表 4 中 1A 听为倒 ɐ 的减时得分 93%，1C 听为倒 ɐ 的音质得分 53%。证明广州话的正 a 和倒 ɐ 元音在单字音的听辨结果跟香港粤语的结果具有相同的趋势。

表 7　香港粤语的实验结果(%)

(1A)	听为 a	听为 ɐ	其他
X[ă]	6　甲 4–乙 8	84　甲 83–乙 85	10　甲 13–乙 7
(1C)	听为 a	听为 ɐ	其他
Y[ɐː]	31　甲 16–乙 45	56　甲 74–乙 39	13　甲 10–乙 16

表 8　香港粤语元音字内相对时长

发音人	甲			乙		
项目	韵母	元音	%	韵母	元音	%
正 a	304	191	63%	646	479	74%
倒 ɐ	259	96	37%	440	159	36%

字间相对时长(甲)191 : 96 = 2 : 1　　(乙)479 : 159 = 3 : 1

对于甲、乙二人得分的差异，当时只用字间相对时长做了说明。现在再用字内相对时长来说明，以增加说服力。从表 8 可以得出：发音人甲的 X 类样品相对时长为 37%，Y 类样品相对时长为 63%；发音人乙的 X 类元音相对时长为 36%，Y 类元音相对时长为 74%。表 7 中发音人甲、乙的 X 类正 a 听辨为倒 ɐ 的结果分别为 83% 和 85%，大体一致。这是因为二人的 X 类元音相对时长相差无几，分别是 37% 和 36%。而他们的 Y 类倒 ɐ 听辨为正 a 的得分之所以会出现 16% 与 45% 的较大差异，是由于二人的 Y 类元音相对时长也有较大差异，分别是 63% 和 74%。

2.4.5 句中字音和前后字音的听辨

句子的发音较快,相邻语音的影响和语义的干扰作用要强一些。发音较快就会使长短元音的相对差距缩小,造成长、短元音在韵母中的比重都有增加,因而相对时长加大。4A 的相对时长为 51%,高于其他语境 15% 以上;4C 的相对时长为 69%,在各种语境中也是最高的。这样既减弱了正 a 元音的减时效果,又增强了倒 ɐ 元音的增时效果。结果就是:句中字音在四类语音样品听辨为正 a 的得分都是最高分。

元音的听辨跟声调的听辨一样,也是要在一定的格局中进行的。由于相邻语音有不同元音的发音,相邻音节中的语音在听感中形成的总体印象为音质判断提供了参照,有助于提高元音音质的辨识水平。语音环境的条件是元音听辨的重要因素,我们可以从第 10 组实验句的听辨结果来进一步证明。

10. “今朝有冇买米啊(今天早上买米了吗)?

—今朝有冇米买啊(今天早上有米买吗)?”

句中“买”是正 a,“米”是倒 ɐ。两字连读,元音听辨具有即时对比,所以音质得分大为提高,占绝对优势。(见表 9)

表 9 “买米”和“米买”的听辨结果(%)

买米	音质得分	时长得分
10A	77	23
10B	90	10

米买	音质得分	时长得分
10C	90	10
10D	99	1

2.4.6 个别得分异常的情况

前字音和后字音的听辨会有相邻字音的影响,还有语义的倾斜作用。语义的倾斜作用有时会表现为个别得分异常的情况。得分异常也可能有语音结构上的原因。

参照附录的发音表和得分表可以看到，单字音 C 类表现出韵尾的影响：1-4 是元音尾，倾向于音质得分，5-8 是鼻音尾，倾向于时长得分，9 和 10 是塞音尾，表现居中。后字音 C 类也是大多数鼻音尾（5、6、7、10）比元音尾（1、2、3、4、9）更倾向于音长得分（没有入声），只有 8 是例外，也许是因为“大亨”比“大坑”更受欢迎。单字 D(9、10)入声的时长得分比其他字稍高，可能跟塞音尾不发声有关。

有些可能有语义倾斜的因素，如前字 7b“衫里”接受度不及“心理”（对年轻人来说）。句中 9c“瞓够”不及“瞓觉”用得多。

有个别字表现总是异常，如“考”，除单字 4a 外，都较倾向于仍被听为“考”（句中 4b 表现不突出）。语义方面，“考试”对“口试”、“大考”对“大口”，似乎“考”比“口”更顺些。不过“口”字除在句中 4c 之外，都是仍被听为“口”（在句中 4c 中也相对不是十分倾向于“考”）。好像只可以说在“考”与“口”这个对立中，音质起的作用更大些。

2.5 结论与讨论

听辨实验表明，广州话的正 a 和倒 ɐ 元音在音质上有相当大的一致性，差异很小。正 a 和倒 ɐ 元音之间的对立包含了语音的时长和音质两个方面的因素。

在短元音的听辨中，音质的作用较小；在长元音的听辨中，音质的作用较大。音质方面的作用会随着音长差异的增大而减弱。

元音的相对时长对于听辨得分有决定性影响。元音的相对时长与听辨为正 a 的得分成正相关，与听辨为倒 ɐ 的得分成负相关，并且相关程度很高。

因时长颠倒造成的听辨混淆在正 a 和倒 ɐ 元音之间出现的不平衡主要产生在从原始时长到平均时长的过程中。从平均时长到颠倒时长的过程中，二者则是大体平衡的。

不同的语境条件对于听辨得分也有重要影响。正 a 的音质得分最大值出现在句中音，时长得分最大值出现在单字音；倒 ɐ 的音质得分最大值出现在单字音，时长得分最大值出现在句中音。所以，在四种语境之中，听辨为正 a 的最高分都是句中音，听辨为倒 ɐ 的最高分都是单字音。前字音和后字音的情况都是中间状态。

音长和音质都不能完全概括广州话正 a 和倒 ɐ 的区别，那应该用什么特征来概括呢？余霭芹（1972）用［tense］特征。麦耘（1998）用［紧张性］特征。紧张则音时长、开口度大、同时发音清晰，应是讲得通的。

附录

一　广州话长短 a 元音实验发音表

（每一对横线前为长 a 字，后为短 ɐ 字）

一、单字音：（方括号内是对比字的声母和韵尾，下同）

1.［k-i］街—鸡　　2.［s-i］晒—细　　3.［kw-i］怪—贵

4.［h-u］考—口　　5.［f-n］翻—分　　6.［l-m］蓝—林

7.［s-m］衫—心　　8.［h-ng］坑—亨　　9.［t-t］达—突

10.［k-p］夹—眨（盯着看）

二、多字组前字：

1. 街尾（街道尽头）—鸡尾（鸡屁股）　　2. 晒被（晒被子）—细被（小被子）

3. 怪人—贵人　　4. 考试—口试

5. 翻开—分开

6. 蓝小姐—林小姐

7. 衫里(衣服里子)—心理

8. [l-u]捞出嚟—流出嚟

9. [t-i]大个(长大)—第个(别人)

10. 夹实(夹紧)—眼实(紧紧盯住)

三、两字组后字:

1. 食街(食品街)—食鸡(吃鸡)

2. 好晒(很晒)—好细(很小)

3. 好怪(很怪)—好贵(很贵)

4. 大考—大口

5. 打翻—打分

6. 姓蓝—姓林

7. 花衫(花衣服)—花心(用心不专)

8. 大坑—大亨

9. [k-u]瞓觉(睡觉)—瞓够(睡够)

10. [p-n]出版—出品

四、句子:

1. 边道系街尾你知唔知啊(哪儿是街道尽头你知道吗)?
—边道系鸡尾你知唔知啊(哪儿是鸡屁股你知道吗)?

2. 嗰个地方晒到不得了(那地方晒得很)。
—嗰个地方细到不得了(那地方小得很)。

3. 我从来唔买咁怪嘅衫(我从来不买这么怪的衣服)。
—我从来唔买咁贵嘅衫(我从来不买这么贵的衣服)。

4. 我哋英语考试系几时(我们英语考试是几时)?
—我哋英语口试系几时(我们英语口试是几时)?

5. 唔好翻开嗰沓纸(不要翻开那叠纸)。
—唔好分开嗰沓纸(不要分开那叠纸)。

6. 我睇见蓝小姐上咗楼(我看见蓝小姐上了楼)。
—我睇见林小姐上咗楼(我看见林小姐上了楼)。

7. 你冇衫就唔好去喇(你没有衣服就不要去了)。
—你冇心就唔好去喇(你要没这个意思就不要去了)。

8. [w-n]你唔好玩佢喇(你别要他了)。
—你唔好揾佢喇(你别找他了)。

9. 你瞓觉未啊(你睡觉了吗)?
—你瞓够未啊(你睡够了吗)?

10. [m-i]今朝有冇买米啊(今天早上买米了吗)?
—今朝有冇米买啊(今天早上有米买吗)?

［注］此句“买”长 a，“米”短 ɐ。

说明：每部分的 1、2、3、4、5、6、7 都是同一对字的对比。为同一字对比的还有：第一、三部分的 8，第三、四部分的 9，第一、二部分的 10。第四部分句子中对比的词与第二部分相同的有 1、4、5、6，与第三部分相同的有 9。

二 广州话发音字音时长数据表（单位：毫秒）

	a			ɐ			平均值		
样品	元音	韵尾	总长	元音	韵尾	总长	元音	韵尾	总长
11	191	199	390	127	217	344	159	208	367
12	300	118	418	185	183	368	243	151	394
13	331	138	469	177	196	373	254	167	421
14	303	105	408	192	172	364	248	138	386
15	245	185	430	121	253	374	183	219	402
16	300	143	443	106	244	350	203	193	396
17	237	197	434	97	252	349	167	224	391
18	243	231	474	84	363	447	163	297	460
19	248		(248)	125		(125)	186		(186)
110	248		(248)	82		(82)	165		(165)
单字平均	265	165	433	130	235	373	197	200	403
21	188	133	321	99	171	270	144	152	296
22	212	61	273	120	146	266	166	103	269
23	211	70	281	106	106	212	159	88	247
24	210	114	324	129	153	282	170	134	304
25	190	123	313	78	218	296	134	170	304
26	168	114	282	68	200	268	118	157	275
27	200	150	350	76	220	296	138	185	323

28	170	102	272	90	186	276	130	144	274
29	230	126	356	96	237	333	163	182	345
210	184		(184)	62		(62)	123		(123)
前字平均	196	110	308	92	182	277	144	146	293
31	190	104	294	104	178	282	147	141	288
32	216	130	346	98	186	284	157	158	315
33	260	94	354	108	166	274	184	130	314
34	200	122	322	124	134	258	162	128	290
35	208	152	360	78	250	328	143	201	344
36	260	92	352	74	124	198	167	108	275
37	252	154	406	80	226	306	166	190	356
38	228	136	364	78	240	318	153	188	341
39	256	108	364	126	190	316	191	149	340
310	258	116	374	102	180	282	180	148	328
后字平均	233	121	354	97	187	284	165	154	319
41	152	58	210	66	132	198	109	95	204
42	156	44	200	78	60	138	117	52	169
43	158	48	206	84	70	154	121	59	180
44	82	70	152	46	76	122	64	73	137
45	96	42	138	54	68	122	75	55	130
46	92	80	172	42	96	138	67	88	155
47	108	90	198	58	84	142	83	87	170
48	168	46	214	88	120	208	128	83	211
49	100	46	146	82	54	136	91	50	141
410a	102	46	148	76	72	148	89	59	148

410b	104	26	130	64	42	106	84	34	118
句中平均	120	54	174	83	79	162	102	67	169

说明：语音样品的编号，是根据发音表：开头的1表示单字音，2是前字音，3是后字音，4是小句中的字音；后面的1–10分别代表发音字表中的第1到第10对例字。

三 广州话实验字音听辨得分数据表

一、正 a 音值的 A 类和 B 类样品

(1) 单字音

单字	听为 a	听为 ɐ	不能分辨
1a	7+8	21+23	0+1
2a	2+1	26+31	0+0
3a	0+0	28+32	0+0
4a	2+2	26+30	0+0
5a	1+2	27+30	0+0
6a	0+1	28+31	0+0
7a	2+2	26+30	0+0
8a	1+2	27+30	0+0
9a	3+0	24+32	1+0
10a	1+5	27+27	0+0
合计	19+23	260+296	1+1
%	6.8+7.2	92.9+92.5	0.3+0.3

单字	听为 a	听为 ɐ	不能分辨
1b	19+12	8+19	1+1
2b	2+10	26+22	0+0
3b	2+2	26+30	0+0

4b	17+6	11+26	0+0
5b	7+7	21+25	0+0
6b	8+10	20+21	0+1
7b	2+3	26+28	0+1
8b	6+5	22+27	0+0
9b	10+8	18+24	0+0
10b	6+6	22+26	0+0
合计	79+69	200+248	1+3
%	28.2+21.6	71.5+77.5	0.3+0.9

(2)前字音

前字	听为 a	听为 ɐ	不能分辨
1a	0+5	28+26	0+1
2a	0+4	28+28	0+0
3a	1+2	27+30	0+0
4a	18+17	10+15	0+0
5a	0+0	28+32	0+0
6a	0+3	28+29	0+0
7a	0+2	28+30	0+0
8a	0+1	28+31	0+0
9a	8+0	20+32	0+0
10a	3+0	25+32	0+0
合计	30+34	250+285	0+1
%	10.7+10.6	89.3+89.1	0+0.3

前字	听为 a	听为 ɐ	不能分辨
1b	21+20	7+12	0+0
2b	22+26	6+6	0+0
3b	22+17	6+15	0+0
4b	26+31	2+1	0+0
5b	15+4	12+26	1+2
6b	13+18	15+14	0+0
7b	8+8	20+24	0+0
8b	14+5	14+27	0+0
9b	21+14	7+16	0+2
10b	17+10	11+22	0+0
合计	179+153	100+163	1+4
%	63.9+47.8	35.8+50.9	0.3+1.3

(3)后字音

后字	听为 a	听为 ɐ	不能分辨
1a	0+0	28+32	0+0
2a	0+0	28+32	0+0
3a	1+0	27+32	0+0
4a	19+17	9+15	0+0
5a	0+2	28+30	0+0
6a	0+1	28+31	0+0
7a	0+0	28+32	0+0
8a	0+0	28+32	0+0
9a	1+0	27+32	0+0
10a	0+0	28+32	0+0
合计	21+20	259+300	0+0
%	7.5+6.3	92.5+93.7	0+0

后字	听为 a	听为 ɐ	不能分辨
1b	11+6	17+26	0+0
2b	15+10	13+21	0+1
3b	5+3	23+29	0+0
4b	26+17	2+15	0+0
5b	20+26	8+6	0+0
6b	22+24	6+8	0+0
7b	7+12	21+20	0+0
8b	21+15	7+17	0+0
9b	10+7	18+25	0+0
10b	25+19	3+13	0+0
合计	162+139	118+180	0+1
%	57.9+43.4	42.1+56.3	0+0.3

(4)句中音

句中	听为 a	听为 ɐ	不能分辨
1a	2+0	26+32	0+0
2a	1+0	27+32	0+0
3a	1+1	27+31	0+0
4a	20+26	8+6	0+0
5a	4+2	24+30	0+0
6a	1+0	27+32	0+0
7a	10+5	18+27	0+0
8a	0+0	28+32	0+0
9a	24+27	4+5	0+0
合计	63+61	189+227	0+0
%	25+21.2	75+78.8	0+0

句中	听为 a	听为 ɐ	不能分辨
1b	22+26	6+6	0+0
2b	26+32	2+0	0+0
3b	22+31	6+1	0+0
4b	19+21	9+11	0+0
5b	23+20	5+12	0+0
6b	22+17	6+15	0+0
7b	27+25	1+7	0+0
8b	12+12	16+20	0+0
9b	27+27	1+5	0+0
合计	200+211	52+77	0+0
%	79.4+73.3	20.6+26.7	0+0

二、倒 ɐ 音值的 C 类和 D 类样品

(1)单字音

单字	听为 a	听为 ɐ	不能分辨
1c	3+4	25+28	0+0
2c	5+10	23+22	0+0
3c	7+10	21+16	0+6
4c	5+1	23+31	0+0
5c	21+15	7+17	0+0
6c	22+24	5+8	1+0
7c	21+16	7+14	0+2
8c	24+30	4+2	0+0
9c	21+16	7+16	0+0
10c	18+6	10+26	0+0
合计	147+132	132+180	1+8
%	52.5+41.3	47.2+56.2	0.3+2.5

单字	听为 a	听为 ɐ	不能分辨
1d	0+0	28+32	0+0
2d	0+1	28+30	0+1
3d	0+3	26+29	2+0
4d	1+0	27+29	0+3
5d	3+4	25+28	0+0
6d	5+0	23+32	0+0
7d	3+2	25+30	0+0
8d	10+5	18+27	0+0
9d	14+10	14+22	0+0
10d	12+12	16+20	0+0
合计	48+37	230+279	2+4
%	17.2+11.6	82.2+87.2	0.6+1.2

(2)前字音

前字	听为 a	听为 ɐ	不能分辨
1c	22+17	6+15	0+0
2c	28+29	0+3	0+0
3c	22+29	5+3	1+0
4c	12+13	16+19	0+0
5c	26+31	2+1	0+0
6c	25+23	3+9	0+0
7c	21+24	7+8	0+0
8c	23+21	5+11	0+0
9c	25+28	3+4	0+0
10c	15+20	13+12	0+0
合计	219+235	60+85	1+0
%	78.2+73.4	21.5+26.6	0.3+0

前字	听为 a	听为 ɐ	不能分辨
1d	1+2	27+30	0+0
2d	20+23	8+9	0+0
3d	3+7	25+23	0+2
4d	2+4	26+28	0+0
5d	7+9	20+23	1+0
6d	2+2	26+30	0+0
7d	7+4	21+28	0+0
8d	6+11	22+21	0+0
9d	10+7	18+25	0+0
10d	6+11	22+21	0+0
合计	64+80	215+238	1+2
%	22.9+25	76.8+74.4	0.3+0.6

(3)后字音

后字	听为 a	听为 ɐ	不能分辨
1c	13+14	15+18	0+0
2c	16+18	12+14	0+0
3c	5+4	23+28	0+0
4c	5+9	23+23	0+0
5c	28+31	0+1	0+0
6c	27+29	1+3	0+0
7c	25+30	3+2	0+0
8c	0+0	28+32	0+0
9c	17+25	11+7	0+0
10c	27+32	1+0	0+0
合计	163+192	117+128	0+0
%	58.2+60	41.8+40	0+0

后字	听为 a	听为 ɐ	不能分辨
1d	0+0	28+32	0+0
2d	1+1	27+31	0+0
3d	5+0	23+32	0+0
4d	0+2	28+30	0+0
5d	16+23	12+9	0+0
6d	9+9	19+23	0+0
7d	20+19	8+13	0+0
8d	13+12	15+20	0+0
9d	3+5	25+27	0+0
10d	9+12	19+20	0+0
合计	76+83	204+237	0+0
%	27.1+25.9	72.9+74.1	0+0

(4)句中音

句中	听为 a	听为 ɐ	不能分辨
1c	27+30	1+2	0+0
2c	23+32	5+0	0+0
3c	24+31	4+1	0+0
4c	17+21	11+11	0+0
5c	25+25	3+7	0+0
6c	25+24	3+8	0+0
7c	25+18	3+14	0+0
8c	28+32	0+0	0+0
9c	9+12	19+20	0+0
合计	203+225	49+63	0+0
%	80.6+78.1	19.4+21.9	0+0

句中	听为 a	听为 ɐ	不能分辨
1d	15+21	13+11	0+0
2d	23+16	5+16	0+0
3d	9+11	19+21	0+0
4d	9+10	19+22	0+0
5d	19+16	9+16	0+0
6d	5+4	23+28	0+0
7d	2+2	26+30	0+0
8d	22+24	6+8	0+0
9d	7+9	21+23	0+0
合计	111+113	141+175	0+0
%	44+39.2	56+60.8	0+0

句中 10 的听辨结果。

买米/米买	答案正确	答案错误
10a	23+23	5+9
10b	24+30	4+2
10c	24+30	4+2
10d	28+31	0+1

以上第一栏是答案与原句一致,第二栏是不一致(没有不能分辨者)。+号前是“买米”在前,+号后是“米买”在前。

三　北京话儿化韵的声学表现①

3.1　引言

儿化韵是北京话基础单字音系统的一个派生子系统。儿化是一种词汇——语音现象。儿化韵由儿尾词发展而成，在这种合音变化中，改变了前字原来的韵母，产生出一整套韵尾为卷舌音的新韵母，即儿化韵。北京话儿化韵的分合类别已经有很多学者论及，有老派、新派之分，有早期、晚期之别。共同的见解是：北京话的单字音系统跟儿化韵的派生音系统之间具有规则性的分合对应关系。

在对于儿化韵的众多研究中，王理嘉、贺宁基（1985）用现代方法所做的"北京话儿化韵的听辨实验和声学分析"，李思敬（1986）从历史的考察写出的《汉语"儿"音史研究》，以及王洪君（1999）对于儿化韵所做的音系学分析都是引人注目的。

这里在已有的研究成果的基础上考察北京话儿化韵的声学表现。资料来源为《现代汉语方言音库》（侯精一主编，上海教育出版社，1998）中的《北京话音档》（林焘、周一民、蔡文兰），发音人是周一民。分析中使用了计算机语音分析系统"桌上语音工作室"（专业版）进行实验、测算、作图。

① 原文发表于《南开语言学刊》2003 年第 2 期。

3.2 语图和声位图

宽带语图是考察语音音质特征的重要依据，语图中的横轴表示时间，纵轴表示频率，能量的大小用图形颜色的深浅程度来表示，深色的宽横杠就是共振峰的图形。一般认为第一共振峰（F1）和第二共振峰（F2）对于元音的音质有决定的意义。第三共振峰（F3）跟舌尖的卷舌发音相联系。舌尖上翘越高，卷舌色彩越重，F3 就越低，也就使第二、第三共振峰接近。

利用语音实验测得元音的共振峰频率，可以绘制声学元音图，又称声位图。以元音的第一共振峰（F1）的频率为 y 轴坐标，第二共振峰（F2）的频率为 x 轴坐标。为了接近实际的听感距离，对 x 轴用对数标度，y 轴用线性标度，并把坐标的零点设在右上角。声学元音图和发音舌位图在相对位置上大致对应。单元音在声位图上表现为一个点，复合元音为一条曲线。儿化韵具有复合元音性质，利用声位图来进行考察是很方便的。

李思敬（1986）最先提出儿化韵有韵母拼合型与韵尾化合型两种构音方式，并且曾用宽带语图的实验测试加以证明。现在看来，论据可以更加充足。王理嘉、贺宁基（1985）利用声位图分析，设计儿化韵的韵尾收拢区，把北京儿化韵分为/ar、ər、ur、εr/ 四类。我们拟在李、王、贺的研究基础上进行补充及修正。

我们对全部儿化发音样品和对应的单字音发音样品都作出语图和声位图。经过对照分析，把儿化韵依声学表现分为三类：拼合型、融合型、鼻化型。其中，鼻化型可以与拼合型共现，也可以与融合型共现。

儿化是整个韵母的动态发音过程。不同类别的儿化韵，在语图上主要表现为第三共振峰频率轨迹的高低升降的差异；在声位图上体现为儿尾分布区（即王、贺所谓韵尾收拢区）、舌位动程方向和舌位动程速率的区别。下面分别加以说明。

3.3　拼合型儿化韵的声学表现

拼合型儿化韵有/ər、ar、er/三个。在拼合型儿化韵中，主要元音跟儿化韵尾相互拼合，从主要元音的发音动作迅速向儿化韵尾

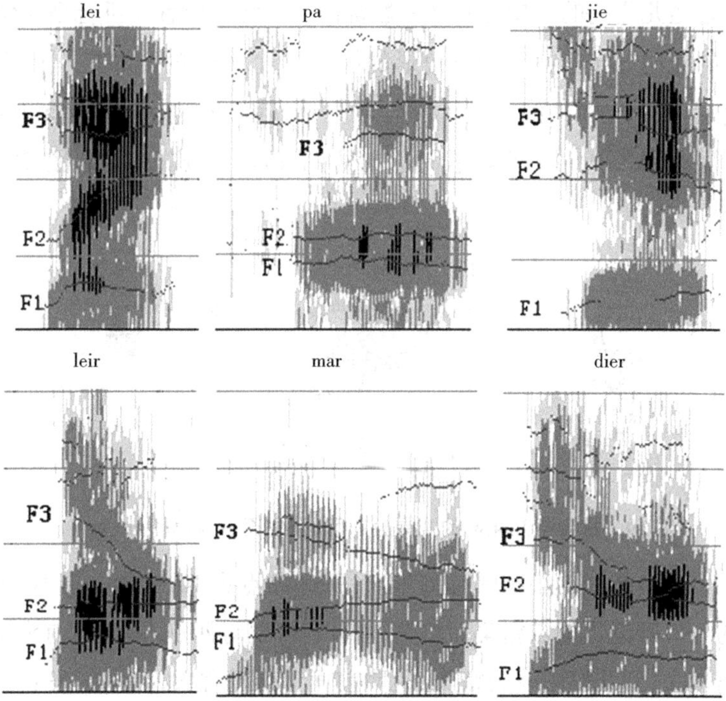

图 9　拼合型儿化韵的语图图例（下面是儿化韵，上面是对应的单字音韵母）

发音动作过渡,舌位和声腔都有较大变化。表现在语图上,F3 的频率有一条明显的从高向低的下降曲线,表明发音过渡的舌位动程。(见图 9)

拼合型儿化韵在声位图上的表现:结尾处都有程度不同的向上弯尾。开口呼的儿化韵母是从下向上弯;齐齿呼是从前上方到中下方再向上弯;合口呼是从后上方到中下方再向上弯;撮口呼是先从前上方到中上方,然后到中下方再向上弯。同一类儿化韵的结尾处彼此接近自成一区,称为儿尾分布区。因为有向上的弯尾,拼合型儿化韵的儿尾分布区一般都高于主元音位置。拼合型儿化韵的儿尾分布区在元音三角形的中央位置,/ər/的分布区在中央偏上,/ar/在中央偏下,/er/则居中。/ər/和/er/的区别是:/ər/的弯尾较大,/er/的弯尾较小。(见图 10。坐标标度见图 20。下同。)

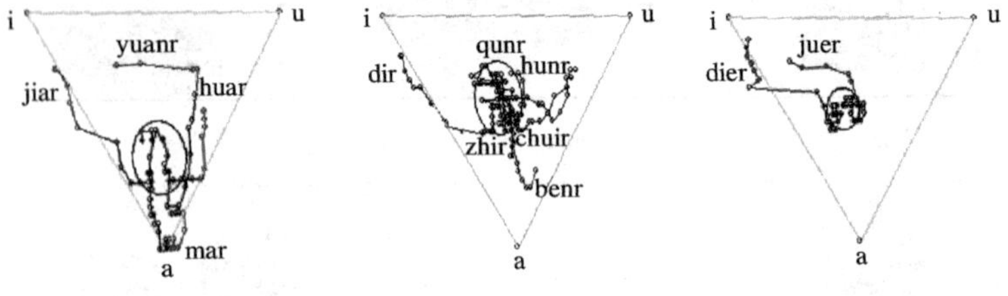

图 10　拼合型儿化韵的儿尾分布区(从左至右为/ar 、ər 、er /)

声位图上的小圆圈是测量点,每一测点为 10 毫秒。图 10 中的开口呼韵母测点密集而均匀;非开口呼韵母测点不均匀,前头距离较大,到儿尾则较为密集,说明前面舌位动程大,儿尾的发音比较稳定。

3.4　融合型儿化韵的声学表现

融合型儿化韵有/ɤr/和/ur/两个。韵母 o 实际上是带韵头的/uɤ/。(石锋 2001)因此 or 实际上是/uɤr/。这在声学实验中有清楚的表现。融合型儿化韵的主要元音都是后元音,舌体后部抬高的同时舌尖向上翘起,主要元音从一开始就跟卷舌韵尾共时发音,其特点是主要元音和卷舌韵尾基本上融合为一个发音动作,

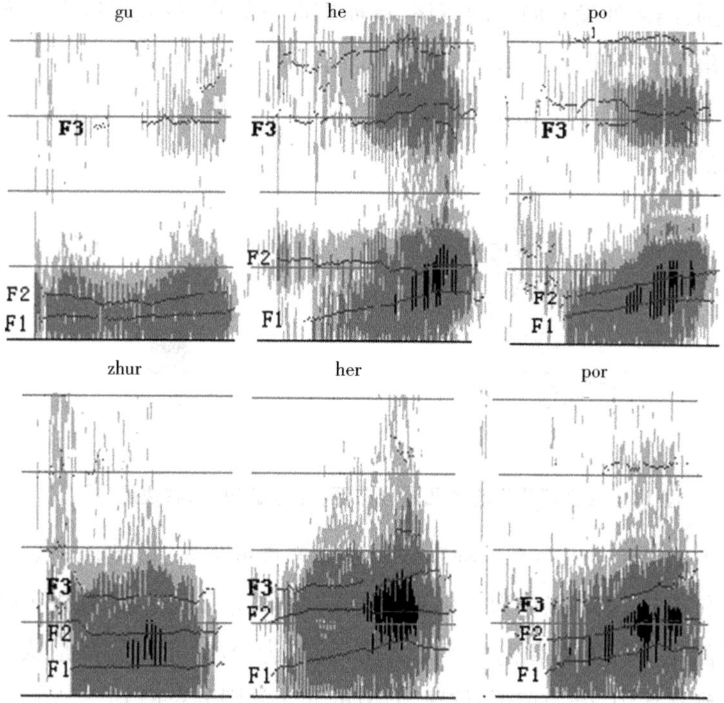

图 11　融合型儿化韵的语图图例(下面是儿化韵,上面是对应的单字音韵母)

而不像拼合型那样有两个发音动作的过渡。融合型的/ur/可以写作/u^{r}/，/ɤr/可以写作/ɤ^{r}/。

表现在语图上，跟对应的单字音韵母相比，融合型儿化韵 F3 的频率轨迹向低频区大幅度下移，轨迹曲线呈水平状或略有上升，表明主要元音跟卷舌韵尾融合为一。其中/u^{r}/的水平状共振峰模式表现出它具有典型的单元音性质。（见图 11）

融合型儿化韵在声位图上的表现跟拼合型儿化韵也有明显的区别：结尾处没有向上的弯尾，反而有向下的直尾；儿尾区在元音三角形的后部，/u^{r}/的分布在后部中区，/ɤ^{r}/则在后部偏下。因为向下延伸，融合型儿化韵的儿尾分布区一般都低于主元音位置。（见图 12）

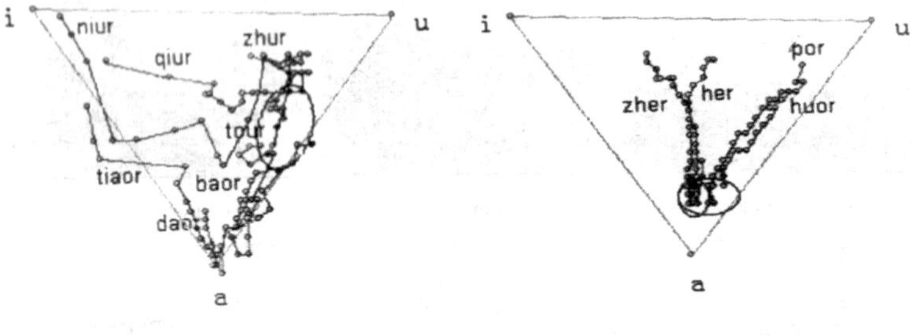

图 12　融合型儿化韵的儿尾分布区（左边是/u^{r}/，右边是/ɤ^{r}/）

融合型的/u^{r}/是一种稳定的单元音性的发音，既可以独立做儿化韵母，也可以作为儿化韵尾。在/u^{r}/的分布区里面，加进了带有韵尾/-u^{r}/的儿化韵发音。其中，韵腹为/a/的儿化韵都是从下方到达区内，分布偏下；韵腹为/ə/的儿化韵则分布偏上。

图 12 中的测点距离有两种情况：/ɤ^{r}/和由单韵母/u/儿化的/u^{r}/测点密集而均匀，表明融合型儿化韵的发音稳定；带有韵尾

/-u^r/的发音则是在结尾处反而距离较大,这说明人们在发音中是把韵尾/-u^r/ 一带而过的。儿化韵/ɤ^r/的发音跟单字音中的/ɤ/一样具有游移性(石锋 2002),在声位图中可以看到相当大的动程。

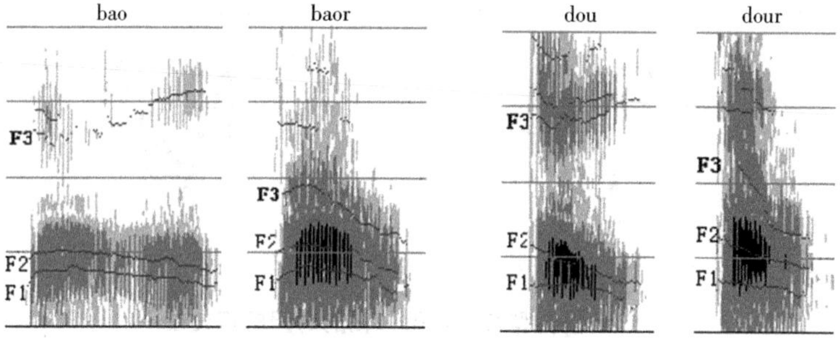

图 13　复合卷舌元音的语图对照

在儿化韵中增加/-u^r/韵尾,符合发音的实际,也使儿化韵的构音不致打破固有的音节结构。这样就造成两个复合的卷舌元音/au^r、əu^r/。图 13 和图 14 是这两个复合卷舌元音的语图和声位图对照情况。可以看出,语图表现出拼合型儿化韵的模式,F3 的频率曲线有明显下降,也就是从主要元音/a、ə/过渡到儿化韵尾/-u^r/。

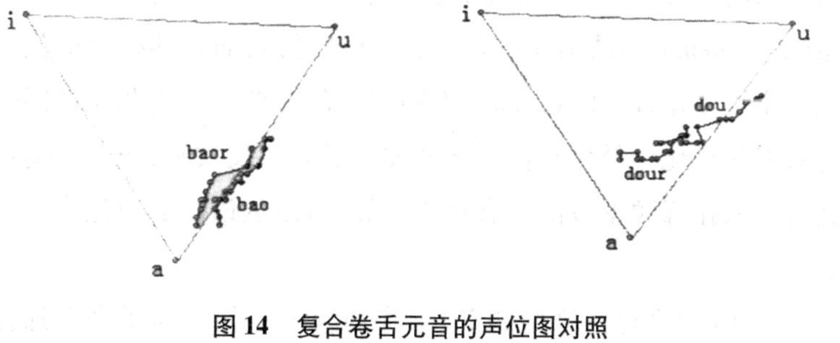

图 14　复合卷舌元音的声位图对照

为了辨别拼合型与融合型儿化韵的差异,图15列出拼合型的/uər、uar/跟融合型的/uɤʳ/对照的声位图。可以从中具体看到弯尾和直尾的区别,以及儿尾分布的不同位置。

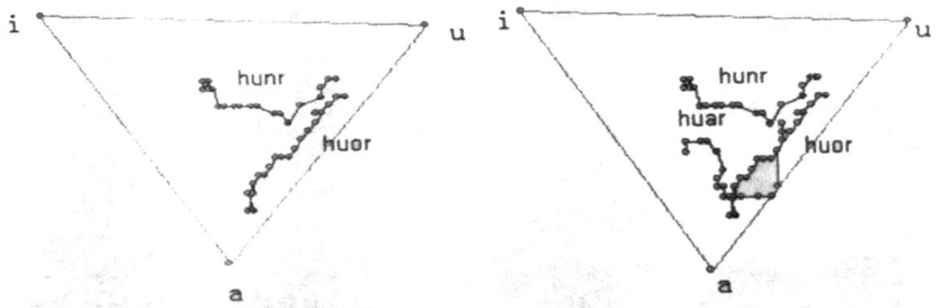

图15 拼合型与融合型儿化韵对照的声位图

(左:/uər、uɤʳ/;右:/uər、uar、uɤʳ/)

3.5 鼻化型儿化韵的声学表现

鼻化型儿化韵有/ãr、ə̃r、ũʳ/三类。鼻化对口腔发音动作影响不大,可以与拼合型共现,也可以与融合型共现。鼻化拼合型的有/ãr、ə̃r/(见图14);鼻化融合型的有/ũʳ/。(见图15)

在对应的单字音语图中,表征鼻音的共振峰断层清晰可见,说明原来的鼻音韵尾发音稳定;儿化之后的语图上没有了共振峰断层(其中kengr的结尾处还有一点断层残留),而且共振峰的位置也发生了变化,F1和F2都有不同程度的改变。说明儿化的同时元音发生鼻化。鼻化元音由于增加了鼻腔的反共鸣,与对应的口元音在共振峰频率数值上有相当差异,可以从语图的对比中直观看到。

图16中鼻化拼合型的F3下降的幅度不如单纯拼合型那样大。这是由于鼻化特征前移到韵腹元音,主元音的鼻化分担了儿

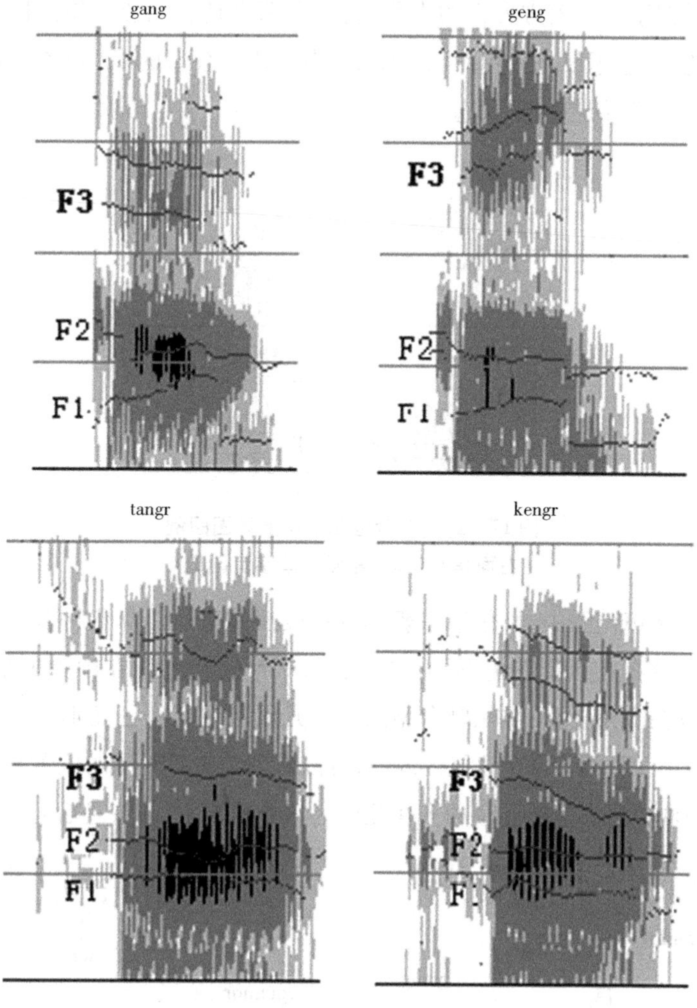

图16　鼻化拼合型儿化韵的语图图例

（下面是儿化韵，上面是单字音韵母）

化的作用，所以儿音尾的卷舌程度会有相当的减弱。这种情况有些类似于一些南方方言的小称变音,在那里是主元音鼻化代替了儿化,在这里仅是分担而已。图 17 中鼻化融合型的 F3 跟单纯融合型一样,保持水平状态。

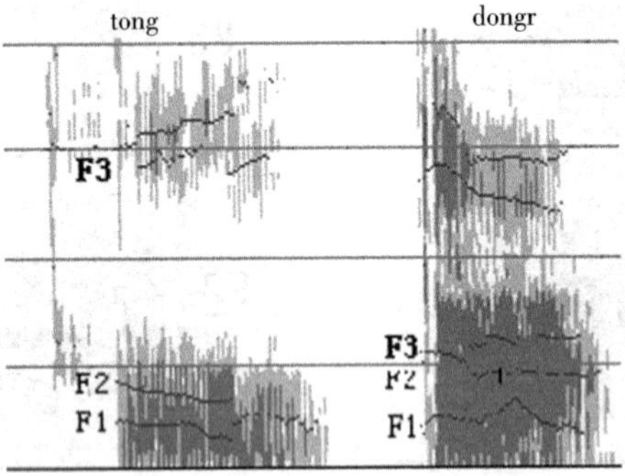

图 17　鼻化融合型儿化韵的语图图例
(右面是儿化韵,左面是单字音韵母)

在声位图中,鼻化型一般都有一段反向弯尾。鼻化拼合型儿尾区分布在元音三角形的中线附近,/ə̃r/的儿尾区在中央偏低,/ãr/在底角上面;鼻化融合型的/ũ˞/儿尾区在元音三角形的后部居中。(见图 18)在儿尾区内部,可以看到韵头对儿尾的位置有一定影响,韵头是前元音的多在儿尾区内靠前靠下,韵头是后元音的

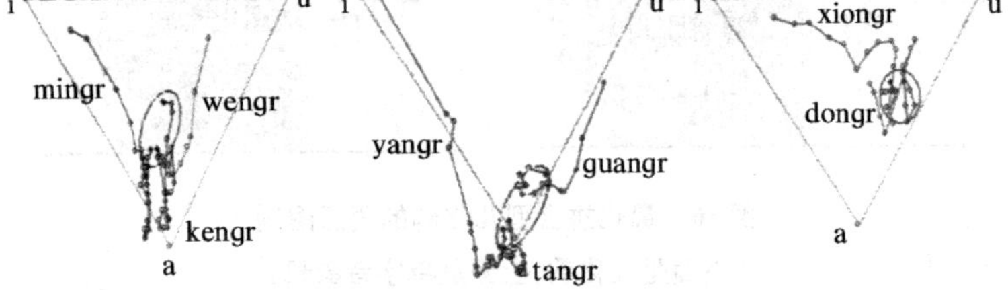

图 18　鼻化型儿化韵的声位图

多在儿尾区内靠后靠上。

3.6　与单字音的对应

我们曾经说明,依据主要元音跟韵母中其他成分组合关系的情况可以划分出不同的层级。(石锋 2001,2002)在这个基础上来分析北京话的儿化韵可能会更为简明清晰。

北京话中出现在单韵母中的一级元音有/ɿ、ʅ、i、u、y、a、ə/。在儿化过程中,前高元音/i、y/和舌尖元音/ɿ、ʅ/跟卷舌发音不能协调共存,都被替换为拼合型的韵母/ər/:/ɿ、ʅ/变为开口呼的/ər/,/i、y/的发音保留在韵头中,分别成为/iər、yər/,这也为把单韵母/i、y/看作带有韵头/i-、y-/的见解(王洪君 1999)提供了派生变化的证据。低元音/a/可以后接卷舌发音成为/ar/。/ə/的实际发音为后元音[ɤ],跟卷舌韵尾协同发音成为融合型的/ɤ˞/。后高元音/u/跟卷舌韵尾协同发音成为融合型的/u˞/。一级元音的儿化就出现了拼合型与融合型的差别,特别是儿化过程派生出了中元音/ə/和/ɤ/的音位对立。

北京话中能够带韵头的二级元音有/i、u、y、a、ə/。其中/i、u、y/的儿化已如前所述。/a/跟一级元音同样变为/ar/,再加韵头成为/iar、uar/。二级元音/ə/有前元音[e]和后元音[ɤ]两个变体,它的变化分为两种:前元音[e]后接卷舌韵尾的发音为/er/,加上韵头成为/ier、yer/;后元音[ɤ]跟卷舌韵尾协同发音为/ɤ˞/,加上韵头成为/uɤ˞/。这里注意,二级元音的儿化过程派生出中元音/e/和/ɤ/的音位对立。

北京话中能够带韵尾的三级元音和既带韵头也带韵尾的四级元音都是/i、u、a、ə/。儿化的关键问题是原来的韵尾是否跟卷舌韵尾的发音相容。前高元音韵尾/-i/和前鼻音韵尾/-n/跟舌尖的卷舌发音不能相容,被替换为/-r/。韵尾/-u/和/-ŋ/的发音都是舌面后部抬高,可以跟舌尖的卷舌发音相容,因此被保留在儿化韵中。韵尾/-u/成为融合型儿音尾/-u^{r}/;韵尾/-ŋ/保留了鼻化特征,使韵腹主元音鼻化。

儿化的卷舌特征是从韵腹开始到韵尾完成的一个完整的发音过程,对韵腹和韵尾的发音协调有严格的制约。儿化韵是在基础单字音韵母的基础上,根据是否能够跟卷舌发音谐调相容而加以取舍分合派生构成的。在儿化韵中,所有的音节一律加上卷舌韵尾,改变了基础单字音系统的中元音音位里面各个变体之间的互补分布关系,增加出大量的同音现象,基础单字音的中元音音位/ə/在儿化韵中一分为三:/ə、ɤ、e/。根据本文的实验分类可以划分出二十五个儿化韵母。如:(详见附录)

拼合型　ar　iar　uar　yar　ər　iər　uər　yər　ier　yer

融合型　ɤ^{r}　uɤ^{r}　u^{r}　au^{r}　iau^{r}　əu^{r}　iə^{r}

鼻化型　ãr　iãr　uãr　ə̃r　iə̃r　uə̃r　ũ^{r}　iũ^{r}

3.7　结语

北京话儿化韵属于基础音系派生出来的一个子系统。儿化韵的表现可以分为三种:拼合型、融合型和鼻化型。在语图及声位图中它们各有不同的声学表现。根据元音层级的划分原则,把主元音为鼻化元音及非鼻化元音的儿化韵分别在声位图上标示出儿尾分布区，可以得到在非鼻化元音中的五类：（见图 19）拼合型的/ar、ər、er/；融合型的/ɤ^{r}、u^{r}/。在鼻化元音中有三类：（见图 20）与拼合型共现的/ãr、ə̃r/；与融合型共现的/ũ^{r}/。（图中/ɤ^{r}、u^{r}、ũ^{r}/的^{r}都标示为 r。）

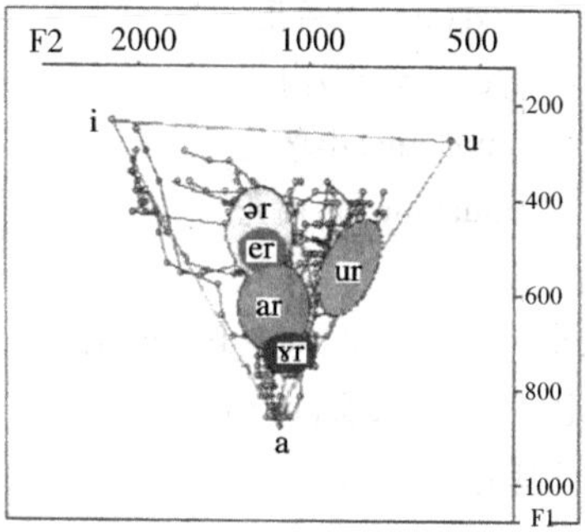

图 19　拼合型及融合型儿化韵的儿尾区

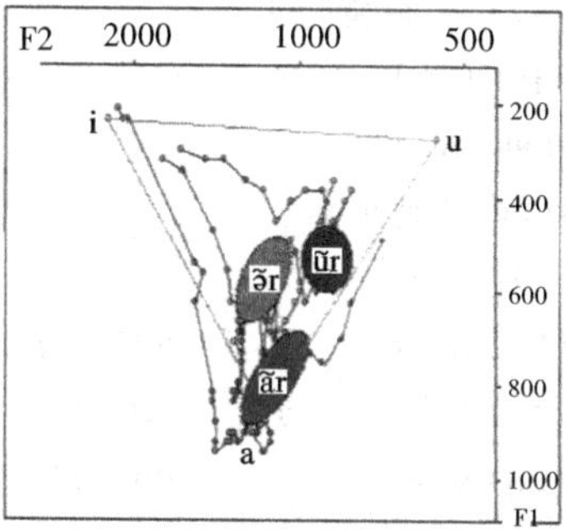

图 20　鼻化型儿化韵的儿尾区

其中/er/的儿尾区分布在/ər/的儿尾区内的下部，/ar/和/ɤ^{r}/的儿尾区也有部分重合的现象。因此有必要加入舌位动程的不同特征以及宽带语图上第三共振峰表现的差异作为区分的依据。这也表明/ər/和/er/以及/ar/和/ɤ^{r}/这两对儿化韵有时会发生混淆，是有声学特征接近的原因。

汉语不同方言中儿化的表现情况并不一样。北京话儿化韵的发音也在变化发展中，不同的说话人对于儿化韵的发音也会有细小的差异。以上仅是根据发音人的语音实际作出分析，以此向上溯源，即是老派或早期；以此向下推演，既是新派或晚期。如有机会，还拟专请老派和新派发音人来做实验分析，庶几信而有征。

附录

所述二十五个儿化韵与单字音韵母的对应情况分别举例如下：

ar(a/ai/an)树杈儿、小孩儿、伙伴儿

uar(ua/uai/uan)花儿、冰块儿、升官儿

ər(ï/əi/ən)树枝儿、小辈儿、花盆儿

uər(uəi/uən)鼓槌儿、嘴唇儿

ɤr(ə)方格儿、窝脖儿

ier(iə)半截儿

aur(au)饭勺儿

əur(əu)叭狗儿

ur(u)小鼓儿

iar(ia/ian)月牙儿、河沿儿

yar(yan)春卷儿

iər(i/iən)家底儿、脚印儿

yər(y/yən)小曲儿、合群儿

uɤr(uə)干活儿

yer(yə)满月儿

iaur(iau)小鸟儿

iəur(iəu)短袖儿

ãr(aŋ)腊肠儿　　uãr(uaŋ)借光儿　　iãr(iaŋ)小羊儿、有亮儿

ə̃r(əŋ)蜜蜂儿　　i ə̃r(iəŋ)门铃儿　　u ə̃r(uəŋ)瓮儿

ũr(oŋ)没空儿　　iũr(ỹr)(yoŋ)小熊儿

四　汉语语调格局在不同语速中的表现①

4.1　声调和语调

关于语调的定义，一般有广义和狭义两种。分析语调的方法和研究的角度也各有不同。这里所讲的语调是指语句的音高随时间变化的类型。这可以跟声调的定义相应。声调是指音节的音高随时间变化的类型。这里涉及了两个因素：音高和时长。实际上其他的因素一般都可以通过音高和音长表现出来。如音强的增强常常伴随着音高的提高和/或时长的加长。

① 原文发表于《中国语言学的新拓展》，香港城市大学出版社，1999 年。

声调和语调密不可分。首先,声调和语调共现于同一条音高曲线,也就是汉语的语调曲线中包含了声调和语调的双重作用。其次,语调的时长是组成语句的各音节时长相加的总和。越来越多的学者重视语音时长在汉语语流中的表现,为汉语语调的研究提供了重要的依据。

如何确定调长是声调和语调分析中的一个基本问题。在调群和语调分析中是不能回避的。弯头降尾是人类发音时声带振动的生理特性造成的。弯头表现了声带从自然状态或前面声调终止状态到当前声调起点的调节变化过程。降尾则表现了声带从当前声调结尾的振动状态到静止放松或下面声调起点的调节变化过程。

关于汉语北京话声调分布域的感知实验表明,北京话单说声调的基本曲拱只跟主要元音有关,即字音声调信息存在于主要元音之中。(林茂灿 1992)因此,弯头和降尾分别跟声母和韵尾相对应。

在连续语流音高曲线中会有升有降,可以把降尾称为弯尾。我们在连读组的音高曲线中直观地看到,浊声母字音的曲线是首尾相连;清声母字音的曲线是在声母处断开的。这是音高曲线中的时间空位。如果把断开的部分用虚线平滑地连接起来,那么这虚线就相当于浊声母字的弯头部分,可以称为虚弯头。因为声母的时长在整个音节中要占 1/3 到 1/2,所以对声母时长的处理要给予适当重视。我们主张在分析中注意声母的清浊对等,以使声韵平行。(石锋 1992)

调群由连读字组中各字的声调连接组合而成。连读变调就出现在调群中。我们分析连读变调是在同一个连读组中以同一个调域为基点的。调群是声调和语调的结合部。(石锋 1990)它既是声调的动态表现,又是语调的组成单元。(吴宗济 1980)把调群作为语调的基本单元,就可以对高低起伏的语调曲线在时间轴上加以分解。

语调的构造,英语中一般可以分为调冠、调头、调核、调尾几个部分。对于汉语语调也可以作同样的划分。(沈炯 1992)这些实际上就是组成语句的不同调群。因为有时候不好区分哪里是调冠调头,哪里是调核调尾,所以我们倾向于在开始的时候先把一个语句的调型曲线一分为二,分为前后两大调群。根据赵元任的主张,可以把前一调群称为调头,把后一调群称为调干。如果调头中有明显的调冠表现,或调干中有明显的调尾表现,再细加分析。这样会使实际的操作简单方便。有些论著所讲的句终语调,其实就是跟这里所说的调尾相联系的。(胡明扬 1987)

关于汉语语调的研究,赵元任(1933)做了很多开创性的工作。如:中性语调和表情语调的区分,声调和语调的叠加,调域的各种变化,以及大波小浪,代数和跟橡皮带的生动比喻,给了我们极大的启迪。近年来,海外和国内的学者对汉语语调进行了各种实验分析,使我们对汉语语调的认识有了一定的深化。加丁和张家騄(1983)采用格栅式语调生成模型分析汉语语调。卢米扬采夫(1972),何霭晨(1976),沈晓楠(1990)等学者也都从不同角度做了汉语语调的分析。国内学者中沈炯(1985,1992,1994)对汉语语调分析做了不少工作,他提出的声调音域、语调构造和语调类型等问题具有重要意义。吴宗济(1982,1984,1988,1990,1992)多年专注于汉语声调和语调的研究,他把连读字组作为语调单元,得出其中的变化规则，对于句子语调进行分段分层以及转调的分析，取得很好的成果。我们就是吸取了各位学者的成果，基于已有的认识水平来进行工作的。

4.2　实验说明

我们请四位普通话发音人分别用慢速、常速、快速三种不同的语速自然地说出下面的几个汉语语句：

a)这棵树上开了几朵花。　　b)那个屋子里有两个人。

c)叫他姑姑来唱歌吧。　　d)请你爸爸去开会吧。

e)你要的是哪本书？　　f)你要的是那本书？

我们所选的六个句子中，平叙句、祈使句和疑问句各有两句。其中疑问句又分为带疑问词和不带疑问词各一句，便于比较不同句子类型的语调表现。

经过录音之后用语图仪进行实验分析，得出音长、音高、音质的数据。语音实验是在南开大学中文系语音学实验室和香港城市大学中文、翻译及语言学系语音实验室分别进行的。

语句的音高曲线在频率轴上的最高点和最低点之间为语句调域。组成语句的各调群也各有调群调域。我们依据语调曲线的波峰（高音点）和波谷（低音点）的音高分布情况划分出前后两个调群，同时可以测得两个调群的调域。

关于音高的测试内容，包括有语句调域，前调群（调头）调域，后调群（调干）调域，前后调群调域的上限（高音线）音程差和下限（低音线）音程差。为了便于对照比较，我们把以赫兹表示的频率单位改用音乐中的半音阶来表示。（请见附录表1）

关于音长的测试内容，有全句时长，每一音节中的声母时长，韵母时长，并且计算出每一语句中音节的平均长度。（请见附录表2）

对于音质的测试，我们只选择了语句中带有元音/a，i，u/的字音，如：他、花、爸、几、里、你、书、屋、姑等，在不同语速的各种句子中量出它们的第一共振峰和第二共振峰的频率数值，然后分别对每一位发音人作出声学元音图来进行对比分析。（请见图21）

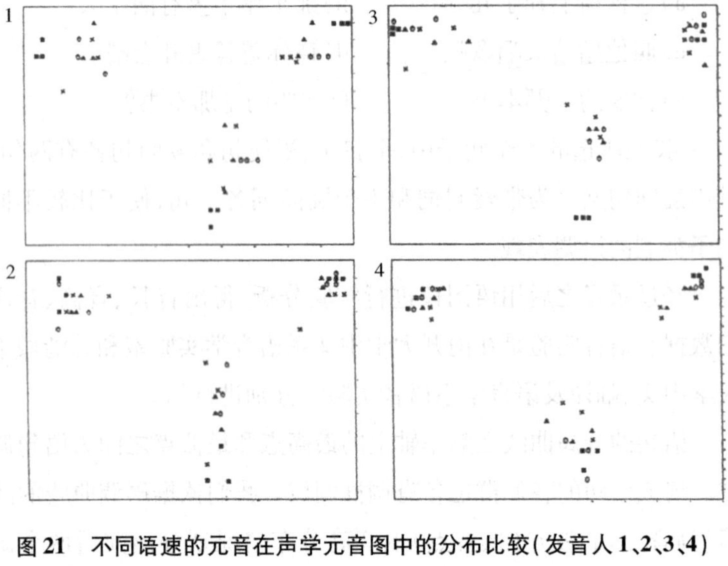

图21　不同语速的元音在声学元音图中的分布比较（发音人1、2、3、4）

［图示：■ 单念；○ 慢速；▲ 中速；×快速］

4.3　分析与讨论

4.3.1　调型的起伏格式

实验得到的汉语普通话语句的语调型曲线都是不规整的波状

曲线。曲线的起伏格式以句中各音节的声调特征为基础。句中各音节在起伏的曲线上依次占据一定的时段。各音节声调的高低升降的特征集中表现在韵母段的曲线变化中。声母段的曲线只是在相邻音节的声调之间起着调节过渡的作用,以使句中的各声调能够平滑连接为一条语调曲线。我们把完整的语调曲线作为主要分析对象,以便从语调的各种表现中找出较为稳定的因素。

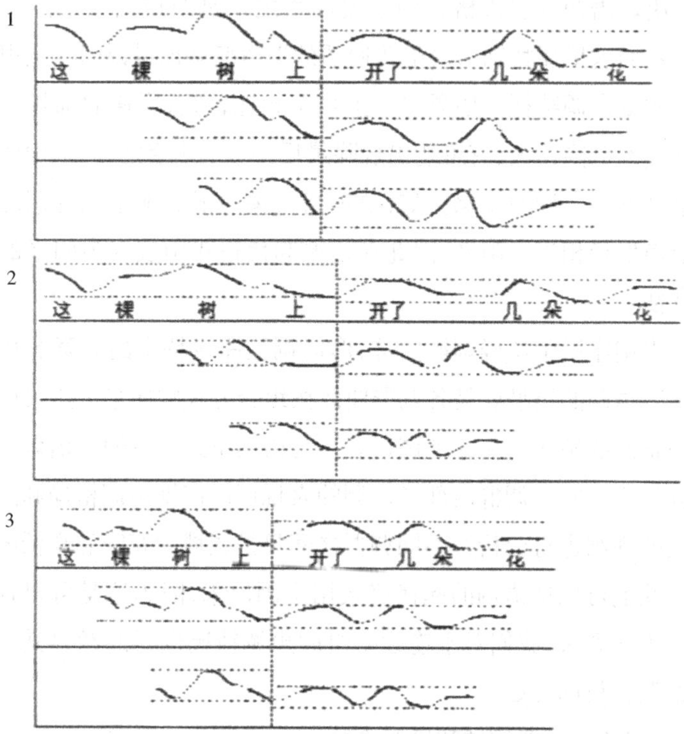

图 22　不同发音人的语调曲线对照比较

(发音人 1、2、3 说同一句子。从上至下依次为慢速、中速、快速)

对于不同发音人用不同语速所说的同一个句子的语调曲线进行比较,我们发现它们的起伏格式基本相同。(参见图22)在数学上分析曲线要用到曲率等严格的计算。我们这里说的起伏格式是一种直观的意义,只考虑曲线的升降起伏是否基本同步,以及波峰和波谷的相对高度是否大体一致。语调曲线的起伏格式是语调表现的一种稳定因素。

决定语调的起伏格式的重要因素之一是组成语句的声调特征。我们这里要特别对汉语普通话的上声变调加以说明。上声连读会改变声调特征。如果多个上声字相连,随着语速的加快就会使连读的范围扩大,有可能出现除最后一个上声字之外,前面的上声字都发生变调的现象。如:请你给我买两把好雨伞。变调之后的上声发音相当于阳平,因此在语调起伏格式中表现为阳平的声调特征。

声调作用于调群调域内部,形成调型曲线特定的升降起伏的格式。语调的调型就是各调群曲线按组合方式顺序平滑连接而成的完整曲线格式。因此把调群看作为语调单元可以便于语调的分段分析。在同一调群内部各声调的表现可以依据声调格局和连读变调的规则进行分析。不同调群之间只是调域的宽窄和高低的差别。我们可以把语调的起伏格式用手画出来,因为这是可以预测的。由此看来,我们对于连读字组的声调情况进行的考察其实就是语调分析的开始。

4.3.2　调群调域和语调格局

调群调域的宽窄及其在语句调域中的相对位置具有重要的分类意义。这可以认为是语调表现的又一种稳定因素。比较同一语句前后调群调域的音程大小，在本实验中每一位发音人所说的三类句子在三种语速中总的趋势都是前调群小于后调群，即在声调平衡分布状态下，一般情况是语调调干的音程较大，调域较宽。（见图23）

比较各调群在语句调域中相对位置的高低，每一发音人用三种语速所说的平叙句和祈使句都是前调群高于后调群，前高后低；疑问句都是前调群低于后调群，前低后高。在听感测试中有这样

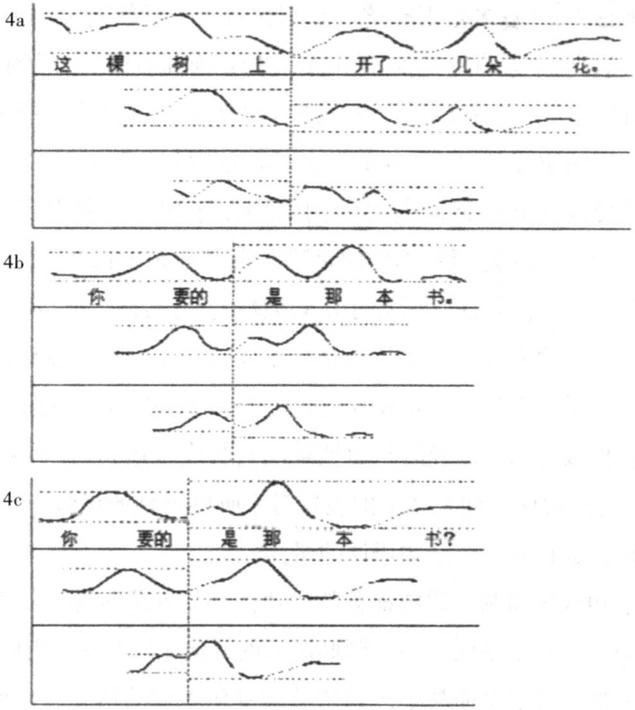

图23　同一发音人的语调曲线对照比较

（发音人4说不同句子。从上至下依次为慢速、中速、快速）

的情况:请发音人把同一个句子在不同的语境中分别按叙述句和祈使句说出来,排除语境条件之后,人们就听不出来哪句话是叙述句哪句话是祈使句了,连发音人自己也分不清了。(贺阳、劲松1992)平叙句和祈使句在调群调域分布上的相似性,就是使得它们二者在听感上难以区分的原因。

在同一语句前后调群调域的上限和下限的比较中,平叙句和祈使句中的上限和下限都是前高后低,即语调调干的上限和下限都出现落差,并且多是下限落差音程比较大。疑问句中的上限都是前低后高,下限有的是前后相同,有的是前高后低。因为疑问句都有疑问中心,语调调干上限的提高就是这种强调重音造成的。带疑问词的质疑问句和不带疑问词的求证问句都是如此。

质疑问句和求证问句之间的区别在于句尾。在本实验中,"你要的是那本书?"和"你要的是哪本书?"句末的两个"书"字音高差别很大。前句的"书"处于语句调域的中上部;后句的"书"则在语句调域的下部。这就是调尾的不同表现了。在听感测试中,对同一句子分别按叙述句和疑问句说出来,把句末音节换接之后,人们会把叙述句听成疑问句而把疑问句听成叙述句。(卢米扬采夫1972)这说明了句末音节的表现对于听感辨别的优势作用。句终语调的分析有益于全句语调的研究。

语句调域和调群调域都会随语速的加快而呈现缩小的趋势。二者的变化并不是同步的。调群调域的变化比较明显。有时候会出现调群调域变窄而整个语句调域的变化不大的情况。(参见附录表1)然而不论调域如何变化,整个语句音高曲线高低起伏的基本格式并不随语速的改变而发生大的变化。

在实际分析中，我们可以把语调的作用归结为两个方面：一是对于组成语句的各个调群的调域所进行的上下宽窄的调节，这自然会导致整个语句调域的变化；二是对语句中各个调群在整个语句调域中的布局即相对的位置关系所作的调节。我们可以用语调格局的方法来作直观的分析。语调格局就是指语句调型波状曲线的起伏格式及其所表现的各调群调域本身的宽窄和相互之间的位置关系。

4.3.3 语速与时长

声调的时长中应考虑声母和韵母。我们分析汉语声调时，是利用语图仪或音高仪得出单个字音的音高曲线。通常是除去其中的弯头和降尾，只注意表现声调特征的调型段。因此，一般所说的声调长度并不等于音节的时长。在不同作者笔下，声调调长可以是调型段的长度，也可以是实际所得到的音高曲线的全长。声调曲线的全长在清声母字中等于韵母时长；只是在浊声母字中才等于音节长度。因为音高曲线的长度只跟声带振动的时长相等。我们把全部语句的每个音节声韵母的时长都测量出来进行比较。

把声母和韵母在全句时长中的比率用来作为对比项，多数情况是随着语速的加快，声母的比率稍有增大，而韵母的比率相应减小。不同发音人在不同的句子中表现也各有不同。有的在三种语速中的声韵比率基本没有变化，也有声母的比率减小的情况。

语速是和时长直接联系在一起的。本实验中的慢速语句平均音节长度约 214 毫秒；中速语句平均音节长度约为 156 毫秒；快速语句平均音节长度约为 131 毫秒。以中速语句为参照，慢速语句除每一音节时长加大之外,在句中常把轻音字拉长作为连读调群之间的停顿,使全句时长延长;快速语句中这些轻音字常被弱化甚至脱落,再加上每一音节时长的缩减,使全句时长变短。轻音字弱化脱落的例子,如:请你的爸爸—请你爸爸—请你爸;那个屋子里—那屋里;两个人—俩人;等等。这样,虽然快速语句的时长缩短了很多,句中的音节时长却不比中速音节短那么多。音节时长的缩短应该是有一定限度的。

4.3.4 元音的音质分析

图 21 所表示的分别是四位发音人的声学元音图。每个图中都标示有单独发音的/a,i,u/跟三种语速的元音相对照。从图中可以清楚地看到,单发的元音都是位于元音图的外围极限位置。三种语速的元音在图中分布的总体趋势为:慢速在外,中速在内,快速最靠近中央位置。这就是随着语速加快,元音的分布呈现出从四周靠近中央的趋势。单发和慢说的元音是有足够的时间到达标准位置的,而快速发音时元音则往往不到位,因为没有足够的发音时间。这可以作为加快语速的一种发音手段。在语调分析中,音质所起的作用往往是伴随性的。

附录

表 1 实验语句调域音程表(单位:半音阶)

发音人		语句调域			调头调域			调干调域			上限差			下限差		
		慢	中	快	慢	中	快	慢	中	快	慢	中	快	慢	中	快
A	1	15	13	12	11	9	8	12	9	9	3	4	3	4	4	4
	2	15	12	13	11	9	6	12	9	12	3	3	1	4	3	7

续表

发音人		语句调域			调头调域			调干调域			上限差			下限差		
		慢	中	快	慢	中	快	慢	中	快	慢	中	快	慢	中	快
	3	18	14	15	16	11	12	14	12	13	4	2	2	2	3	3
	4	19	17	17	13	13	13	16	12	12	3	5	5	6	4	4
B	1	15	16	16	11	7	7	11	12	12	4	4	5	4	9	9
	2	18	16	14	15	9	5	14	12	12	4	4	2	2	7	9
	3	19	17	16	16	11	7	15	15	14	4	3	2	3	8	9
	4	19	18	17	17	11	11	15	14	14	5	5	3	3	8	6
C	1	14	14	15	8	8	5	12	8	7	3	5	6	6	6	11
	2	17	17	20	15	10	8	13	12	12	5	6	8	2	7	12
	3	19	16	16	16	14	9	14	14	13	4	2	3	3	2	7
	4	17	17	16	15	8	8	13	12	12	4	5	4	2	8	9
D	1	15	16	13	11	11	6	11	10	7	4	6	5	4	5	7
	2	15	17	16	11	10	8	13	12	12	2	5	4	4	7	8
	3	18	16	15	11	9	6	14	12	11	4	4	4	7	7	7
	4	18	19	15	14	14	7	13	13	12	5	6	3	4	5	8
E	1	14	14	13	11	10	6	14	14	13	−1	−1	−3	2	3	4
	2	14	12	8	7	11	5	14	12	8	−2	0	−3	5	1	0
	3	16	14	9	12	11	9	16	14	9	1	−1	0	4	2	0
	4	15	14	14	13	13	11	15	14	14	−2	−1	−1	0	0	3
F	1	14	13	12	9	10	9	14	13	12	−1	−2	−3	5	1	1
	2	13	11	9	9	10	6	13	11	9	−2	−2	3	2	2	0
	3	14	14	11	12	12	9	14	14	11	−1	−2	−2	1	0	0
	4	18	16	16	15	13	9	18	16	13	−3	−3	−6	0	0	−2

表 2　三种语速的语句时长测量(单位:毫秒)

发音人		全句长			声母长			韵母长			音节平均长		
		慢	中	快	慢	中	快	慢	中	快	慢	中	快
A	1	1704	1234	1104	42%	45%	45%	58%	55%	55%	189	154	138
	2	1677	1324	1057	41%	49%	40%	59%	51%	60%	186	147	117
	3	2471	1459	1102	41%	46%	42%	59%	54%	58%	275	162	122
	4	2188	1804	1269	49%	48%	50%	51%	52%	50%	243	200	158
B	1	1796	1096	836	25%	22%	18%	75%	78%	82%	200	157	139
	2	1468	1029	923	24%	13%	17%	76%	87%	83%	163	114	115
	3	2044	1240	966	25%	24%	24%	75%	76%	76%	227	138	107
	4	2177	1413	1078	26%	28%	30%	74%	72%	70%	242	157	119
C	1	1978	1152	976	34%	31%	42%	66%	69%	58%	220	144	136
	2	1492	1080	786	39%	35%	31%	61%	65%	69%	166	120	112
	3	2539	1411	952	38%	35%	36%	62%	65%	64%	282	176	136
	4	2357	1903	1130	35%	39%	43%	65%	61%	57%	262	211	141
D	1	1880	1144	982	39%	47%	40%	61%	53%	60%	209	143	140
	2	1569	1128	886	42%	49%	53%	58%	51%	40%	174	125	127
	3	2411	1537	983	41%	41%	41%	59%	59%	59%	268	170	123
	4	2281	1667	1191	44%	45%	49%	56%	55%	51%	253	185	149
E	1	1292	1112	688	36%	32%	37%	64%	68%	63%	185	159	138
	2	1416	1176	584	40%	40%	33%	60%	60%	67%	202	168	117
	3	1384	1064	600	36%	37%	39%	64%	63%	61%	197	152	120
	4	1344	960	704	37%	41%	37%	63%	59%	63%	192	137	140
F	1	1296	1168	704	36%	33%	34%	64%	67%	66%	185	166	141
	2	1480	1120	648	37%	42%	42%	63%	58%	58%	211	160	130
	3	1544	1152	608	37%	33%	36%	63%	67%	64%	220	165	120
	4	1312	976	624	37%	39%	38%	63%	61%	62%	187	139	125

第六章　语音习得

一　中、日学生元音发音中的母语迁移现象①

1.1　语言学习的母语迁移现象

迁移(transfer)是心理学中的一个概念，指已经获得的知识、技能甚至方法和态度对学习新知识、新技能的影响。这种影响可能是积极的，也可能是消极的，前者是一种正迁移(positive transfer)，后者则为负迁移(negative transfer)或干扰。

在第二语言习得研究领域，母语知识对外语习得的影响是语言学家及心理语言学家所探讨的重要问题之一。对于第二语言的学习者来说，第二语言的学习必然会受到第一语言(母语)的影响。这种影响称为第二语言习得中的母语迁移现象。当母语规则与外语规则相同时，产生正迁移；而当母语规则与外语规则出现差异，尤其是表面相似但实际不同时，往往产生负迁移。正迁移会提高语言学习的效率，负迁移则会造成语言学习的困难。所以语言

① 原文是与温宝莹合作，发表于《南开语言学刊》2004 年第 4 期。

教学中要认真关注母语迁移现象。

语言学习中的母语迁移会表现在语音、词汇、语义和语法等各个方面，本节主要分析在语音方面，特别是表现在元音发音上的负迁移现象。

1.2　元音格局

每一种语言和方言的语音都是成系统的，表现为各自的语音格局(sound pattern)。元音格局则是元音系统性的表现，包括的内容可以有元音的定位特征、内部变体的分布、彼此的相对位置、整体的配列关系等等。

依据单元音跟音节中其他结构成分的组合情况可以划分出不同的元音级别：在汉语中，出现在单韵母中的元音是一级元音；在其他语言中，能够单独组成音节或单独出现在辅音之后组成音节的单元音是一级元音。在汉语中，能够带韵头的元音是二级元音；在其他语言中，能够在单独组成音节或跟前接辅音组成音节的后响复合元音中做后一元音的单元音是二级元音。在汉语中，能够带韵尾的元音是三级元音；在其他语言的音节中能够在前响复合元音中做前一元音或能够后接辅音的单元音是三级元音。在汉语中，既能带韵头也能带韵尾的元音是四级元音；在其他语言中，能够在三合元音中做中间元音或做能够后接辅音的后响复合元音中的后一元音的单元音是四级元音。

一个元音在同一语言或方言中可以同时是一级、二级、三级和四级元音。同一个元音在不同的级别上表现出的相对关系和分布情况也不一样，显示出语音的结构层次。每一级别上所有的元音都形成相互联系又彼此区别的分布格局。一级元音的格局是全部元音格局的基础，具有典型的代表性。因此本文所述的元音格局专指一级元音的格局。

利用语音实验测得元音第一共振峰（F1）和第二共振峰（F2）的共振峰频率，可以绘制声学元音图，又称声位图。声学元音图和生理舌位图在相对位置上大致对应。我们从中可以直观地考察同一元音音位内部变体的表现，以及不同元音之间的分布关系等等。因此，利用声学元音图研究语言的元音系统是很方便的。（见图1）

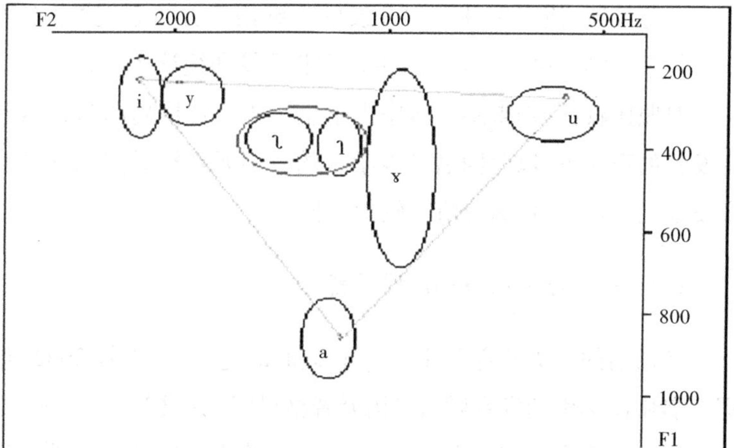

图1　北京话的一级元音格局图示（引自石锋2002）

这里首先对汉语和日语的元音格局进行分析，然后分别对日本学生的汉语元音发音和中国学生的日语元音发音进行比较，来考察语言学习中母语的迁移作用在元音发音上的表现。

1.3　分析方法

选择发音人:从南开大学外国语学院和汉语言文化学院随机挑选四名学习日语的一年级中国学生和四名学习汉语的三年级日本学生作为发音人。

语料录音内容:为两国学生设计的汉语和日语发音材料相同。汉语词表为含有汉语七个一级元音的单音节词。日语词表为含有日语五个一级元音的十五个假名。中文词表每人读三遍,日语词表每人读一遍。进行录音,然后输入电脑。

实验仪器:使用南开大学开发的电脑语音分析系统"桌上语音工作室"(Mini-Speech-Lab)进行实验测算和统计作图。

对照比较:分别得到四名中国学生汉语元音格局图和日语元音发音的声位图,以及四名日本学生的日语元音格局图和汉语元音发音的声位图,作为分析比较的依据。

1.4　中国学生所发的汉语元音

普通话的一级元音有/i、y、ʅ、ɿ、ə、u、a/七个。(石锋 2002)依据四名中国学生的发音做出汉语元音格局图(见图 2)。

综合图 2 中的四名中国学生的发音,我们可以从中归纳出汉语普通话元音格局的特点:一、高元音/i、u/和低元音/a/是三个顶点元音,它们之间的连线呈近似的等边三角形,/a、i/连线和/a、u/连线大体呈对称性分布。二、后高元音/u/的第二共振峰(F2)数值较小,在 800Hz 以下。三、/i、y、u/为高元音,/ə/为中元音,/ʅ、ɿ/是舌尖元音,位置有高低的参差。除低元音/a/之外,其他元音在

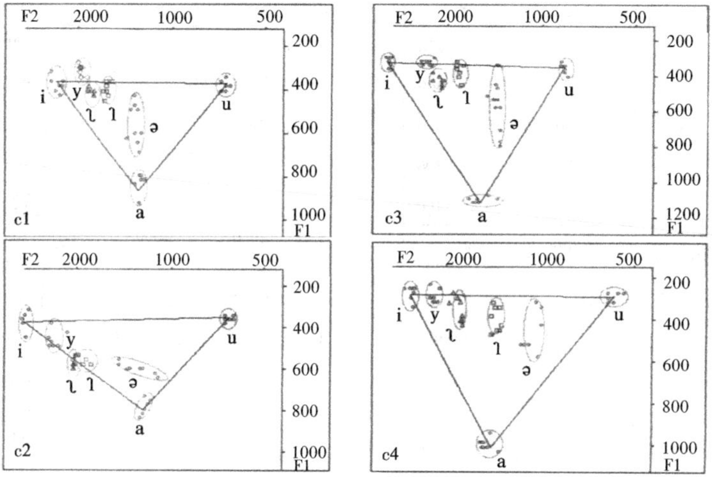

图2　四名中国学生所发的汉语元音格局图

水平方向上的排列次序/i、y、ʅ、ɿ、ə、u/是稳定的。元音/y/在元音/i、u/之间，距/i/较近；舌尖元音/ʅ、ɿ/ 在三角形上部稍靠前的位置，舌尖后元音/ʅ/在舌尖前元音/ɿ/之前。四、中元音/ə/有游移性，呈垂直方向游移。它的分布是一个从上到下的狭长带，大体是从[ɯ]到[ʌ]的滑移，具有明显的动程。（c2 图中的斜向游移是来自发音人的方言影响。）五、低元音/a/与其他元音相距较远。汉语普通话元音格局整体分布区域较大，各个元音分布不匀称。

1.5　日本学生所发的日语元音

日语的一级元音有五个：/a、i、u、e、o/。图 3 是四名日本学生发音的日语元音格局图。

综合图 3 中的四名日本学生的发音，我们可以归纳出日语元

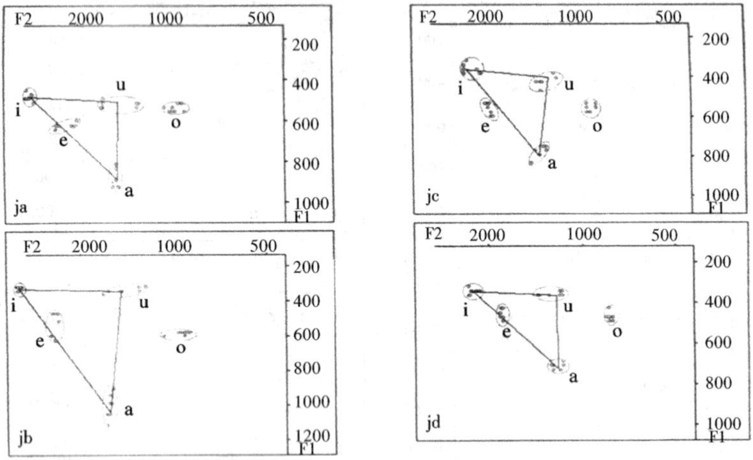

图3 四名日本学生发音的日语元音格局图

音格局的特点：一、顶点元音/a、i、u/连线呈直角三角形。/u/为直角的顶点，/a、i/连线为斜边。二、/u/的发音靠前，第二共振峰(F2)数值较大，在1200Hz以上。/a/在/u/的垂直下方。三、/e/在/a、i/的连线上；/o/在/a、u/的连线外。元音/i、e、a /和元音/u、o/各自呈斜线排列，且彼此平行。四、除低元音/a/之外，其他元音的水平排列次序为/i、e、u、o/。五、/i、u/在上，高度相同；/e、o/居中略靠上，高度基本相同；/a/最低。日语元音格局总体分布区域较小，各元音之间分布匀称，大体为等距散开。

1.6 中国学生学习日语的元音发音

中国学生所发的日语元音如图4所示。我们用来跟图3的日本学生所发的日语元音相比较，可以看到二者的相近和相异之处：一、顶点元音/a、i、u/连线所形成的框架不是呈直角三角形，而是锐角三角形。其中,/a、i/两个顶点位置与日本学生相接近,/u/元音比日本学生偏后。二、/o/与/u/呈纵向垂直排列,其连线不再呈斜线而是垂线,其连线和/i、e、a/连线不再平行;/a/不是在/u/的垂直下方。三、/e/仍然在/a、i/的连线上;/o/在/a、u/的连线外。四、除低元音/a/之外的其他元音的水平排列次序/i、e、u、o/不清晰,或有改变。五、元音/e、o/或是向/a/靠近,与元音/i、u/相距较远;或是向/i、u/靠近,跟元音/a/相距较远,每个人发的各个元音分布并不匀称。

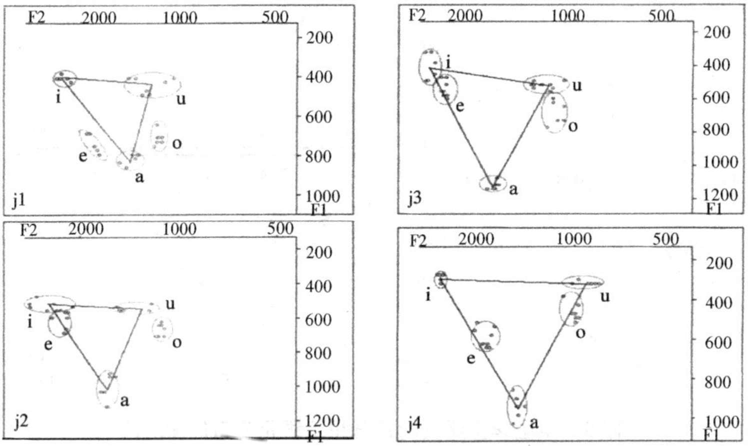

图4　中国学生所发的日语元音声位图

中国学生的汉语和日语元音发音的相近之处是/i/元音和/a/元音的发音。在汉语的元音格局中,/a/元音属央、低元音,与日语格局中/a/元音的位置相近;汉语的/i/元音和日语的/i/元音同属前、高元音,位置也大体一致。这样,在这两个元音的发音上就会出现语言学习中的正迁移。中国学生很容易就学会日语中的/i/

元音和/a/元音的发音。我们在图5中把每位学生的日语和汉语两种发音放在一起来对比。图中两个元音三角形框架中的顶点元音/a/和/i/位置相近,/a、i/连线基本重合。正迁移使得中国学生所发的/a/元音和/i/元音在格局中的位置与日语格局中的位置大体一致,由/a、i/连线所形成的边与日语元音格局中直角三角形的斜边相似。

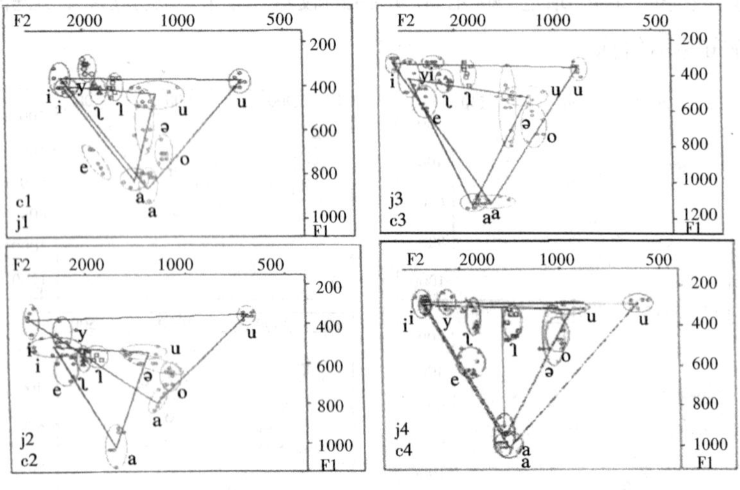

图5 中国学生所发的日语和汉语元音声位图对比

中国学生发的汉语和日语元音的相异之处是高元音/u/和中元音/e、o/的位置。汉语的/u/元音靠后偏高,第二共振峰(F2)数值较小,在800Hz以下;日语的/u/元音靠前偏低,第二共振峰(F2)数值较大,在1200Hz以上。二者的发音差异较大。这样就形成语言学习中的负迁移。中国学生在发日语/u/元音时常常不到位。为了便于说明,在图5的右下图中作出一条参照垂线,表示日本学生母语发音的/u/元音对应位置。很明显,中国学生所发的日语/u/元音的位置,是处于日本学生所发的/u/元音和汉语的/u/元音之间。这应该是负迁移与克服负迁移共同作用的结果。说明中国学生在发/u/元音时,虽然有负迁移的影响,但还是克服困难,向目的语的方向努力。

日语的中元音/e/和/o/在汉语普通话中没有对应的一级元音的发音,这时也会发生母语的负迁移现象。由于中国学生在母语中没有相对应的元音做参照,所以发这两个元音时常常位置不准确。在图中显示为中元音的位置分布不稳定:或是向/a/靠近,与元音/i、u/相距较远;或是向/i、u/靠近,跟元音/a/相距较远,每个人发的各个元音分布并不匀称。(j2c2 图中的不对应是由于发音人的方音影响。)

1.7　日本学生学习汉语的元音发音

把图 6 的日本学生所发的汉语元音跟图 2 的中国学生的汉语元音的发音比较,可以观察二者之间的差别。一、顶点元音/a、i、u/连线组成的三角形框架压缩,/u/元音靠前,元音分布的区域缩小。二、/y/元音过于偏后。三、舌尖元音/ɿ/和/ʅ/排列位次不稳定。四、中元音/ə/缺乏游移性。五、除低元音/a/之外的其他元音水平排列次序/i、y、ʅ、ɿ、ə、u/不清晰或有改变。六、低元音/a/与其他元音相距较远,汉语普通话元音格局整体分布不匀称。

我们在图 7 中把日本学生的日语元音和汉语元音两种发音放在一起来对比。日语元音和汉语元音的相近之处是/i/元音和/a/元音的发音, 在这两个元音的发音上出现语言学习中的正迁移。

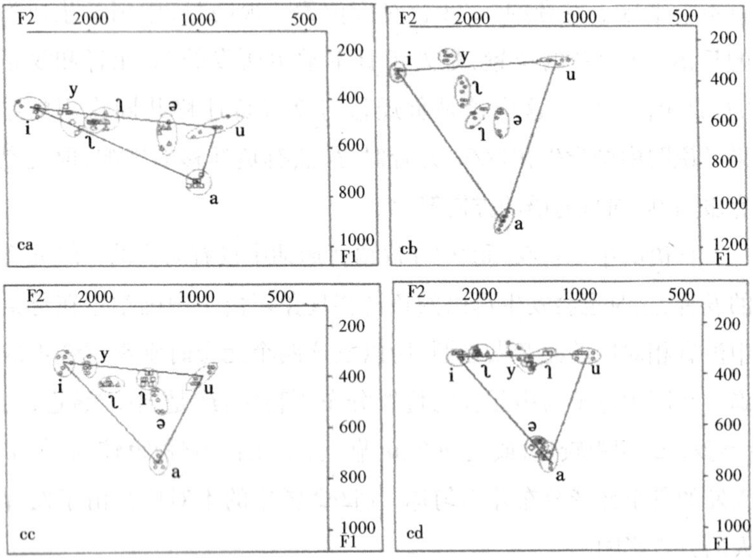

图6　日本学生所发的汉语元音

日本学生很容易就学会汉语中的/i/元音和/a/元音的发音。在对比图中，两个元音三角形框架中的顶点元音/a/和/i/位置相近，/a、i/连线基本重合。正迁移使得日本学生所发的/a/元音和/i/元音在格局中的位置与汉语格局中的位置大体一致。

日语/u/元音和汉语/u/元音发音的差异较大，形成语言学习中的负迁移。日本学生在发汉语/u/元音时常常不到位。为了便于说明，在图7的右上图元音三角形外设一参照点作出两条连线，表示中国学生母语发音的/u/元音位置。这样，日本学生所发的/u/元音虽然靠前，却是处于中国学生所发的汉语/u/元音和日语的/u/元音之间的位置。这同样是负迁移与克服负迁移共同作用的结果。说明日本学生的发音也是在从母语向目的语的努力之中。

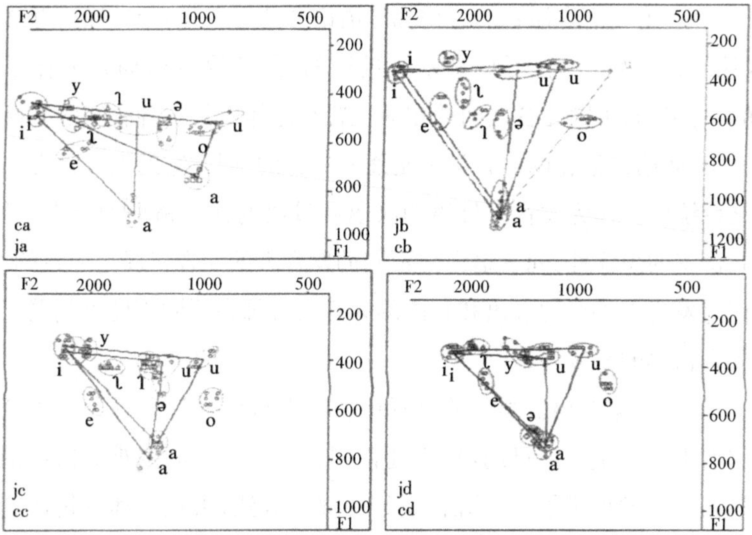

图 7　日本学生所发的汉语和日语元音声位图对比

日语中没有汉语的高前元音/y/、中元音/ə/和舌尖元音/ɿ、ʅ/。这也会产生母语的负迁移现象。由于没有母语对应语音的依赖，所以日本学生在发这几个元音时会遇到困难。在发音中显示为/y/元音过于偏后；/ə/元音则表现为缺乏游移性，位置忽上忽下。舌尖元音的表现特别不稳定：有的舌尖前后区分不清，分布重叠；有的又过于分离，分布偏高；有的则是两个舌尖元音呈上下排列而不是前后排列；在上述原因的共同作用下，元音的水平排列次序交错，格局分布不一致。

1.8　结论

我们通过上述的分析比较可以得到以下结论：

一、第二语言语音的习得和母语语音的习得是有差异的，母语（第一语言）的语音习得是系统进行的，因此语音格局是成体系的、稳定的，不同元音之间的相对位置在总体上是一种有序的平衡分布，而第二语言的语音学习是逐一进行的，因此它的发音常常缺乏系统性。作为发音人母语的汉语和日语的元音格局的分布，具有稳定的规律性，同一语言中不同的发音人的元音格局是一致的。作为发音人外语的汉语和日语的元音发音都在不同程度上削弱了元音格局的系统性。

二、在第二语言学习的过程中存在着母语的迁移现象。正迁移有助于学生学习目的语，负迁移则会造成学习的困难。格局的思路为我们提供了一个既直观又便捷的方法，去观察和分析语音中的迁移现象。语言学习中的正迁移是双向的：分别以两种语言为母语的学生在学习对方语言时，会在相同的正迁移现象上减少学习的困难。例如汉语和日语之间在元音/a/和/i/的发音上存在的正迁移现象，就是双向的。

三、语言学习的负迁移现象则是有双向的，也有单向的，依照不同的母语和目的语而各不相同。例如：日本学生学习汉语，/u/元音的负迁移是双向的；高前元音/y/、中元音/ə/和舌尖元音/ɿ、ʅ/的负迁移是单向的。中国学生学习日语，/u/元音的负迁移同样是双向的；中元音/e/和/o/的负迁移是单向的。语言教学需要更多关注语言学习中的负迁移现象，解决不同学生的学习困难，才能取得好的教学效果。

附录

发音人情况

日本学生	a 衫浦可奈子	来自名古屋	学习汉语两年半
	b 菰田圣子	来自大阪	学习汉语一年多
	c 简井喜久	来自京都	学习汉语三年多
	d 松岛金万重	来自东京	学习汉语两年多
中国学生	1 诸进	来自吉林	学习日语一年
	2 薛晋阳	来自山西	学习日语一年(母 太原人;父 大同人)
	3 许源	来自山西	学习日语一年(母 天津人;父 原籍河南)
	4 杨荫	来自天津	学习日语一年

发音词表

汉语(c)　衣、屋、鱼、阿、哥、资、知。

日语(j)　a、i、u、e、o、ka、ki、ku、ke、ko、ha、hi、fu、he、ho

あいうえおかきくけこはひふへほ

二　俄、汉学生元音发音比较研究[①]

在学习一门外语的过程中,语音的学习很重要。不正确的发音,不仅会严重妨碍语言的学习,而且还会在语言交际上发生困难。母语的干扰是造成外语学习中的语音错误的重要原因。不少学生在学习外语发音的时候会不自觉地用他们已习惯了的母语中近似的语音去代替外语的发音。在中国人学习俄语和俄国人学习汉语的过程中也不例外。

---

① 原文是与时秀娟合作,发表于《刘叔新先生70华诞纪念文集》,中国广电出版社,2004年。

这里通过实验的方法对俄语和汉语的元音格局进行分析比较，考察语音学习中的偏误现象，力求为中国人学习俄语元音和俄国人学习汉语元音提供一个较为客观的参照。

2.1 元音格局

每一种语言和方言的语音都有各自的语音格局（sound pattern）。语音格局有不同的层级。依据单元音跟音节中其他结构成分的组合情况可以划分出不同的元音级别。一级元音是所有元音的基础。这里所述的元音格局是指一级元音的格局。

我们可以通过实验的方法，用声学元音图来表现元音格局。从中可以直观地考察同一语言的元音分布关系，对比不同语言的元音格局的特点，以及不同的学习者从自己母语的元音格局向学习的目标语元音格局的方向接近的过程。

2.2 实验方法

（1）发音材料：选取包含俄语 6 个一级元音的单音节 6 个、包含汉语 7 个一级元音的音节 21 个（发音词表见附录）。

（2）发音人：南开大学学习汉语的俄国留学生 3 人：A–娜塔莎、B–塔季扬娜、C–达丽娅；南开大学学习俄语的中国学生 4 人：甲–孙丹（女）、乙–赵卓（男）、丙–杨晓猛（女）、丁–孙景雨（男）。

（3）录音实验：俄语材料中每个人每个音节发三遍，得到每个发音人 18 个语音样品；汉语材料每个人每个音节发一遍，得到每个发音人 21 个语音样品。7 个发音人俄语样品 126 个，汉语样品 147 个，合起来是 273 个。使用南开大学开发的电脑语音分析系统"桌上语音工作室"(Mini-Speech-Lab)进行实验测算和统计作图。本实验采用直接录音的方法,选用11025Hz采样频率,录音增益为2,直接输入电脑。

通过实验得到3位俄国留学生发的俄语、汉语元音格局图,4位中国学生发的汉语、俄语元音格局图,分别进行对照分析。以下就是我们对于实验结果的分析。

2.3 俄国学生发的俄语元音

俄语有6个一级元音/a/、/o/、/ε/、/i/、/ɪ/、/u/(а、о、э、и、ы、у)。图8是三位俄国留学生发的俄语的声学元音图。

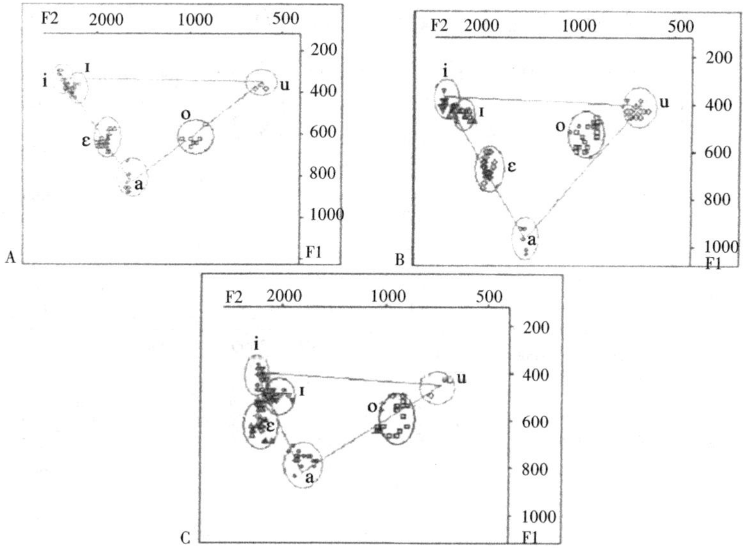

图8 俄国学生的俄语声学元音图

综合三名俄国学生的发音,我们归纳出俄语元音格局的特点:

高元音/i/、/u/ 和低元音/a/分别占据了元音三角形的顶点位置，高元音/i/和/u/第一共振峰都在400Hz 左右，/i/比/u/的数值小些，位置稍高；/ɪ/在/i/和/u/之间，靠近/i/，但舌位稍靠下，元音/ɛ/位置在/i/、/a/的连线上，元音/o/位置在/u/、/a/的连线上。两个中元音/ɛ/、/o/的高度相近。元音/a/位置最低。俄语的一级元音整体分布面积较大，各元音的发音较稳定；高度方面分为高、中、低三种位置，在高、中位置上都有前、后元音的对立，低元音只有一个/a/。

2.4　中国学生发的汉语元音

汉语普通话的七个一级元音是/a/、/i/、/u/、/y/、/ɤ/、/ɿ/、

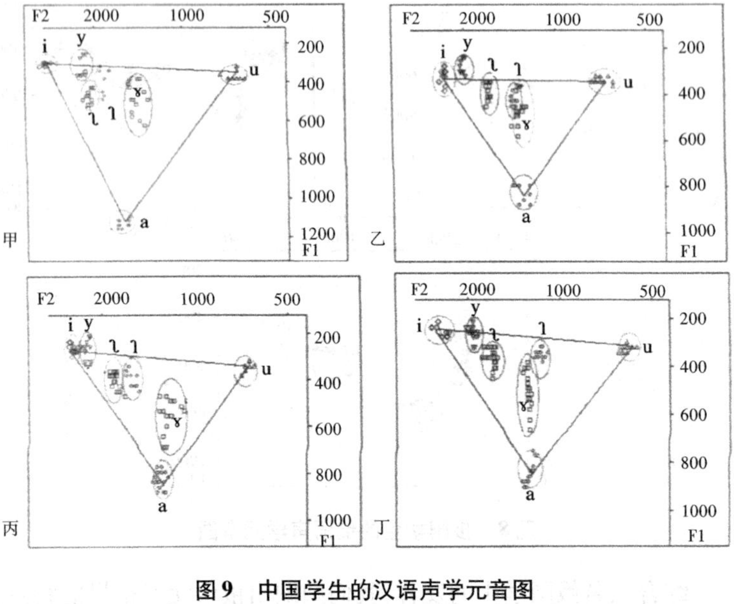

图 9　中国学生的汉语声学元音图

/ʅ/。(石锋 2002)四位中国学生发的汉语普通话的声学元音图见图9。

综合四位中国学生的发音,我们归纳出汉语的元音格局特点:元音/i/、/u/、/a/分别占据了元音三角形的顶点位置,/y/在/i/、/u/之间,靠近/i/。舌尖元音/ɿ/、/ʅ/在图形上部稍靠前的位置,舌尖后元音/ʅ/在前,舌尖前元音/ɿ/在后。图中/ɤ/元音的分布是一个从上到下的狭长带,具有明显的动程。中元音跟顶点元音相比,常常表现不稳定,具有游移性。(石锋 2002)

2.5　中国学生发的俄语元音与俄国学生发的俄语元音对比

我们把中国学生与俄国学生发的俄语声学元音图比较，观察

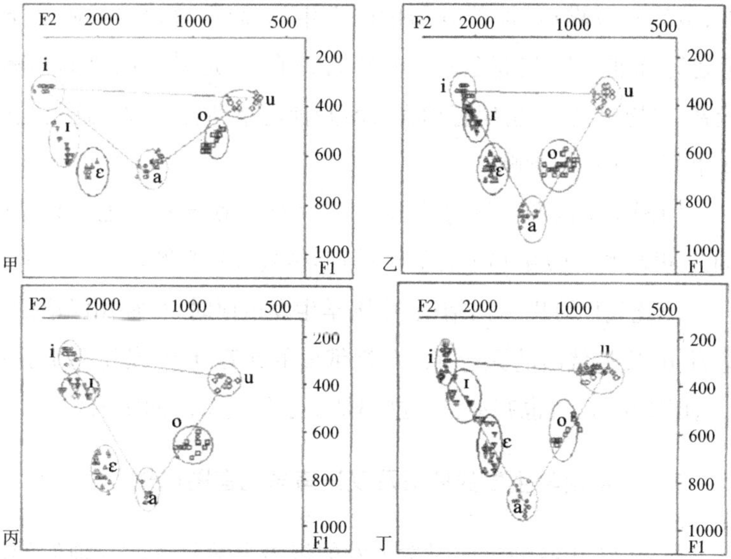

图10　中国学生发的俄语声学元音图

中国学生发的俄语元音与俄国学生发的俄语元音有何区别。中国学生发的俄语声学元音图见图10。

通过对照可以看到，中国学生甲的俄语发音与俄国学生的发音差距较大。三个顶点元音中/i、u/都比俄国学生的位置高，几乎就是汉语的元音/i、u/，显然是受了汉语的影响。元音/a/大大地趋高且稍趋后。这样整个元音三角形发生偏离变形。元音/ɪ、ε、o/分布也不均匀：/ε/太低太靠前，且有动程，近似于汉语的/ai/；元音/ɪ/也有明显的动程，近似于汉语的/ei/；/o/趋上趋后，也有动程，这可能是受到汉语复合元音的影响。

中国学生乙的俄语发音与俄国学生的发音差别也很明显。三个顶点元音中/i、u、a/相对位置与俄语的比较接近。/a/较为标准，虽然稍微靠后，但部分与俄国学生的/a/重合，/o/稍微靠下，但还算标准。/i/趋高趋后，/u/趋高趋前，也是受了汉语的影响。元音/ɪ/趋前趋下，也稍有动程，/ε/趋前趋下动程较大。这也是受汉语复合元音的影响。

中国学生丙和丁发的俄语元音，情况大致与乙相近。只是丙的/i/更高些，/ε/更趋下，元音三角形稍微有些变形。

由此我们可以得出结论，中国学生发俄语时，往往用汉语的元音/i、u/代替俄语的元音/i、u/，把俄语的元音/ɪ、ε/发得靠下且带有动程，/o/发得也有动程。这都是受了母语汉语的影响。

2.6 中国学生发的俄语及汉语声学元音图比较

在图11中我们把中国学生发的俄语声学元音图与他们的汉语声学元音图相比较，从另一个角度观察一下中国人说俄语时受汉语影响的情况。

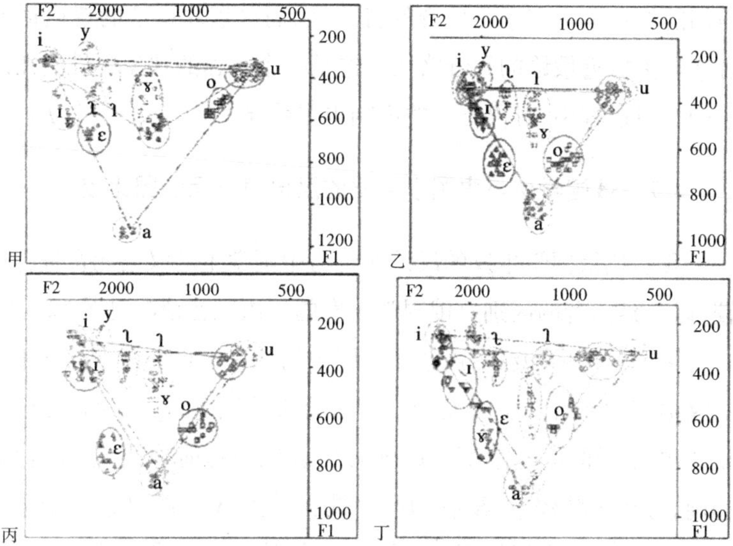

图 11　中国学生发的俄、汉语声学元音图对比
（虚线为汉语，实线为俄语）

中国学生甲发的俄语元音/i、u/跟汉语的/i、u/一样；把俄语的/a/发成一个央元音，跟汉语的/a/明显不同，这可能跟他的发音习惯有关；元音/ɪ、ε/偏低且有动程，是受汉语复合元音的影响。

中国学生乙发的俄语元音/i、u、a/基本上跟汉语的/i、u、a/一样，很明显是用汉语的/i、u、a/代替俄语的/i、u、a/，整个的元音格局几乎就是其本人发的汉语的元音格局；元音/ɪ、ε/同样偏低且有动程，显然是受汉语复合元音的影响。

中国人丙、丁的情况跟乙基本相同（发音人甲的情况有些特殊，个体差异表现得很明显），只是丙、丁发的俄语元音/ε/更低，接近汉语的/a/。巧合的是我们的四位中国发音人都是东北人，他们的发音是带有东北口音的普通话，而这东北口音的普通话元音格局更接近俄语的元音格局。这是一个有趣的现象。说明在外语的学习过程中，母语方言的影响也很明显。

2.7 俄国学生与中国学生发的汉语声学元音图比较

我们把俄国学生发的汉语元音与中国学生的汉语元音进行比较，以观察二者的区别。俄国学生发的汉语元音情况见图12。

俄国学生发的汉语声学元音图中的元音三角形比中国学生发的汉语声学元音图中的元音三角形分布区域宽，顶点元音之间的距离更大。俄国学生发的/u/元音仍表现为趋前趋低，中元音/ɤ/趋前，分布区域较小，没有动程。俄国学生A发的汉语三个顶点元音/i、u、a/舌位都趋下，/i/和/a/舌位趋前，/u/舌位稍靠后。发音人A、B表现出整齐的一致性，发音人C由于个体的差异，/i/更低更靠前，F2达到了2500Hz，/a/偏高且后。

舌尖元音/ɿ/、/ʅ/与汉语区别最大，发音人A的舌尖前元音/ɿ/特别高，且很靠前，部分与/y/重合，舌尖后元音/ʅ/与/ɿ/相比，位置趋下，分布在/ɿ/的正下方，/ʅ/的F2接近2200Hz，高出中国学生近400Hz；发音人B的舌尖元音/ɿ、ʅ/都比中国学生发得靠前，且发音时整体的舌位特征跟中国学生不一样，在分布上表现为舌尖前元音/ɿ/在前，舌尖后元音/ʅ/在后，与中国学生的正相反，/ɤ/的位置与/ʅ/平行，只是比/ʅ/稍靠后；发音人C的情况与B接近，/ɿ/、/ʅ/有部分重合。但B的/ʅ/与/ɤ/也有部分重合，C的/ʅ/与/ɤ/没有重合，/ɤ/与/ɿ/、/ʅ/有一些距离且稍靠下。

由以上分析我们可以说俄国学生发汉语时，顶点元音/i、u、a/的发音位置趋下趋前，/y/元音趋前趋低，是受母语俄语的影响。中元音/ɤ/趋前，分布区域较小，没有动程，由于俄语中没有复合元音，所以俄国学生发不好这个元音。俄语中也没有舌尖元音/ɿ、ʅ/，所以三位发音人的发音各不相同，没有规律。

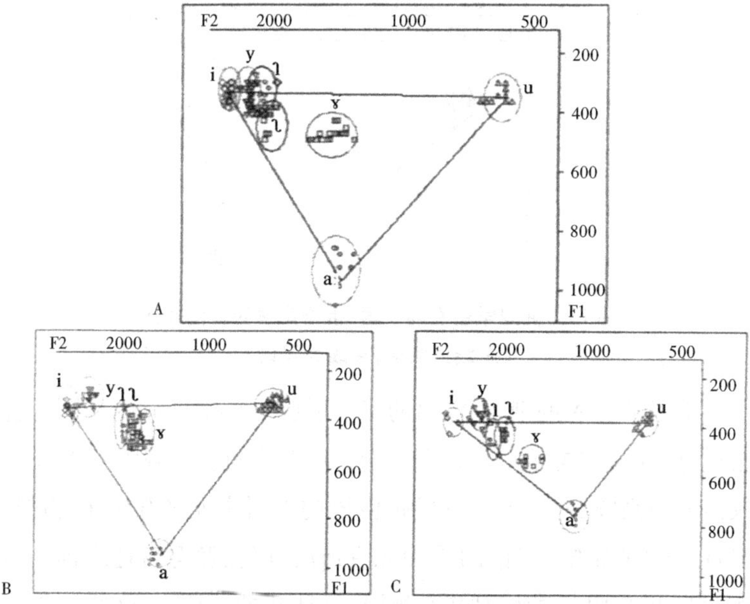

图 12　俄国学生发的汉语声学元音图

2.8　俄国学生发的汉语及俄语声学元音图比较

我们把俄国学生发的汉语声学元音图与他们的俄语声学元音图进行比较，从另一个角度观察一下俄语对俄国学生说汉语时的影响。（见图 13）

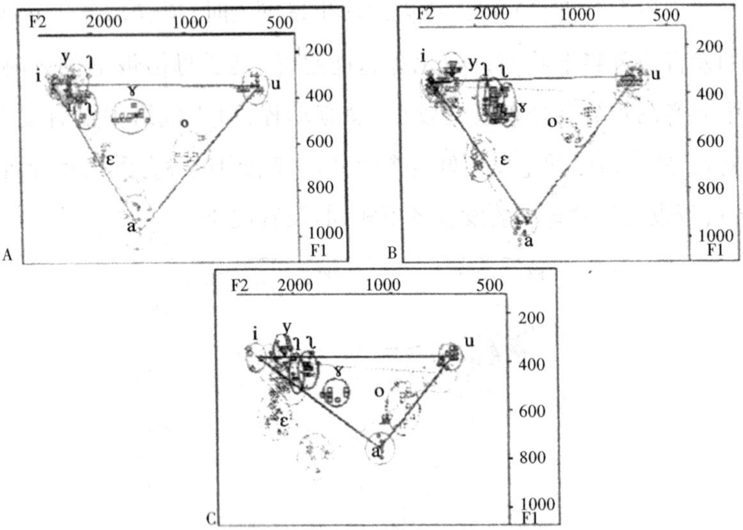

图 13　俄国学生发的汉语、俄语声学元音图对比
（虚线为俄语，实线为汉语）

俄国学生 A 的俄语、汉语的三个顶点元音/i、u、a/的相对位置很接近，/i/完全重合，/a/部分重合，/u/基本重合。俄国学生 A 把汉语的前高圆唇元音/y/发成跟俄语的展唇高元音/ɪ/（ы）相似；受/ɪ/（ы）的影响，汉语的舌尖元音/ɿ/、/ʅ/也发得高且靠前。俄国学生 B、C 跟 A 的情况基本相同，只是 B 的汉语/a/更低一些，C 的/a/更加趋后且稍高（这表现出明显的个性差异）。

总体看来，俄国学生说汉语时基本上是用俄语的元音/i、u、a/（и、у、а）代替汉语的元音/i、u、a/，俄语的元音/ɪ/（ы）对俄国学生发汉语的元音/y、ɿ、ʅ/也有影响。

2.9　结论

第一,俄语的元音格局与汉语的元音格局非常相似,三个顶点元音的位置很相近。俄语的元音三角形与汉语的相比,整体偏低、偏前。有些发音相似,如/i、u、a/。俄语和汉语中各自分别具有一些元音,如俄语的/ɪ/(ы),汉语的/ɿ、ʅ、ɤ/。

第二,中国学生发俄语时,受母语影响,往往用汉语的元音/i、u/代替俄语的元音/i、u/(и、у),把俄语的元音/ɪ/(ы)、/ɛ/发得靠下且带有动程,/o/发得也有动程。

第三,俄国学生发汉语时,受母语影响,顶点元音的发音/i、u、a/的发音位置趋下趋前,/y/元音趋前趋低,基本上用俄语的元音/i、u、a/代替汉语的元音/i、u、a/;央元音/ɤ/趋前,分布区域较小,没有动程;舌尖元音/ɿ、ʅ/的发音各具特点,没有规律,与汉语差别较大。俄国学生发汉语元音/y、ɿ、ʅ/也受到俄语元音/ɪ/(ы)的影响。

最后,不同的语言有其共性的特征,同时又有其个性的表现。在学习中,我们更应注意语言各自的特点,以期在交际中提高正确使用语言的能力。在俄语和汉语的语音教学中运用元音格局的直观的对比法,可以看到母语及方言的干扰,加深学生对俄语、汉语语音格局的理解和认识,系统科学地学习两种语言的语音,从而大大提高学习成效。

附录

发音词表

1. 俄语单音节词:Ha;Ho;Hy ;ЭТ;Tbl ;ИМ。

2. 汉语单音节词:自 资 次　知 识 食　弟 地 衣　屋 五 古
鱼 雨 玉　爸 爬 拉　哥 歌 个

三　汉、韩学生元音发音比较研究[①]

3.1　元音格局

每一种语言和方言都有各自的语音格局。各种方言和语言的语音格局对于我们认识不同语言中所表现的共同规律和它们各自的个性特征都是极有意义的。元音格局是元音系统性的表现,包括的内容可以有元音的定位特征,内部变体的表现,整体的分布关系等。

依据单元音跟音节中其他结构成分的组合情况可以划分出不同的元音级别。在汉语中,出现在单韵母中的元音是一级元音;在其他语言中,能够单独组成音节或单独出现在辅音之后组成音节的单元音是一级元音。一个元音在同一语言中可以同时是一级、二级、三级、四级元音。同一元音在不同的级别上表现出的相对关系和分布情况也不一样,显示语音的结构层次。一级元音的格局是全部元音格局的基础,具有典型的代表性。因此本节讨论的元音格局专指一级元音的格局。

利用语音实验测得的第一共振峰(F1)和第二共振峰(F2)的共振峰频率,可以绘制声学元音图,又称声位图。声学元音图和生

① 原文是与曹巧玲合作,发表于《对外汉语教学与研究》,南京大学出版社,2005年。

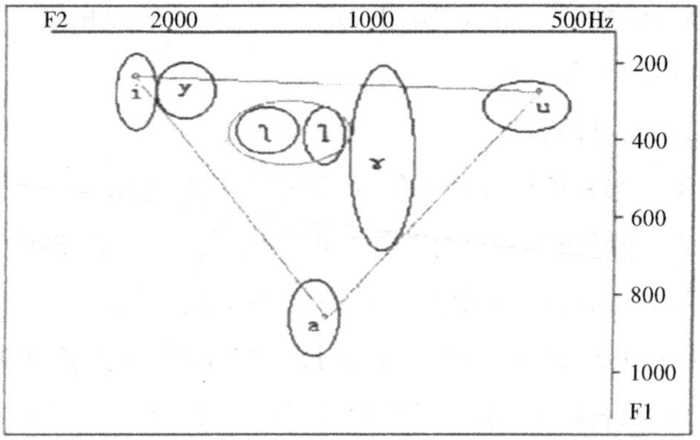

图 14　北京话的一级元音格局图(石锋 2002)

理舌位图的相对位置大致对应。我们可以从中直观地考察同一元音音位内部变体的表现,以及不同元音之间的分布关系和语言学习者对第二语言习得的状况等等。

这里首先对汉语和韩语的元音格局进行分析,然后分别对韩国学生的汉语元音发音和中国学生的韩语元音发音进行对比,来考察第二语言习得中的相关语音习得现象,以及语言学习中母语的正迁移和负迁移在元音发音上的表现。

3.2　相关的语言习得理论

3.2.1　正迁移和负迁移

迁移是心理学中的一个概念,指已经获得的知识、技能甚至方法和态度对学习新知识、新技能的影响。研究表明,在第二语言习得中,母语迁移现象是不可避免的。(Ellis 1994; Odlin 1989)迁移分为正迁移和负迁移两种:当母语规则与外语规则相同时,产生正迁移;当母语规则与外语规则出现差异,尤其是表面相似但实际不同时,往往产生负迁移。

3.2.2 习得顺序

与正迁移和负迁移相关的,即母语中有的规则或语言现象会较早习得,而母语与外语有差异的规则或语言现象会较晚习得。

3.2.3 语言环境问题、学习者本身的语言素养

Ellis(1985)讲到,“第二语言习得涉及的因素较多,其中包括语言环境、语言输出、学习者年龄、动机、需求、个性等。”这些因素中,语言环境是促成语言习得的一个必要条件,而语言学习者的个性也会使语言习得呈现不同的面貌。

3.3 分析方法

1. 选择发音人:从南开大学汉语言文化学院和天津外国语学院随机挑选四名学习汉语的一年级韩国留学生和学习韩语的中国学生,作为发音人。韩国学生都是一直在首尔居住的,到中国学习汉语的时间为三个多月。中国学生来自天津、山东和山西,其中一名学习的时间较长,另外三名学习的时间只有两三个月。

2. 语料录音内容:为两国学生设计的汉语和韩语的发音材料相同。汉语词表为含有汉语七个一级元音的单音节词,包括:衣、屋、鱼、啊、哥、资、知。韩语词表为含有韩语八个一级元音的三十二个音节,包括:/a、ə、o、u、ɯ、i、ɛ、e、ka、kə、ko、ku、kɯ、ki、kɛ、ke、pa、pə、po、pu、pɯ、pi、pɛ、pe、ha、hə、ho、hu、hɯ、hi、hɛ、he/。中文词表每人读三遍,韩语词表每人读一遍。进行录音,输入电脑。

3. 实验仪器:使用电脑语音分析系统“桌上语音工作室”

(Mini-Speech-Lab)进行实验测算和统计作图。

4. 对照比较:得出四名中国学生汉语元音格局和韩语元音发音的声位图,以及四名韩国学生的韩语元音格局和汉语元音发音的声位图,作为分析比较的依据。

3.4　中国学生所发的汉语元音

汉语普通话的一级元音有七个:/i、u、y、ɿ、ʅ、ə、a/(石锋 2002)。我们的四名中国学生发音的汉语元音格局图见图15。

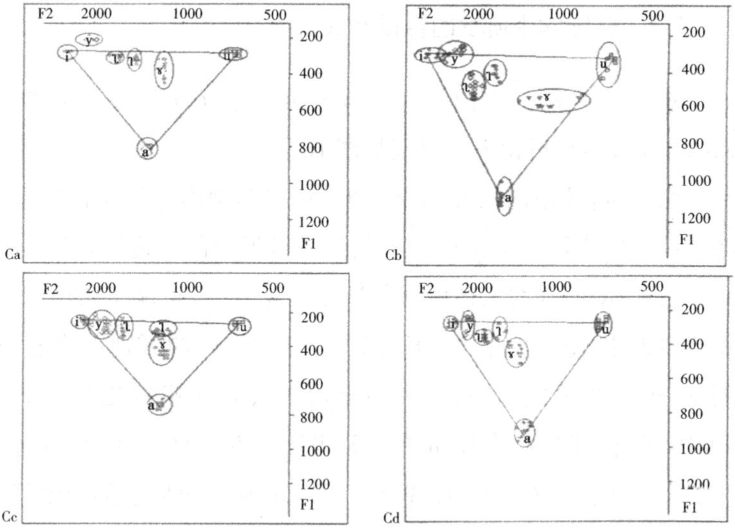

图15　中国学生所发的汉语元音格局图

综合四名中国学生的发音,我们可以归纳出汉语普通话元音格局的特点:一、高元音/i、u/和低元音/a/是三个顶点元音,它们之间的连线呈近似的等边三角形,/i、a/连线和/u、a/连线大体呈对称性分布。二、后高元音/u/的第二共振峰(F2)数值较小,在800Hz以下。三、尽管/i、y、u/为高元音,/ə/为中元音,/ɿ、ʅ/是舌尖元音,位置有高低的参差,然而除低元音/a/之外,其他元音在水平方向上/i、y、ʅ、ɿ、ə、u/的排列次序是稳定的。元音/y/是在元音/i、u/之间,距/i/较近;舌尖元音/ɿ、ʅ/在三角形上部稍靠前的位置,舌尖后元音/ʅ/在舌尖前元音/ɿ/之前。四、低元音/a/与其他元音相距较远。汉语普通话元音格局整体分布区域较大,各个元音分布不匀称。

3.5 韩国学生所发的韩语元音

韩语的一级元音有八个:/a、ə、o、u、ɯ、i、ɛ、e/。我们的四名韩国学生发音的韩语元音格局见图16。

综合四名韩国学生的发音,我们可以归纳出韩语元音格局的特点:一、顶点元音/a、i、u/之间的连线呈近似的等边三角形。/i、a/连线和/u、a/连线大体成对称性分布。二、高元音/u/的第二共振峰(F2)数值较小,在800Hz以下。三、/ɛ、e/的区别不明显,有明显的重叠区域。四、高元音/o/在/u、a/的连线之外,F1为400Hz左右,F2大致与/u/的F2相同。五、/ə/在/a、u/的连线上,/ɛ、e/大致在/a、i/的连线上。六、/ɯ/在三角形上部的中间位置,F1与/o/的相当,F2在1000Hz到2000Hz之间,分布的范围比较大,具有一定的游移性。韩语元音格局总体分布区域也较大,各个元音分布较为匀称。

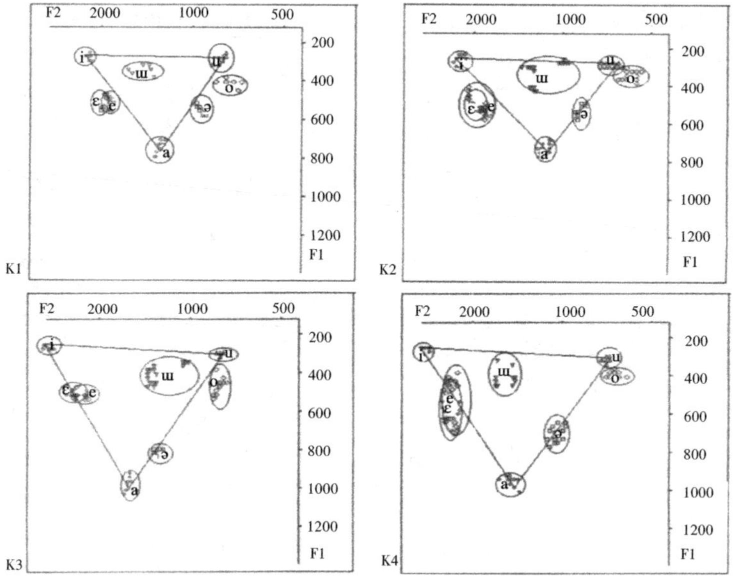

图 16　韩国学生所发的韩语元音格局图

3.6　中国学生学习韩语的元音发音

图 17 是中国学生所发的韩语元音声位图。跟韩国学生的韩语元音格局对照比较,中国学生的韩语元音有以下特点:一、/o/不是在/u、a/的连线之外,而是在连线上。二、/ə/不在/u、a/的连线上,而是在三角形的中央位置。三、/ɯ/的位置不稳定,有的还与/ə/重叠。四、/ɛ、e/的位置不是相互重叠,反而有区分的趋势。五、元音三角形的总体形状相似,这与韩语和汉语本身的元音格局有关。

这些特点应该是受到汉语普通话元音发音的影响。三个顶点

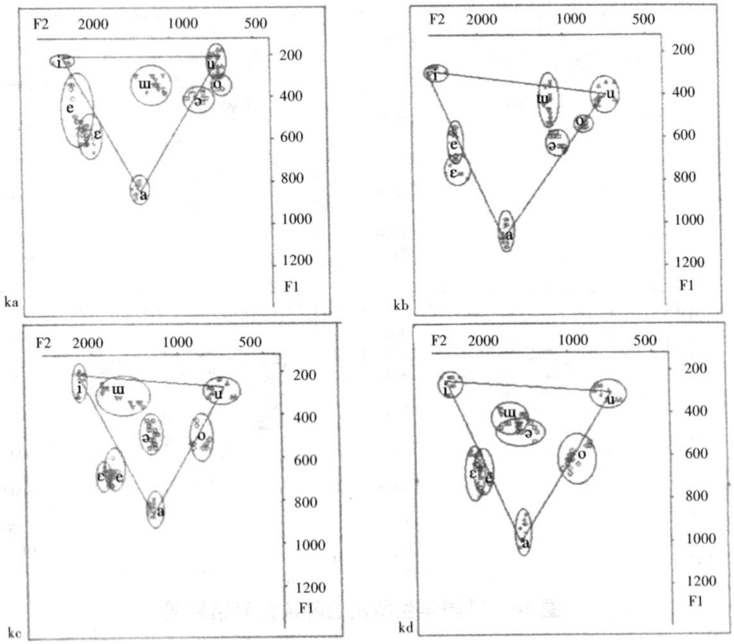

图 17 中国学生所发的韩语元音声位图

元音的位置与韩语相似,所以中国学生的发音差别不大。/ɯ、ɛ、e、o/是汉语中没有的一级元音,所以这几个音的发音位置不稳定;而/ə/元音向中间移动也是受汉语/ə/元音的发音影响。

另外,中国学生 ka 的发音跟韩国学生的元音格局比较一致,这是因为发音人学习韩语的时间有一年多,并且经常与韩国朋友用韩语进行交流,可见语言环境对第二语言的习得很重要。

3.7 韩国学生学习汉语的元音发音

图 18 是韩国学生所发的汉语元音声位图。跟中国学生的汉

语元音格局相比，韩国学生所发的汉语元音有以下特点：一、两个舌尖元音/ʅ/与/ɿ/区域重叠，位置靠前。二、中元音/ə/下移，缺乏游移性。三、元音/y/的位置不稳定，有时与/i/混淆。四、元音三角形的顶点的分布较为一致。

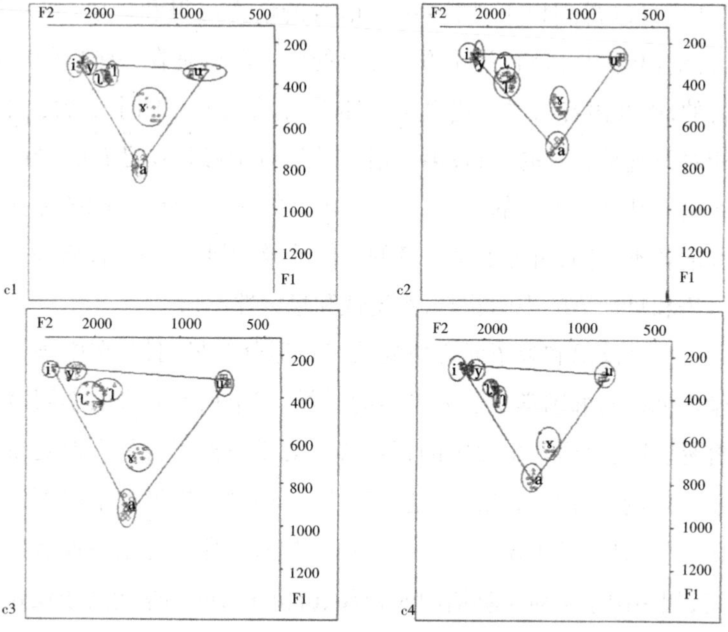

图 18　韩国学生所发的汉语元音声位图

这些特点也是受韩语元音格局的影响，三个顶点元音的分布本来就是韩语与汉语极为相似，所以学生较早习得并且发音稳定；韩语中没有的元音/y、ɿ、ʅ/发音不准确，甚至混淆；韩语与汉语中都有元音/ə/，但是发音不一样，韩国学生受到母语发音影响，元音/ə/没有游移性甚至下移，如发音人 c4 下移到了/u、a/的连线上。

3.8 结论

通过中国学生和韩国学生所发的汉语元音和韩语元音的交叉对比，可以得到以下结论：第二语言的语音习得和母语（第一语言）的语音习得是有差异的。母语的语音习得是在一张白纸上进行的，因此语音格局的建立是成体系的，稳定的，不同元音之间的相对位置是有序的分布；第二语言的语音学习是在已有的母语语音格局基础上进行的，会受到母语语音的迁移影响，影响的方向和程度各不相同，再加上学习者的个体差异，因此它的语音格局介于母语和目标语的中间状态，系统性和稳定性不强。

因为汉语和韩语元音格局的三角形分布很相似，在中国学生学习韩语与韩国学生学习汉语的时候，三个顶点元音的学习就很容易，这就是语音学习中的正迁移。对于两种语言都有但是发音不一样的元音/ə/，就是负迁移的体现，中国学生说韩语根据汉语的习惯，韩国学生说汉语仍按韩语的位置。那些母语中没有的元音，如中国学生对于韩语的元音/o、ɯ、ɛ、e/，韩国学生对于汉语的元音/ɿ、ʅ/的学习，就表现出不同的个体差异。总的情况确实是母语中具有的语音学习得较好，而母语中没有的语音掌握得较差，似同而实异的语音最难学好。另外个体因素也有重要作用，如学习者 ka 的发音较好，这跟个人的努力和语言学习环境密切相关。因此学习中的负迁移是可以克服的。

3.9 两点思考

1. 关于语音教学

根据语音习得过程中出现的正迁移与负迁移现象,可以在教学时采取不同的对策,突出重点:对于两种语言中相同的音,教学中只需要简单说明,学生因为正迁移的作用,就能以母语为基础,发音比较到位;对于母语与目的语相似的音,因为似同而实异,需要作为重点区别的对象,在纠正学生发音时可以有针对性地进行指导;母语中没有的音可以采用“元音定位发音法”教学,即利用母语中已有的与第二语言中有一定共性的音进行练习,如有的音舌位的高低一样,可以通过改变舌位的前后或者唇形的圆展来掌握发音要领。另外,提高学习者的语言素养,营造好的学习环境,对于克服学习中的负迁移现象也是有很大帮助的。

2. 关于韩语的元音音位

韩语中有/ε/、/e/两个音位,从元音格局来看,它们重叠的区域较大;而且韩国学生自己有时候也很难区分这两个音。因此在音位的划分上可以考虑将这两个音位进行合并。

四 对外汉语教学中/r/声母音质的实验研究[①]

在对外汉语语音教学中,/r/声母的发音始终是个难点。听起

① 原文是与廖荣蓉合作,发表于《第一届国际汉语教学讨论会论文选》,北京语言大学出版社,1986 年。

来,外国留学生发的/r/声母往往不是摩擦太强或者类似边音,就是卷舌太大,极不自然。学习/r/声母发音的出错类型跟留学生母语的干扰有很大关系,也跟/r/声母本身变体较多,我们对它的认识往往不得要领有关系。

为了探求/r/声母的确切音质,改进对于/r/声母的教学方法,我们进行了一些语音实验,分析中国人和外国留学生所发/r/声母的音质。对于中国人的发音,可以参见《普通话/r/声母音质的实验研究》一文(见本书)。这里主要对外国留学生的发音进行分析。

4.1　语音实验

我们的发音人包括4位普通话说得好的中国人(Z_1-Z_4)和14位外国留学生(W_1-W_{14})。中国人都是20岁左右的大学生。外国留学生中有5位日本人(W_1-W_5),4位美国人(W_6-W_9),1位英国人(W_{10}),两位德国人(W_{11}、W_{12}),1位法国人(W_{13}),1位俄罗斯人(W_{14})。他们都在20至30岁之间,学习汉语半年以上。

所有发音人都根据汉语发音表(见附录)发音。全部录音用KAY-7030型语图仪进行分析,做出宽带语图和同步的振幅显示。所需数据从语图上测量得出,音段界限不清的地方参考振幅曲线划界后再测量。

4.2　分析方法

汉语普通话/r/声母既有辅音的特点,又有元音的特点。因此,分析/r/声母需要把分析辅音的方法和分析元音的方法结合起来使用。

用于分析辅音的方法,就是通过观察语图类型分析语音的声学性质,从而推知它的发音方法和发音部位。用于分析元音的方法,主要是分析共振峰的频率变化,从而推知发音时舌位的情况。根据第一、第二共振峰的数值变化可以看出舌位高低前后变化的大概趋势,但并不能精确地判断变化的量,这是因为共振峰反映的是发音器官各种特征的综合效应。

根据测得的共振峰数值做出声位图。声位图可以反映舌尖元音舌位较高较前的特点。我们借助声位图对于/r/声母舌位变化的特点进行直观的推测和比较。当然舌位的确切情况还是应该通过X光照相等技术来了解。我们的实验中没有条件这样做,不过我们可以参考有关研究资料。

单音节ri中的/r/声母发音时舌面舒展,沿舌中线的中间区域低凹,舌两侧稍稍抬起,和上齿龈接触,封住两侧气流的通道。整个舌面呈盘状:中间低,四周高,舌尖正中的盘边上有一缺口,是气流的通道。作为一个音位,/r/声母有许多变体,单音节中的发音部位大多是舌尖和前硬腭,这是典型的卷舌音。我们把声位图上出现在其他语音环境下的/r/声母变体和单音节ri中的/r/声母变体相比较,可以推知/r/声母舌位变化的一般情况。

关于声母的音质特征,第三共振峰频率以及音强、音长、音高这些非音质特征也很有价值,因为正是音质和非音质特征的综合效应才使我们产生了对/r/声母音质的完整听觉印象,所以对此我们也将作简要分析。

4.3 中国学生所发/r/声母的音质

通过实验分析我们看到：在不同人的口里，在不同语音环境下，/r/声母变体的音质有较大差别，这在它的发音方法和发音部位上都有所反映。

发音方法方面差别很显著。根据摩擦程度的不同，可以把所有变体分为强摩擦、弱摩擦和无摩擦三类。其中前两类，发音时舌腭之间的缝隙都比较狭窄，气流通过时产生摩擦，反映到语图上即有明显可见的乱纹，这两类音都是浊擦音。第三类发音时舌腭间隙比较宽，气流通过时没有摩擦，语图上没有乱纹，完全是共振峰结构，这是无擦通音。

不仅不同人发的/r/声母可以有浊擦音和无擦通音之别，就是同一人的发音也往往有很大差别。有人发的/r/声母既有浊擦音，又有无擦通音；有人发的/r/声母虽然是浊擦音，但摩擦的强弱程度相差很大；也有人发的/r/声母都是无擦通音，发音方法上没有明显差别。同一个人的发音，摩擦的有无及程度的轻重都很容易受语音环境的影响：在语流开首位置跟中间位置相比，后接高元音和舌尖元音跟后接中元音和低元音相比，/r/声母是浊擦音的可能性更大或摩擦程度更强。

相对而言，/r/声母的发音部位比较确定，不同人之间的个体差异不大。因此在声位图上，每个人发的/r/声母都有相对确定的分布范围，它和元音系统的相对关系比较稳定。同一人的发音中，差异的规律性很强。这种差异的原因主要是语音环境的影响：在语流开首位置上的变体偏高，在中间位置上的变体偏低；后接元音的发音越接近舌尖元音[ʅ],/r/声母变体就越稳定,多是静音素;否则声位就不稳定,多是动音素。可以认为,在音节 ri 中的/r/声母发音是典型的表现。

根据/r/声母在音节 ri 中的声位和 X 光照片、腭位照片,我们推知:/r/声母的发音部位在大多数情况下是舌尖前硬腭音,在少数情况下是舌尖中硬腭音和舌尖后齿龈音。在发音过程中,/r/声母的舌位经常处于连续的变化之中,前后的变化量比高低的变化量大得多。从音位学的角度看,把/r/声母叫做舌尖硬腭音或卷舌音是很恰当的。

在多数情况下,/r/声母的第三共振峰比相邻元音的要低,在语流开首位置及后接元音[a]、[u]时尤为突出。它往往低得几乎跟第二共振峰相接,使得相邻元音的第三共振峰有显著的起伏变化。/r/声母第三共振峰的这一特点是卷舌音的典型表现。

把发音方法和发音部位结合起来看,/r/声母所有可能的变体如表 1 所示。

表 1　/r/声母变体表

发音方法 / 发音部位	浊擦音		无擦通音
	强摩擦类型	弱摩擦类型	
舌尖、后齿龈音	+1	+2	+3
舌尖、前硬腭音	+4	+5	+6
舌尖、中硬腭音	+7	+8	+9

表中变体+3 可用国际音标[ɹ]来标记,+1、+2 是和+3 同部位的浊擦音;+4、+5、+7、+8 可用国际音标[ʐ]来标记,+6、+9 可用

国际音标[ɻ]来标记。所以从音位学角度考虑的话,用[ʐ]或[ɻ]来标记/r/声母都是可以的。

/r/声母的音强一般都比较弱,振幅值往往不到同一语流中较强元音的一半。/r/声母的音长比较稳定,平均长度在60毫秒左右。摩擦程度较强时,音长相对长一些。它随发音速度改变所产生的变化和不同发音人的个体差异都不大。/r/声母的音高随音节的声调模式而改变,和音质变化没有明显的对应关系。

4.4 外国留学生所发/r/声母的音质

对于外国留学生的/r/声母发音,我们首先分析听感印象,然后分析语图和声位图特征。各发音人的声位图我们尽量都列出来(所发/r/声母没有第一或第二共振峰,做不成声位图的情况除外)。图中"●"代表单音节以及开首位置的/r/声母,"○"代表中间位置的/r/声母。发音中第一、第二共振峰的变化用矢状线"→"表示。

4.4.1 日本学生的/r/声母发音

发音人W_1(女)在语流开首位置的/r/声母大都发得不好,听起来有阻塞感,多数像闪音,也有的像边音;在语流中间位置上则是大多发得不错,听感印象跟中国人的/r/声母发音差不多。/r/声母音节的声调掌握得很好。从语图上可以看到,在语流开首位置上的/r/声母有一条至几条显示爆破的冲直条,说明都是以闪音或颤音开始的;有的持续一段共振峰结构,这可能是造成边音感觉的原因。中间位置的/r/声母没有冲直条,也没有乱纹,是元音性的共振峰结构,跟中国人发的无擦通音[ɻ]语图表现相似。时长多在50-70毫秒之间。在声位图上，/r/声母变体分布很集中，集中区的相对位置比中国人稍微靠后一些，这说明她发音的舌位跟中国人有微小的差别，在听感上不易察觉。（见图19）

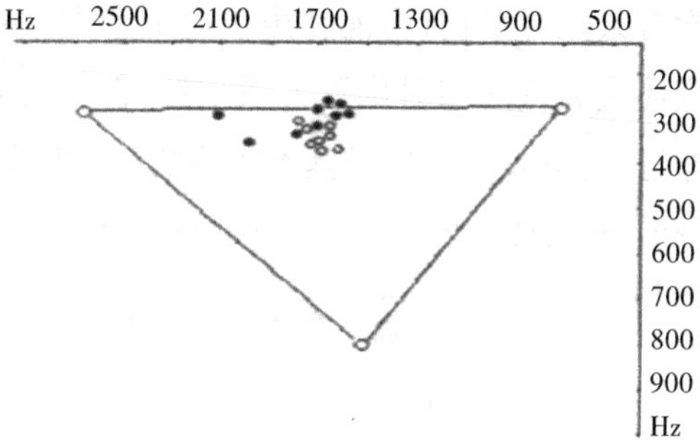

图19　发音人 W_1 的/r/声母声位图

发音人 W_2（女）、W_3（男）、W_4（男）的/r/声母大多发得很好，听感印象正确，只有少数变体略有阻塞感，有点像闪音。/r/声母音节的声调多数都很正确。从语图上可以看到，这三位发音人的/r/声母大都是共振峰结构，没有摩擦成分；少数变体以闪音开始，有冲直条。音长一般都在50-90毫秒之间。在声位图上，W_2 和 W_3 的/r/声母变体分布位置跟 W_1 的情况基本一样，只有少数变体例外，这说明 W_2 和 W_3 的发音部位也有点儿误差。W_4 的/r/声母变体位置大多比 W_1 靠前。/r/声母集中区和相对位置跟中国人的相同，说明发音部位完全正确。（见图20、21、22）

发音人 W_5（男）的/r/声母发音多数听起来像卷舌的塞擦音，少数发得较好，带轻微摩擦。从语图上看到，W_5 的发音多数是擦音和塞擦音。在开首位置都是清音，没有浊音杠，跟清擦音[ʂ]、清塞擦音[tʂ]的语图表现一样。在语流中间都有浊音杠，是浊擦音[ʐ]或浊塞擦音[dʐ]。音长都很短，只有15-30毫秒，所以即使是擦音，听起来也像是塞擦音。在语流中间有少数发音的语图是略带摩擦乱纹的共振峰结构，音长60毫秒左右。W_5的/r/声母发音中多数没有共振峰结构，不能在声位图上表现。从声位图上仅有的几个变体代表点的相对位置关系来看，它们大都和中国人的发音声位相近，可见发音部位是基本正确的。（见图23）

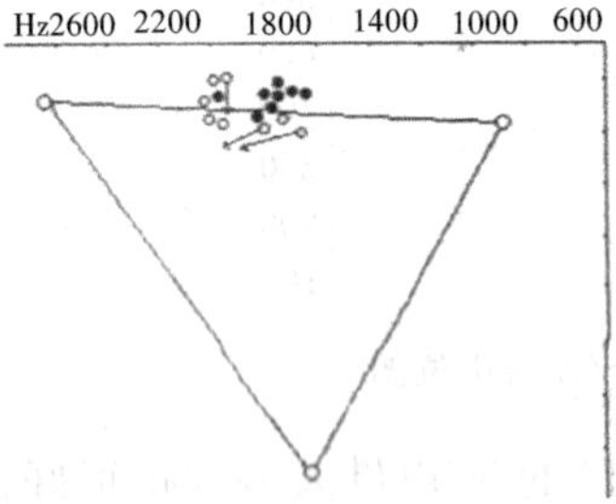

图20　发音人 W_2 的/r/声母声位图

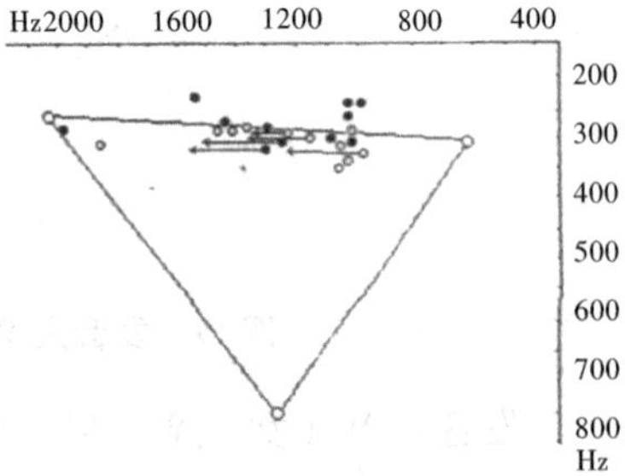

图21　发音人 W_3 的/r/声母声位图

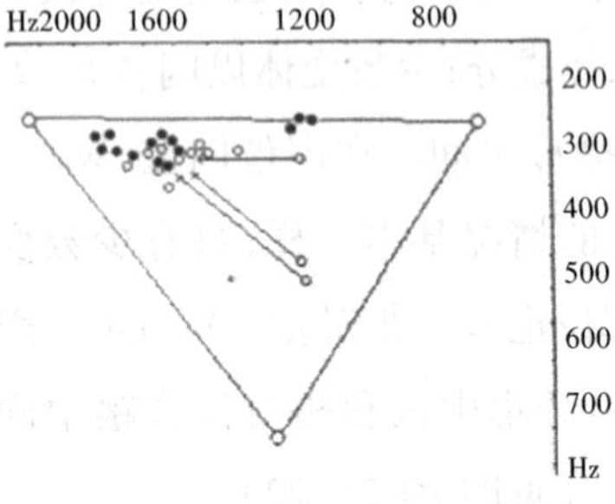

图22　发音人 W_4 的/r/声母声位图

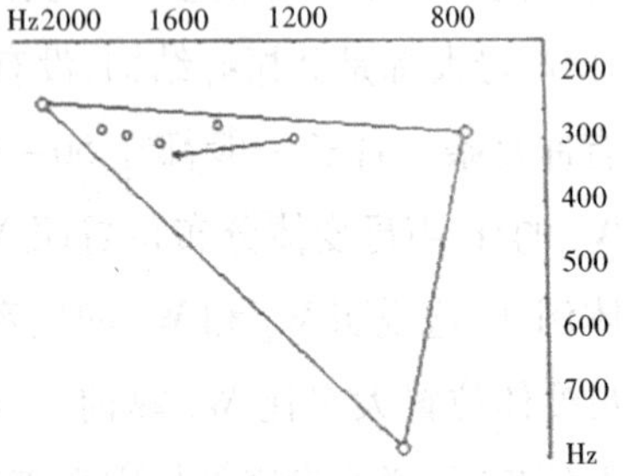

图23　发音人 W_5 的/r/声母声位图

通过上面分析可以看到，日本学生的/r/声母发音中最常见的问题是发音方法不对。他们习惯于在发音开始时让舌尖和上腭接触成阻，发出闪音或颤音，有时也有一些边音。发音部位方面一般问题不大。这在声位图上表现为：中国人的发音一般在元音/i、u/连线中点的左侧，位于从中点到/i/之间的区域；而日本学生发的/r/声母集中区位于元音/i、u/连线的中间（发音人 W_1-W_4 都是这样，W_5 因为/u/发音趋前，所以/r/的集中区靠近/u/）。二者中心位置接近，有很大部分叠置。从录音放听中感到，/r/声母只要不发成阻塞音，即使发音部位有微小偏差，听感印象也不错，接近中国人的发音。总的来说，语流中间位置的发音比开首位置要好，这可能跟他们母语日语/r/的发音习惯有一定关系。有些日本学生发的/r/声母音长太短，也是受日语/r/的发音影响。

另外，日本学生对一些韵母往往发得不好。比如音节 ri 的韵母常常发不成[ʅ]，这是/r/声母发不成[ɹ]或[ɻ]的必然结果，于是[i]代替了[ʅ]，再跟错发成闪音、颤音或边音的/r/声母结合，听起来总像是[li]。这一方面是日语的发音习惯影响，另一方面也可能是错把汉语拼音的字母 i 当成国际音标的[i]。

4.4.2　英、美学生的/r/声母发音

发音人 W_6（男）的发音给人的基本听感印象较好，卷舌程度合适，多数有明显摩擦，但还较自然；也有一部分摩擦过强，音节开始时有较长的摩擦声。在语图上表现为典型的浊擦音[ʐ]，摩擦乱纹分布和清擦音[ʂ]一样在大约 1300Hz 以上，音长、音强也都和清擦音[ʂ]基本相同，音长平均在 140 毫秒左右。这大概是听感上摩擦过强的主要原因。在语速较快的句子中，这一特点很明显。另外，他的声调总是发不好，音高不协调，影响/r/声母听感印象。W_6 的/r/声母都没有第二共振峰，所以不能在声位图上表示。中国人的发音也有这种浊擦音[ʐ]的情况，但音长都在 60 毫秒左右，并没有清擦音那么长。

发音人 W_7（女）和 W_8（男）的发音听起来卷舌程度太过分，并且前面带有一个[ə]元音，像普通话的儿化韵[ər]，也很像美国英语里的卷舌元音[ɚ]。在语图上的表现大多是元音性的，没有乱纹，属于无擦通音。少数变体有几个冲直条，是颤音。音长一般在60-80毫秒之间，较为合适，但音高还是常常不对。从声位图上看，/r/声母变体分布位置很靠后，集中区在/i、u/连线后端附近，比日本学生靠后许多。有些变体很接近后高元音[u]。这反映出发音的舌位很靠后，根据听感印象，舌腭接触点很可能是舌尖中硬腭，甚至是舌尖后硬腭。（见图24、25）

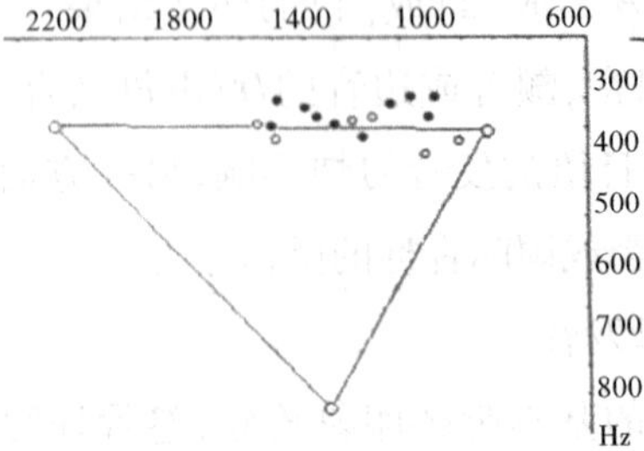

图24　发音人 W_7 的/r/声母声位图

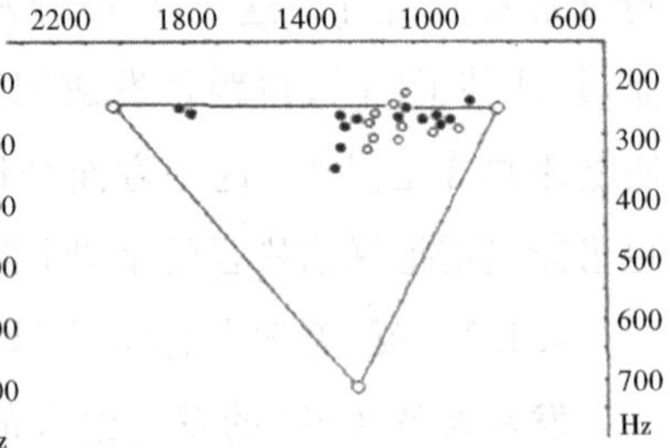

图25　发音人 W_8 的/r/声母声位图

发音人 W_9（女）、W_{10}（男）的发音都很好，除个别变体卷舌色彩稍重外，一般听起来非常标准。语图表现基本和 W_7、W_8 的一样，大多是共振峰结构，有极少数颤音变体。音长也很稳定，平均70毫秒左右。音节的声调大多发得比较好。从声位图上看，/r/声母集中区比 W_7、W_8 的靠前，和日本学生的位置相仿，在/i、u/连线的中段上，他们的发音部位显然比 W_7 和 W_8 的正确。（见图26、27）

总的看来，英、美学生的发音中最常见的问题是发音部位掌握

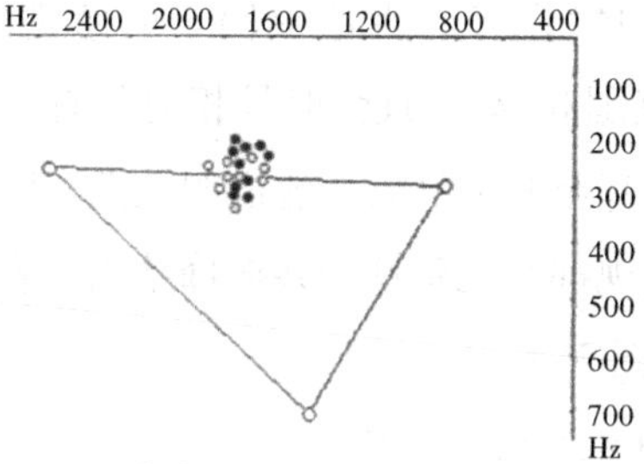

图 26 发音人 W_9 的/r/声母声位图

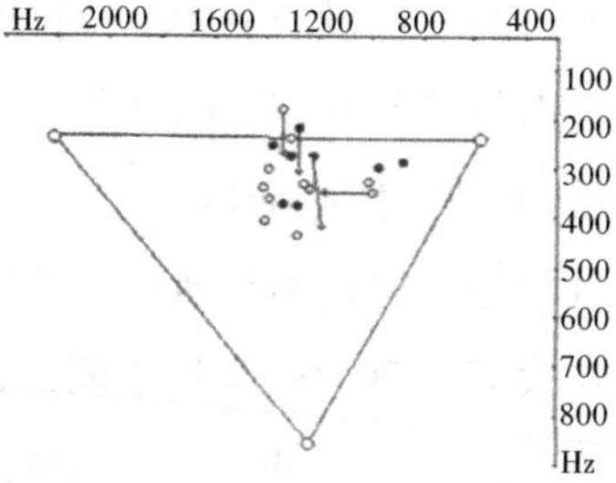

图 27 发音人 W_{10} 的/r/声母声位图

不好。往往是在发成无擦通音的学生中,卷舌程度过大,舌腭接触点较后,因而声位也偏后。音长适当,但音高大多掌握不好。有的英、美学生也发成浊擦音,其中常见的问题一般都是对摩擦程度的轻重和摩擦时间的长短掌握不好,容易把摩擦成分发得太重或拖得太长。为改善听感印象,缩短音长可能比减轻音强更有效果。另外他们对汉语声调往往掌握不好,这很影响/r/声母的听感印象。比如受英语母语浊辅音音调较低的影响,他们总是容易把阴平、去声发成起点很低的调子,这使得/r/声母因为整个音节的听感印象不好而显得很生硬。在声调起点本来就低的阳平、上声音节中,由于声调发得正确,整个音节听起来自然,/r/声母就显得好多了。

4.4.3 其他国家留学生的/r/声母发音

其他国家留学生的/r/声母主要有两种变体,一种是发成浊擦音[ʐ],另一种是发成无擦通音[ɻ]。从听感印象来看,发音中的问题跟英、美学生基本一样,下面分别简要说明:

发音人 W_{11}(女)、W_{12}(男)的发音听起来大都比较好,属于无擦通音,音长、音高也较合适。W_{12} 的卷舌程度掌握得正好,和中国人的发音没有什么差别；W_{11} 的发音有卷舌色彩偏重的感觉。从声位图上看，W_{11} 的变体分布范围和 W_{10} 相近，但是相对位置偏后，多数变体趋向后部，个别变体甚至非常靠后。这说明她发音时舌位把握得还不够熟练。语图表现都是元音性的共振峰结构。音长大多在 70-90 毫秒之间。（见图 28）

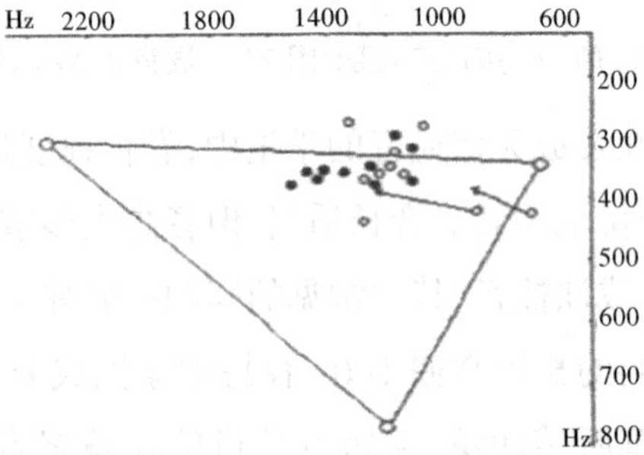

图 28　发音人 W_{11} 的/r/声母声位图

发音人 W_{13}（女）和 W_{14}（男）的发音大都是浊擦音，听起来卷舌程度合适，但摩擦色彩太强，音节声调也发得不好。从语图上看，W_{13} 的发音摩擦强度并不很大，乱纹不密集，不少变体的乱纹叠加在第二共振峰上，只在高频区乱纹才多些。问题主要是在音长上，多数情况达 120-180 毫秒，/r/声母发音过长，且不稳定，而后接元音却比较短，有时只有/r/声母的一半长。有些发音开始是浊音，后来第一共振峰突然消失，变成了清音。在声位图上的位置居中，和 W_{10} 的相仿。W_{14} 的发音基本没有第二共振峰，摩擦程度比 W_{13} 强一些，乱纹分布情况和 W_{13} 的相仿，音长也偏长。这说明发音方法的把握还需改进。

综上所述，不同国家留学生/r/声母发音的出错类型不一样，都容易受母语中相近语音的发音方法和发音部位的影响。有的留学生/r/声母发得很好,但由于整个语流的发音不够自然,所以多数不能像中国人那样随语音环境改变而表现出系统差别。

4.5　结论

汉语/r/声母是一个变体类型比较多的辅音,它的常见变体是舌尖-后齿龈或舌尖-前硬腭部位的浊擦音或无擦通音。不同国家的留学生的/r/声母发音具有以上所有变体类型,但出错类型不一致,容易受母语中相应语音的影响。

日本留学生的发音错误主要在发音方法上,总是发成阻塞型的辅音,包括闪音、颤音,甚至有塞音或塞擦音,发成边音的也常可见到。相比之下,在语流开首位置上容易出错,中间位置上的/r/声母发得好一些。

英、美留学生的发音主要有两种错误类型:一是发音部位不准,舌腭接触点太靠后,卷舌程度太过分。二是发音方法有问题,表现在浊擦音变体上,往往是摩擦程度太强,摩擦时间太长。也有时把/r/声母发成颤音,显然是不对的。

德、法、俄留学生的发音出错类型跟英、美学生基本相同,只是受不同母语的影响,各类偏误的数量和程度有差别。

在汉语中,声母和韵母、声调紧密结合,整个音节的音质和非音质特征对人耳产生综合的听感效果。因此对/r/声母的听感印象跟整个音节的听感相联系。留学生往往因为韵母或声调发音不正确、音长或音强掌握不适当而影响到/r/声母的听感印象。所以,必须注意整个音节的发音,努力掌握好超音段特征,这对于改善/r/声母的感知效果非常重要。

针对汉语普通话/r/声母的音质特征和外国学生发/r/声母的出错类型,我们可以总结出几条关于/r/声母发音教学的具体措施:第一,借助简略的生理解剖图讲清/r/声母发音方法和发音部位方面所允许的变化范围。第二,对于日本学生,着重要求发音时舌、腭之间不发生闭塞,保持间隙;对于欧美学生,着重强调发音时掌握好舌、腭接近的部位;对于浊擦音变体的发音,要注意减小摩擦强度,缩短摩擦时长。第三,注意跟/r/声母相拼的韵母的发音,特别是舌尖元音[ʅ]的发音,注意纠正阴平和去声两个声调中带/r/声母音节的发音。

附录

汉语发音表

一、音节:(单音,r 作声母)

zhi chi shi ri ran rang rao ren reng rong rou
re ru rui run ruo ruan

二、词语:(双音,r 在开首和中间位置)

日报 日月 日子 日本 日文 日出
ribao riyue rizi riben riwen richu

生日 节日 红日 今日 假日 明日
shengri jieri hongri jinri jiari mingri

人民 人体 人生 人力 人们 人类
renmin renti rensheng renli renmen renlei

爱人 大人 好人 工人 别人 老人
airen daren haoren gongren bieren laoren

三、句子:(要求速度稍快)

a. 你是日本人吗? Ni shi Riben ren ma?

b. 这是工人日报。　　Zhe shi Gongren Ribao.
c. 那是人民日报。　　Na shi Renmin Ribao.
d. 今天是好日子。　　Jintian shi hao rizi.

参 考 文 献

艾杰瑞(1986)侗语的声调分裂和浊呼气音变异,载《东南亚作为一个语言区域》;王德温译文载《民族语文研究情报资料集》1987 年第 9 集。

白涤洲(1934)北京话声调及变化,转引自罗常培、王均《普通语音学纲要》。

白涤洲(1934)关中声调实验录,《历史语言研究所集刊》第 4 本。

白婉如(1984)广州话元音变化举例,《方言》第 2 期。

鲍厚星(1989)湖南邵阳方言音系,《方言》第 3 期。

鲍怀翘(1984)普通话单元音分类的生理解释,《中国语文》第 2 期。

鲍怀翘、杨力立(1983)语言音高与声带的生理特性,第二届中国语言学年会论文。

鲍明炜主编(1999)《江苏省志·方言志》,南京大学出版社。

北京大学中文系语言学教研室(1989)《汉语方音字汇》,文字改革出版社。

北京外国语学院俄语系编(1986)《俄语基础》,外语教学与研究出版社。

北京语言学院语言教学研究所编(1986)《现代汉语频率词典》,北京语言学院出版社。

曹剑芬(1982)常阴沙话古全浊声母的发音特点,《中国语文》第 4 期。

曹剑芬(1999)从协同发音看语音的结合与变化,《中国语言学的新拓展》,香港城市大学出版社。

陈 瑾(1988)《广西三江侗族自治县方言志》,广西三江侗族自治县县志办。

陈 康(1988)彝语的紧调类,《民族语文》第 1 期。

陈昌仪(1983a)永修话声调的演变:兼论鄱阳湖西侧赣方言的演变,《江西大学学报》第 2 期。

陈昌仪(1983b)都昌(土塘)方言的两个特点,《方言》第 4 期。

陈慧英、白宛如(1958)广州音和北京音的比较,《方言和普通话丛刊》第 1 本。

陈其光(1985)苗瑶语浊声母的演变,《语言研究》第2期。
陈肖霞(1996)普通话元音-辅音-元音中协同发音研究,第三届全国语音学学术研讨会。
陈章太(1989)论语言生活的双语制,深港语言研究所编《双语双方言》,中山大学出版社。
陈章太、李行健(1995)《普通话基础方言词汇集》,语文出版社。
次木一郎、皇锦鸾(1997)《日语发音基础学习》,世界图书出版社。
崔荣昌、李喜梅(1986)四川的老湖广话,《方言》第3期。
戴庆厦(1990)藏缅语族松紧元音研究,《藏缅语族语言研究》,云南民族出版社。
戴庆厦(1993)关于纳西语的松紧元音问题——兼论彝缅语语音历史演变的研究方法,《民族语文》第1期。
丁邦新(1982)汉语方言区分的条件,《清华学报》第14卷第1,2号。
丁邦新(1987)论官话方言研究中的几个问题,《史语所集刊》第58卷第4号。
丁邦新(1996)书评:《中国语言地图集》,《国际中国语言学评论》第1卷第1期。
丁声树、李荣(1956)汉语方言调查,《现代汉语规范学术会议文件汇编》,科学出版社。
董同龢(1980)《汉语音韵学》,台北文史哲出版社。
董为光(1989)湘鄂赣三界方言的送气声母,《语言研究》第2期(总19期)。
董忠司(2000)闽南语各次方言的多层面元音系统,第九届国际中国语言学术年会论文,新加坡。
傅国通等(1985)浙江吴语分区,《杭州大学学报增刊·方言专刊》。
傅国通等(1986)吴语的分区(稿),《方言》第1期。
盖兴之(1994)藏缅语的松紧元音,《民族语文》第5期。
高本汉(1940)《中国音韵学研究》(赵元任、罗常培、李方桂译),商务印书馆。
高福生(1988)安义方言同音字汇,《方言》第2期。
高华年(1980)《广州方言研究》,香港商务印书馆。
桂诗春、宁春岩(1997)《语言学方法论》,外语教学与研究出版社。
何大安(1989)送气分调及相关问题,《史语所集刊》60本4分。

贺阳、劲松(1992)北京话语调实验探索,《语言教学与研究》第2期。
侯精一、温端政(1993)《山西方言调查报告》,山西高校联合出版社。
侯精一等(1956)对〈说天津话的人怎样学习普通话〉一文的意见,《中国语文》第10期。
胡明扬(1963)《老乞大谚解》和《朴通事谚解》中所见的汉语、朝鲜语对音,《中国语文》第3期。
胡明扬(1987)《北京话初探》,商务印书馆。
胡坦、戴庆厦(1964)哈尼语元音的松紧,《中国语文》第1期。
黄长著等译(1981)《语言与语言学词典》,上海辞书出版社。
黄富荣(2000)粤语元音[œ]、[ɵ]音位分合研究综论,《第七届国际粤方言研讨会论文集》,商务印书馆。
黄家教(1990)广州方言的……,《第二届国际粤方言研讨会论文集》(詹伯慧主编),暨南大学出版社。
黄锡凌(1941)《粤音韵汇》,香港中华书局。
金有景(1984)论日母——兼论五音、七音及娘母等,载《罗常培纪念论文集》,商务印书馆。
金有景(1988)拉祜语的紧元音,《民族语文》第3期。
靳洪刚(1997)《语言获得理论研究》,中国社会科学出版社。
李　荣(1985)官话方言的分区,《方言》第2期。
李　荣(1989)汉语方言的分区,《方言》第4期。
李方桂(1937)中国的语言和方言,《中国年鉴》。
李方桂(1962)台语系声母及声调的关系,《史语所集刊》34本1分。
李方桂(1970)《上古音研究》,商务印书馆。
李方桂(1977)《水话研究》,史语所专刊之七十三,台北。
李如龙、张双庆(1992)《客赣方言调查报告》,厦门大学出版社。
李世瑜(1956)说天津话的人怎样学习普通话,《中国语文》第1期。
李思敬(1986)《汉语"儿"音史研究》,商务印书馆。
李新魁(1990)数百年来粤方言韵母的发展,《第二届国际粤方言研讨会论文集》(詹伯慧主编),暨南大学出版社。
李新魁(1997)近代汉语南北音之大界,《中国语言学报》第8期。

李新魁、麦耘(1995)《广州话音档》,侯精一主编《现代汉语方言音库》,上海教育出版社。
李新魁等(1994)《广州方言研究》,广东人民出版社。
李行德(1985)广州话元音的音值及长短对立,《方言》第1期。
李行健、刘思训(1985)天津方言的连读变调,《中国语文》第1期。
李永燧(1987)罗泊河苗语的音韵特点,《民族语文》第4期。
李永燧(1992)缅彝语言声调比较研究,《民族语文》第6期。
李永燧等(1959)苗语声母和声调中的几个问题,《语言研究》第4期。
李钊祥(1985)侗语和老挝文声调对应关系分析,《民族语文》第1期。
梁 敏(1980)《侗语简志》,民族出版社。
梁敏、张均如(1999)广西平话概论,《方言》第1期。
梁之安(1963)辅音的送气特性及其听觉辨认,《生理学报》第26卷第2期。
廖荣蓉(1983)苏州话单字调双字调的实验研究,《语言研究》第2期(总5期)。(见本书)
廖荣蓉、石锋(1986)对外汉语教学中r声母音质的实验研究,《第一届国际汉语教学讨论会论文选》,北京语言学院出版社。(见本书)
廖荣蓉、石锋(1987)汉语普通话r声母音质的实验研究,《语言研究》总13期。(见本书)
林 焘(1990)《语音探索集稿》,北京语言学院出版社。
林焘、王理嘉等(1985)《北京语音实验录》,北京大学出版社。
林焘、王士元(1984)声调感知问题,《中国语言学报》第2期。
林茂灿(1965)音高显示器与普通话声调的音高特性,《声学学报》第2卷第1期。
林茂灿(1992)北京话声调分布域的感知实验研究,《语音研究报告》,中国社科院语言研究所语音研究室。
林茂灿、颜景助、孙国华(1988)声带紧张度和声门下压力在北京话两字组基频产生中作用的初步试验,《中国语言学报》第3期。
刘 复(1924)《四声实验录》,上海群益书社。
刘娟、石锋(1995)普通话送气声母对声调的影响,《语言学论辑》(2)。
刘勋宁(1995)再论汉语北方话的分区,《中国语文》第6期。

陆绍尊(1990)藏语中甸话的语音特点,《语言研究》第2期(总9期),147-159。
罗常培、王均(1956)《普通语音学纲要》,1981年修订,商务印书馆。
罗美珍(1993)论方言——兼谈傣语方言的划分,《民族语文》第3期。
马学良(1948)倮文作祭献药供牲经译注,《史语所集刊》第20卷。
马学良(1991)《汉藏语概论》,北京大学出版社。
马学良、罗季光(1962)我国汉藏语系语言元音的长短,《中国语文》第5期。
马之江(1994)俄语语音教学浅析,《沈阳大学学报》(社会科学版)第1期。
倪大白(1990)《侗台语概论》,中央民族学院出版社。
宁光普(1994)加强口语实践,提高俄语教学质量,《中国俄语教学》第1期。
平山久雄(1984)江淮方言祖调值构拟和北方方言祖调值初探,《语言研究》第1期。
平山久雄(1998)从声调调值演变史的观点论山东方言的轻声前变调,《方言》第1期。
平山久雄(1999)吴江方言の次阴调につぃて,早稻田大学《教养诸学研究》107号。
平田昌司(1997)汉语方言音节类型"松紧"的南北差异,《中国境内语言暨语言学(四):语言类型》,台北。
平田昌司(1998)《徽州方言研究》,中国语学研究。开篇,No.9,好文出版社。
钱乃荣(1992)《当代吴语研究》,上海教育出版社。
任宏谟(1981)《北京话塞音特性研究》,中国社会科学院语言所硕士论文。
沈　炯(1985)北京话声调的音域和语调,《北京语音实验录》,林焘、王理嘉等著,北京大学出版社。
沈　炯(1992)汉语语调模型刍议,《语文研究》第4期。
沈　炯(1994)汉语语调构造和语调类型,《方言》第3期。
沈钟伟(2002)音变的有向无序性,潘悟云编《东方语言与文化》,东方出版中心。
施其生(1990)广州方言元音音位再探讨,《第二届国际粤方言研讨会论文集》,暨南大学出版社。
施其生(1991)广州方言的介音,《方言》第2期。

石　锋(1983)苏州话浊塞音的声学特征,《语言研究》第1期(总4期);收入《语音学探微》,北京大学出版社,1990。

石　锋(1986)天津方言双字组实验分析,《语言研究》第1期(总10期),收入《语音学探微》,北京大学出版社,1990。

石　锋(1987)天津方言单字音声调分析,《语言研究论丛》第4辑,收入《语音学探微》,北京大学出版社,1990。

石　锋(1990)试论语音的层次,《中国语言学报》第4期,收入《语音学探微》,北京大学出版社,1990。

石　锋(1991)北京话的声调格局,《语言研究(增刊)》,收入《语音丛稿》,北京语言学院出版社,1994。

石　锋(1993)语言研究中的三个关系,《中国语文研究四十年纪念文集》,北京语言学院出版社,收入《语音丛稿》,北京语言学院出版社,1994。

石　锋(1994)关于声调分析的几个问题,《语音丛稿》,北京语言学院出版社。

石　锋(1995)苏州话浊音声母的再分析,《吴语研究》,新亚学术集刊第11期,香港中文大学新亚书院。(见本书)

石　锋(2002)北京话的元音格局,《南开语言学刊》第1期,南开大学出版社。(见本书)

石　锋(2004)语音格局的分析方法,《语言研究的务实与创新》,外语教学与研究出版社。

石锋、刘艺(2002)香港粤语长短元音的听辨实验,《东方语言与文化》,东方出版中心。(见本书)

石锋、麦耘(2003)广州话长a和短ɐ元音的听辨实验,《中国语文研究》(香港)第2期。(见本书)

石锋、石林、廖荣蓉(1988)高坝侗语五个平调的实验分析,《民族语文》第5期;收入《语音丛稿》,北京语言学院出版社,1994。

石锋、温宝莹(2004)中、日学生元音发音中的母语迁移现象,《南开语言学刊》第4期,南开大学出版社。(见本书)

石　林(1981)侗语概论,日本《亚洲语言文化研究》第22辑。

史有为(2001)针对日本人的汉语语音教学,《明海大学论集》(日本)。

孙国华(1998)普通话朗读话语中元音音段的协同发音,《语音研究报告》,中国社科院语言研究所语音研究室。
谭 馥(1986)也谈天津方言的连读变调,《中国语文》第6期。
汪 平(1996)《苏州方言语音研究》,华中理工大学出版社。
王 力(1979)现代汉语语音分析中的几个问题,《中国语文》第4期。
王 力(1983)再论日母的音值,兼论普通话声母表,《中国语文》第1期。
王辅世(1980)苗语的声类和韵类,《民族语文》第2期。
王辅世(1981)谈谈在苗语方言声韵母比较中的几点体会,《语言研究》第1期。
王辅世(1985)《苗语简志》,民族出版社。
王辅世(1987)苗语语音研究中理论和实践的结合,《民族语文》第1期。
王辅世(1989)苗语补充调查中的新收获,《民族语文》第6期。
王洪君(1999)《汉语非线性音系学——汉语的音系格局与单字音》,北京大学出版社。
王嘉龄(1996)语音学与音系学的趋同倾向,《外语教学与研究》第2期。
王嘉龄(2002)优选论和天津话的连读变调及轻声,《中国语文》第2期。
王理嘉(1991)《音系学基础》,语文出版社。
王理嘉、贺宁基(1985)北京话儿化韵的听辨实验和声学分析,载林焘、王理嘉等《北京语音实验录》,北京大学出版社。
王士元(1983)实验语音学讲座,载《语言学论丛》第11辑,商务印书馆。
王士元(2000)《语言的探索》,北京语言文化大学出版社。
王士元(2002)《王士元语言学论文集》,商务印书馆。
王士元、沈钟伟(1991)词汇扩散的动态描写,《语言研究》第1期、收入《王士元语言学论文集》,商务印书馆,2002。
王士元、沈钟伟(1992)方言关系的计量表述,《中国语文》第2期。
吴宗济(1964)普通话元音和辅音的频谱分析及共振峰的测算,《声学学报》第1卷第1期,又载《吴宗济语言学论文集》,商务印书馆,2004。
吴宗济(1982)普通话语句中的声调变化,《中国语文》第6期。
吴宗济(1984)普通话三字组变调规律,《中国语言学报》第2期。
吴宗济(1988)普通话辅音不送气/送气区别的实验研究,《中国语言学报》第3期。

吴宗济(1988)普通话四字组变调模式,《语音研究年报》,中国社科院语言研究所语音研究室。

吴宗济(1990)汉语普通话语调的基本调型,《王力先生纪念论文集》,商务印书馆。

吴宗济(1992)普通话语调分析的一种新方法:语调中基本调群单元的移调处理,《语音研究报告》,中国社科院语言研究所语音研究室。

吴宗济、林茂灿主编(1989)《实验语音学概要》,高等教育出版社。

吴宗济主编(1986)《汉语普通话单音节语图册》,中国社会科学出版社。

伍　巍(1988)徽州方言和现代吴语成分,《吴语论丛》,上海教育出版社。

鲜松奎(1990)贵州紫云水井坪苗语和望漠新寨苗语的连读变调,《民族语文》第3期。

邢公畹(1983)《语言论集》,商务印书馆。

邢公畹(1985)《三江侗语》,南开大学出版社。

邢公畹(1990)《语音学探微》序,北京大学出版社。

熊正辉(1979)南昌方言的声调及其演变,《方言》第4期。

徐世荣(1980)《普通话语音知识》,文字改革出版社。

薛凤生(1986)《北京音系解析》,北京语言学院出版社。

岩田礼(1979)无气音と有气音について,JIAOXUE 7。

岩田礼(1996)论北京方言和连云港方言的"高降轻声"及其历史含义,第五届国际中国语言学会议论文集,新竹。

岩田礼等(1999)《汉语方言地图集(稿)》,平成9-11年度科学研究费A研究成果报告书第5分册。

杨焕典(1991)从纳西语的松紧元音对立看汉藏语系语音发展轨迹,《民族语文》第1期。

叶祥苓(1958)吴江方言的声调,《方言与普通话集刊》第5本,文字改革出版社。

叶祥苓(1983)吴江方言声调再调查,《方言》第1期。

叶祥苓(1988)《苏州方言志》,江苏教育出版社。

叶祥苓、盛毓青(1996)《苏州话音档》,收入侯精一主编《现代汉语方言音库》,上海教育出版社。

游汝杰(1992)《汉语方言学导论》,上海教育出版社。
游汝杰等(1980)论普通话的音位系统,《中国语文》第5期。
余　维(1995)日、汉语音对比分析与汉语语音教学,《语言教学与研究》第4期。
俞光中(1988)嘉兴方言同音字汇,《方言》第3期。
喻翠容、罗美珍(1980)《傣语简志》,民族出版社。
袁家骅(1953)阿细民歌及其语言,《语言学专刊》第5种。
袁家骅等(1960)《汉语方言概要》,文字改革出版社,1983年第二版。
远藤光晓(1984)《翻译老乞大朴通事》里的汉语声调,《语言学论丛》第13辑。
张　琨(1973)原始苗瑶语声调的构拟,《史语所集刊》44本4分。
张　琨(1992)瑶语入声字,《民族语文》第3期。
张　旭(1997)韩、日留学生汉语学习中的语音干扰,《语言研究论丛》第7辑,语文出版社。
张拱贵、刘丹青(1983)吴江方言声调初步调查,《南京师院学报》第3期。
张光宇(1996)汉语方言的区际联系,载温端政、沈慧云主编《语文新论》,山西教育出版社。
张光宇(1999)东南方言关系综述,《方言》第1期。
张洪明(1987)汉语近体诗声律模式的物质基础,《中国社会科学》第46卷第4期。
张洪年(1972)《香港粤语语法的研究》,香港中文大学出版社。
张洪年(2002)21世纪的香港粤语:一个新语音系统的形成,《暨南学报》第24卷第2期,25-40页。
张家騄等(1981)汉语辅音知觉结构初探,《心理学报》第1期。
张均如(1987)记南宁心圩平话,《方言》第4期。
张麟声(1993)《汉日语言对比研究》,北京大学出版社。
张群显(1994)粤语元音的音长单位,《第一届国际粤方言研讨会论文集》,香港现代教育研究社。
张双庆、林建平(1999)《香港话音档》,侯精一主编《现代汉语方言音库》,上海教育出版社。

张振兴(1997)重读《中国语言地图集》,《方言》第4期。
张振兴、张惠英(1997)广州话音系的分析和处理,《第五届国际粤方言研讨会论文集》(詹伯慧主编),暨南大学出版社。
赵敏善(1997)俄语与汉语的本质性差异,《中国俄语教学》第3期。
赵蓉晖(2002)俄语语音中若干性别差异,《中国俄语教学》第3期。
赵世开(1990)对比语言学研究的发展和展望,《世界汉语教学》第2期。
赵元任(1922)中国言语字调底实验研究法,《科学》第7卷第9期。
赵元任(1928)《现代吴语的研究》,清华学校研究院丛书第4种。
赵元任(1934)音位标音法的多能性,译文载《赵元任语言学论文选译》,中国社会科学出版社,1985。
赵元任(1935)中国方言当中爆发音的种类,《史语所集刊》第5本。
赵元任(1952)《国语入门》(《北京口语语法》),李荣编译,开明出版社。
赵元任(1979)《汉语口语语法》,吕叔湘译,商务印书馆。
赵元任(1980)《语言问题》,商务印书馆。
郑锦全(1966)官话方言声调征性跟连调变化,《大陆杂志》第33期,台北。
中国科学院少数民族语言调查第一工作队(1958)侗语方言调查汇报,《侗族语言文字问题科学讨论会》,(1958年8月油印本,1959年10月铅印本)贵阳。
中国社会科学院、澳大利亚人文科学院(1987,1988)《中国语言地图集》,香港朗文出版有限公司。
钟 奇(1997)广州话的长短音在其他方言中的对应,《第五届国际粤方言研讨会论文集》(詹伯慧主编),暨南大学出版社。
周祖谟(1956)《方言校笺自序》,中华书局。
朱 川(1981)汉日语音对比实验研究,《语言教学与研究》第2期。
朱 川(1997)《外国学生汉语语音学习对策》,语文出版社。
朱晓农、夏秋(1982)关于普通话"日"母的音值(一)、(二),《中国语文通讯》第3期。
《广州话拼音方案》,《文字改革》1960年第15期。

Anderson, S. R. (1978) Tone features, in V. A. Fromkin ed.: Tone A Linguistic

Survey, Academic Press.

Anne O. Yue Hashimoto (1972) Phonology of Cantonese. Cambridge University Press.

Anne O. Yue Hashimoto (1987) Tone sandhi across Chinese dialects, Wang Li Memorial Volumes, Hong Kong: Joint Publishing Co. Vol. 1, pp. 445–474.

Atkinson, J. (1978) Correlation analysis of the physiological factors controlling fundamental voice frequency. J. A. S. A. Vol. 63, No. 1. 211–222.

Bauer, Robert & Paul Benedict (1997) Modern Cantonese Phonology, Mouton de Gruyter & Co..

Brown, J. Marvin (1965) Form ancient Thai to Modern Dialects. Bangkok, Social Science.

Chang, K. C. (1986) The Archeology of Ancient China, 4th edition. New Haven: Yale University Press.

Chang, Kun (1976) Proto-Miao Initials, BIHP, 47. 2. 155–218.

Chao, Yuan-Ren (1947) Cantonese Primer, Cambridge: Harvard University Press.

Chao, Yuen-Ren (1930) A system of tone letters, Maitre Phonetique 45, 24–27.

Chao, Yuen-Ren (1933) Tone and intonation in Chinese, Bulletin of the Institute of History and Philology, 4. 2. 121–134.

Chao, Yuen-Ren (1932) A preliminary study of English intonation and its Chinese equivalents, in Studies Presented to Ts' ai Yuan P' ei on His Sixty-Fifth Birthday, (Academia Sinica) BIHP, Sup. Vol. 1, 105–156.

Chen, Xiaoxia (1993) Acoustic cues on V1–C2 (unaspirated stops) transition in C1V1C2V2 structure of Standard Chinese. 中国社科院语言研究所语音研究室《语音研究报告》。

Chen, Xiaoxia (1995) An acoustic study of inter-syllabic anticipatory co-articulation of three places of articulation of C2 in C1V1C2V2 in Standard Chinese. 中国社科院语言所语音研究室《语音研究报告》。

Cheng, C. C. (1973) A Synchronic Phonology of Mandarin Chinese, Mouton: The Hague.

Du, Ruofu et al (1992) Chinese Surnames and the Genetic Difference between

North and South China. Journal of Chinese Linguistics Monograph Series No. 5.

Egerod, Soren (1971) Phonation types in Chinese and South-east Asian languages, Acta Linguistica Hafnieensa, 13, 159-171.

Ellis, R. (1986) Understanding Second Language Acquisition, Oxford University Press.

Ewan, W. G. (1979) Laryngeal Behavior in Speech. PhD. Dissertation, UC Berkeley.

Fowler, C. A. (1994) Invariants, specifiers, cues: an investigation of locus equations as information for place of articulation, Perception and Psychophysics, 55, 597-610.

Fromkin, V. A. (ed.) (1976) Tone: A Linguistic Survey, Academic Press.

Fujisaki, H. (1993) From information to intonation, Keynote Lecture at ICSP/Beijing.

G. Fant (1987) Interactive phenomena in speech production. Proc XIth Intl. Congr. of Phonetic Sciences, Tallinn, Vol. 3.

Gårding, E. et al (1983) A sentence model for tone and intonation in Standard Chinese, Working Papers: Linguistics-Phonetics (Lund Univ.) Vol. 25, pp. 53-65.

Gandour, J. (1974) Consonant types and tone, Journal of Phonetics, 2. 337-350.

Haas, M. R. (1958) Tones in four Tai languages, BIHBP. 29, pp. 781-826.

Hirano, M., J. Ohala & T. W. Vennard (1969) The function of the laryngeal muscles in regulating fundamental frequency and intensity of phonation, Journal of Speech and Hearing Research, 12. 616-628.

Ho, Aichen T (1976) Mandarin tones in relation to sentence intonation and grammatical structure, JCL, Vol. 4, No. 1, pp. 1-13.

Hockett, Charles (1947) Peiping Phonology, Journal of the American Oriental Society, 67. pp. 253-267.

Hombert, Jean-Marie (1978) Consonant Types, Vowel Quality, and Tone, in Victoria A. Fromkin (ed.), Tone: A Linguistic Survey, 77-112. New York, Academic Press.

Hombert, Jean-Marie, John J. Ohala, and William G. Ewan (1979) Phonetic Explanations for the Development of Tones, Language, 55. 1, 37–58.

House, A. & Fairbanks, G. (1953) The influence of consonant environment upon the secondary acoustical characteristics of vowels, J. A. S. A. Vol. 25, No. 1, pp. 105–113.

Howie, J. M. (1974) On the domain of tone in Mandarin, some acoustical evidence, Phonetica 30, No. 3, pp. 129–148.

Jone, D. (1956) An Outline of English Phonetics, Cambridge, U. K.: Heffer.

Joos, M. (1948) Acoustic Phonetics, Language, No. 26 (Suppl. 2).

Kakita, Y. & Hiki, S. (1972) Thyrometer: a method for observing laryngeal control in speech. J. A. S. A. 52, 124.

Kao, Diana (1971) Structure of the Syllable in Cantonese. The Hague: Mouton.

Kim, C. W. (1970) A theory of aspiration. Phonetica, 21. 107–116.

Kratochvil, Paul (1987) The case of the Third Tone, Wang Li Memorial Volumes, Hong Kong: Joint Publishing Co. Vol. 1, pp. 253–276.

Ladefoged, P. & Antonanzas, N. (1984) Computer measurements of breathy voice quality, J. A. S. A. Vol. 75: 98.

Ladefoged, P. (1964) A Phonetic Study of West African Languages, Cambridge University Press.

Ladefoged, P. (1971) Preliminaries to Linguistic Phonetics. University Chicago Press.

Ladefoged, P. (1973) The features of the larynx, Journal of Phonetics, 1. 73–83.

Ladefoged, P. (1975) A Course in Phonetics (second edition, 1982), Harcout Brace Jovanovich Inc., New York.

Ladefoged, P. (1981) The relative nature of voice quality, Journal of the Acoustic Society of America, 69, Supplement 1: S67.

Lehiste, I. (1970) Suprasegmentals, M. I. T. Press.

Li Fang-Kui (1943) The hypothesis of a pre-glottalized series in primitive Tai, BIHP, 11–12, pp. 177–188.

Li Fang-Kui (1965) The Tai and the Kam-Sui languages, Lingua, 14, pp. 148–179.

Li Fang-Kui (1977) A Handbook of Comparative Tai, The University Press of Hawaii.

Li Fang-Kui (1980) Laryngeal features and tone development, BIHP, 51-1.

Maddieson, I. & P. Ladefoged (1985) "Tense" and "lax" in four minority languages of China, Journal of Phonetics, 13, 433-454.

Maddieson, I. (1978) Universals of tone, in Greenberg (ed.) Universals of Human Languages, Vol. 2, Stanford University Press. 335-365.

Maddieson, I. (1984) Patterns of Sounds, London, Cambridge University Press.

Martin, S. E. (1957) Problems of hierarchy and indeterminacy in Mandarin phonology. Bulletin of the Institute of History and Philology. 29. pp. 209-230.

Matisoff, J. A. (1973) Tonogenesis in South-east Asia, in Consonant Types and Tone, in Larry M. Hyman ed. Southern California Occasional Papers in Linguistics, No. 1, pp. 71-96. Los Angeles: University of Southern California.

Matthew Y. Chen (1987) Symposium on Tianjin tone sandhi: an introduction remarks, Journal of Chinese Linguistics, Vol. 15, No. 2.

Mei Tsu-Lin (1977) Tones and tone Sandhi in 16th century Mandarin, Journal of Chinese Linguistics, Vol. 5, pp. 237-260.

Milliken, S; Zhang, Guangping; Zhang, Xueyi; Li, Zhiqiu and Lu, Ying (1997) Resolving the Paradox of Tianjin tone sandhi. In Wang, Jialing & Noval Smith (eds.) Studies in Chinese Phonology. Berlin & New York: Mouton de Gruyter.

Norman, J. (1973) Tonal development in Min, Journal of Chinese Linguistics, 1. 2. 222-238.

Norman, J. (1988) Chinese, New York, Cambridge University Press.《汉语概论》张惠英译，语文出版社，1995。

Ohala, J. J. (1972) How is pitch lowered? J. A. S. A. 52, 124.

Ohala, J. J. (1973) The physiology of tone, in L. Hyman (ed.), Consonant types and Tone. Southern California Occasional Papers in Linguistics, 1, 1-14.

Ohala, J. (1991) The Integration of Phonetics and Phonology. Proceedings of the 12th ICPhS. Vol. 1.（语音学与音系学的总合，石锋译载《国外语言学》，后收入《语音丛稿》，北京语言学院出版社，1994。）

Pike, Kenneth L. (1946) Tone Languages, The University of Michigan Press.

Ramsey, S. Robert (1987) The Languages of China, Princeton University Press.

Ren, Nianqi (1987) A study of Shanghai stops, ms.

Rumjancev, M. K. (1972) Tone and Intonation in Modern Chinese, Moscow. reviewed by A. V. Lyovin in JCL, Vol. 6, pp. 120–168.

Sagart, L. (1982) Aspiration-conditioned tone-lowering in Chinese dialects. Paper presented at the 14th International Conference on Sino-Tibetan Languages and Linguistics, Gainsville.

Schachter, P. & Fromkin, V. (1968) A Phonology of Akan: Akuapem, Asante, Fante (UCLA Working Papers in Phonetics, No. 9). Los Angeles: University of California.

Shen, X-N. Susan (1990) The Prosody of Mandarin Chinese, Berkeley: University of California Press.

Shen, Zhongwei (1994) The Tones in the Wujiang dialect, Journal of Chinese Linguistics, 22. 2. 278–315.

Shimizu, Katsumasa (1996) A Cross-Language Study of Voicing Contrasts of Stop Consonants in Asian Languages, Seibido.

Stockwell, R. P. (1966) Problems in the Interpretation of the Great English vowel shift, in Studies in Linguistics in Honor of George L. Trager (M. E. Smith ed.), pp. 344–362. The Hague Mouton.

Sussman, H. M. & Shore, J. (1996) Locus equations as phonetic descriptors of consonantal place of articulation, Perception and Psychophysics, 58, 936–946.

Sussman, H. M. (1994) The phonological reality of locus equations across manner class distinctions: preliminary observations, Phonetica, 51, 119–131.

Sussman, H. M., Hoemeke, K. A., & Ahmed, F. S. (1993) A cross-linguistic investigation of locus equations as a phonetic descriptors for place of articulation, Journal of the Acoustical Society of America, 94, 1256–1268.

Sussman, H. M., McCaffrey, H. A. & Matthews, S. A. (1991) An investigation of locus equations as source of relational invariance for stop place categorization, Journal of the Acoustical Society of America, 90, 1309–1325.

Sussman, H. M., Hoemeke, K. A. & McCaffrey, H. A. (1992) Locus equations as an index of coarticulation for place of articulation distinctions in children, Journal of Speech and Hearing Research, 35, 769–781.

Tabain, Marija & Butch, Andrew (1999) Stop consonants in Yanyuwa and Yindjibarndi: Locus equation data, Journal of Phonetics, Vol. 27, 333–357.

Wang, William S–Y. (1967) Phonological features of tone, International Journal of American Linguistics, 33. pp. 93–105. Also in Wang, William S–Y. Explorations in Language, Pyramid Press, 1991.

William S–Y. Wang (1998) Three windows on the past. The Bronze Age and Early Iron Age Peoples of Eastern Central Asia, ed. by V. Mair, Philadelphia: University of Pennsylvania Museum.

William S–Y. Wang (1999) Languages and Peoples of China, 殷允美等主编《中国境内语言暨语言学 5:语言中的互动》,台北。

Wu, Rukang and J. W. Olsen (1985) Paleoanthropology and Paleolithic Archaeology in the People's Republic of China, Academic Press.

Wurm, S. A. & Li Rong et al. ed. (1988) Language Atlas of China, Longman Group Far East Ltd.

Zee, Eric (1980) A spectrographic investigation of Mandarin tone Sandhi, UCLA Working Papers in Phonetics, Vol. 49, pp. 98–116.

Zee, Eric (1991) A phonetic explanations of aspiration/un-aspiration bi-furcation of the Middle Chinese syllable initial stops and affricates after devoicing, Proceedings of the 2nd International Symposium on Chinese Languages & Linguistics, Institute of History and Philology, Taipei.

Zee, Eric (1995) Temporal organization of syllable production in Cantonese, Proceedings of the XIIIth International Congress of Phonetic Sciences, 3. 250–253.

Zee, Eric (1998) Formant frequency and vowel categorization in Cantonese, Paper presented at the 7th Annual meeting of the IACL and 10th NACCL, Stanford.

Zhao, Tongmao & Tsung Dao Lee (1989) Gm and Km allotypes in 74 Chinese Populations: a hypothesis of the origin of Chinese nation. Human Genetics 83. 101–110.

附录

桌上语音工作室
(Mini-Speech-Lab)
——计算机语音分析专家系统

石 锋　朱思俞

语言今可见,不待听斯聪。南开大学中文系和计算机系的教授精诚合作,在学校的支持下,经过几年努力,开发出语音分析处理软件"桌上语音工作室(Mini-Speech-Lab)"专业版和教学版,适于从事语言教学和研究的学者和师生们使用。经专家考评,认为"完全适用于语言学的教学和科研,具有良好的开发前景"。软件的功能齐全,操作简便,适合推广,以提升语言教学和研究的整体水平。

"桌上语音工作室(Mini-Speech-Lab)"是语音分析处理软件。使用中文和英文的菜单进行操作,使自己的个人电脑变成语图仪。把语音实验从实验室里解放出来,全面提高语言研究的科学性,实现语言教学的直观性,推动语言教学和研究跨入现代化。

"桌上语音工作室(Mini-Speech-Lab)"专业版具有多项功能:语音正录倒放;语音文件存取;语音波形和基频显示,并可抗噪声校正；各种语图显示；语音剪接编辑；声调自动测算，画出声调格局图；元音自动测算，画出声学元音图；语音时长自动统计作图；自由设定音高对语音合成放音；另外还可以加选汉语语音电子腭位图数据库；图形选择功能可以任选以上各种图形进行打印，或复制插入文本文件中作为文章插图。

"桌上语音工作室（Mini-Speech-Lab）"功能和使用方法简介如下：

1. 语音录放功能：通过话筒可现场录入语音。开始录音为自动启动，如无声，则不启动；出现有一定强度的声音后录音自动开始。停止录音可以选择自动，也可以选择手动。前者是录音进行中，无声一秒钟后自动停止录音，这适合于中间没有较长停顿的语音取样。后者是无声后录音不能自动停止，必须在菜单中用鼠标点击"停止录音"或按 T 键才能停止，这适合于中间有较长停顿的语音取样。

放音时可以全部放音，也可只选择回放其中的一段（局部放音）；可以正放，还可以倒放，这对于音节内部声韵母各成分的听辨分析很有意义。

2. 语音文件存取：可以把已经录入的语音存为语音文件；也可打开已有的语音文件进行分析处理。对于较长的语音样品，可以用选择指定地点及前进、后退等功能，很快找到所需的语音段。在屏幕上的语音波形图的下面，增加了滚动条，单击滑块右面、左面就可以使波形前进、后退一屏；也可以拖曳滑块来选择所需的语音波形段。

3. 波形和基频显示：语音输入后，屏幕中都有三个窗口显示图形。上方是平均幅度图,可显示当前最多6秒钟语音段的平均幅度。中间是基频曲线图,用一种快速的基频提取算法对语音数据进行基频提取。下方则是语音数据的波形图,可进行放大/缩小、前进/后退和水平方向的扩展/收缩,便于对语音波形进行详细的观察。使用鼠标点击,能方便地得到任意处语音的音强和音高数据;也可得到任一段语音(如声母,韵母段)的音长数据。

屏幕中间的窗口采用快速基频提取法自动显示基频曲线,准确度相当高。还备有选用频域法或窄带语图为背景修整基频曲线的功能。可以在背景噪声强或有其他乐音的情况下,采用抗噪声校正。参照频域法结果用鼠标修改基频曲线;在特强噪声下根据窄带图谱来修改基频曲线,都可以得到很可靠的音高数据。修正基频曲线的功能能够用来去掉声调的弯头、降尾等不规则段,还可用来切分音节,为基频自动统计做准备。

4. 各种语图显示:屏幕上方窗口是平均幅度图。下方窗口就是谱图。可以提供宽带、窄带语谱图以及线性预测(LPC)谱、同态谱和倒谱的谱图,以及用滤波器法画出宽带语谱图。可以叠加共振峰的轨迹,也可以专门画出共振峰的走向和宽度的分布图。谱图可以显示为普通的灰度图,也可显示为三维立体图。在二维谱图中,其纵向坐标是频率,横向坐标是时间。如果谱图密度设置为300帧/秒,全长谱图为2秒;如为600帧/秒,则全长谱图为1秒。

对于指定的某语音帧,可以列出其帧参数,包括音强、音高和各阶共振峰的频率和宽度数据;还同时画出该帧语音的窄带谱图和LPC谱图。显示平均幅度图中红线所在处(用鼠标左键设置)的语音帧的参数。包括音强(单位为db)、音高(用两种方法求得的基频值)和各共振峰的位置和宽度,并显示窄带语谱图和 LPC 谱图曲线。

宽带语谱图的滤波器频率约为 300Hz,是高频语谱图,谱图沿时间轴方向起伏较大,主要用来判断共振峰的走向。窄带语谱图的滤波器频率约为 45Hz,是低频语谱图,从图中可以看出基频及各谐波的曲线(受谱强度调制,在共振峰区域较深)。线性预测(LPC)谱主要也是显示共振峰的走向。跟宽带语图相比,在时间轴方向进行了平滑,起伏小,但在共振峰处,LPC 谱将共振峰尖锐化了。倒谱是另一种语音处理方法,从中可以看出基频分布(是倒谱图中部的深色曲线,基频值在 64-500 赫之间,但基频坐标是从上到下非线性倒置的)。同态谱是另一种求共振峰走向的语谱图(使用“同态分析”方法)和宽带语谱图一致,但沿时间轴方向平滑了。这种算法计算量很大,所用时间最长。共振峰图显示各共振峰的位置和宽度沿时间轴的分布情况,共振峰的强度高时,相应的线段也更深。用滤波器法画出宽带语谱图跟普通的宽带语谱图用快速傅立叶变换(FFT)方法不同,但对某些基频很高的女音,其效果不够好。用滤波器法可能得到较清晰的共振峰分布,但计算量很大,得出谱图较慢。

5. 语音波形编辑:用鼠标的左/右键选取欲编辑段的起/终点,屏幕自动显示该段的长度(单位为毫秒),可以对所选取的语音段进行编辑,如剪切、复制、粘贴、增强、减弱、存为语音文件,撤销编辑操作等。操作者能够像处理文本文件一样对于语音文件进行随心所欲的处理,使选定的语音按照需要加长、缩短、增强、减弱或换位。

6. 语音基频统计:本系统特有的功能之一,为声调和语调方面的统计分析提供了极大的方便。经过选择归整以后,对各种语言或方言的单字音、二字组、三字组和四字组的声调自动进行分析统计。可以自动画出声调格局图,分别显示全部声调的图形和每一个选定声调的图形。还可以自动列出声调数据表,包括各统计组的组号,统计单位,各个样本中各音节的数据及本组的各音节统计平均值、五度值、半音值及标准差。每个音节的数据有音长测量值和九个时间点的频率值。这些功能使过去分析声调所需的大量的手工操作得到简化。

7. 声学元音图:以第一、第二共振峰为坐标画出元音所在的位置,语音学中称为声学元音图,又称为声位图。本系统可以自动测算共振峰数据并提供两种声学元音图:任一时点的元音声位图,为点状图形,适于单元音的声学表现;任一时段的元音声位图,为链状图形,便于对复合元音的考察。

点状图形的作图是用鼠标单击屏幕上所显示的元音中的任一时点,在声学元音图中就会自动出现一个点状图形代表该时点语音的共振峰模式,可以连续加入多个时点(最多 100 个),并可以任选改换点状图的点形,如圆形、方形、菱形、三角形和倒三角形等。

链状图形的作图是用鼠标在屏幕上所显示的元音中选定需要的一段,在声学元音图中会自动画出一串点状图形代表这段语音各帧(帧距 0.01 秒)的共振峰位置,这段元音开始的点为红色,以后逐渐转为黑色,指示共振峰模式的走向。

8. 时长统计作图:可以自动对于所选各组语音的时长进行测量统计,用于音节内部以及音节之间的时长分析。时长统计数据包括各统计组的组名,组中各段语音的长度、平均值和标准差。同时,用图形显示各组的平均长度。时长数据还带有正音长和负音长选项,便于对塞音的 VOT 等进行分类测算。

9. 改变音高放音:先要在屏幕上显示的波形图中选择一段语音,才可以使用本功能。在操作窗口中用鼠标设置所需合成音高的频率值,就可以按照设定音高合成放音;还可以播放原来语音便于比较,以及保存合成的声音。适用于设计制作听辨实验的样品。

10. 电子腭位图(选项):由中国社会科学院民族研究所提供的电子腭位语音数据库(有普通话的数据库,还有其他民族语言的数据库,策划人:鲍怀翘)可以显示两种图形。一种是波形—语谱—腭位图,上方是波形图,下方左边是宽带语谱图,右边是电子腭位图。鼠标在波形图中拖动时,腭位图随之更新为鼠标所在处的数据图形。另一种是波形—腭位图,上方仍为波形图,下面则是连续的 15 幅电子腭位图。其起点由鼠标点击设定。每幅的间距为0.01秒(最小值),可以增减调节,幅度为 0.01 秒。另有介绍动态腭位数据库的文章可以调出阅览。

11. 国际音标输入及放音:经过语文出版社许可,本软件已将周殿福发音的国际音标都录为语音数据文件,可以随意调入所需的国际音标发音,进行反复放音,声学分析等各种操作。非常方便国际音标的教学和研究。

12. 插入各种字符:在屏幕所显示的图形中任意处插入字符,可以是西文;用中文输入法可插入汉字;用区位码输入还可以插入国际音标及各种符号。每次最多插入 6 个字符(三个汉字)。可以重复操作步骤,插入多个内容。需要时可以清除插入字符。

13. 图形打印和复制:可以选择屏幕窗口中的各种图形进行打

印,也可打印全部窗口,还可以把选定的图形进行复制,粘贴插入文本文件中作为文章插图。

14. 参数设置和在线帮助:可以根据需要对声音文件的采样频率、录音增益、每秒帧数、显示二维深浅/三维立体语图等进行设置。对于操作提示可选择显示/不显示。提供平均幅度/对数能量坐标显示语音。软件备有详细的在线中文帮助系统,相当于操作手册,用户通过查阅可以了解软件系统的各种功能及其操作方法和步骤,更好地使用本系统进行语音分析研究。

采样频率:可选 8000,11025,16000 以及 22050Hz 的采样率。

录音增益:除了可用 Windows 系统的声音参数调节程序以及声卡所带的程序调整录放音增益,本系统也提供录音增益调整功能,缺省值为 2,可输入 1–16 之间的整数。

每秒帧数:有 300 帧/秒(全图 2 秒语音)和 600 帧/秒(全图 1 秒语音)两种。可以据此选择谱图密度。

谱图显示:画谱图时,可选择平面深浅图和立体图两种显示方式之一,立体图不能定量,且一次只能显示 100 帧,所以一般多是使用平面图。

显示操作提示:为方便使用者,在屏幕窗口可以显示操作提示。如已熟悉用法,可以选择不显示这些提示,使窗口的画面更为简洁。本选项就是对此进行控制。

改变幅度—能量坐标:上方的波形/能量图,平常使用波形坐标,也可以使用平均幅度坐标或对数能量坐标。本选项在三种坐标间来回切换。

谱图窗口选择:如选择增加窗口,可以在屏幕中增加一个谱图窗口,同时显示两段语音的各种谱图,便于比较对照。

“桌上语音工作室”(教学版)(Visi-Speech-Class)是计算机辅助语音教学及操练系统,为语音学习和训练提供可视的辅助手段。除了具有一般的语音分析功能之外,本系统特别提供上下两个窗口,可以同时显示参照语音图形和训练语音图形。前者是标准语音,后者是学习者的语音。以可见的定量的方式显示两者的音高分布、语图、共振峰和波形,从二者的比较,可以确切看出学习者发音的问题所在,使学习者可以从听觉和视觉两个方面纠正声调、声母和韵母的发音错误,为汉语、民族语和外语的语音学习和训练提供有效的辅助手段,实现“看图学话”,大大提高语言教学和学习的科学性、直观性。对于聋哑人的语言康复训练也有相当用途。

“桌上语音工作室”(教学版)(Visi-Speech-Class)功能和使用方法简介如下:

1. 语音录放:参考语音和训练语音都可以自动启动开始录音,都可以选择自动或手动方式停止录音。随时进行录音,分别显示在不同的窗口中。录音最大长度约为27秒时长。不论参考或训练语音,都可以全部放音,也可只播放选中的一段(局部放音);还可以局部倒放。这跟专业版的语音录放功能是相似的。

2. 文件存取:可以把录入的参考语音存为文件。可以把已保存的语音文件打开调入参考窗口或训练窗口进行处理比较。备有参考语音内容索引,为调入所需的参考语音提供帮助。

3. 分析比较:显示内容分为参考和训练两个窗口,提供下列分析、比较功能:

A. 音高曲线：对参考语音和训练语音用快速法和频域法进行基频提取，所得的基频（音高）曲线分别显示在参考窗口和训练窗口。比较参考语音和训练语音的音高分布，可以形象、定量地纠正学习者在声调和语调上的发音偏误。

B. 语谱图和共振峰：对参考语音和训练语音显示最常用的宽带语谱图和共振峰轨迹图形。比较参考语音和训练语音的元音、辅音图形，可以直观、定量地看出学习者在声母和韵母发音方面的偏误。

C. 语音波形：可以任意选择显示某一段参考语音和训练语音的波形，能够进行放大/缩小、前进/后退和 X 方向的扩展/收缩，便于对参考语音或训练语音的波形进行详细的观察。

4. 波形编辑：可以对参考语音进行编辑。编辑操作包括：对选择的某段语音进行剪切、复制、粘贴、增强、减弱、存为文件；也可撤销最近的编辑操作。对参考语音数据进行任意编辑，到满足需要后再保存为文件。这跟专业版的语音波形编辑功能是相似的。

5. 打印和复制：可以选择窗口中的任意矩形区域进行打印或复制，如基频图、谱图、波形图等等。复制后，该区域图形即可粘贴插入到文本文件的文章中作为插图。这跟专业版的图形打印和复制功能是相似的。

6. 帮助：备有详细的在线中文帮助系统，用户通过查阅帮助内容可以了解系统的各种功能细节，在其指导下进行操作。

运行环境："桌上语音工作室"专业版和教学版的运行环境非常简单，只要有一台个人电脑，奔腾-100 以上，内存 16M 以上，显卡可以支持640×480或800×600或1024×768分辨率,增强色(16位)以上的颜色。安装Windows 95 、Windows 98、Windows 2000、Windows Me或Windows XP环境(包括中外文,简繁体)即可运行。

同时要装有声卡,放音设备(音箱等),话筒。声卡和话筒的频率响应会影响采样的准确性,对采样录音质量要求高时宜使用高档的产品。话筒最好使用动圈式的,其音质较好,但增益较低。驻极体话筒音质较差,但增益高。可根据声卡情况和对音质的要求进行配置。

欢迎有关的语言教学和研究机构及个人垂询、指导,帮助我们改进提高。

联系方式:天津南开大学信息学院　朱思俞,300071
电子邮件:zhusy711@Yahoo.com.cn　Tel:(022) 23502683

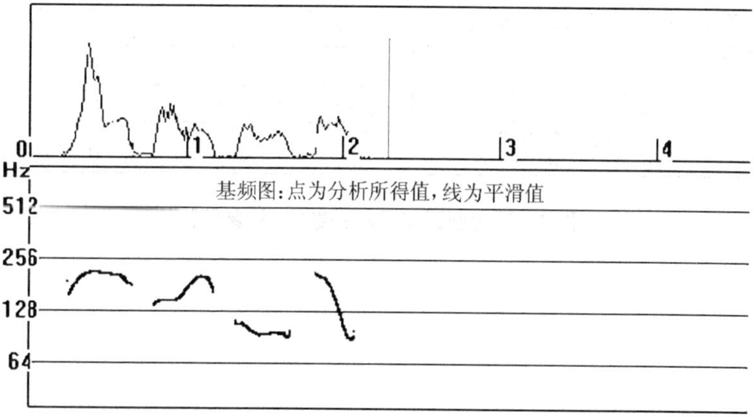

图1　语音音强包络图和声调语调曲线图形

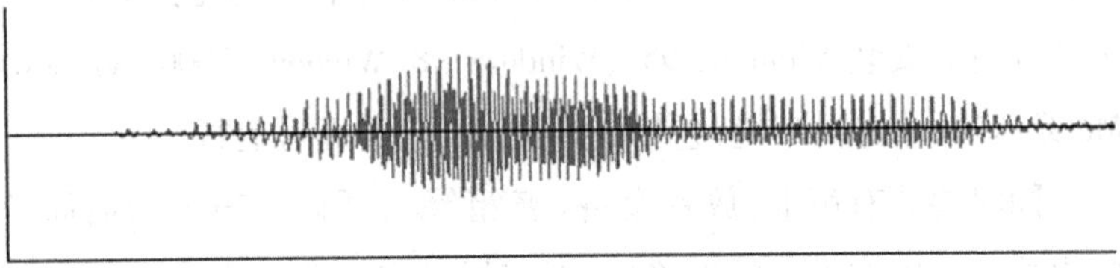

图 2　语音波形图

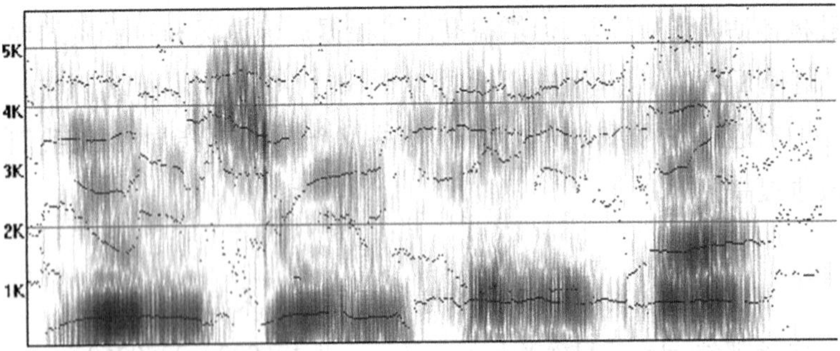

图 3　宽带语图和共振峰轨迹

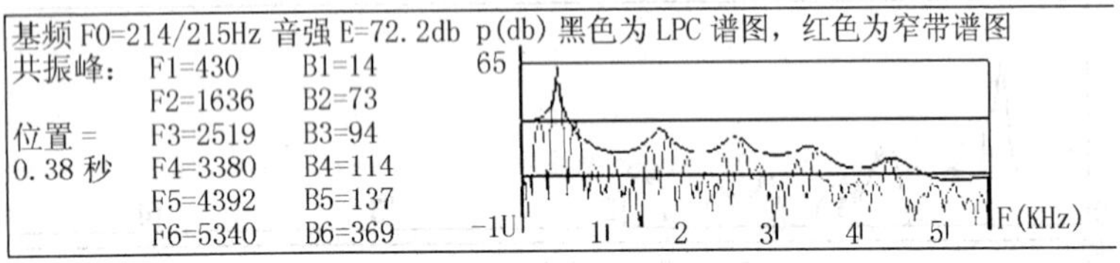

图 4　语音断面图及相关数据(帧参数)

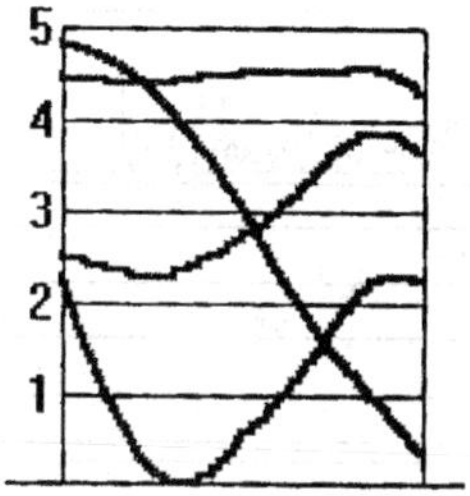

a. 北京话的单字音声调格局

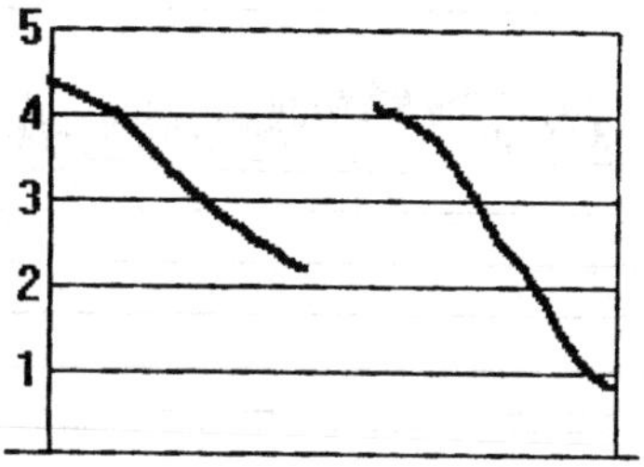

b. “去声＋去声”（如：大地）的双字组调型格局

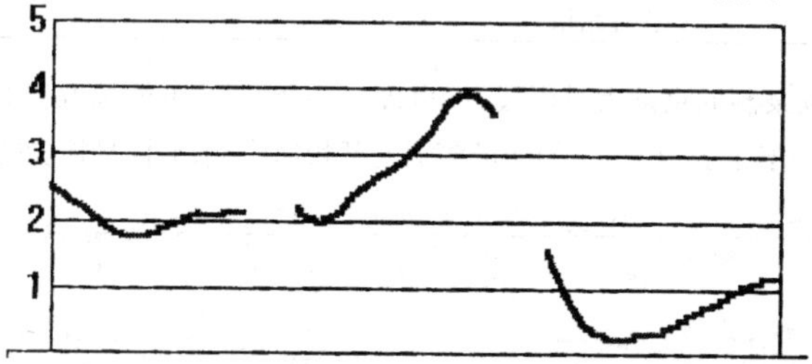

c. “上声＋上声＋上声”（如：好厂长）的三字组调型格局

“阴平＋阳平＋上声＋去声”（如:英雄好汉）的四字组调型格局

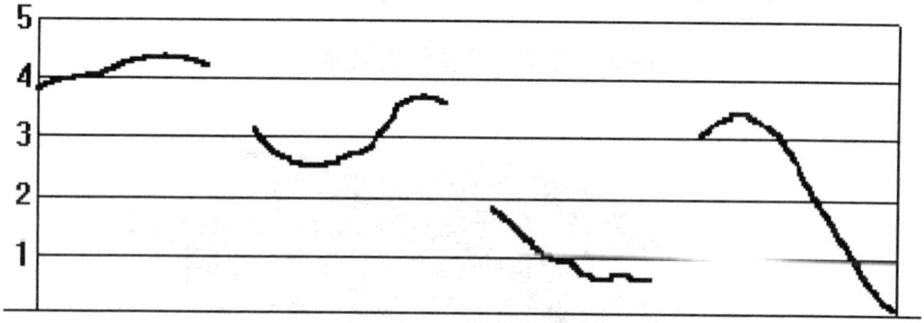

图5　基频统计和声调格局

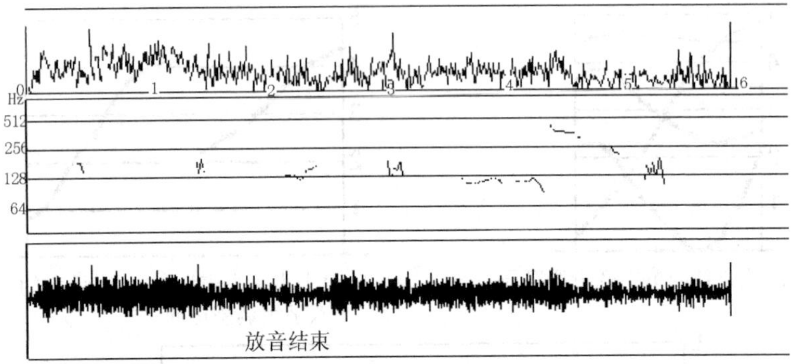

上面是在剧场录制的京韵大鼓唱段，噪声极大，一般方法不能提取音调曲线。下面是用窄带语图为参照得出的演员演唱的基频曲线，水平杠是伴奏的乐器。

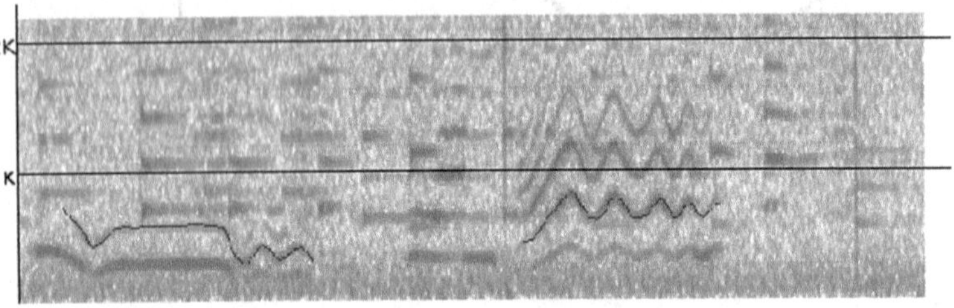

图6　抗噪声的基频提取显示

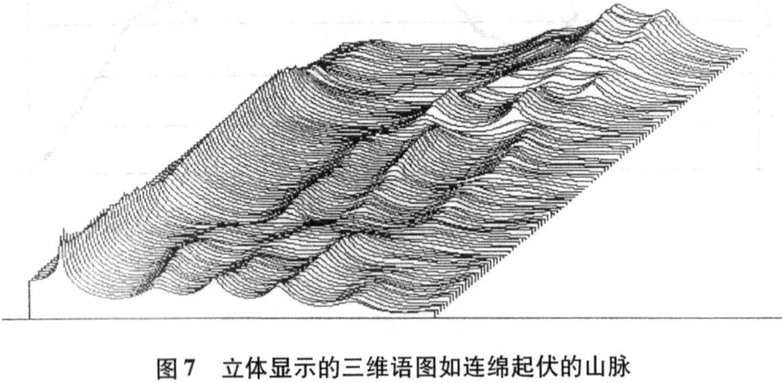

图7　立体显示的三维语图如连绵起伏的山脉

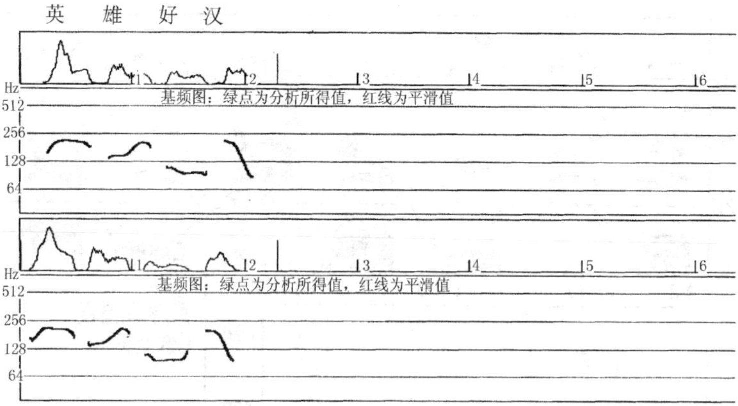

图 8　声调和语调曲线对照(上图为参考语音，下图为训练语音)

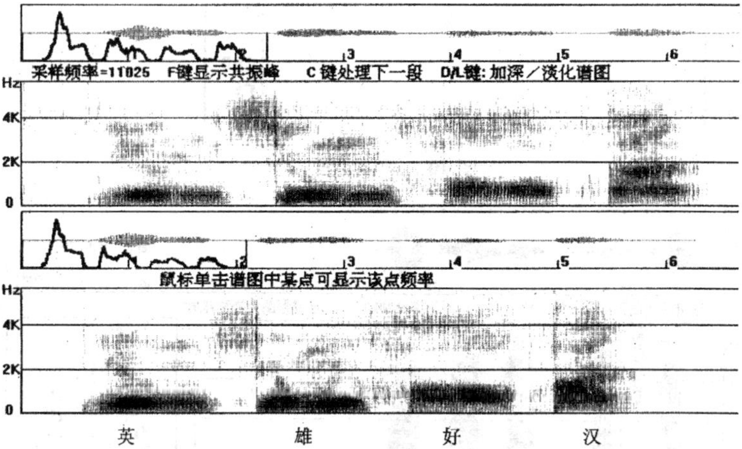

图 9　宽带语图对照(上图为参考语音，下图为训练语音)

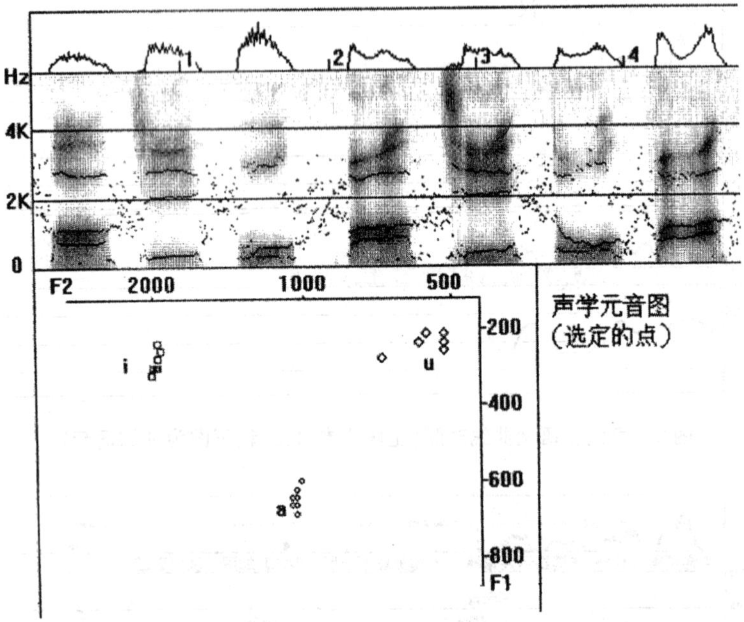

图 10　声学元音图例

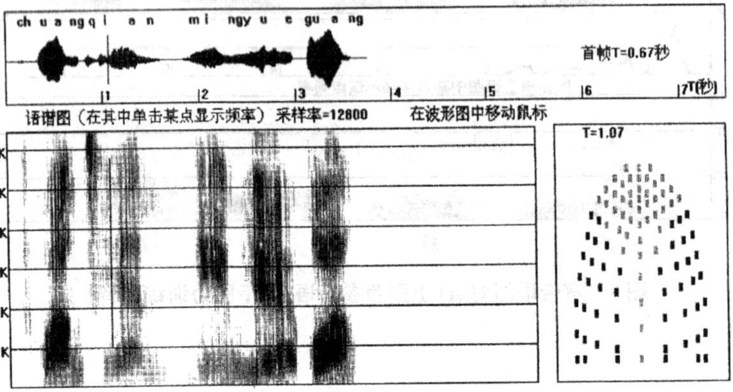

图 11　普通话电子腭位图例